Siegfried Karl, Hans-Georg Burger (Hg.)
Ausverkauf des Menschen!?

In einer globalen und immer komplexer werdenden Welt werden Antworten und Lösungswege auf die Herausforderungen und Konflikte unserer Zeit gesucht. Das echte Gespräch und der wirkliche Dialog sind notwendiger denn je, um Vertrauen zu fördern und Misstrauen abzubauen.

Die Schriftenreihe »Dialog leben« bietet ein Forum für den offenen und breit gefächerten Dialog über aktuelle und lebensrelevante Fragen an den Schnittstellen zwischen Gesellschaft, Wissenschaft und Kirche. Vertiefende und ausgewogene Beiträge sollen Orientierung geben für die Diskussionen.

Dialog leben

Herausgegeben von der Katholischen Hochschulgemeinde Giessen

Siegfried Karl, Hans-Georg Burger (Hg.)

Ausverkauf des Menschen!?

Gesellschaft, Wirtschaft und Ethik im Gespräch

Mit Beiträgen von Bernhard Emunds, Jürgen Hardt,
Linus Hauser, Esther Jünger, Josef Kaiser, Siegfried Karl,
Andreas Lenz, Uta Meier-Gräwe, Franz Müntefering,
Thomas Petersen, Marcus K. Reif, Rainer Schwarz,
Rita Süssmuth und Joachim Wiemeyer

Mit einem Grußwort von Dietlind Grabe-Bolz

Psychosozial-Verlag

Bibliografische Information der Deutschen Nationalbibliothek
Die Deutsche Nationalbibliothek verzeichnet diese Publikation
in der Deutschen Nationalbibliografie; detaillierte bibliografische Daten
sind im Internet über http://dnb.d-nb.de abrufbar.

Originalausgabe
© 2015 Psychosozial-Verlag
E-Mail: info@psychosozial-verlag.de
www.psychosozial-verlag.de
Alle Rechte vorbehalten. Kein Teil des Werkes darf in irgendeiner Form (durch
Fotografie, Mikrofilm oder andere Verfahren) ohne schriftliche Genehmigung des
Verlages reproduziert oder unter Verwendung elektronischer Systeme verarbeitet,
vervielfältigt oder verbreitet werden.
Umschlagabbildung: »Many megaphone Shouting at Businessman. Stress at work«
© Mangsaab/Fotolia.com
Umschlaggestaltung nach Entwürfen von Hanspeter Ludwig, Wetzlar
Innenlayout: Hanspeter Ludwig, Wetzlar
www.imaginary-world.de
Satz: metiTEC-Software, me-ti GmbH, Berlin
ISBN 978-3-8379-2526-5

Inhalt

Vorwort der Herausgeber   9

Grußwort der Gießener Oberbürgermeisterin
Dietlind Grabe-Bolz   17

I   Impuls:
Verantwortung in der modernen Gesellschaft

Eine Gesellschaft braucht Werte und Leitplanken   23
Gedanken zu Gesellschaft, Wirtschaft und Verantwortung
Franz Müntefering

II   Was ist der Mensch wert?

Die stille Liebe der Deutschen zur Planwirtschaft   41
Die Einstellung der Deutschen zu gesellschaftlichen Werten
und zur Marktwirtschaft
Thomas Petersen

Ist der Markt moralfrei?   55
Zum Spannungsfeld von Gewinn und Moral aus christlich-ethischer
Sicht
Joachim Wiemeyer

Die Rationalität der Barmherzigkeit   69
Ein Zugang zur Wirtschaftsethik von Papst Franziskus
Linus Hauser

Inhalt

III Wirtschaft und Verantwortung

Wirtschaft versus Verantwortung 87
Ansprüche der Gesellschaft und Verantwortung der Wirtschaft –
Ideal und Wirklichkeit
Rainer Schwarz

Unverantwortlichkeiten in der Finanzwirtschaft 97
Ein psychologischer Zwischenruf
Jürgen Hardt

Plädoyer für eine dialogische Wirtschaft 119
Dialog und Vertrauen als Schlüsselkategorien der Wirtschaft –
Impulse für eine Weiterentwicklung ökonomischen Denkens –
Gedanken aus theologischer Perspektive
Siegfried Karl

IV Jugend und Wirtschaft

Ökonomie und Ethik – eine Schlüsselfrage auch für die Schulen 159
Zum Bildungs- und Erziehungsauftrag der Schulen –
Zu ethischem Handeln befähigen
Andreas Lenz

Wie steht die junge Generation zu Verantwortung und zu Werten? 169
Erfahrungen aus langjähriger Unterrichts- und Projektarbeit an der
Schule
Josef Kaiser

Alles ändert sich: die Generationen X, Y und Z 191
Wandel bei Human Resources – Arbeitgeberattraktivität wird
entscheidend
Marcus K. Reif

V Der Privathaushalt als Arbeitsplatz

Die Sorgelücke füllen – aber zu gerechten Bedingungen! 201
Bernhard Emunds & Esther Jünger

Der Privathaushalt als Arbeitsplatz – Wie füllen wir die Sorgelücke? 215
Die Erwerbsbeteiligung beider Geschlechter
Uta Meier-Gräwe

VI   Schlussbemerkungen

Ethik in Studiengängen berücksichtigen 227
Humanistisches Menschen- und Bildungsverständnis fordert
Thematisierung ethischer Fragen in den Wirtschaftswissenschaften –
Begründungen
Siegfried Karl

Wir brauchen neue Wegweiser 253
Vom Menschen her sehen und angehen – Anmerkungen zu Politik,
Gesellschaft, Wirtschaft und Werten
Rita Süssmuth

Autorinnen und Autoren 269

Vorwort der Herausgeber

Der vorliegende Band stellt die Fortsetzung der Buchreihe *Dialog leben* dar, welche die Katholische Hochschulgemeinde (KHG) Gießen seit dem vergangenen Jahr herausgibt. Die einzelnen Bände folgen dem Leitgedanken, dass der Dialog, das echte Gespräch, notwendig ist – notwendiger denn je. Deshalb geht es in einer weiteren Dimension auch darum, in den Dialog konkret einzutreten und den Dialog zu leben. Der aktuelle Band widmet sich einer aktuellen Frage: Droht unter den gegenwärtigen Entwicklungen des Marktes und des Wirtschaftens der Ausverkauf des Menschen, eine Entmenschlichung unseres sozialen Miteinanders?

Das Verhältnis zwischen Wirtschaft und Gesellschaft ist in eine grundlegende Krise geraten und das Verhältnis der Ethik zur Wirtschaft ist angespannt. Wird das beständige Ringen um Effizienz, Rendite und Wirtschaftswachstum in unserem Land zu einem Fluch für uns alle und in letzter Folge dann auch zum Fluch für die Wirtschaft selbst? Seit 2008, das Jahr, in dem Lehmann Brothers zusammenbrach und eine ganze Kettenreaktion auf den Märkten nach sich zog, erschüttern uns Finanz- und Schuldenkrisen immer wieder. Mit viel Einsatz von Mitteln haben wir dieses System noch einmal gerettet. Aber es scheint ganz so, als würden wir diese Krise nicht mehr los.

Seitdem schwelt in unserer Gesellschaft die Debatte über die Moral der Märkte und es treibt uns die Suche nach einer neuen wirtschaftlichen Orientierung und einer gerechten Gesellschaft um. Welche Verantwortung haben Unternehmen, Banken, die Politik und letztlich jeder einzelne Bürger und jede einzelne Bürgerin in unserer Gesellschaft? Drohen uns also die Ökonomisierung aller Lebensbereiche und der Ausverkauf des Menschen? Bestimmt der Mensch noch den Markt oder hat der Markt mit seiner digital vollendeten Machterweiterung und -verlängerung in unser privates und alltägliches Leben hinein nicht schon längst die Kontrolle über den Menschen übernommen? Diese und ähnliche Fragen beschäftigen viele Menschen und machen vielen Menschen auch Angst, Angst vor der Zukunft – gerade auch im Blick auf die Umwälzungen, die in unserer Welt stattfinden, und die Unwägbarkeiten, die die Digitalisierung für uns Menschen und für die Gesellschaft letztendlich mit sich bringen.

In den Beiträgen dieses Bandes geht es nicht um mögliche alternative Konzepte zu unserer »Sozialen Marktwirtschaft« oder darum, Angst- oder Horrorszenarien von einem entfesselten »freien Markt« zu entwerfen, auch nicht darum, eine billige Schelte über die vermeintliche Maßlosigkeit und Profitgier von Unternehmern und Konzernmanagern abzulassen. Nein, die Beiträge konzentrieren sich in ihrer Zusammenschau gerade auch auf den dringend notwendigen Dialog: ein Dialog zwischen der Bürgergesellschaft, den Wirtschaftstreibenden, den Entscheidungsträgern und der jungen Generation. Wie kann ein solcher Dialog, der sich in einem konflikt- und spannungsreichen Feld bewegt, überhaupt lebendig werden und lebendig gehalten werden, in einem Feld, auf dem sich die Parteiungen und Generationen nicht selten feindlich und ablehnend gegenüberstehen?

Die Herausgeber dieses Bandes plädieren für eine umfassende Neuorientierung des Verhältnisses zwischen Wirtschaft, Gesellschaft und Ethik. Die Beiträge sollen dazu anregen, Räume für den Dialog zu entdecken und zu öffnen. Unternehmerinnen und Unternehmer, Politikerinnen und Politiker, Wissenschaftlerinnen und Wissenschaftler haben für diesen Dialog gewiss eine je eigene Verantwortung zu übernehmen, als Bürger tragen jedoch wir alle für diesen Dialog eine entscheidende Mitverantwortung. Von dem Gelingen dieses Dialoges hängt unsere Zukunft und die unserer Kinder ab und vielleicht auch die Zukunft unseres Planeten Erde.

Das zweite KHG-Symposium, das am 8. November 2014 im Konzertsaal des Rathauses der Universitätsstadt Gießen stattfand, trug den Titel *Ausverkauf des Menschen!? – Wirtschaft, Gesellschaft und Ethik im Gespräch*. »Ausverkauf des Menschen!?« mag in den Ohren von Ökonomen und Unternehmern vielleicht provozierend klingen. Es ging uns nicht um plumpe Beschimpfung von Bankern und Ökonomen oder um ein Wettern gegen Profitgier, Egoismus und Maßlosigkeit in der Wirtschaft und auf den Finanzmärkten. Im Mittelpunkt standen die viel diskutierten Fragen der Gesellschaft, der modernen Ökonomie und des Wachstums sowie von Ethik und Verantwortung. Wir haben mit diesem Symposium zwei wichtige Erfahrung gesammelt: Die Menschen sind über die Moral in den Märkten und das Verhalten von Wirtschaft, Politik und Wissenschaft sehr beunruhigt. Die Ökonomie und das Wirtschafts- und Renditedenken machen selbst vor dem Bereich der Sorge von Pflegebedürftigen in unseren Familien nicht halt. Wir haben mit dem Symposium aber auch die Erfahrung gewonnen, dass man, wenn man sich auf den Dialog und das wirkliche Gespräch einlässt, neue Entdeckungen machen kann. Durch das echte Gespräch eröffnen sich neue Denkräume und neue Ebenen des Dialogs, die in der heutigen Welt, in der Wirtschaft wie auch in unserem öffentlichen gesellschaftlichen Leben, immer seltener zu werden drohen. Ein Gespräch, in dem sich uns gleichsam von innen heraus die Zukunftsfragen stellen, ja, geradezu aufdrängen: Woran wollen wir uns orientieren? Was gibt uns Orientierung und was soll uns überhaupt Orientierung geben? Nach welchen Werten wollen wir unsere Gesellschaft und unsere Wirtschaft gestalten? Wollen wir uns mit der vom neoliberalen Zeitgeist nahegelegten Reduktion von Vernunft auf Effizienz, von Fortschritt auf Wirtschaftswachstum und von bürgerlicher Freiheit auf Konsumfreiheit begnügen? Brauchen wir eine neue Aufklärung, um diese drei Leitideen der Moderne, also von Vernunft, Fortschritt und Freiheit, wiederzugewinnen? Ist ein Dialog möglich, in dem Wirtschaft und Politik im Dienst am Menschen und im Dienst an der Zukunft unserer Gesellschaft stehen?

Diesen Fragen und Erfahrungen gehen die Beiträge in diesem Buch, die eine Vielzahl von Perspektiven und Themen ins Spiel bringen, auf unterschiedliche Weise nach. Welchen Stellenwert soll in unserer modernen Gesellschaft Verantwortung einnehmen? »Leitplanken« für diese Grundsatzfrage setzt der ehemaligen Vizekanzler und Bundesminister *Franz Müntefering* in seinem Impulsbeitrag. Der Markt ist nicht unsozial, er ist ein wichtiger Impulsgeber, doch er muss klare Regeln haben und Politik und Gesellschaft müssen für deren Einhaltung sorgen. Die soziale Demokratie ist für ihn der einvernehmliche Entwurf für unsere Gesellschaft, die soziale Gerechtigkeit dient als Werteorientierung und die solidarische Gesellschaft gilt es zu stärken. Da Flüchtlingsströme heute Lebenswirklichkeit sind, muss auch Verantwortungssolidarität praktiziert werden.

Was ist der Mensch wert? Fragen von Gesellschaft, Wirtschaft und Moral stehen im Mittelpunkt des zweiten Teiles des vorliegenden Bandes. Wie die Deutschen zu Wirtschaft, Wachstum, Verantwortung und Werten stehen, zeigt *Dr. Thomas Petersen* vom Institut für Demoskopie in Allensbach auf. Deren Umfrageergebnisse lassen erkennen, dass das Prinzip der Marktwirtschaft an Akzeptanz verliert. Zugleich lassen sie eine Grundströmung hin zu einer Gesellschaft deutlich werden, die künftig vermutlich mehr Wert auf Gleichheit und weniger auf Freiheit legt.

Die ethischen Grundsätze, die an gerechtes Wirtschaften, an die Wirtschaftsordnung, an die Unternehmen sowie an ökonomisch handelnde Personen sich stellen, ihre Entwicklung und ihren Stand zeigt *Prof. Dr. Joachim Wiemeyer* aus christlich-ethischer Sicht auf. Er und *Prof. Dr. Linus Hauser* gehen auch auf die Wirtschaftsethik von Papst Franziskus ein, die Diskussionen und Widerspruch auslöst. Die Argumentation des Papstes fußt nicht auf unserem vertrauten abendländischen Rationalitätskonzept, seine Impulse zielen aber auf eine echte Soziale Marktwirtschaft.

Eine besondere Relevanz erhält das dritte Kapitel des Buches durch die Diskussionen über Wirtschaft und Verantwortung und durch die Entwicklungen des global entfesselten Finanzmarktes. Der Präsident der Industrie- und Handelskammer Gießen-Friedberg, *Rainer Schwarz*, legt in seinem Beitrag ein klares Bekenntnis des Unternehmers zur Verantwortung ab. Eigeninteresse, Gewinn und wirtschaftlicher Erfolg sind per se nichts Verwerfliches oder Unmoralisches. Wirtschaftlicher Erfolg ist für ihn auch ein Zeichen für die richtige Strategie und Zukunftsfähigkeit eines Unternehmens. In einem psychologischen Zwischenruf geht *Jürgen Hardt* der Frage nach, was es mit Moral und Verantwortung in der Finanzwirtschaft auf sich hat. Mit aller Deutlichkeit benennt er die von einem moralisch enthemmten und institutionell entfesselten Kasinokapitalismus ausgehenden Gefahren.

Da Vertrauen und Dialog Schlüsselkategorien der Wirtschaft darstellen, plädiert Hochschulpfarrer *Dr. Siegfried Karl* für ein Umdenken der Wirtschaft in Richtung einer dialogischen Wirtschaft. Die Dialogik von Martin Buber, einem der großen Philosophen des vergangenen Jahrhunderts, aufgreifend und auf die Wirtschaft übertragend, sieht er als Impuls für eine Weiterentwicklung des ökonomischen Denkens. Eine auf die Dialogik zugeschnittene Konzeption der Ökonomie trägt für ihn zu einem Wiederentdecken von Vertrauen, Glaubwürdigkeit und Solidarität für eine funktionierende Wirtschaft und damit zu dem wichtigen Zueinander von Gesellschaft, Wirtschaft und Ethik bei.

Wie die junge Generation zu Verantwortung und Werten steht, wird im vierten Teil thematisiert. Dass Schülerinnen und Schüler zur demokratischen Gestaltung des Staates und einer gerechten und freien Gesellschaft beitragen und befähigt werden nach ethischen Grundsätzen zu handeln, gehört mit zum Bildungs- und Erziehungsauftrag der Schulen, so der Präsident der Hessischen Lehrkräfteakademie *Andreas Lenz*. Aufgrund seiner langjährigen Unterrichts- und Projektarbeit an Schulen lautet das Fazit von Studiendirektor *Josef Kaiser*, dass die Generation Y besser ist als ihr Ruf und ihr Pragmatismus nicht unbedingt als Nachteil zu sehen ist. Die Erwachsenen sollten den Jugendlichen genauer zuhören sowie ihre Ängste und Befürchtungen ernst nehmen, um so zu einem Konsens über Generationengerechtigkeit zu kommen. Die richtigen Talente anzusprechen und zu gewinnen, ist die Herausforderung für Unternehmen angesichts des demografischen Wandels und des stetig zunehmende Fach- und Führungskräftemangels. Die Megatrends und die Strategien für Arbeitgeber hierbei zeigt *Marcus K. Reif* als Verantwortlicher für Personalbeschaffung, Strategisches Personal- und Hochschulmarketing auf.

Das gewichtige Problem der prekären Entwicklung in der Sorge von Pflegebedürftigen in den Familien steht im Mittelpunkt des fünften Abschnitts dieses Buches. Wie füllen wir die Sorgelücke? *Prof. Dr. Bernhard Emunds*, Leiter des Nell-Breuning-Instituts für Wirtschaftsethik in Frankfurt-St. Georgen, und die Gießener Haushalts- und Familienwissenschaftlerin *Prof.'in Dr. Uta Meier-Gräwe* zeigen in ihren Beiträgen die Problematik und Strategien auf, hierbei gilt es auch den Privathaushalt als Arbeitsplatz zu sehen. Die Gesellschaft, aber auch die Arbeitgeber und vor allem die Politik sind bei der Lösung dieser für die Zukunft unserer Gesellschaft gewichtigen Thematik gefordert.

In den Schlussbemerkungen plädiert *Dr. Siegfried Karl* dafür, Ethik in den wirtschaftswissenschaftlichen Studiengängen an den Hochschulen stärker zu berücksichtigen. Im Interesse einer zukunftsorientierten und verantwortungsvollen

Ausbildung der Studierenden und gerade auch des wirtschaftswissenschaftlichen Nachwuchses sieht er die Einbeziehung von gesellschaftlicher Verantwortung als unerlässlich für die Zukunftsausrichtung von Hochschulen und Wissenschaft.

»Wir brauchen neue Wegweiser« und eine Aktivierung unseres Wertebewusstseins, lautet der Appell von *Prof. Dr. Rita Süssmuth*, der ehemaligen Bundesministerin und langjährigen Präsidentin des Deutschen Bundestages. Ihre Schlussbemerkungen zu wichtigen Aspekten von Politik, Gesellschaft, Wirtschaft und die ihnen zugrunde liegenden Werte runden den vorliegenden Band ab. Macht für die Menschen und nicht Macht über die Menschen, Schutz menschlicher Würde, Förderung menschlicher Schaffenskraft, Achtung der individuellen und kulturellen Unterschiede und Zusammenhalt bei Wahrung der Andersartigkeit. Das sind für Süssmuth die Bausteine für unsere Zukunft. Zuerst kommt der Mensch, er braucht die Wirtschaft. Diese ist keine Herrscherin, sondern sie dient Mensch, Natur und Umwelt. Mehr Demokratie durch neue Wege und durch Bürgerbeteiligung und Bürgerdialog zur Stärkung der repräsentativen Demokratie, das ist die Botschaft auf den Zustand unserer Zivilgesellschaft. Wieder bestimmend geworden sind die Themen Migranten und Einwanderung, eine zentrale Zukunftsfrage bleibt auch für Deutschland die erfolgreiche Integration von Migranten. Die globalisierte Welt erfordert auch eine neue Beschäftigung mit der Frage der Religion. Nachdrücklich plädiert Süssmuth für mehr Beschäftigung mit und mehr Kenntnis über Religionen, zum verständnisfördernden Umgang mit kultureller Vielfalt in einer Gesellschaft.

Wenn wir mit diesen Beiträgen den spannungsvollen und alles andere als fraglosen Dialog zwischen Gesellschaft, Wirtschaft und Moral in das Zentrum der öffentlichen Diskussion stellen, dann verbinden wir damit unsere Hoffnung, dass sich aus dem Dialog neue Handlungs- und Freiheitsräume, andere Orientierungen, auch für die aktuellen gesellschaftlichen Debatten um Werte ergeben. Dieser Dialog um die Fragen, wohin sollen wir uns entwickeln, in welche Richtung wollen wir gesellschaftlich gehen, an welchem Bild wollen wir uns orientieren, steht aus unserer Sicht dringend an. Eindimensionale Kommunikationen, die von einer Über- bzw. Unterordnung der Gesprächspartner ausgehen, sind hierfür nicht nur unzureichend, um Menschen von einer Botschaft heute zu überzeugen, sondern sie machen vielmehr alle, die am Gespräch beteiligt sind, letztlich zu bloßen Objekten. Das unechte Gespräch instrumentalisiert den Menschen und es kann die Wirklichkeit nicht verändern. Es braucht aber das wirkliche oder echte Gespräch, den direkten Dialog auf Augenhöhe, der die Gesprächspartner als Subjekte ihres Handelns anerkennt. Dieser Dialog kann die Wirklichkeit verändern. Das echte Gespräch ist mehr als ein bloßes Mittel zur Information und Kommunikation; das echte Gespräch verleiht der Kommunikation zwischen den Wirtschaftstreibenden, den Bürgern und den politischen Entscheidungsträgern und damit letztlich auch dem Dialog zwischen Wirtschaft, Gesellschaft und Moral eine ganz neue

Dimension und Tiefe. Botschaften müssen in der Gesellschaft leben, um Gehör zu finden. Das ist der Anspruch an die Kommunikation und an den Dialog im 21. Jahrhundert.

Es ist unser Anliegen, in diesem Band unterschiedliche Perspektiven von Wissenschaftlern, Akteuren und Entscheidungsträgern zu vereinen, um so zu illustrieren, wie vielfältig die Aufgaben an den verschiedenen Schnittstellen ausfallen und wie bedeutsam diese Schnittstellen für das gelingende Gespräche sind. Wir sind der Auffassung, dass mit der Krise von 2008 strukturelle Verwerfungen in unserer Gesellschaft sichtbar geworden und immer noch wirksam sind, die nicht einfach dadurch gelöst werden, dass man an der einen oder anderen Stellschraube ein bisschen dreht, sich einsichtig und verantwortungsbewusst gibt, aber ansonsten die Geschäfte weiterlaufen lässt wie bisher. Vielmehr ist ein intensives Nachdenken in unserer Gesellschaft notwendig, ein Nachdenken über das »Große und Ganze«, eine tiefere ethische Reflexion, ein Nachdenken über unsere Werte und Leitideen, nach denen wir unser Handeln und Zusammenleben gerecht organisieren wollen. Wir müssen uns neue Perspektiven und Einsichten erarbeiten. Und diese Aufgabe ist nur lösbar, wenn Politik, Wirtschaft und Moral ihre Grenzen erkennen, aber auch über ihren je eigenen Bereich hinausgehen, sodass die unterschiedlichen Akteure aufeinander zugehen. Anders gesagt, wenn es zu einem echten Dialog kommt, in dem wirklich Alternativen und neue Sichtweisen gewonnen werden.

Das zweite Symposium der Katholischen Hochschulgemeinde Gießen hat hier etwas Neues gewagt, nämlich einen innovativen Weg der Dialogkommunikation zu gehen und PolitikerInnen, Wirtschaftstreibende, WissenschaftlerInnen und BürgerInnen zum Gespräch zusammenzubringen. Dieses Gespräch hat eines deutlich gemacht: Wir können und sollten voneinander lernen! Ein Denken, Handeln und Wirtschaften in den Kategorien des Dialogs ist dringend notwendig. Die Zeit ist reif für ein grundlegendes und selbstkritisches Nachdenken über die Werte und Ideale, nach denen wir in unserer Gesellschaft handeln und leben wollen! Wir widmen diesen Band all jenen, die sich für diesen Dialog einsetzen.

Dialog und Verantwortung als grundlegender Maßstab allen Handelns, auch des wirtschaftlichen, müssen oben angestellt werden. Das ist die »Gießener Botschaft«, die von dem Symposium ausgeht und die wir mit den in diesem Band gesammelten Beiträgen dokumentieren und vertiefen wollen. Eine Gewinnmaximierung um jeden Preis ist inakzeptabel. Alles Handeln und Wirtschaften ist dem Leben, dem Gemeinwohl verpflichtet. Geld und Kapital hat eine dem Menschen und dem Leben dienende Funktion. Bezugnehmend auf die Diskussionen über die Verantwortung in der Wirtschaft und in der Finanzwirtschaft appellieren wir an alle Akteure in der Wirtschaft, in den Märkten und in der Politik, in den Bereichen Wissenschaft, Erziehung und Bildung, um mehr echte Dialogfähigkeit und -bereitschaft und um ein höheres Verantwortungsbewusstsein. Dies gilt aber auch für die Konsumenten. Wir brauchen eine gesellschaftliche Verantwortung und von da ausgehend eine Wiederbelebung des Sozialen in der Sozialen Marktwirtschaft. Wir brauchen deshalb ein klares und breites Bekenntnis zur Sozialen Marktwirtschaft. Hier ist auch die politische und gesellschaftliche Willensbildung, die soziale Dimension des Dialogs, gefordert.

Die Herausgeber dieses Bandes bedanken sich bei allen AutorInnen für ihre Bereitschaft zur Mitarbeit und bei allen ReferentInnen, ArbeitskreisleiterInnen und teilnehmenden BürgerInnen für das gelungene KHG-Symposium in 2014 recht herzlich. Ein besonderer Dank gilt zudem Prof. Dr. Hans-Jürgen Wirth und Herrn Christian T. Flierl vom Psychosozial-Verlag für die verlegerische Beratung und Betreuung bei der Herausgabe dieses Buches. Die Zusammenarbeit wird von ihnen ganz nach unserem gemeinsamen Motto »Dialog leben« mit fördernden Erfahrungs- und Meinungsaustausch und Kompetenz gelebt.

Gießen, im Juni 2015
Siegfried Karl & Hans-Georg Burger

Grußwort der Gießener Oberbürgermeisterin Dietlind Grabe-Bolz

Als ich Ende Oktober 2014 am schönen alten Gebäude der Katholischen Hochschulgemeinde Gießen in der Wilhelmstraße vorbeifuhr und das große Ankündigungstransparent für das Symposium mit diesem fragenden und ausrufenden Slogan »Ausverkauf des Menschen?!« sah, schossen mir viele aktuelle Debatten und Anlässe in den Kopf.

Zu Hause angekommen lag die aktuelle Ausgabe der Wochenzeitung *Die Zeit* auf dem Tisch und in ihr ein Bericht mit der Überschrift »Ein Kind von Apple«. Darin wurde das Bemühen großer US-Betriebe beschrieben, weibliche Mitarbeiter dazu zu bewegen, ihre Eizellen auf Kosten des Betriebes einfrieren zu lassen und damit ihre Familienplanung nach hinten zu verschieben.

»Ausverkauf des Menschen« – Ausrufezeichen! Menschen als Teil einer großen Maschine. Menschenwert und -würde – bemessen nur am wirtschaftlichen Nutzen. Wünsche, Träume, Bedürfnisse, Individualität, Einzigartigkeit, Vielfalt – unwichtig.

Ich muss nicht gedanklich in die USA reisen, das Thema ist auch hier akut – wenngleich nicht in diesen Dimensionen.

In fast jedem Feld, das mich täglich umgibt, in fast jeder Frage, die sich aktuell stellt, ist die Frage nach einem möglichen Ausverkauf des Menschen offen oder versteckt enthalten:

➢ Würdevolles Altern in der Stadt.
➢ Wohnraum für alle oder nur für Besserverdienende.
➢ Die Zukunft der Arbeitsplätze und welcher?
➢ Das Recht auf den Sonntag als Ruhetag.

Ich könnte die Liste erweitern, ich erspare es Ihnen.

Sie fragen sich: Was hat das mit der These oder Frage nach dem Wert, dem Ausverkauf des Menschen zu tun? Eine Menge. Denn die Ökonomie, das ökonomische Denken hat längst breiten Einzug gehalten in Politik und Staat, in Politikverständnis und Staatsverständnis. Auch bei uns in den Kommunen.

Grußwort der Gießener Oberbürgermeisterin Dietlind Grabe-Bolz

Spätestens seit der großen Krise der öffentlichen Finanzen, die den Wirtschafts- und Bankenkrisen auf dem Fuß folgte, wächst das Bewusstsein dafür, dass sich auch der Staat wirtschaftlich verhalten muss. Das ist zum einen gut so – denn auch wir, die wir Staat machen und führen, leben nicht im luftleeren Raum. Wir verantworten Steuergelder, für die Bürgerinnen und Bürger hart arbeiten müssen.

Dennoch, ich erlebe auch, dass sich die Debatten um die Aufgaben von Politik und politischer Gestaltung gerade in unseren kommunalen Gemeinwesen, da, wo alles noch recht gut nachvollziehbar ist und für jeden Bürger, für jede Bürgerin auch spürbar, dass sich just hier die Debatten zuspitzen:

Auf der einen Seite diejenigen, die die Förderung, Unterstützung, Leitung des Staates einfordern und uns als Kommune in dieser durch und durch durchökonomisierten Gesellschaft als letzte Bastion eines sozialen Ausgleichs, auch eines nicht Angebot und Nachfrage gehorchenden Marktes sehen. Menschen, die Sehnsucht nach echter (Mit-)Menschlichkeit haben und/oder mehr erwarten, als eine Umverteilungsmaschine ihrer Gelder.

Auf der anderen Seite diejenigen, die jede Leistung, die wir bringen, hinterfragen. Lohnt sie sich, zahlt sie sich aus? Können wir uns das überhaupt noch leisten? Müssen wir wirklich noch in Projekte zur Gleichstellung von Frauen und Männern investieren? Muss nicht doch Kinderbetreuung auch weitgehend kostendeckend sein, der Radweg vielleicht doch nicht gebaut werden?

Wir hatten eine Landesgartenschau in Gießen. Ein zentraler Teil der Debatte, des öffentlichen Streits war: *Brauchen wir das wirklich? Können wir uns das leisten? Was springt dabei für uns als Stadt heraus? Ist diese Investition rentabel? Wann? Ist das messbar?*

Das Thema, das Sie heute beschäftigt, hat tatsächlich – auch für uns hier in Gießen – eine hohe Brisanz und Aktualität. Ich sage sogar: Jedes wichtige Thema, das wir öffentlich kontrovers diskutieren, diskutieren wir eigentlich und in Wirklichkeit entlang des Spalts, der sich durch unsere Gesellschaft zieht: *Soll, muss, darf wirtschaftliches Denken alleine die Entscheidung darüber bestimmen, was, wo und wann gemacht wird?*

Denn das ökonomische Denken hat längst Einzug gehalten in die Tiefen unserer Gesellschaft, in uns. Und es beherrscht die Debatte jeden Tag. Leider unbemerkt.

Frank Schirrmacher, einer der großen Intellektuellen und Querdenker unserer Zeit, der leider viel zu früh starb, hat in einem aufsehenerregenden Buch mit dem Titel *Ego – Das Spiel des Lebens* die provozierende These vertreten, dass mit der Erfindung des »homo oeconomicus«, also des Menschen, der nur noch der Erkenntnis folgt, dass jeder nur tut, was ihm selbst nutzt, eine unerkannte und gefährliche, neue Entwicklung in der Menschheitsgeschichte ihren Anfang genommen hat. Eine Geschichte von Misstrauen, Unterstellung, Neid und Eigennutz. Einem angeblichen oder so empfundenen Naturgesetz, das unser komplettes Tun und Lassen, unseren Alltag, ja sogar auch unsere Kommunikation mit anderen bestimmt. In Schirrmachers Thesen spielt Selbstbestimmung des Menschen keine Rolle mehr – er hat sie nur noch theoretisch. Praktisch ist er umgeben von einer Umwelt, die ihm anhand von mathematischen Algorithmen den nächsten Einkaufsbummel vorschlägt und ihm sagt, was ihm noch gefallen könnte. Eine rein theoretische Freiheit der Entscheidung also.

Schirrmacher skizziert eine Welt, in der der Mensch längst Opfer eines Denkens geworden ist, das sich wie ein Gift und ohne Widerspruch in sein Gehirn geschlichen hat. Und dieses Gift heißt: *Ich bin alleine und kämpfe gegen alle für meine Interessen.*

Eigensinn statt Gemeinsinn. Da ist der Weg nicht mehr weit zum »Ausverkauf des Menschen«.

Hätte Frank Schirrmacher recht, wäre es schon so weit, gäbe es aber heute jene andere Gruppe, die sich von einem Gemeinwesen mehr erhofft als die private Wirtschaftslogik, nach der sich alles berechnen, kalkulieren und planen ließe, nicht. Es gäbe all diejenigen nicht, die zum Beispiel in einer repräsentativen Umfrage in Gießen zum Thema Demokratie geäußert haben, dass soziale Gerechtigkeit eines der wichtigsten Themen für sie sei.

Der bekannte Molekularbiologe und Psychiater Joachim Bauer, und dies ist das Gegenbild, das ich zu Frank Schirrmachers Thesen entwerfen möchte, hat anhand zahlreicher Forschungen die These widerlegt, dass der Mensch auf Egoismus und Konkurrenz eingestellt sei. Vielmehr belohne das Gehirn das gute Miteinander mit Botenstoffen, die gute Gefühle und Gesundheit erzeugen.

Alles menschliche Handeln – so Bauer – werde motiviert durch sein Streben nach Zuwendung und Wertschätzung – also nach Kooperation.

Die schleichende Erschaffung des »homo oeconomicus«, der sich alleine gegen alle bewegt, geht also gegen die menschliche Natur. Das gibt uns Hoffnung. Hoffnung auf den Sieg des Gedankens des Gemeinwohls gegen den Egoismus. Hoffnung auch, dass die Menschen schon von Natur aus einen Weg unterstützen würden, der ein Ausweg aus der Zwangsläufigkeit der Vereinzelung ist.

Ich habe diese Hoffnung. Nur müssen wir, die wir die Kultur des Gemeinwohls verteidigen, uns darin einig sein. Ich bin sicher, wir werden dafür genug Anhängerinnen und Anhänger finden. Als Oberbürgermeisterin – also quasi als Aufsichtsratsvorsitzende dieser großen Gemeinschaft – möchte ich der These, dass der Markt es regelt und der Staat letztlich nur Moderator sein sollte im Widerstreit der Interessen und maximal für die sorgen sollte, die den Anschluss daran nicht schaffen, nicht folgen.

Ich möchte für alle Diskussionen, die anstehen, die Kräfte des Marktes nutzen, aber auch Regeln schaffen, die Kooperation statt Konkurrenz als Prinzip respektieren. Auch das kann einem drohenden Ausverkauf des Menschen helfen – wenn alle daran mitwirken. Denn es ist nicht alleine Aufgabe des Staates, diesen Wandel hervorzurufen.

Ich freue mich deshalb, dass die Katholische Hochschulgemeinde Gießen dieses wichtige Thema, diesen wichtigen Dialog zwischen Gesellschaft, Wissenschaft, Wirtschaft und Kirche zur Diskussion aufgerufen hat. Und ich würde mich freuen, wenn darüber weiter und breit diskutiert würde. Denn nur der Dialog führt uns zusammen. Und zwar nur der echte – und nicht der in virtuellen Netzwerken, die oft nur polarisieren, spalten und nicht versöhnen.

Ich freue mich umso mehr, dass der im letzten Jahr begonnene Dialog durch eine neue Gießener Schriftenreihe aus dem Psychosozial-Verleg von Prof. Hans-Jürgen Wirth, die der Verlag zusammen mit der KHG unter dem Titel *Dialog leben* herausgibt, zusätzlich unterstützt wird.

Und ich freue mich auch, dass heute so viele Mitwirkende und Themen aus Gießen und Mittelhessen den gelebten Dialog führen und sicher auch weiter fortführen. Ich muss sagen: Es macht mich stolz, die Oberbürgermeisterin einer Stadt zu sein, die solches hervorbringt.

Diese Initiative steht in großer und guter Tradition: Wenn wir an das beeindruckende und modellhafte Engagement von Prof. Horst-Eberhard Richter denken, der auch hier vor Ort Großes geleistet und damit den Namen unserer Stadt so positiv in alle Welt gebracht hat, wissen wir, dass viel Gutes aus Gießen kommen kann – wenn sich kluge Köpfe zusammentun.

Dass dies hier der Fall ist, davon kann man sich mit Blick auf die Liste der Autoren dieses Bandes zweifelsfrei überzeugen. Ich beglückwünsche die KHG zu dieser hochkarätigen Auswahl. Und ich danke allen Mitwirkenden, besonders auch den Repräsentanten aus der heimischen Wirtschaft, aber auch aus Wirtschaftsverbänden, dass sie sich in diesen wichtigen Dialog bewegen.

I   Impuls: Verantwortung in der modernen Gesellschaft

Eine Gesellschaft braucht Werte und Leitplanken

Gedanken zu Gesellschaft, Wirtschaft und Verantwortung[1]

Franz Müntefering

Vorbemerkung

Politik muss auf der Höhe der Zeit sein. Wer die Herausforderungen der Zeit nicht sieht oder ignoriert, gefährdet die Errungenschaften und den Fortschritt, der mühsam erkämpft wurde. Die Menschen wollen Sicherheit, sie wollen auch Mut zu Fortschritt und Zukunft. Vor allem wollen sie gesellschaftliche Solidarität und soziale Verantwortung. Deshalb stellt sich stets von neuem die Frage: Wie kann unsere Gesellschaft im Wandel ihren sozialen Kern behalten? Dieses Anliegen der Menschen ist auch in der katholischen Soziallehre tief verwurzelt. Daher begrüße ich es, dass die Katholische Hochschulgemeinde Gießen sich im Rahmen ihres zweiten Symposiums unter dem Thema *Ausverkauf des Menschen!?* den Fragen von Verantwortung in der modernen Gesellschaft sowie von Wirtschaft und Gesellschaft stellt. Diese Fragen gehören auch im Kontext des demografischen Wandels zu den großen Themen und Herausforderungen unserer Gesellschaft, der Politik und der Wirtschaft. Denn sie sind für die Zukunftsgestaltung unserer Gesellschaft von grundlegender Bedeutung. Deshalb bin ich gerne hier und bringe im Rahmen eines Impulsreferats meine Gedanken zur Verantwortung in der modernen Gesellschaft ein.

Dies tue ich auch deshalb gerne, weil das Oswald von Nell-Breuning-Institut der Hochschule St. Georgen in Frankfurt am Main mit seinem Leiter Prof. Bernhard Emunds an der inhaltlichen Entwicklung der Themenstellung dieses Symposiums mitgewirkt hat. Als Abgeordneter habe ich in der zweiten Hälfte der 1970er Jahre den Nestor der katholischen Soziallehre Pater Oswald von Nell-Breuning kennen und seine Denkanstöße schätzen gelernt. Angesprochen haben mich insbesondere seine Kernbotschaft und sein Eintreten für eine solidarische

---

[1] Verschriftlichung und Komplettierung eines Vortrages, der im Rahmen des Symposiums der KHG Gießen am 8. November 2014 im Rathaus in Gießen gehalten wurde.

Gesellschaft. Dass sich am 8. März 2015 sein Geburtstag zum 125. Mal jährte, ist für mich auch ein Anlass, auf seine großen Verdienste und sein wirtschafts- und sozialpolitisches Wirken hinzuweisen. Unter Punkt 3 und dem Titel »Soziale Gerechtigkeit« werde ich die Rolle dieses bedeutenden Intellektuellen und Brückenbauers würdigen.

Welchen Stellenwert soll in unserer modernen Gesellschaft Verantwortung einnehmen? Wie soll die Zukunft unseres Staates gestaltet werden? Wie wollen wir gemeinsam leben? Was sind die Pflichten und was die Rechte des Einzelnen? Was für mich Verantwortung in der modernen Gesellschaft bedeutet und wie ich sie sehe, fasse ich in den folgenden zehn Punkten zusammen.

1. Verantwortung in der Welt heute: Verantwortungssolidarität praktizieren – Flüchtlingsströme sind die Lebenswirklichkeit

Als Kind habe ich in der Schule gelernt, dass zur Zeit Jesu Christi etwa 300 Millionen Menschen auf der Welt gelebt haben und um 1650 waren es weltweit rund 500 Millionen. Seitdem hatten wir einen exponentiellen Bevölkerungszuwachs zu verzeichnen: Rund 1 Milliarde Menschen waren es im Jahr 1800, rund 1,65 Milliarden bis zur Jahrhundertwende 1900 und zu meiner Schulzeit waren es 1,8 Milliarden. Heute leben rund 7 Milliarden Menschen auf unserem Planeten und bis zum Jahre 2050 wird ihre Zahl wohl auf über 9 Milliarden anwachsen.

Angesichts dieser Zahlen lautet die Frage: Kann unser Planet das leisten und wird es friedlich bleiben? Diese Menschen brauchen zu essen, zu trinken, zu kleiden, brauchen Medizin, Wohnung, Bildung. Hier reicht die Lehre der reinen Nächstenliebe nicht aus. Es muss gehandelt werden. Organisiert gehandelt. Und zwar schnell und umfassend. Wir müssen von der großen Zahl der Hilfsbedürftigen her denken, nicht von der Makellosigkeit der Caritas. Wir müssen politisch-pragmatisch handeln und Solidarität organisieren. Moralisch ist es nicht erlaubt, auf Gesinnungs-Nächstenliebe zu setzen, sondern es muss Verantwortungssolidarität praktiziert werden. Jetzt! Das nützt jedem, der gerettet wird. Die Menschen – jeder! – müssen menschenwürdig leben können.

In den letzten Wochen und Monaten erreichen uns erschütternde Nachrichten mit immer schrecklicheren Horrorzahlen. Das Mittelmeer droht für immer mehr Flüchtlinge zum Massengrab zu werden.

Flüchtlingsströme sind die Lebenswirklichkeit. Sie werden unserem Jahrhundert heute und in den kommenden Jahrzehnten ihren Stempel aufdrücken und unsere Gesellschaften herausfordern. Das ist kein neues Thema, allerdings wächst die Dimension des Problems. Die Entwicklungsländer werden weiterhin die größten Bevölkerungszuwächse verzeichnen, vor allem Afrika. Die Bevölkerung in

Afrika wird sich also von heute 1,1 Milliarden in den kommenden Jahrzehnten verdoppeln und verdreifachen. Unsere Gesellschaft, unsere Politik und Europa müssen sich dieser Wirklichkeit stellen und Antworten finden. Die zwischen Sizilien und Tunesien gelegene italienische Insel Lampedusa mit ihrem Flüchtlingslager steht dafür als Synonym.

Wir müssen geeignete Instrumente entwickeln und Unterstützung leisten, um den Menschen in den betroffenen Ländern eine langfristige Perspektive für Frieden, Wohlstand und Demokratie anzubieten. Hilfe und Unterstützung vor Ort muss der erste Schritt sein. Wir müssen retten, möglichst viele, die in ihrer Verzweiflung den Weg übers Mittelmeer suchen. Wir müssen Asyl gewähren, wo das nötig ist. Wir müssen willkommen heißen. Wir müssen in Europa für Solidarität für die Flüchtlinge werben.

Perfekt wird die Welt nicht werden, auch wenn wir uns anstrengen, auch an diesem Punkt nicht. Aber wir dürfen im Bemühen um Hilfe weder verzweifeln noch ignorant werden. Wir können ganz vielen helfen. Und es kommt auf jeden Einzelnen an.

2. Die Würde des Menschen ist unantastbar und soziale Demokratie ist der Auftrag

Unser Wohlstand basiert auf der Leistungsfähigkeit unserer Gesellschaft und unserer Wirtschaft. Der Markt ist nicht unsozial, er ist ein wichtiger Impulsgeber, doch er muss klare Regeln haben und Politik und Gesellschaft müssen für deren Einhaltung sorgen.

Wie unsere Gesellschaft gestaltet sein soll, dazu gibt es einen konsensualen Gesellschaftsentwurf. Das ist eine Gesellschaft mit Wohlstand auf hohem Niveau, ökonomisch erfolgreich, ökologisch anspruchsvoll, sozial gerecht, nachhaltig, also eine soziale Demokratie, in der die Freiheit des Einzelnen im Sinne unseres Grundgesetzes zentraler Wert ist.

Wir Sozialdemokraten bejahen das marktwirtschaftliche Prinzip und den Wettbewerb. Wir bekennen uns ausdrücklich zum Faktor ökonomischer Erfolg, zur Bedeutung von Fortschritt und zu Wachstum. Ökonomischer Erfolg ist eine Voraussetzung für die Chance zur Freiheit von Not und Elend. Prosperität, ökologische Vernunft und soziale Gerechtigkeit bedingen einander, alle drei sind für den Fortschritt wichtig. Fortschritt will Wohlstand auf hohem Niveau und dauerhaft. Arbeit, Bildung und Nachhaltigkeit sind dabei die Motoren. Wir wollen, dass es den Menschen gut geht. Allen.

Darauf kommt es an: Sich nicht abfinden mit den Dingen, wie sie sind. Es besser machen wollen, im Großen wie im Kleinen. Gesellschaftlicher Fortschritt also. Dieser ist unerlässlich für ein funktionierendes Gemeinwesen mit Zukunft.

Politik braucht Orientierung, wie alle Menschen Orientierung brauchen. Politik gründet auf Werten und lebt von Werten, die sie selbst allein nicht schaffen kann. Politik ist den Regeln verpflichtet, die die Gemeinschaft der Menschen sich selbst durch den Gesetzgeber gegeben hat und gibt. Die orientierende und verbindliche Leitplanke für Inhalt und Form von Politik in unserem Land ist unser Grundgesetz.

Im Mittelpunkt unseres Grundgesetzes steht das Individuum, der einzelne Mensch. Deshalb beginnt das Grundgesetz mit den Artikeln zu den Grundrechten. Und im ersten Satz von Artikel 1 steht: »Die Würde des Menschen ist unantastbar.« Das ist eine Aussage von fast biblischer Kraft. Es ist zugleich die zentrale Aussage zur Freiheit des einzelnen Menschen und zur Idee der Demokratie. Seit dem Jahr 2000 ist sie auch der erste Satz in der EU-Charta der Grundrechte. Und sie steht im Zentrum der UN-Charta von 1948.

Als Johannes Rau 1999 am 50. Jahrestag unseres Grundgesetzes zum Bundespräsidenten gewählt wurde, hat er in seinen kurzen Dankesworten an die Bundesversammlung auf diesen Artikel Bezug genommen und gesagt: Das steht da so und ist auch so gemeint. »Da steht nicht: die Würde der Deutschen, sondern da steht: die Würde des Menschen. Dass Frauen und Männer gleiche Chancen und gleiche Rechte haben sollen, dass das private Eigentum zugleich dem Allgemeinwohl dienen soll.« Das sind klare Festlegungen. Mehr noch: »[U]nsere Gesellschaft [ist] als soziale Demokratie zu gestalten.« Dies ist der zweite unverrückbare Baustein in unserer Verfassung.

Auf diese Festlegung zu verweisen ist gerade nach den Erfahrungen bei der internationalen Finanzkrise und den Auswüchsen des Finanzkapitalismus angebracht. Geld und Wirtschaft müssen den Menschen dienen und nicht umgekehrt. Demokratie und unser soziales Miteinander sind gefordert! Nicht Finanzspekulationen, die keine Rücksicht darauf nehmen und zerstörerisch wirken.

Ein Land wie Deutschland, in dem die Würde des Menschen als oberstes Staatsziel festgeschrieben ist, muss eine offene Gesellschaft mit allen Rechten und Pflichten sein, die fremde Kulturen akzeptiert und die im Artikel 1 des Grundgesetzes die verbindende Klammer sieht. Vor allem auch deshalb, weil der Anteil an Menschen mit Wurzeln in fremden Kulturen ständig zunimmt. Seinen Mitmenschen mit Toleranz und Achtung begegnen – das sollte in unserer Gesellschaft selbstverständlich sein. Die Realität in Deutschland und in vielen anderen EU-Staaten ist eine teilweise andere. Migrantinnen und Migranten schlägt oft Skepsis und Ablehnung entgegen, auf dem Arbeitsmarkt und im Alltag. Rassismus und Fremdenfeindlichkeit sehe ich als eine ernste Bedrohung an, gerade auch für unseren Wirtschaftsstandort. Ich möchte, dass Deutschland und Europa bunt und weltoffen sind. Ein Land und ein Kontinent, wo wir ohne Angst verschieden sein können. Dank allen, die dazu schon beitragen. Aber wir dürfen nicht zufrieden sein, es hapert an vielen Stellen.

Es darf nicht sein, dass jemand, der vor zehn oder mehr Jahren nach Deutschland gekommen ist, heute noch als Migrant behandelt wird. Irgendwann ist man einfach Deutscher. Das ist keine Frage von Glauben, Kultur, Haarfarbe, Sprache. Wenn jemand längere Zeit hier lebt, zählt nur, ob er sich zum Grundgesetz bekennt und die Gesetze achtet. Wer das tut, gehört mit allen Pflichten und Rechten dazu. Irgendwann ist man einfach Deutscher, mindestens als Doppelstaatsbürger.

3. Dem Wohl aller dienen – soziale Gerechtigkeit als Werteorientierung

Die soziale Marktwirtschaft ist ein hohes gemeinsames Gut, das unsere Gesellschaft, unser Land geprägt hat und prägt. Sie kann letztendlich nur gelingen, wenn die Menschen in ihrem Handeln von der Bereitschaft zu Freiheit und zu persönlicher Verantwortung, zu sozialer Gerechtigkeit bestimmt sind. Nur die Strukturen zu pflegen, reicht nicht. Es kommt auf den Geist an, der in ihnen weht. Das heißt, die Werte derer, welche die soziale Marktwirtschaft gestalten und leben, müssen stimmen. Welches sind diese Werte? Es sind: Die Menschenwürde, die Menschenrechte, die Ausrichtung aufs Gemeinwohl und Gerechtigkeit und – gerade heute von stärkerer Relevanz als früher – die Verantwortung der Generationen füreinander.

Fragen von Demokratie, Gesellschaft und Sozialstaat gehören zu den elementaren Grundfragen und werden daher von der Gesellschaft stets neu diskutiert. So waren in den 1980er und 1990er Jahren die Wirtschafts- und Sozialpolitik und ihre Maßstäbe Gegenstand grundsätzlicher gesellschaftspolitischer Debatten sowie nach der Finanzkrise 2008/2009 auch im Zusammenhang mit den Auswüchsen des Kapitalismus. In den 1980er und 90er Jahren waren es die Arbeitslosigkeit und die Herausforderungen, die sich – glücklicherweise! – mit der deutschen Einheit ergaben. Der Sozialstaat stieß an seine Belastungs- und Finanzierungsgrenzen, Sozialstrukturen erfuhren tiefgreifende Umbrüche.

Auch in den christlichen Kirchen sind diese Fragen in dieser Phase intensiv diskutiert worden. Ein bis heute nachwirkendes Ergebnis war das gemeinsame Wort des Rates der Evangelischen Kirche in Deutschland und der Deutschen Bischofskonferenz zur wirtschaftlichen und sozialen Lage in Deutschland, das im Februar 1997 unter dem Titel *Für eine Zukunft in Solidarität und Gerechtigkeit* herausgegeben wurde. Für mich gehört dieses »Gemeinsame Wort« zu den bedeutenden gesellschaftspolitischen Schriften dieser Zeit, weil es zu gesellschaftspolitischen Grundfragen in unserem Lande klar Position bezogen hat mit nachhaltiger Wirkung. Die Diskussion um Neuorientierung und Erneuerung der sozialen Marktwirtschaft verdankt ihr wertvolle Impulse. Dass das »Gemeinsame Wort« überzeugender Ausdruck praktizierter Ökumene war, kam hinzu.

Doch Solidarität und Gerechtigkeit erfahren heute keine unangefochtene Wertschätzung mehr. Dies müssen wir leider feststellen. Da ist auf der einen Seite eine Gesellschaft, in der alles zum »Markt« wird und Konkurrenzdenken, Egoismus und Rücksichtslosigkeit sich immer ausgeprägter zeigen. Neben den Fragen der Entlohnung von Arbeit und Arbeitslosigkeit gibt es den wachsenden Riss zwischen Wohlstand und Armut. Staat und Gesellschaft sind gefordert, sich damit nicht abzufinden.

»Solidarität und Gerechtigkeit sind notwendiger denn je.« So lautete ein Postulat in dem gemeinsamen Wort der Kirchen von 1997. Es hat nichts von seiner Aktualität verloren, es gilt weiterhin. Und es war nicht das erste Mal, dass aus dem kirchlichen Raum tragende Ideen zu Gerechtigkeit und Solidarität Politik und Gesellschaft erreichten und beeinflussten.

Es ist mir ein besonderes Anliegen, an dieser Stelle an die Verdienste und die Leistungen des Nestors der katholischen Soziallehre Oswald von Nell-Breuning zu erinnern und sie zu würdigen. Am 8. März 2015 werden es 125 Jahre her sein, dass Pater von Nell-Breuning in Trier geboren wurde. Er gilt zu Recht als einer der Impulsgeber für die Neuordnung der Wirtschafts- und Sozialpolitik in den Anfangsjahren der Bundesrepublik. Mehr noch, als einer der herausragenden politischen Intellektuellen seiner Zeit war er auch eine »strategische Schlüsselfigur« bei den gesellschafts- und wirtschaftspolitischen Richtungsentscheidungen in den 1950er und 1960er Jahren. Willy Brandt hat in seiner Würdigung zu dessen 90. Geburtstag ihn als den »großen Soziallehrer« bezeichnet, dessen Werk auf die »soziale Gerechtigkeit« als einen Grundpfeiler für eine freie und friedliche Gesellschaft und in der Marktwirtschaft ausgerichtet war. Die solidarische Gesellschaft war seine Vision und zur Ausformung des Leitbildes »Sozialpartnerschaft« hat er einen gewichtigen Teil beigetragen, mit seinem Denken und mit seinen Worten. Er war ganz Mann der Kirche und er war eine beeindruckende Persönlichkeit, die »viel bewegt hat, zeitlebens wahrhaft unabhängig« und von hoher »intellektueller Redlichkeit« geprägt war. Es ging ihm stets um die Sache, wie Willy Brandt ihn weiter charakterisiert hat. Einer, der seine Stimme erhob ohne Rücksicht auf Ansehen und Person. Bequem war er nicht.

Hervorheben möchte ich seine Verdienste um die deutsche Arbeiterbewegung und um die deutsche Sozialdemokratie, deren Hochachtung, ja Zuneigung er erworben hat. Die Aussöhnung der Kirche mit der Arbeiterbewegung und der Sozialdemokratie gehört für mich mit zu seinen Lebensleistungen. Darin dokumentierten sich auch seine Erfahrungen aus der Weimarer Zeit und Lehren, die er daraus zog. Im deutschen Katholizismus, so im Episkopat und in den Verbandsführungen, hatte es nach dem Kriege zunächst durchaus Vorbehalte gegen die Einheitsgewerkschaft gegeben. Sie befürworteten die christliche Gewerkschaft. Von Nell-Breuning hingegen gehörte zu den entschiedenen Befürwortern der Einheitsgewerkschaft und forderte die Katholiken zur aktiven Mitarbeit im DGB auf.

Wichtige Themen waren für ihn der gerechte Lohn, das Streikrecht der Gewerkschaften, die Vermögenspolitik, die Unternehmensverfassung und die Beteiligung der Arbeitnehmer am Produktiveigentum. Ab Mitte der 1960er Jahre stand für ihn die Mitbestimmung im Fokus, für die er in vielen Schriften und Reden »klärend und aufbauend« sich einsetzte und deren sozialethische Berechtigung begründete.

Voller Hochachtung denke ich an ihn, wenn ich mich an unsere Begegnungen erinnere. Am 1. Januar 1975 wurde mein Heimatort Sundern/Sauerland mit der kommunalen Neuordnung vom Dorf zur Stadt. Als Mitglied des Gemeinderates hatte ich zusammen mit meinen Freunden vorgeschlagen, Oswald von Nell-Breuning als Festredner einzuladen. Und so sprach er in unserer Schützenhalle über die Stadt und was sie für Menschen bedeutet, über die soziale Stadt. Stadt, die viel mehr ist als die Ansammlung vieler Häuser.

Im selben Jahr rückte ich in den Bundestag nach und arbeitete mit im Ausschuss für Raumordnung, Bauwesen und Städtebau. Sozialer Wohnungsbau und Stadterneuerung waren noch erstrangige Themen der Zeit. Und dort sah ich ihn wiederholt, wenn er mit uns diskutierte. Immer sachkundig, hoch engagiert, abwägend, aber doch mit konkreter Positionierung. Er war nicht ohne Schalk. Er hörte wohl nur noch ganz schwer und sein Begleiter wirkte als Vermittler unserer Fragen an ihn, die wir nicht laut genau hinauszurufen wagten, damit er sie verstehen könnte. Er schmunzelte. Wie schon damals in Sundern bei unserer Stadtwerdung: Ein bedeutender Mann, der ein bescheidener Mensch war, gänzlich ohne Pomp und Attitüde.

Das Vermächtnis von Pater von Nell-Breuning enthält für Politik und Gesellschaft die eindeutige Verpflichtung: Wir brauchen eine Stärkung und Wiederbelebung der sozialen Gerechtigkeit und der Sozialpartnerschaft. Und: ohne klare Werte geht das nicht.

4. Für eine solidarische Gesellschaft

Meine Mutter nannte es Nächstenliebe, ich sage Solidarität dazu. Das ist der zentrale Wert, ohne den ist menschliches Miteinander nicht möglich. Die Freiheit begründet die Würde, die Selbstbestimmtheit und die Verantwortung des Individuums, seine Rechte und seine Pflichten, aber auch die Grenze, die sie als meine Freiheit an der des Anderen findet. Der Staat hat mit seinen Gesetzen Gerechtigkeit zu ermöglichen, möglichst zu garantieren. Solidarität ist ohne Kalkül. Sie geht davon aus, dass Menschen auf Menschen angewiesen sind und dass »Helfen und helfen lassen« die Menschlichkeit der Gesellschaft ausmacht.

Solidarität ist praktisch. Sie stellt keine Bedingungen, aber sie hofft, geht vielleicht davon aus, selbst Solidarität zu erfahren, wenn man darauf angewiesen ist. Sie ist tiefer Ausdruck davon, dass wir – so ungleich wir sind – gleich viel wert sind.

Glaube, Hoffnung, Liebe, diese drei – am Größten aber ist die Liebe. Auch so ein Wort, das ich von meiner Mutter lernte und das mich bis heute überzeugt.

5. Mehr Wertschätzung für jede Arbeit, die ehrlich ist

Bei der Entlohnung gibt es große Ungerechtigkeiten. Einiges ist da in unserem Lande durcheinander geraten. Frauen bekommen in Deutschland für gleichwertige Arbeit im Schnitt deutlich weniger Lohn als Männer. Auch sittenwidrig niedrige und sittenwidrig hohe Löhne gibt es. Wenn ein Vorstandsvorsitzender mit Gehalt und Boni 12 Millionen Euro im Jahr erhält, 300-mal so viel wie eine Krankenschwester, empört das zu Recht. Niemand ist hundert Mal so gut wie andere. Die Relationen stimmen nicht mehr. Das geht auch auf Kosten der Glaubwürdigkeit unserer Demokratie.

Das Beispiel zeigt fehlende Wertschätzung bestimmter Tätigkeiten. Andersherum: Hier äußert sich die Arroganz weniger und die Geringschätzung, die die Vielen erfahren. Aber jede ehrliche Arbeit hat angemessene Anerkennung verdient. Einer muss die gering geschätzten Arbeiten tun und nur, weil die wirklich einer tut, kann der an der Spitze voll wirksam sein. Auf den Schultern anderer stehen heißt nicht, so viel besser zu sein.

Weitgehend frauenspezifische Berufe – zum Beispiel im Bereich Krippe, Kita, Pflege – sind relativ gering entlohnt. Dabei sind das wichtige Arbeiten, die da getan werden.

Es darf nicht sein, dass Menschen über Löhne ausgebeutet werden. Also: Weg mit Minijobs, vor allem mit den Niedriglöhnen. Wenn der Mensch von seiner Hände Arbeit sich selbst und seine Familie nicht mehr ernähren kann, dann hat das nichts mehr mit sozialer Marktwirtschaft zu tun. Ohne dass der Grundsatz der Gleichwertigkeit akzeptiert und praktiziert ist, gibt es keine Gerechtigkeit. Ich bin froh, dass es inzwischen zur Regelung mit dem Mindestlohn gekommen ist, das war überfällig.

Die Pflege und Betreuung von älteren Menschen und von Kranken in den Familien ist eine große und unterstützenswerte Herausforderung. Kaum eine andere Entwicklung wird in den kommenden Jahren die deutsche Geschichte so prägen wie der demografische Wandel und seine Auswirkungen in einer immer älter werdenden Bevölkerung. Die Tätigkeiten und Leistungen im Bereich Fürsorge finden in der Gesellschaft eine insgesamt zu geringe Wertschätzung und auch zu geringe finanzielle Unterstützung. Pflege und Betreuung müssen in fachlich qualifizierter Art und Weise erfolgen. Diese Berufe müssen aber auch gesellschaftlich aufgewertet und auch entsprechend ausgestattet und bezahlt werden.

Es wird auch um die Notwendigkeit gehen, niederschwellige Betreuung zu gewährleisten, die die Lebensqualität der Betroffenen lange sichern kann. Das Ehrenamt ist da mitgefordert und leistet auch heute schon bewundernswertes. Der Dienst »Mensch am Menschen« gewinnt weiter an Gewicht. Hier sind Politik, aber auch unsere Gesellschaft aufgerufen, die Missachtung der Fürsorge- und Pflegeleistungen endlich zu korrigieren. Auch im Steuersystem muss dies dringend berücksichtigt werden. Es ist gut, dass im Rahmen des Symposiums diese Thematik in einem Arbeitskreis vertiefend diskutiert wurde und dass die Beiträge in diesem Buch nachzulesen sind.

Familien sind für Ältere und Kranke der große Anker bei Begleitung und Pflege. Diese Leistungen in den Familien müssen deutlicher unterstützt und gefördert werden. Den Familien müssen wir mit ehren- und hauptamtlichen Kräften Hilfe geben. Das Geld, das hierfür ausgegeben wird, ist gut angelegt. Dass nach wie vor von Familien die Verantwortung hierbei übernommen wird und Pflege in hohem Maße familiennah umgesetzt wird, darin sehe ich ein positives Zeichen für unsere Gesellschaft. Die Familien wohnen zwar nicht mehr so eng zusammen, doch sie funktionieren und harmonieren in dieser Hinsicht in erfreulichem Maße. Sie sind immer noch – auch wenn sie kleiner, bunter, mobiler sind – die Kernzelle der sozialen Gesellschaft. Eben lebenspraktisch. Die Familie ist noch die entscheidende Größe, die Familien halten zusammen. Aber die soziale Gesellschaft entwickelt auch viele neue Formen von praktischem Miteinander. Modisch heißt das Netzwerke, Wahlfamilie, Wunschverwandte, altmodisch Freunde. Real ist es die Bereitschaft und Fähigkeit, sich gemeinsam umeinander zu kümmern.

Ältere und kranke Menschen brauchen in besonderem Maße lebendige soziale Kontakte und das Gespräch. Die Einsamkeit sehe ich als eine der größten Krankheiten in Deutschland an. Erschwerend machen sich hier die heutigen Familien- und Berufssituationen und die sich verändernde Mobilität bemerkbar. Die Familien wohnen nicht mehr so nah zusammen, aber auch die unterschiedlichen Informationskanäle, die Jung und Alt heute nutzen, können sich hier auswirken. Zumindest deutet sich da ein Problem an. Als Telefon und Fernsehen sich verbreiteten, sah man das Ende der Kommunikation auch schon einmal drohen. Es kam doch anders. Das menschliche Redebedürfnis gewann. Hoffen wir, dass es unausrottbar ist.

6. Nachhaltigkeit – unverzichtbar für Verantwortung und Solidarität

Wir sind verantwortlich für das Heute, für das Morgen und für das Übermorgen. Das heißt, Verantwortung hat die Auswirkungen unseres Handelns auf die kommenden Generationen mit zu berücksichtigen. Damit betrifft es auch unser Verständnis von Solidarität. Solidarität kann sich also nicht nur auf die gegenwärtige Generation beziehen. Ich komme noch einmal auf das Gemeinsame Wort der

Kirchen über die Zukunft von Solidarität und Gerechtigkeit zurück. Es ist heute noch beeindruckend, mit welcher Nachdrücklichkeit von den Kirchen schon vor 17 Jahren Nachhaltigkeit gefordert wurde. Nachhaltigkeit wird darin als unverzichtbare Dimension der Solidarität gesehen. Es ist also die Idee von einer dauerhaft sozialen und umweltgerechten Entwicklung, in Verantwortung für die Menschen und die Welt im Ganzen. Auch die künftigen Generationen haben das Recht, in einer intakten Umwelt zu leben und deren Ressourcen in Anspruch zu nehmen, heißt es im Abschnitt über Nachhaltigkeit. Ökologisch ist das Problem erkannt, auch anerkannt, wenn auch keineswegs gelöst. Sozial ist es in demografischer Perspektive überwiegend nicht einmal bekannt.

Die demografische Entwicklung hat und wird unser Land weiter stark verändern, auch die soziale Gesellschaft befindet sich in einem starken Veränderungsprozess. Die Veränderungen wirken sich auch auf das Selbstverständnis der Generationen aus. Es macht keinen Sinn, objektive Veränderungen zu ignorieren, es kommt vielmehr darauf an, sie zu gestalten. Auch hierbei ist Nachhaltigkeit mit entscheidend. Wir müssen den Mut haben, Dinge zu tun, die morgen und übermorgen wichtig sind, und nicht Dinge verschleppen, weil man sich scheut. Man muss sich davon trennen, dass man Menschen in einem Beruf so lange arbeiten lässt, bis sie kaputt sind. Die Chancen auf Berufswechsel müssen verbessert werden. Irgendwann ist der Mensch aus der Hochleistungsphase heraus. Deshalb ist für mich das feste Rentenalter fragwürdig. Das Leben ist wohl eher – mindestens in vielerlei Hinsicht – eine ballistische Kurve (mit sehr individuellem Akzent, wohl wahr).

Es genügt jedenfalls nicht, unser Handeln an den Bedürfnissen von heute oder einer einzigen Legislaturperiode auszurichten, auch nicht allein an den Bedürfnissen der gegenwärtigen Generation. Zu kurzfristigem Krisenmanagement gibt es keine Alternative. Aber das individuelle und das politische Handeln dürfen sich darin nicht erschöpfen. Wer notwendige Reformen aufschiebt oder versäumt, steuert über kurz oder lang in eine existenzbedrohende Krise. Nachhaltig denken und handeln ist ein wichtiger Wert.

7. Bildung ist Menschenrecht – Basis für Chancengerechtigkeit und für unsere Zukunftsfähigkeit

Ein zentraler Wert ist die Bildung. Es ist das Recht jedes Menschen in unserem Land, Bildung zu erfahren, sich zu bilden. Auch deshalb, weil Bildung die Bedingung für wirkliche Chancengerechtigkeit ist. Und von ihr hängt auch die Leistungsfähigkeit unseres Landes und unserer Gesellschaft ab. Jedes Jahr verlassen 60.000 Kinder ohne Abschluss die Schulen. Das ist ein Debakel. Diese 60.000 sind nicht dumm. Wir müssen ihnen rechtzeitig helfen. Mindestens die Hälfte könnte es schaffen, sagen die Fachleute.

Klar muss sein: Kein junger Mensch darf von der Schule in die Arbeitslosigkeit fallen. Niemand in dieser Altersgruppe soll ohne Ausbildung oder Beschäftigung, Qualifizierung oder Fortbildung bleiben. Fördern und fordern ist gerade in dieser Altersgruppe von prägender Bedeutung im Sinne von Integration in die Gesellschaft.

Der Schritt von der Schule in den Beruf ist für viele Jugendliche eine hohe Hürde. In den kommenden Jahren und Jahrzehnten wird die Zahl der Schulentlassenen stark hinter die zurückfallen, die ins Rentenalter kommen. Die Zahl der Personen im Erwerbsalter wird dramatisch abnehmen. Das verbessert die Chancen der Nachkommenden. Aber es erhöht auch die Notwendigkeit, sie bei der Entwicklung ihrer Potenziale besser zu fördern.

Bildung fängt schon bei den Kleinsten an. Wir müssen uns dafür engagieren, dass alle einen Platz in der Kita oder in der Krippe bekommen. An dem, was für die Kinder und die Jungen getan wird, entscheidet sich viel über die Zukunftsfähigkeit unserer Gesellschaft, wie auch über die älter werdende Gesellschaft, auch beim Niveau der Alterssicherung.

Gerechtigkeit fängt bereits in den Kindertagesstätten und Schulen an. Hier müssen die Schwachen und Benachteiligten früh genug gefördert werden. Kinder erhalten zu oft nicht die richtige Unterstützung. Wir sollten uns nicht darüber beklagen, dass es in Deutschland zu wenige Kinder gibt, sondern für die genügend tun, die da sind.

»Kinder brauchen Kinder.« Diese Lebenserfahrung vieler Erzieher möchte ich aufgreifen. Wir sollten uns mehr an ihr orientieren und sie vor allem in Erziehungs- und Schulkonzepten umsetzen. Es ist wichtig, dass Kinder früh Inklusion und Interkulturalität erleben und voneinander lernen. Der Umgang untereinander ist ein anderer als unter Erwachsenen. Integration ist nicht nur ein Problem von Migranten, sondern aller Kinder mit schlechten Startbedingungen, deutsch oder nicht deutsch. Wir brauchen den schnellen Ausbau von Ganztagsbetreuung.

Viele Eltern wünschen sich für ihre Kinder eine gute Zukunft. Aber was ist eine gute Zukunft? Ist das nur im Studium zu sehen? Nicht immer ist nur das Studium ein richtiger Weg. Es gibt mehrere Wege.

Eine tragende Säule der sozialen Marktwirtschaft stellt immer noch die duale Ausbildung dar, sie war die Basis für unseren Wohlstand. Dieses System, bei dem die Ausbildung parallel in einem Betrieb und einer Berufsschule absolviert wird, findet in anderen Ländern bei der Bekämpfung der Jugendarbeitslosigkeit in Europa immer stärkeres Interesse. Die duale Ausbildung gilt zu Recht als Erfolgsmodell und als Symbol für die funktionierende deutsche Wirtschaft.

Eine hervorragende Ergänzung hat inzwischen die duale Berufsausbildung mit einem weiteren Erfolgsmodell gefunden, dem dualen Studium. Hier wird die praktische Ausbildung in Betrieben mit einem Studium kombiniert. Damit wird den qualifiziert Ausgebildeten und den Betrieben ein »Plus« an Qualifizierung ermöglicht. Die Initiativen und Angebote von Hochschulen, vor allem von Fachhochschulen, in engem Zusammenwirken mit Unternehmen sind sehr lobenswert. Der Hochschulsektor und die Unternehmen haben hier schnell und effektiv Studiengänge und Angebote entwickelt. Der aktuelle »AusbildungPlus«-Führer vom Bundesinstitut für Berufsbildung verzeichnet über 800 duale Studiengänge.

Qualifizierung ist eine Voraussetzung für mehr Chancen auf dem Arbeitsmarkt. Dies gilt für alle Arbeitnehmer, sei es mit oder ohne Migrationshintergrund. Jugendliche und Erwachsene mit Migrationshintergrund weisen oft ein noch höheres Arbeitsmarktrisiko auf als Deutsche.

Der zentrale Punkt in Sachen Bildung ist, die jungen Menschen zu begleiten. Und das ohne ständiges Drängen und Gehetze, denn sie müssen die Voraussetzungen erlernen, mit denen sie unsere Gesellschaft weiterführen können. Das wichtigste ist, dass junge Menschen etwas wollen und Erwartungen an das Leben haben. Sie sollen sich einmischen und verändern und gestalten wollen, was ihnen wichtig scheint. Sie sollen versuchen, dass die Welt so wird, wie sie sich das wünschen.

8. Arbeit ist Menschenrecht und Ausdruck von Menschenwürde – Garant für Sicherheit und Wohlstand

Arbeit hat individuell, gesellschaftlich und politisch einen hohen Stellenwert. Die Arbeit als Berufstätigkeit, aber auch die Arbeit in der Gesellschaft, das zivilgesellschaftliche Engagement. Wir müssen die Arbeit so organisieren und fortentwickeln, dass die Bedürfnisse der Menschen mit den Erfordernissen des Wirtschaftens in Übereinstimmung sind. Allen Menschen muss die Möglichkeit gegeben werden, für ihren Lebensunterhalt selbst zu sorgen. Das verleiht der Arbeit einen unmittelbaren Wert.

Arbeit ist ein Menschenrecht. Darin kommt auch die Menschenwürde zum Ausdruck. Das heißt für mich immer auch: Der Bekämpfung der Arbeitslosigkeit ist Vorrang zu geben vor der Höhe der Sozialtransfers.

Angesichts des zunehmenden Mangels an Facharbeitskräften und der drohenden höheren Arbeitslosigkeit bei Ungelernten muss Deutschland seine Potenziale besser nutzen. So muss jungen Frauen die Vereinbarkeit von Familie und Beruf besser als bisher ermöglicht werden. Auch müssen wir darauf achten, dass die ältere Generation nicht zu früh aus dem Berufsleben ausscheidet. Das heißt, dass das faktische Renteneintrittsalter steigen muss. Ich vertrete auch weiterhin die Meinung, dass diejenigen, die können, bis zu ihrem 67. Lebensjahr arbeiten sollen. Rente mit 67 bedeutet, dass ab 2030 rund zwei Millionen Menschen mehr im erwerbsfähigen Alter sein werden. Die brauchen wir auch. Natürlich ist dies individuell immer unterschiedlich, und das wird auch so bleiben. Aber die Anhebung des generellen Renteneintrittsalters war und bleibt richtig. Weil wir relativ gesund deutlich länger leben. Und weil anders unser Sozialsystem nicht zu finanzieren ist. Zu meinem Bedauern hat die Große Koalition 2014 die abschlagsfreie Rente ab 63 beschlossen. Seit 1. Juli 2014 können nun Arbeitnehmer, die 45 Jahre in die Rentenversicherung eingezahlt haben, schon mit 63 Jahren ohne Abschläge in Rente gehen. Wie neue, interne Zahlen der Bundesagentur für Arbeit (BA) andeuten, lassen sich viele Ältere diese Chance nicht entgehen. Das geht klar zu Kosten der jungen Generation, denn die Zahl der Beitragszahler wird in Zukunft deutlich sinken und die der Rentenempfänger deutlich zunehmen. Ich und viele fragen sich: Wie hoch sollen die Beiträge der Jungen denn steigen? Wir müssen an dieser Stelle ehrlicher mit den Menschen sein, vor allem mit den jungen. Ich verweise auf den Wert Nachhaltigkeit, noch einmal.

Deutschland wird zur Sicherung seines Wohlstandes und der sozialen Sicherheit auch auf eine nachhaltige Einwanderung qualifizierter Fachkräfte angewiesen sein. Auch mit mehr Einwanderung sind die Folgen einer alternden, schrumpfenden Bevölkerung erheblich. Aber ohne Einwanderung wären sie überhaupt nicht zu bewältigen; der Sozialstaat wäre kaum mehr finanzierbar. Die Potenziale sowohl in der Flüchtlingspolitik als auch in der Problematik des Fachkräftemangels müssen wir besser nutzen. Zu fragen ist, wie viel Mobilität und Einwanderung wir zulassen können und wollen. Wir müssen verantwortungsbewusst damit umgehen und dürfen nicht die Tore verschließen. Wichtig ist es jedoch insgesamt, den Arbeitsmarkt europaweit zu organisieren und nicht nach Beliebigkeit zu handeln. Wir müssen mit Einwanderung anders umgehen als bisher.

Wir haben mit Arbeit einiges erreicht, nämlich Wohlstand und Sicherheit sowie die Fähigkeit, Not, Elend und Unglück zu vermeiden. Und das ist viel. Und so soll es bleiben.

9. Demokratie ist kein Schaukelstuhl – Demokratie braucht Menschen, die sich engagieren

Der Staat muss zwar den Sozialstaat sichern. Daneben und dazu brauchen wir aber eine soziale Gesellschaft. Gemeinschaftssinn muss einen Wert haben in unserer Gesellschaft. Das bedeutet konkret, die Bereitschaft zu helfen, füreinander einzustehen und sich zu engagieren.

Neben der bereits mehrfach zitierten Schrift beider Kirchen über die Zukunft von Solidarität und Gerechtigkeit ist für mich ein zweites Gemeinsames Wort herausragend wegen seiner grundsätzlichen Aussagen über die Zukunft unseres Gemeinwesens. Unter dem Titel *Demokratie braucht Tugenden* ist es im November 2006 als Ergebnis eines intensiven Diskussionsprozesses vorgelegt worden. Noch stärker als bisher wird von den Kirchen hier die Verantwortung der Generationen füreinander angesprochen. Für die Handlungs- und die Leistungsfähigkeit eines demokratischen Gemeinwesens sind alle verantwortlich. Demokratie ist auch auf die aktive Beteiligung der Bürgerinnen und Bürger an der politischen Willensbildung angewiesen. Auf Dauer können demokratische Institutionen ihre Funktion nur erfüllen, wenn alle Bürgerinnen und Bürger sich für diese Institutionen mitverantwortlich wissen. Mit dem Gemeinsamen Wort wollten die Kirchen unsere Gesellschaft zur Ausbildung von mehr Mitverantwortung und von mehr Füreinander der Generationen ermutigen. Ich begrüße das.

Ob man Verantwortung in der Gesellschaft hat und übernehmen kann, ist keine Frage des Alters. Mit dem Austritt aus dem Berufsleben nichts mehr mit dieser Verantwortung zu tun haben wollen, widerspricht meinen Überzeugungen. Für viele ist das Renteneintrittsalter ein großes Missverständnis. Demokratie hat aber keinen Schaukelstuhl der Verantwortungslosigkeit. Solange der Kopf klar ist, hast Du Mitverantwortung für das, was geschieht. Die meisten handeln ja auch so. Es gibt Junge, aber auch viele Alte, die in der Gesellschaft aktiv sind. Sie wirken in der Stadt, in ihrem Dorf, in ihrem Quartier. Wir brauchen sie dringend. Ältere Menschen können beispielsweise Patenschaften übernehmen, Nachhilfe geben oder stundenweise oder für spezielle Projekte in der früheren Arbeitsstelle tätig sein. Ja, die Senioren müssen wir in die Zukunftsarbeit mit einbinden. Nebenbei: Aktiv bleiben, in Verantwortung bleiben, ist auch gesund.

Demokratie braucht Menschen, die sich engagieren. Wir brauchen insgesamt noch mehr Ehrenamtliche. Ehrenamt und Freiwilligendienste sind in einer alternden Gesellschaft besonders wichtig. Der Staat braucht die soziale Gesellschaft von der Kindheit bis ins Alter. Das Ehrenamt ist der Kitt unserer Gemeinschaft und Grundpfeiler des Miteinanders von Jung und Alt. Es ist wichtig für die Gesellschaft, in der wir leben, dass es immer wieder Menschen gibt, die sich für die Menschen, mit denen sie zusammen leben, einsetzen und Kraft und Zeit opfern und einbringen. Hilfe muss jedoch organisiert werden, damit die Betroffenen sich darauf verlassen können. Es ist gut, wenn mal einer am Donnerstag vorbei kommt, aber wichtiger ist es, dass einer regelmäßig donnerstags kommt, wenn es so vereinbart ist.

Es gibt erfreulicherweise nach wie vor viele ehrenamtlich Engagierte. Es gibt sie in der Feuerwehr, in Sportgruppen, in Stadtteilinitiativen, im Haus der Offenen Tür, beim Zeltlager, in der Hospizbewegung, in Selbsthilfegruppen, bei der Schularbeitenhilfe, in Vereinen, Gemeinden, Verbänden, und und und. Beispielsweise engagieren sich alleine in der Diakonie bundesweit über 700.000 Menschen freiwillig. Diese Menschen leisten Enormes – ohne im Rampenlicht zu stehen. Ihnen gebührt ein besonderer Dank und Anerkennung, und das nicht nur am »Tag des Ehrenamtes«. Diejenigen, die sich in der Jugendabteilung des Sportvereins um Kinder und Jugendliche kümmern, tun mehr für die Integration ausländischer junger Menschen als die, die sonn- und feiertags darüber reden.

Die Bereitschaft, sozial aktiv zu werden, ist in der Gesellschaft, gerade auch bei der älteren Generation, durchaus vorhanden. Wie ich es wahrnehme, wächst die Bereitschaft mit zunehmendem Alter sogar, weil man dann mehr Zeit hat – und weil man sich dann eine neue Aufgabe sucht. Nach dem Ende der Berufstätigkeit fallen manche Menschen in ein Sinn-Loch. Das muss nicht sein. Zu tun gibt es viel und zwar viel Sinnvolles.

Unter den Ehrenamtlichen gibt es mehr Frauen als Männer, mehr ältere als junge Menschen. Von Generation zu Generation verändern sich die Formen des Engagements. Die Mobilität der jungen Menschen hat auch hier ihre Auswirkungen. Der punktuelle Einsatz gilt als modischer als der ausdauernde. Die kleine Einheit gewinnt im Vergleich zur großen.

Ehrenamt bedeutet kostenloses Engagement; kostenlos für die Allgemeinheit, überwiegend kostenlos für den Staat. Meistens aber kostenträchtig für die, die sich engagieren. Kleine Aufwandsentschädigungen sind hier und da üblich und in den letzten Jahren verstärkt worden, aber Gehalt gibt es nicht im Ehrenamt. Das wird sich nicht ändern.

Zu den vielen positiven Zeichen gehören die steigenden Zahlen für die Freiwilligendienste. Das Freiwillige Soziale Jahr (FSJ) gibt es seit 1964. Bundesweit leisten derzeit pro Jahr insgesamt rund 100.000 Freiwillige ein FSJ, ein FÖJ (Freiwilliges Ökologisches Jahr) oder einen Bundesfreiwilligendienst.

Die Klammer zwischen Eigenverantwortung und Sozialstaat ist die solidarische Gesellschaft, der Alltag, in dem der einzelne bereit ist, für andere einzustehen. Das Ehrenamt stellt für mich das Rückgrat einer solidarischen Gesellschaft dar. Fehlt es an ihm, wird das Klima frostiger und das Funktionieren teurer.

Demokratie ist durchaus gefordert, weil zur Verantwortung auch die Fähigkeit zum Kompromiss gehört. Für mich ist der Kompromiss ein wesentlicher Bestandteil von demokratischer Meinungs- und Willensbildung. Politik und Demokratie sind ohne die Fähigkeit zum Kompromiss nicht denkbar. Besonders fatal schlägt sich bei den Bürgerinnen und Bürgern aber Kompromissunfähigkeit nieder, also der Unwille zur Verhandlung und zur Revision eigener Positionen. Ihn kann man zwar als Prinzipienfestigkeit ausgeben und hochstilisieren, er führt aber zum Stillstand von Entwicklungsprozessen. Verantwortungsvolles Handeln in Politik, Wirtschaft und Gesellschaft wie auch im persönlichen Bereich setzt Flexibilität und Kompromissfähigkeit voraus.

10. Die »Geiz ist geil«-Mentalität ist verheerend

Eine verheerende Versuchung stellt die »Geiz ist geil«-Mentalität dar. Sie lässt noch immer grüßen. Sie hat viel versaut, das muss ich so sagen. Hier sind nicht die Preisvergleiche der verschiedenen Angebote gemeint, sondern die Haltung. Alles, auch gute Produkte, dürfen nichts kosten. Schleuderpreise bei Lebensmitteln, künstliche Leiharbeit und Billiglöhne wären ohne eine solche fatale Mentalität und die weitverbreitete gesellschaftlich-emotionale Werbung damit nicht in dem gegebenen Ausmaß möglich geworden. Hier appelliere ich auch an den Verbraucher und an seine Mitverantwortung. Denn diese Mentalität ist das falsche Signal, denn sie bedeutet letztendlich den Tod für eine soziale Wirtschaft. Der Sozialstaat auf hohem Niveau kann nur funktionieren, wenn sich gute Arbeit mit guten Löhnen verbindet und so auch gutes Geld in die Sozialkassen kommt.

Hohe Qualität und Quantität zu minimalen Preisen und möglichst ohne Anstrengung zu erreichen ist eine Illusion. In der Regel geht sie zu Lasten der Schwachen, im eigenen oder in anderen Ländern, heute oder – immer mehr – morgen.

II Was ist der Mensch wert?

Die stille Liebe der Deutschen zur Planwirtschaft

Die Einstellung der Deutschen zu gesellschaftlichen Werten und zur Marktwirtschaft

Thomas Petersen

Vermutlich ist heute nur noch wenigen Menschen bewusst, wie mühsam es für Ludwig Erhard war, als Leiter der Wirtschaftsverwaltung in den westlichen Besatzungszonen und später als Wirtschaftsminister in den Gründerjahren der Bundesrepublik Deutschland das Prinzip der sozialen Marktwirtschaft durchzusetzen. Nicht nur in der SPD und der KPD, sondern auch in weiten Teilen der Unionsparteien herrschte zunächst die Überzeugung vor, es sei notwendig, wesentliche Teile des Wirtschaftslebens staatlicher Kontrolle und Lenkung zu unterwerfen (vgl. Eschenburg, 1983, S. 189). Und auch der Bevölkerung war der Gedanke, dass das freie Spiel von Angebot und Nachfrage letztlich mehr Wohlstand schaffen könnte als eine zentral gesteuerte Wirtschaft, offensichtlich fremd. Im Dezember 1948, ein knappes halbes Jahr nach der Währungsreform, stellte das Institut für Demoskopie Allensbach in einer seiner ersten Repräsentativumfragen die Frage: »Sollen Ihrer Ansicht nach die Behörden die Preise wieder kontrollieren?« 70 Prozent sprachen sich daraufhin für eine Rückkehr zu staatlichen Preiskontrollen aus. Von diesen Befragten sagten wiederum 71 Prozent, dass sie dies auch dann befürworten würden, wenn dadurch das Angebot in den Geschäften schlechter würde.[1]

Mit großem Aufwand wurde in den folgenden Jahren versucht, den Bürgern das Prinzip der Marktwirtschaft näher zu bringen. Ein Beispiel sind die aufwendigen Werbekampagnen der Organisation »Die Waage«, die Anzeigen in Zeitungen und Zeitschriften schaltete, in denen die Arbeiter Fritz und Otto den Lesern mit heute etwas hölzern wirkenden Dialogen die Grundregeln eines freien Wirtschaftssystems erläuterten.[2] Der Erfolg hielt sich in Grenzen. Als das Allensbacher Institut im Jahr 1969 die Frage »Sollen Ihrer Ansicht nach die Behörden die Prei-

---

1   Allensbacher Archiv, IfD-Umfrage Nr. 014, Dezember 1948.
2   Institut für Demoskopie Allensbach: »Fritz und Otto«. Eine Erfolgskontrolle für DIE WAAGE. Allensbacher Archiv, IfD-Bericht Nr. 0368, 1954.

se wieder kontrollieren?« wiederholte, sprachen sich immer noch 60 Prozent der Westdeutschen für staatliche Preiskontrollen aus.[3]

Heute ist man geneigt anzunehmen, das Prinzip der Marktwirtschaft stünde als solches nicht mehr zur Disposition, der politische Streit drehe sich nur noch um Detailfragen ihrer konkreten Ausgestaltung. Ein Analytiker der Konrad-Adenauer-Stiftung erklärte einmal, nach seinem Eindruck verfüge die Bevölkerung trotz aller wohlfeilen Forderungen nach sozialer Umverteilung über so etwas wie einen »ordnungspolitischen Kompass«. Instinktiv wüssten die Menschen, dass eine freie Wirtschaft auch für sie persönlich mehr Wohlstand bedeutet als eine staatlich gelenkte Ökonomie. Doch die Umfrageergebnisse des Instituts für Demoskopie Allensbach sprechen eher gegen diese These. Sie deuten im Gegenteil darauf hin, dass weder das Wirtschaftswunder noch das Scheitern der sozialistischen Ökonomien in Ost-Mitteleuropa der stillen Zuneigung der Deutschen zur Wirtschaftsplanung etwas anhaben konnten. Es gibt sogar Anzeichen dafür, dass das Prinzip der Marktwirtschaft an Akzeptanz verliert.

Der Wert der Freiheit

Dabei kann man, wenn man die Umfrageergebnisse betrachtet, auf den ersten Blick den Eindruck bekommen, dass die Akzeptanz freiheitlicher Prinzipien in Deutschland in den letzten Jahren alles in allem eher zu- als abgenommen hat. Das gilt beispielsweise für die politische Dimension des Themas Freiheit: Die Bevölkerung scheint seit einigen Jahren zunehmend das Verhältnis zwischen Bürger und Staat dahingehend zu interpretieren, dass es an den Bürgern selbst liegt, durch eigene Aktivitäten das Staatswesen zu gestalten. Sie entfernt sich damit von einer früher stärker verbreiteten Haltung, in der man Dienstleistungen oder Befehle vom Staat erwartete, selbst aber passiv und distanziert blieb. Gleichzeitig steigt auch das Vertrauen darin, dass der einzelne Bürger tatsächlich Einfluss auf die politischen Prozesse nehmen kann (vgl. dazu Petersen, 2013, S. 41–52).

Auch der Stellenwert der Freiheit im Vergleich zu anderen gesellschaftlichen Werten und Zielen scheint sich in jüngster Zeit etwas verbessert zu haben. Vor allem in den neuen Bundesländern wächst seit einigen Jahren deutlich der Anteil derjenigen an der Bevölkerung, die sagen, im Konfliktfall sei die persönliche Freiheit wichtiger als Gleichheit und soziale Gerechtigkeit (Petersen & Roessing, 2014, S. 17–19). Noch deutlicher ist die Entwicklung an einer Frage zu erkennen, die eine zentrale Kategorie des Themas Freiheit erfasst, nämlich das Vertrauen darauf, dass die Menschen in der Lage sind, ihr Leben aus eigener Kraft zum Erfolg zu

---

3   Allensbacher Archiv, IfD-Umfrage Nr. 2048, Januar 1969.

führen. Die Frage lautet wie folgt: »Zwei Männer/Frauen[4] unterhalten sich über das Leben. Der/Die eine sagt: ›Jeder ist seines Glückes Schmied. Wer sich heute wirklich anstrengt, der kann es auch zu etwas bringen.‹ Der/Die andere sagt: ›Tatsächlich ist es so, dass die einen oben sind und die anderen sind unten und kommen bei den heutigen Verhältnissen auch nicht hoch, so sehr sie sich auch anstrengen.‹ Was würden Sie persönlich sagen: Wer von den beiden hat eher recht?« Auch hier wächst vor allem in Ostdeutschland seit Beginn dieses Jahrzehnts die Zahl derjenigen, die sich für die freiheitliche Position »Jeder ist seines Glückes Schmied« entscheiden. Bemerkenswerterweise gilt dies besonders für die junge Generation, die sich ganz im Kontrast zu früheren Jahrzehnten heute überdurchschnittlich häufig am Wert der Freiheit zu orientieren scheint (Petersen, 2012, S. 36–38).

Die gefühlte Ungerechtigkeit

Doch alle diese Entwicklungen finden wie losgelöst von der Entwicklung der Einstellung der Deutschen zu marktwirtschaftlichen Prinzipien statt. Vergleicht man die Umfrageergebnisse zum Thema Freiheit allgemein und zur Freiheit in der Wirtschaft, so kann man den Eindruck bekommen, sie seien in gänzlich verschiedenen Gesellschaften ermittelt worden.

Seit etwa zwei Jahrzehnten wächst die Unzufriedenheit der Deutschen mit der sozialen Lage im Land. Das wird erkennbar an den Antworten auf die Frage »Sind die wirtschaftlichen Verhältnisse bei uns in Deutschland – ich meine, was die Menschen besitzen und was sie verdienen – im Großen und Ganzen gerecht oder nicht gerecht?« Vom Jahr 1964 bis Anfang der 90er Jahre hielten sich die Anteile derjenigen, die sagten, die Verhältnisse seien gerecht, und die Zahl derer, die sie für nicht gerecht ansahen, ungefähr die Waage. Dann aber stieg der Anteil der Befragten, welche die Verhältnisse für nicht gerecht halten, kontinuierlich an (sieht man einmal von kurzfristigen tagespolitisch bedingten Schwankungen ab). Im Anfang dieses Jahrzehnts lag er zeitweise bei über 70 Prozent. Im März 2014, als die Frage zum bisher letzten Mal gestellt wurde, hatte sich der Wert etwas auf 59 Prozent verringert, doch von einer echten Trendwende ist bisher nichts zu erkennen (siehe Abbildung 1).

Die Annahme, dass die soziale Gerechtigkeit in Deutschland in den letzten drei, vier Jahren abgenommen habe, ist beinahe Konsens in der Bevölkerung. 61 Prozent vertraten im November 2013 diese Ansicht, 26 Prozent meinten, die soziale Gerechtigkeit sei gleich geblieben, nur 7 Prozent glaubten, sie habe zuge-

---

[4] Bei männlichen Befragten werden die in der Frageformulierung erwähnten Personen als Männer vorgestellt, bei weiblichen Befragten als Frauen.

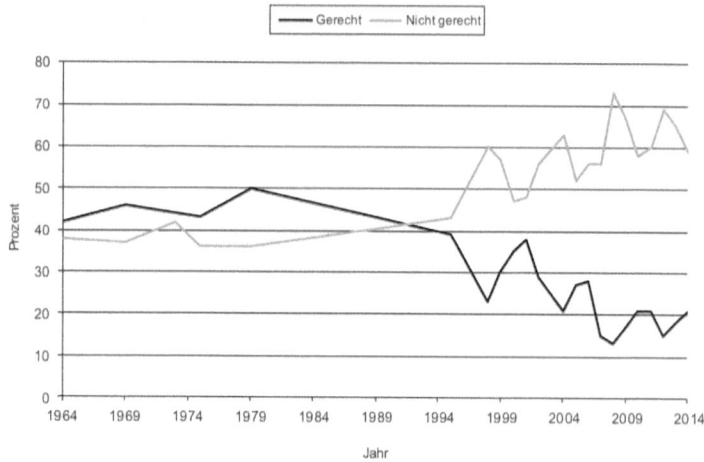

Abbildung 1: Sind die wirtschaftlichen Verhältnisse gerecht?
Frage: »Wie sehen Sie das: Sind die wirtschaftlichen Verhältnisse bei uns in Deutschland – ich meine, was die Menschen besitzen und was sie verdienen – im Großen und Ganzen gerecht oder nicht gerecht?«
Quelle: Allensbacher Archiv, IfD-Umfragen, zuletzt Nr. 11022, März 2014.

nommen (siehe Tabelle 1). Noch eindeutiger sind die Antworten auf die Frage »Wenn jemand sagt: ›Die Schere zwischen Arm und Reich geht immer weiter auseinander.‹ Haben Sie den Eindruck, das stimmt, oder haben Sie nicht diesen Eindruck?« 86 Prozent der Befragten antworteten auf diese Frage im Oktober 2011, sie hätten diesen Eindruck, nur 6 Prozent widersprachen, wie Tabelle 2 zeigt.

	Bevölkerung insgesamt %	West- deutschland %	Ost- deutschland %
Zugenommen ...	7	8	6
Abgenommen ...	61	61	62
Gleich geblieben ...	26	26	25
Unentschieden ...	6	6	7
	100	100	100

Tabelle 1: Hat die soziale Gerechtigkeit zu- oder abgenommen?
Frage: »Was meinen Sie: Hat die soziale Gerechtigkeit bei uns in den letzten drei, vier Jahren zugenommen, abgenommen, oder ist sie gleich geblieben?«
Quelle: Allensbacher Archiv, IfD-Umfrage Nr. 11017, November 2013.

	Bevölkerung insgesamt %	West- deutschland %	Ost- deutschland %
Habe den Eindruck ...	86	85	90
Habe nicht diesen Eindruck ...	7	8	4
Weiß nicht ...	7	7	6
	100	100	100

Tabelle 2: Die Schere zwischen Arm und Reich
Frage: »Wenn jemand sagt: ›Die Schere zwischen Arm und Reich geht immer weiter auseinander.‹ Haben Sie den Eindruck, das stimmt, oder haben Sie nicht diesen Eindruck?«
Quelle: Allensbacher Archiv, IfD-Umfrage Nr. 10081, Oktober 2011.

Diese Ergebnisse sind bemerkenswert, weil sich die tatsächliche Sozialstruktur in den letzten Jahrzehnten nicht grundlegend verändert hat. So kommt beispielsweise der Bonner Sozialwissenschaftler Meinhard Miegel zwar zu dem Schluss, dass im ersten Jahrzehnt dieses Jahrhunderts die unterste soziale Schicht in Deutschland tatsächlich zum ersten Mal seit Gründung der Republik gewisse reale Einkommenseinbußen hinnehmen musste (Miegel, Wahl & Schulte, 2008, S. 16f.), doch von einer fundamentalen, massiven Verschiebung der Sozialstrukturen im Land kann keinesfalls die Rede sein. Dies zeigen auch die Zahlen des Statistischen Bundesamtes: In dem regelmäßig gemeinsam mit dem Wissenschaftszentrum Berlin (WZB), dem Sozioökonomischen Panel (SOEP) und dem deutschen Institut für Wirtschaftsforschung (DIW) erstellten Datenreport weist das Bundesamt aus, wie groß der Anteil der Einkommen ist, welche die ärmsten 20 Prozent der Bevölkerung erwirtschaften. Das Ergebnis: Im Jahr 1991, dem ersten, für das gesamtdeutsche Daten vorliegen, betrug der Wert 9,7 Prozent, 2011 lag er bei 9,2 Prozent. Auch in den dazwischen liegenden Jahren schwankten die Zahlen eng um diese Werte (Statistisches Bundesamt, 2013, S. 169; siehe Abbildung 2). Alles in allem kann man aus diesen Daten möglicherweise eine sehr leichte Tendenz zur Spreizung der Einkommen in der Gesellschaft herauslesen, doch ein dramatisches Anwachsen einer zunehmend abgehängten Unterschicht ist in ihnen nicht erkennbar.

Damit stehen die Umfragedaten in einem auffälligen Widerspruch zu den statistischen Befunden: Während sich die tatsächliche materielle Ungleichheit in Deutschland kaum verändert hat, hat sich die Bewertung der Lage massiv verschoben. Nicht die tatsächliche soziale Ungerechtigkeit, sondern die »gefühlte Ungerechtigkeit« ist gewachsen. Wenn aber dieselbe Situation zu einem Zeitpunkt als akzeptabel, zu einem späteren Zeitpunkt aber als inakzeptabel empfunden wird,

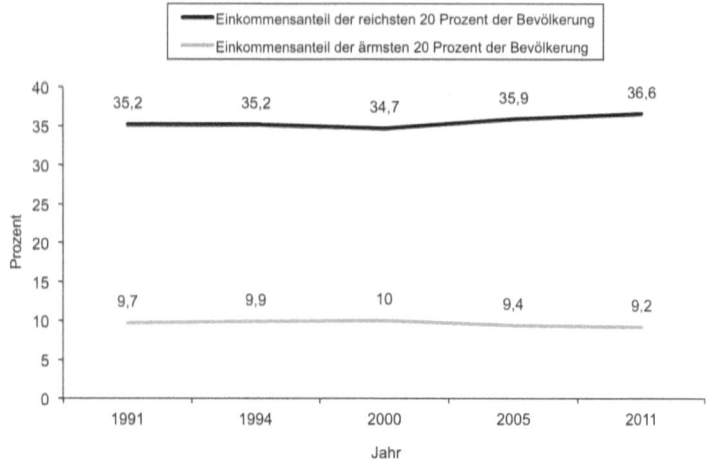

Abbildung 2: Einkommensungleichheit in Deutschland 1991–2011
Quelle: Statistisches Bundesamt, 2013, S. 169.

kann das letztlich nur bedeuten, dass sich die Bewertungsmaßstäbe der Bevölkerung verändert haben. Tatsächlich gibt es Hinweise darauf.

Die Linksverschiebung der Gesellschaft und ihre Folgen

Seit den 1970er Jahren stellt das Institut für Demoskopie Allensbach in seinen Repräsentativumfragen regelmäßig eine Frage, bei der die Interviewer den Befragten ein Bildblatt überreichen. Das Bildblatt zeigt waagerecht ein Bandmaß, das dem Zentimetermaß auf einem Lineal oder Zollstock gleicht und von 0 bis 100 reicht. Die Null ist zusätzlich mit dem Wort »links beschriftet, die 100 mit »rechts«. Dazu wird die Frage gestellt: »Parteien werden ja manchmal danach eingeteilt, ob sie links, in der Mitte oder rechts stehen [...]. Wie würden Sie ihren eigenen politischen Standort beschreiben, wo auf diesem Bandmaß würden Sie sich selbst einstufen?« Seit mittlerweile fast 40 Jahren zeigt sich bei dieser Frage das gleiche Antwortmuster: Die große Mehrheit der Befragten stuft sich in der politischen Mitte ein, und je weiter ein Punkt auf der Skala von der Mitte entfernt liegt, desto seltener wird er von den Befragten ausgewählt. Stellt man die Ergebnisse der Frage in einer Grafik dar, auf der das Bandmaß die X-Achse bildet und auf der Y-Achse der Prozentwert derer eingetragen wird, die den betreffenden Skalenpunkt auswählen, ergibt sich das Bild einer ziemlich gleichmäßigen Pyramide.

Analysiert man das Antwortverhalten aber etwas genauer, dann zeigt sich, dass sich in den letzten knapp vier Jahrzehnten eine scheinbar geringe, aber charakteristische Änderung vollzogen hat: Es hat sich gleichsam der Schwerpunkt der Pyramide verschoben. Im Jahr 1976 lag das Übergewicht noch leicht auf der rechten Seite. Im Durchschnitt stuften sich die Westdeutschen damals bei 54,7 ein. In den folgenden Jahren wanderte der Durchschnittswert dann langsam aber beharrlich nach links: 1982 lag er bei 53,7, 1991 bei 51,5, im Jahr 2000 exakt auf dem Mittelpunkt bei 50,0, 2013 schließlich knapp aber deutlich links von der Mitte bei 49,0[5] (siehe hierzu Abbildung 3). Diese Veränderung mag geringfügig erscheinen, doch tatsächlich ist sie zumindest potenziell von großer Bedeutung. Zum einen handelt es sich um Durchschnittswerte, die im Zeitverlauf wesentlich stabiler sind als die bei Umfragen sonst meistens ausgewiesenen Trendreihen von Prozentwerten, sodass selbst Verschiebungen hinter dem Komma für substanzielle gesellschaftliche Entwicklungen stehen können.

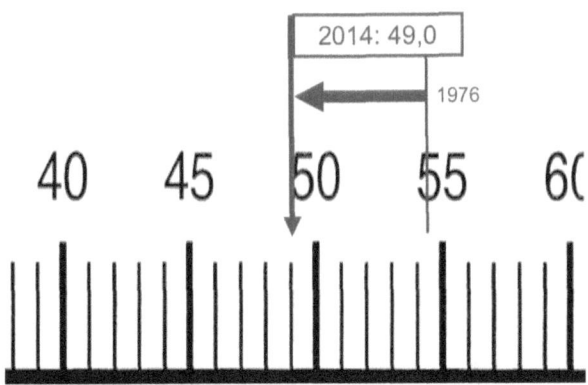

Abbildung 3: Die Linksverschiebung in der Gesellschaft
Quelle: Allensbacher Archiv, IfD-Umfragen, zuletzt Nr. 11008,
Mai 2014.

Vor allem aber bedeutet eine Verlagerung des gesellschaftlichen Schwergewichts von einer Position auf der gemäßigten rechten hin zu einer auf der gemäßigten linken Seite, dass sich auch die Hierarchie der Werte in dieser Gesellschaft verändert. Das betrifft besonders den Wertekonflikt zwischen Freiheit und Gleichheit: Je weiter sich jemand auf der politischen Skala links einordnet, desto eher neigt er dazu, der Gleichheit (verstanden nicht als Gleichheit vor dem Gesetz, sondern als möglichst große materielle Gleichheit als politisches Ziel) den Vorrang vor der

---

5   Allensbacher Archiv, IfD-Umfragen, zuletzt Nr. 11008, Mai 2014.

individuellen Freiheit zu geben, und je weiter sich jemand auf der rechten Seite des politischen Spektrums einstuft, desto eher wird er der Freiheit den Vorrang einräumen (abgesehen von denen, die sich ganz am äußersten rechten Rand einordnen) (vgl. Noelle-Neumann, 1998). Eine Gesellschaft, deren weltanschaulicher Schwerpunkt sich nach links verlagert, ist also eine Gesellschaft, die tendenziell immer mehr Gewicht auf die Gleichheit und immer weniger auf die Freiheit legen wird. Nun haben sich, wie oben bereits erwähnt, in den Allensbacher Umfragen bei allgemein formulierten Fragen in den letzten Jahren bisher keine Hinweise auf eine sinkende Wertschätzung der Freiheit gezeigt, doch es liegt zumindest die Vermutung nahe, dass das wachsende Misstrauen in die Marktwirtschaft durch diese gesellschaftliche Grundströmung zumindest befördert wird.

Die stille Liebe zur Planwirtschaft

Wie groß das Misstrauen gegenüber der Marktwirtschaft heute ist, zeigen die Reaktionen auf einen Assoziationstest, bei dem die Interviewer in einer Umfrage im November 2013 verschiedene Begriffe vorlasen und die Befragten baten, zu jedem Begriff anzugeben, ob sie beim Stichwort »Marktwirtschaft« an ihn dächten. Zwar erwiesen sich »Gute Güterversorgung« und »Wohlstand« mit 68 bzw. 66 Prozent als die am häufigsten genannten Assoziationen zum Begriff »Marktwirtschaft«, doch dann folgten »Gier« (58 Prozent), »Rücksichtslosigkeit« (53 Prozent), »Ausbeutung« (51 Prozent) und »Hohe Preise« (49 Prozent). Mit dem Begriff »soziale Gerechtigkeit« verbanden die Marktwirtschaft gerade 12 Prozent der Befragten, Menschlichkeit ordneten ihr nur 10 Prozent zu.

Deutlich anders waren die Reaktionen auf den Begriff »staatlich organisiertes Wirtschaftssystem«. Hier stand zwar »Bürokratie«, genannt von 81 Prozent der Befragten, mit weitem Abstand an der Spitze der Assoziationen, doch an zweiter Stelle rangierte die positive Assoziation »Sicherheit«, genannt von 51 Prozent der Befragten, gefolgt von »Soziale Gerechtigkeit« (43 Prozent). Den Begriff »Menschlichkeit« ordneten immerhin 27 Prozent der staatlich organisierten Wirtschaft zu. Fasst man alle positiven und negativen Assoziationen zusammen, zeigt sich, dass das Image der Marktwirtschaft kaum besser ist als das der staatlich organisierten Wirtschaft: Die sechs zur Auswahl stehenden positiven Assoziationen zur Marktwirtschaft wurden im Durchschnitt von 39 Prozent der Befragten ausgewählt, die sieben negativen von 41 Prozent. Beim »staatlich organisierten Wirtschaftssystem« beträgt das Verhältnis 34 zu 40 Prozent (siehe Abbildung 4).

So ist es nur folgerichtig, dass sich wesentliche Teile der Bevölkerung ein intensiveres Eingreifen des Staates in das Wirtschaftsleben wünschen. Auf die Frage »Finden Sie es besser, wenn der Staat sich stärker in die Wirtschaft einschaltet als bisher, oder wenn er sich weniger stark in die Wirtschaft einschaltet?« ant-

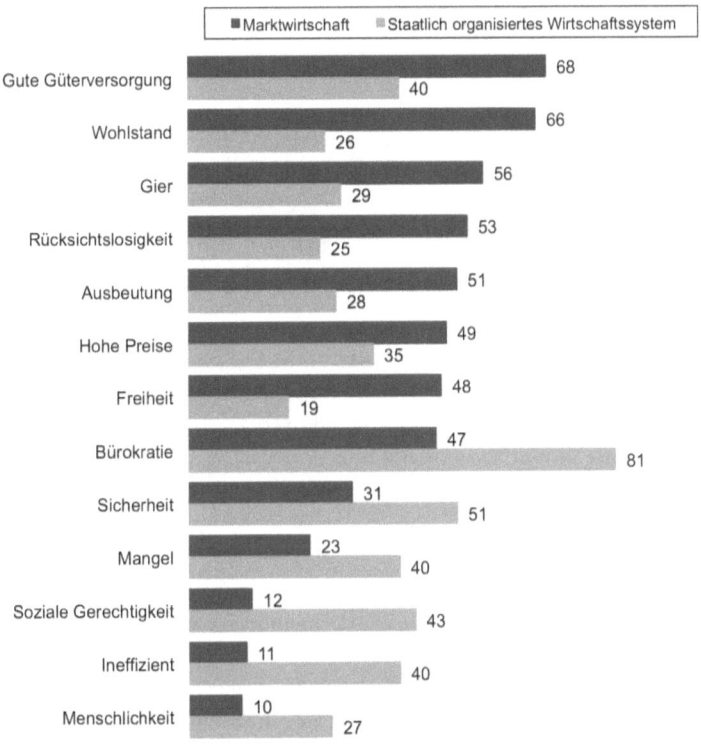

Abbildung 4: Marktwirtschaft und ein »staatlich organisiertes Wirtschaftssystem«
Frage: »Wenn Sie einmal an Marktwirtschaft/ein staatlich organisiertes Wirtschaftssystem denken – es kann einem dazu ja alles Mögliche einfallen. Darf ich Ihnen mal einiges vorlesen? Sie sagen mir dann bitte, ob Sie bei Marktwirtschaft/einem staatlich organisierten Wirtschaftssystem daran denken.«
Quelle: Allensbacher Archiv, IfD-Umfrage Nr. 11017, November 2013.

worteten ebenfalls im November 2013 33 Prozent, sie fänden es besser, wenn der Staat sich mehr engagiere, nur 24 Prozent meinten, er sollte weniger stark in die Wirtschaft eingreifen. 29 Prozent hielten das derzeitige Niveau der staatlichen Aktivitäten in der Wirtschaft für gerade richtig (siehe Abbildung 5). Viele Deutsche sind der Ansicht, dass es ihnen ganz persönlich in einem Wirtschaftssystem, das stärker vom Staat kontrolliert wird, besser oder zumindest nicht schlechter gehen würde als in der sozialen Marktwirtschaft. In den alten Bundesländern vertraten in derselben Umfrage 36 Prozent diese Meinung, in den neuen Län-

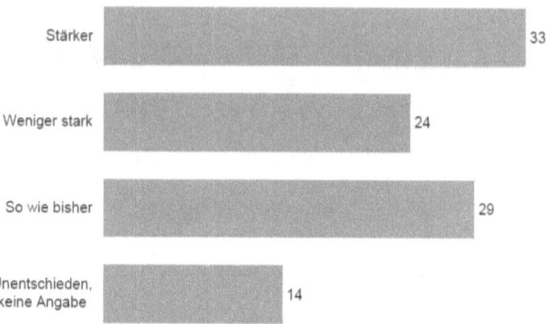

Abbildung 5: Sollte der Staat stärker in die Wirtschaft eingreifen?
Frage: »Ganz allgemein gefragt: Finden Sie es besser, wenn der Staat sich stärker in die Wirtschaft einschaltet als bisher, oder wenn er sich weniger stark in die Wirtschaft einschaltet?«
Quelle: Allensbacher Archiv, IfD-Umfrage Nr. 11017, November 2013.

dern sogar 42 Prozent. Dass es ihnen in einem stärker vom Staat kontrollierten Wirtschaftssystem schlechter gehen würde, meinten im Westen 34, im Osten nur 16 Prozent.[6]

Es macht wenig Sinn, angesichts solcher Äußerungen auf das Scheitern planwirtschaftlicher Experimente in der Geschichte hinzuweisen, denn die Vorstellung, dass eine vom Staat gut geplante Wirtschaft zum Nutzen aller sein müsse, ist anscheinend so überzeugend, dass viele Menschen sie auch dann nicht infrage stellen, wenn sie mit der Nutzlosigkeit staatlicher Interventionen direkt konfrontiert werden. Darauf deuten jedenfalls die Reaktionen auf die folgende Frage hin: »Einmal angenommen, in einem Land gibt es eine wirtschaftliche Krise. Um die Folgen der Krise abzumildern, greift der Staat in die Wirtschaft ein. Er legt Preise fest, unterstützt in Not geratene Unternehmen und verhindert, dass Leute entlassen werden. Allerdings verbessert sich die wirtschaftliche Lage trotz der Maßnahmen nicht. Wie sollte sich der Staat Ihrer Meinung nach nun verhalten?«

Den Befragten wurden zu dieser Frage drei mögliche Verhaltensweisen zur Auswahl präsentiert. Den wenigsten Zuspruch erhielt im Herbst 2013 mit 15 Prozent die Meinung, dass der Staat die offensichtlich nutzlosen Maßnahmen zurücknehmen sollte. 40 Prozent der Befragten sagten, der Staat solle die Maßnahmen vielleicht nicht verstärken, dürfe sie aber auch auf keinen Fall zurücknehmen, damit nicht alles noch schlimmer werde. Immerhin 25 Prozent meinten, unter diesen Umständen müsse der Staat seine Bemühungen verstärken und noch mehr als oh-

---

6 Allensbacher Archiv, IfD-Umfrage Nr. 11017, November 2013.

nehin schon in die Wirtschaft eingreifen.[7] Hier wird eine Denklogik erkennbar, der man auch in der Sozial- und Familienpolitik öfter begegnet: Man stellt fest, dass etwas nicht funktioniert – und folgert daraus, dass man noch mehr davon benötigt. Der Gedanke, dass die staatlichen Eingriffe vielleicht sinnlos oder gar schädlich sein könnten, kommt gar nicht erst auf.

Und so finden auch die staatlichen Preiskontrollen, die in den Jahren 1948 und 1969 so populär gewesen waren, auch heute noch bemerkenswert viel Zuspruch. In einer Frage der November-Umfrage des Jahres 2013 legten die Interviewer zwei Argumente zur Auswahl vor. Das erste lautete: »Ich fände es gut, wenn der Staat Obergrenzen für die Preise von Grundnahrungsmitteln festlegen würde. Durch solche Höchstpreise könnte man sicherstellen, dass die Preise für Grundnahrungsmittel nicht so stark steigen und sich jeder diese weiterhin leisten kann.« Die Gegenposition lautete: »Ich glaube, dass es nicht gut wäre, wenn der Staat die Obergrenze für die Preise von Grundnahrungsmitteln festsetzen würde. Dann könnte es passieren, dass einige Grundnahrungsmittel knapp werden oder gar nicht mehr angeboten werden, weil den Unternehmen die Gewinne zu klein erscheinen.« 47 Prozent der Befragten schlossen sich dem ersten Argument an, 37 Prozent dem zweiten (siehe Tabelle 3). Bei einer analog formulierten Frage, bei der nicht von Lebensmittel, sondern von Mietpreisen die Rede war, entschieden sich sogar 71 Prozent für eine staatlich verordnete Preisgrenze (Tabelle 4).

	Bevölkerung insgesamt %
Ich fände es gut, wenn der Staat Obergrenzen für die Preise von Lebensmitteln festlegen würde. Durch solche Höchstpreise könnte man sicherstellen, dass die Preise für Grundnahrungsmittel nicht zu stark steigen und sich jeder diese weiterhin leisten kann.	47
Ich glaube, dass es nicht gut wäre, wenn der Staat die Obergrenze für Preise von Grundnahrungsmitteln festsetzen würde. Dann könnte es passieren, dass einige Grundnahrungsmittel knapp werden, oder gar nicht mehr angeboten werden, weil den Unternehmen die Gewinne zu klein erscheinen.	37
Keine Angabe	16
	100

Tabelle 3: Staatlich festgelegte Preise bei Lebensmitteln ...
Frage: »Hier unterhalten sich zwei über Lebensmittelpreise. Welcher von beiden sagt eher das, was auch Sie denken?« (Bildblattvorlage)
Quelle: Allensbacher Archiv, IfD-Umfrage Nr. 11017, November 2013.

---

7 Allensbacher Archiv, IfD-Umfrage Nr. 11017, November 2013.

	Bevölkerung insgesamt %
Ich fände es gut, wenn der Staat Obergrenzen für Mieten festlegen würde. Durch solche Höchstpreise könnte man sicherstellen, dass die Mieten nicht zu stark steigen und jeder sich weiterhin eine Wohnung leisten kann.	71
Ich glaube, dass es nicht gut wäre, wenn der Staat eine Obergrenze für Mieten bzw. Mietsteigerungen festsetzen würde. Dann könnte es passieren, dass Wohnungen knapp werden, weil es sich nicht lohnt, Wohnungen zu bauen und zu vermieten.	20
Keine Angabe	9
	100

Tabelle 4: Staatlich festgelegte Preise bei Mieten
Frage: »Hier unterhalten sich zwei über Mietpreise. Welcher von beiden sagt eher das, was auch Sie denken?« (Bildblattvorlage)
Quelle: Allensbacher Archiv, IfD-Umfrage Nr. 11017, November 2013.

Diese Ergebnisse zeigen, dass es ein Irrtum ist, zu glauben, die Vorteile eines freiheitlichen Wirtschaftssystems seien so offensichtlich, dass es unnötig sei, dafür zu werben. Das Prinzip der freien Wirtschaft leuchtet den meisten Menschen auch nach Jahrzehnten des Wirtschaftswunders und des Aufbaus eines historisch einzigartigen Massenwohlstands spontan nicht ein, und es erscheint wahrscheinlich, dass das Verständnis angesichts der beschriebenen Grundströmung hin zu einer Gesellschaft, die künftig vermutlich mehr Wert auf Gleichheit und weniger auf Freiheit legen wird, eher weiter zurückgehen als wachsen wird.

Literatur

Eschenburg, Theodor (1983): *Jahre der Besatzung 1945–1949. Geschichte der Bundesrepublik Deutschland Bd. 1*. Stuttgart, Wiesbaden: Deutsche Verlags-Anstalt/F.A. Brockhaus.

Miegel, Meinhard; Wahl, Stefanie & Martin Schulte (2008): *Von Verlierern und Gewinnern – Die Einkommensentwicklung ausgewählter Bevölkerungsgruppen in Deutschland*. IWG Bonn, Untersuchungsbericht, Juni 2008.

Noelle-Neumann, Elisabeth (1998): A Shift from the Right to the Left as an Indicator of Value Change: A Battle for the Climate of Opinion. In: *International Journal of Public Opinion Research, 10*, 317–334.

Petersen, Thomas (2012): Die Einstellung der Deutschen zum Wert der Freiheit. In: Ulrike Ackermann (Hrsg.): *Freiheitsindex Deutschland 2011*. Frankfurt/M.: Humanities Online, S. 17–56.

Petersen, Thomas (2013): *Freiheit und bürgerschaftliches Engagement. Ergebnisse einer Reprä-*

sentativumfrage im Auftrag der Herbert Quandt-Stiftung. Bad Homburg: Herbert Quandt-Stiftung.

Petersen, Thomas & Roessing, Thomas (2014): Freiheitstrends und die Bildung des »Freiheitsindexes Deutschland 2014.« In: Ulrike Ackermann (Hrsg.): *Freiheitsindex Deutschland 2014.* Frankfurt/M.: Humanities Online, S. 15–28.

Statistisches Bundesamt (Hrsg.) (2013): *Datenreport 2013. Ein Sozialbericht für die Bundesrepublik Deutschland.* Bonn: Bundeszentrale für Politische Bildung.

Ist der Markt moralfrei?

Zum Spannungsfeld von Gewinn und Moral aus christlich-ethischer Sicht

Joachim Wiemeyer

1. Einleitung

In den letzten Jahren hat es einen zunehmenden Ruf nach mehr Moral in der Wirtschaft und in den Unternehmen gegeben. Dazu hat nicht zuletzt die Finanzkrise 2008 beigetragen (vgl. Wiemeyer, 2010). Vor allem im Finanzsektor, zumindest bei international agierenden Banken, scheinen die ethischen Maßstäbe abhandengekommen zu sein. In vielen Ländern geht man gegen Banken vor, die unseriöse Geschäfte getätigt haben. Dies hat dazu geführt, dass allein die Deutsche Bank in mehr als 1.000 Rechtsstreitigkeiten mit einem Streitwert über 100.000 Euro involviert ist. Von dem früheren »Image« des »seriösen Bankers« ist wenig geblieben. Eine Vielzahl von Banken musste wegen Verstößen (z. B. Marktmanipulation des zentralen Zinssatzes Libor oder von Wechselkursen), der Organisation und Hilfe bei der Steuerhinterziehung sowie Schädigung von Kunden (z. B. durch Fehlinformationen über das Risiko beim Verkauf von Zertifikaten) milliardenschwere Strafe entrichten. In Bankkreisen sprach man von A&D-Kunden, »Alten« und »Doofen« Menschen, denen man Papiere verkaufen konnte, die in erster Linie den Banken hohe Provisionen einbrachten, Risiken aber auf ärmere und ökonomisch nicht kompetente Personen verlagerte.

Aber auch jenseits des Finanzsektors sind bekannte deutsche Unternehmen der Realwirtschaft (Industrie) in Skandale verwickelt. So kostete Siemens die Aufarbeitung von Korruptionsskandalen mehr als eine Milliarde Euro. Thyssen-Krupp musste zum Beispiel wegen Kartellabsprachen mit Konkurrenten bei der Belieferung der Bahn mit Schienen und anderen Elementen der Bahntechnik hohe Geldbußen zahlen. Der Baukonzern Billfinger-Berger war in Nigeria in Korruptionsverfahren verwickelt, in denen es um Bestechung für ein Pipeline-Projekt im Jahr 2003 ging.

In der Textilwirtschaft wurde nach dem Einsturz einer Textilfabrik in Sabhar (Bangladesch) 2013[1] mit mehr als 1.127 Toten und 2.436 Verletzten generell über

---

1 Vgl. http://de.wikipedia.org/wiki/Geb%C3%A4udeeinsturz_in_Sabhar (Stand: 18.04.2015).

die Arbeitsbedingungen in der Textil- und Bekleidungsindustrie in Dritt-Welt-Ländern debattiert, vor allem wegen der geringen Entlohnung, den Arbeitsbelastungen und hohen Gesundheitsgefahren. In anderen Ländern wie Pakistan gibt es ähnlich problematische Arbeitsbedingungen.

In Deutschland ist ein Thema, wie weit wegen wirtschaftlicher Interessen hohe Umweltbelastungen in Kauf zu nehmen sind. So verursacht Braunkohle in der Stromerzeugung (im Vergleich zu Steinkohle, Öl und Gas) die höchste CO_2-Belastung. Trotzdem werden in Deutschland noch neue Braunkohlenreviere mit der Verlegung ganzer Dörfer und tiefgreifender Umgestaltung der Landschaft weiterhin in den Blick genommen.

Diese Beispiele, die noch vielfältig ergänzt und erweitert werden können, rufen moralische Empörung hervor. Es ist trotzdem vor zu voreiliger moralischer Entrüstung und den vermeintlich Schuldigen (z. B. Unternehmer, Manager) zu schnell an den Pranger zu stellen, zu warnen. Wirtschaft ist ein komplexes Feld, das von staatlichen Rahmenbedingungen, der Selbstregulierung eines Wirtschaftszweiges, der komplexen Organisation in Unternehmen mit verschiedenen Stakeholdern (Eigentümern, Arbeitnehmern, Kunden, Lieferanten, Finanziers) gesteuert wird.

Es gibt sogar Ansätze, die eine moralische Betrachtung für wenig sinnvoll halten. Mit diesen ist zunächst die Auseinandersetzung zu suchen.

2. Wirtschaft ohne Ethik?

Der verstorbene Bielefelder Soziologe Niklas Luhmann (1927–1998) stand den Forderungen nach Ethik in der Wirtschaft außerordentlich skeptisch gegenüber (vgl. Luhmann, 1993). In seiner Theorie einer modernen Gesellschaft ist diese in verschiedene Funktionsbereiche ausdifferenziert. Nur indem die moderne Gesellschaft solche relativ autonome Subsysteme herausgebildet hat und indem solche Subsysteme jeweils nach einer eigenen Steuerungslogik (Kommunikation) ablaufen, war die hohe Produktivität der Gesellschaft überhaupt möglich. Für die Wirtschaft heißt die zentrale Steuerungslogik »Zahlen« oder »Nichtzahlen«. Wenn es um wirtschaftliche Transaktionen zwischen zwei Akteuren geht, kommt es allein auf die Zahlungsbereitschaft des Nachfragers an. Wenn man versucht, neben der Zahlungslogik noch weitere Steuerungselemente einzusetzen, können diese entweder irrelevant bleiben oder bloß stören. Daher sollte man nach Auffassung von Luhmann auf die Forderung nach Moral in der Wirtschaft verzichten. Für Luhmann ist die Forderung nach Moral in der Wirtschaft naiv. Luhmann übersieht, und dies zeigen internationale Vergleiche, dass es gesellschaftliche Entscheidungen sind, wo überhaupt die ökonomische Steuerungslogik eingesetzt wird. Außerdem zeigen ebenso internationale Vergleiche, dass sich moralische Einstellungen von Wirtschaftsakteuren auf die Leistungsfähigkeit von Volkswirtschaften auswirken, weil bei Vertrauen in Transaktionspartner eher Transaktionen abgeschlossen werden. Bei ökonomischen Transaktionen kann Moral zur Zahlungsbereitschaft wirksam hinzutreten.[2] Der Münchner Wirtschaftsethiker Karl Homann (geb. 1943) geht nicht so weit wie Luhmann (vgl. Homann & Blome-Drees, 1992). Er betont aber, dass in wirtschaftsethischen Fragen in einer marktwirtschaftlichen Ordnung mit Privateigentum zwei unterschiedliche Ebenen systematisch unterschieden werden müssten, nämlich die Ebene der individuellen moralischen Anforderungen an einzelne Personen (z. B. Unternehmer, Manager), die Spielzüge im Markt sowie der Wirtschaftsordnung (die Spielregeln), die durch staatliche Rechtsordnung, staatliche Aufsichtsbehörde und Institutionen (Notenbank, Gewerbeaufsicht, Kartellamt, Banken- und Versicherungsaufsicht) gestaltet ist. In einem intensiven Wettbewerb sind Unternehmen gezwungen, sich nach dem Gewinnziel zu orientieren. Wenn moralische Anforderungen zu Gewinnminderung oder gar Verlusten führen, müssten gerade die moralisch sensiblen Unternehmen aus dem Markt ausscheiden. Damit würde man das Gegenteil erreichen, was von moralisch motivierten Kritikern der Wettbewerbswirtschaft angestrebt wird.

Homann betont daher, bei ethischen Problemen in der Wirtschaft bei den staatlichen Rahmenbedingungen und ihrer Durchsetzung (Spielregeln) anzusetzen. So hat der Staat zum Beispiel bei Umweltproblemen alle Unternehmen einer Branche zu verpflichten und dies auch zu überwachen. Moralische Probleme in der Wirtschaft sind daher vor allem durch die Politik zu lösen. In dieser Logik ist für Homann die Finanzkrise eher Ausdruck von Politikversagen als dem Moralversagen von Managern und Bankbeschäftigten. Seine Kernthese lautet: Der systematische Ort der Wirtschaftsethik liegt in der Rahmenordnung, nicht auf der Ebene der einzelnen Unternehmung.

Homann erkennt aber an, dass es moralische Verantwortung von Unternehmen in bestimmten Fällen gibt (vgl. ebd., S. 114–117):

1. Erstens ist die politisch gestaltete Rahmenordnung im internationalen Raum unvollkommen, weil die wirtschaftliche Integration und Zusammenarbeit von Unternehmen, die Bildung globaler Märkte, der Gestaltung politischer Rahmenordnung vorangeschritten ist (z. B. gibt es kein Weltkartellamt). Die EU ist übrigens ein Beispiel dafür, dass die Politik der Integration der Märkte folgt (z. B. die EU-Kommission als europäische Kartellbehörde).
2. Zweitens hinkt auch in westlichen Demokratien die Gestaltung der Rahmenordnung den ethischen Herausforderungen hinterher, die sich aus Neuerungen (z. B. Erforschungen der Gentechnik) ergeben. So lange keine gesellschaftliche Debatte über technische Neuerungen, die ethische Fragen aufwerfen, stattgefunden hat, müssen Unternehmen in ihrem Agieren vorsichtig sein und sich an der gesellschaftlichen Willensbildung beteiligen.

---

2 Darauf verweist die Governance-Ethik von Wieland (1999).

3. Drittens können Unternehmen im Sinne einer Investition moralische Vorleistungen erbringen (Ressourcen für etwas ausgeben, was nicht vorgeschrieben ist), um damit andere Unternehmen zum Nachziehen zu veranlassen.

Das Konzept von Homann, die wirtschafsethische Verantwortung primär den staatlichen Rahmenbedingungen zuzuweisen, weist folgende Schwächen und Probleme auf: Erstens ist der Ansatz zu optimistisch, was die Funktionsfähigkeit von Märkten betrifft. Es gibt größeres und vielfältigeres Marktversagen, sodass seine Postulate »Privateigentum ist solidarischer als Gemeineigentum«, »Gewinnmaximierung ist sittliche Pflicht der Unternehmer« überzogen sind. Ein zweites Problem besteht darin, dass Homann die Gestaltung der Rahmenbedingungen den Politikern zuweist. Wenn Homann von Eigennutzstreben der handelnden Personen in Wirtschaft und Politik ausgeht, stellt sich die Frage, wie das allen Menschen in einer Gesellschaft zu gute kommende öffentliche Gut »besserer Rahmenordnungen« hervorgebracht werden kann. Bedarf es dazu nicht moralisch motivierter Akteure, die mehr investieren als sie im Erfolgsfall eigene Vorteile erhalten, wenn sie sich für das Gemeinwohl engagieren? Weiterhin spielt bei Homann die empirische Analyse von Prozessen der Veränderung von Rahmenbedingungen keine Rolle. In der Realität versuchen aber ökonomische Akteure durch Lobbyarbeit, Parteispenden, Einfluss auf wissenschaftliche Forschung, auf die öffentliche Meinung etc. eine Gestaltung der Rahmenordnung in ihrem Sinne, nicht aber unbedingt im Sinne des Gemeinwohls zu nehmen. Der bekannte Ökonom Bhagwati sprach in diesem Kontext für die USA von dem »Wallstreet-Finanzministerium-Komplex« (vgl. Bhagwati, 2008, S. 324f.). Häufig war in den USA ein ehemaliger Spitzenmanager von führenden Investmentbanken Finanzminister, der nach seiner Tätigkeit in der Politik in führende Wirtschaftspositionen zurückkehrte. Die politische Einflussnahme der Finanzindustrie in den USA führte dazu, dass die Finanzaufsicht (Banken, Börsen, Versicherungen, Fonds etc.) sowohl in der Anzahl der Beschäftigten wie der niedrigen Bezahlung von Mitarbeitern bewusst systematisch geschwächt wurden.

3. Die Perspektive der Christlichen Sozialethik

Bis ins 19. Jahrhundert war die christliche Ethik eine Ethik für einzelne Personen bzw. kleine Gruppen. Dann erkannte man in der Kirche, dass die grundlegenden Umwälzungen durch die geistige Revolution (Aufklärung), die politischen Umwälzungen (Französische Revolution) und die ökonomische Umgestaltung (industrielle Revolution), grundlegende Ordnungsfragen hervorruft, die eigenständig zu thematisieren sind (vgl. Wiemeyer, 2015a, S. 19f.). Es geht nicht mehr darum, wie jemand allein oder kleine Gruppen gerecht handeln können. Sondern die grundlegenden Fragen betreffen die Gestaltung des Zusammenlebens der Menschen, die Fragen der politischen (Demokratie oder Monarchie) und wirtschaftlichen Ordnung (Privateigentum und Gemeinschaftseigentum, Marktwirtschaft oder zentrale Lenkung der Wirtschaft).

Solche gesellschaftlichen Systeme können durch strukturelle Ungerechtigkeiten, theologisch gesprochen durch soziale oder strukturelle Sünden, geprägt sein. Solche Strukturen der Sünden haben zwar ihren Ursprung in Fehlverhalten einzelner, können sich dann aber in sozialen Organisationen (z.B. Unternehmen), in institutionellen Regelungen oder der Unternehmenskultur verfestigt haben, sodass sie das Handeln der Organisation prägen (z.B. eine Mentalität, das auch bei der Auftragsgewinnung korrupte Praktiken eingesetzt werden). Sozialethik zielt darauf ab, solche strukturellen Ungerechtigkeiten zu überwinden. Christliches Weltengagement will auch Menschen anderer religiöser und weltanschaulicher Positionen von christlich-sozialethischen Zielsetzungen überzeugen und diese für gemeinsames Handeln gewinnen.

In der wirtschaftsethischen Perspektive der Christlichen Sozialethik ist zunächst von einem ethisch begründeten Vorrang der Politik vor der Wirtschaft auszugehen (vgl. Wiemeyer, 2013). Freie und gleiche Menschen müssen entscheiden, wie sie die Grundfragen ihres Zusammenlebens auf vielfältigen Gebieten gestalten wollen. Dazu gehört auch der Bereich der Wirtschaft. Zu solchen grundlegenden Entscheidungen gehört, welche Güter und Dienste überhaupt durch den Markt und Unternehmen im Privateigentum, und welche durch staatliche/kommunale Angebote bereitgestellt werden und Bürgern kostenlos oder vergünstigt zur Verfügung stehen (z.B. das Bildungswesen, das Gesundheitssystem, der Nahverkehr). Nur dort, wo dies politisch (gleicher Stimmenzahl jedes einzelnen Menschen) gewollt ist, können Entscheidungen mit unterschiedlichem Stimmengewicht (Einkauf nach Einkommens- und Vermögenslage) getroffen werden.

Ziel der Gesellschaftsgestaltung ist generell ein Gemeinwesen, das dem Frieden, die Bewahrung der Schöpfung sowie der Gerechtigkeit dient. Da zu diesen Zielsetzungen auch Unternehmen beitragen können, haben sie auch für die Unternehmensethik Bedeutung.

Bei militärischen, sicherheitsrelevanten sowie zivil wie militärisch nutzbaren Gütern (dual use) müssen Aspekte der Gewaltminderung und der Friedenssicherung im Mittelpunkt stehen. Es ist verfehlt, etwa um Rüstungshersteller voll auszulasten oder Arbeitsplätze zu schaffen, auch militärisch nutzbare Güter in Spannungsgebiete oder in Diktaturen zu exportieren. Daher sollten Rüstungsproduzenten auch immer zivile Standbeine haben, weil ja die Abschaffung von Rüstungsproduktion das ethisch anzustrebende Ziel ist.

Der Gedanke der Bewahrung der Schöpfung hat sich in den umweltpolitischen Rahmenbedingungen für die Unternehmen wie für privates Konsumverhalten niederzuschlagen. Hier ist idealerweise der gesamte Rohstoffkreislauf von der Entnahme von Rohstoffen aus der Natur, der Verarbeitung, einem zwischenzeitlichem Recycling bis zur Endlagerung zu bedenken. Dies soll von vornherein bei Aufnahme neuer Produktionszweige bedacht werden. Es war bereits bei der Einführung der Kernenergie problematisch, dass man einen neuen Wirtschaftszweig aufgebaut hat, ohne über hinreichende Konzepte für eine Endlagerung zu verfügen.

Gerechtigkeit bedeutet, dass Unternehmen auch die Menschenrechte respektieren. Dies gilt für die Menschenrechte ihrer Arbeitnehmer, ihrer sozialen Umwelt und anderer Personen, mit denen sie in Beziehung stehen. Auch in Industrieländern achten Unternehmen häufig nicht hinreichend auf die Privatsphäre ihrer Mitarbeiter sowie ihrer Kunden, etwa im Bereich der Überwachung oder der Nutzung von Daten. Ein Verstoß liegt auch dann vor, wenn man zum Beispiel in Diktaturen Arbeiter bzw. Gewerkschaften, die für höhere Löhne eintreten, durch den staatlichen Sicherungsapparat verfolgen lässt, statt mit diesen in Tarifverhandlungen einzutreten. Ebenso gilt dies, wenn man für Investitionszwecke Personen von ihren Häusern und Grundstücken vertreibt, sofern diese als Arme und möglicherweise Analphabeten keine rechtlich-verbindlichen Eigentumstitel nachweisen können.

Der Gedanke der Gerechtigkeit kann hinsichtlich der Wirtschaftsordnung noch weiter konkretisiert werden (vgl. Wiemeyer, 2015a, S. 124–131): Eine erste grundlegende Gerechtigkeitsforderung ist die Leistungsgerechtigkeit, die einerseits gerechte Austauschbedingungen wie einzelne Markttransaktionen anstrebt, damit Personen, die zum Beispiel systematisch schlechte Informationen haben, nicht benachteiligt werden. Leistungsgerechtigkeit spielt aber auch strukturell bei Marktbedingungen eine Rolle, damit nicht systematisch die schwächere Marktseite wie Arbeitnehmer, Mieter, Verbraucher, Kleinbauern etc., benachteiligt wird. Dazu können diese sich durch Gewerkschaften, Genossenschaften usw. zur Selbsthilfe zusammenschließen oder der Staat kann durch seine Gesetzgebung die schwächere Marktseite (Verbraucher-, Mieter-, Arbeitnehmerrechte etc.) schützen.

Chancengerechtigkeit bedeutet, dass alle Menschen, aber auch verschiedene Regionen, gleiche Möglichkeiten haben, am Wirtschaftsgeschehen teilzuhaben. Dazu gehören Bildungschancen, eine regional ausgeglichene Ausgestaltung der Infrastruktur sowie Hilfen bei Existenzgründungen neuer Unternehmen.

Bedarfsgerechtigkeit bedeutet, dass unabhängig vom jeweils erzielten Leistungseinkommen das sozio-ökonomische Existenzminimum gewährleistet werden muss. In der EU hat man eine relative Armutsquote von 60 Prozent des mittleren Einkommens festgelegt. Damit will man die soziale Ungleichheit nach unten hin begrenzen. Außerdem muss es für Personen (Kranke, Behinderte etc.), die einen besonderen Bedarf haben, gesonderte Unterstützung geben.

Die *Finanzierungsgerechtigkeit* besagt, dass diejenigen, die über höhere Einkommen oder Vermögen verfügen, sich an den Aufwendungen des Gemeinwesens beteiligen. Daher ist eine progressive Einkommenssteuer gerechtfertigt. Diejenigen, die höhere Einkommen erzielen bzw. über höhere Vermögen verfügen, genießen in einem Rechtsstaat dafür den Rechtsschutz, konnten ein weitgehend (kostenloses) Bildungssystem nutzen, profitieren von einer öffentlichen Infrastruktur.

Die letzte Dimension ist die *intergenerationelle Gerechtigkeit*, die über die Nutzung natürlicher Ressourcen hinausgeht. Sie kann auch Fragen der Auslandsverschuldung eines Landes oder die Finanzierung sozialer Sicherungssysteme betreffen.

Aus der christlichen Anthropologie, die um die Fehlbarkeit des Menschen weiß, wie die konkreten Erfahrungen mit marktwirtschaftlichen Systemen, ergibt sich, dass die Gefahr der Selbstzerstörung einer Wettbewerbswirtschaft besteht. Eine Gefährdung ergibt sich durch Kartellbildung und Monopolisierung. Eine weitere Gefährdung besteht darin, dass es wegen fehlender moralischer Standards der Marktteilnehmer zu einem Wettlauf zwischen moralischen Skandalen in der Wirtschaft und nachfolgender staatlicher Regulierung kommt. Weiterhin kann Maßlosigkeit von Führungspersonen in der Wirtschaft, etwa der Spitzenmanager mit ihren Gehaltsforderungen, die gesellschaftliche Akzeptanz unterlaufen (Wiemeyer, 2004).

Marktwirtschaft bedarf Freiheit. Damit ist nicht nur die Freiheit der Konsumenten, nach freier Wahl ihrer Käufe oder die Freiheit der Arbeitnehmer bei der Wahl ihrer Arbeitgeber gemeint, sondern vor allem auch der Unternehmer. Nur wenn vor allem letztere mit ihrer Freiheit verantwortlich umgehen, kann dauerhaft eine Marktwirtschaft funktionieren. Moralisch verantwortliches Verhalten in der Wirtschaft bringt ökonomische Vorteile, weil dann die Kosten der einzelnen Transaktionen sinken (man muss sich nicht absichern, ob die gelieferten Waren bezahlt oder nicht funktionierende zurückgenommen werden, weil man dem anderen vertraut). Bei fehlendem Vertrauen könnten manche Märkte (die z. B. auf telefonischen Absprachen beruhen) ganz zusammenbrechen. Durch moralisches Verhalten wird die gesellschaftliche Akzeptanz unternehmerischer Freiheit in einer marktwirtschaftlichen Ordnung auf der Basis von Privateigentum gesichert.

Dies erfordert aber, dass die Unternehmen bei staatlichen Regulierungen nicht nach Lücken suchen und staatliche Vorgaben gar als lästige Einschränkungen gelten, sondern dass nach dem sozialen Sinn der Vorgaben gefragt wird und sie in diesem Kontext ausgelegt werden (Lin-Hi & Suchanek, 2009). Formal können die Fragen nach einer Transparenz des Verhaltens, nach seiner Nachhaltigkeit und seiner Universalisierbarkeit hilfreich sein. Wenn zum Beispiel alle Unternehmen nur 1 Prozent ihres Gewinns als Steuern zahlen, könnten viele öffentliche Einrichtungen (von denen auch Unternehmen profitieren) nicht finanziert werden.

4. Unternehmer- oder Unternehmensethik

Eine Grundfrage der Unternehmens- und Wirtschaftsethik ist, ob es lediglich eine individuelle Unternehmerethik gibt oder ob eine eigenständige Unternehmensethik existiert (vgl. Wiemeyer, 2013b). Auf den ersten Blick könnte es nur eine Unternehmerethik geben, weil nur Personen ein Gewissen haben, christlich gesprochen sündigen können, diese bereuen und sich bessern können. Bei kleinen und mittleren Unternehmen, die vom Eigentümer persönlich geführt werden, reicht eine solche Unternehmerethik aus.

Sobald aber Unternehmen eine gewisse Größe überschritten haben, vielfach über formalisierte Strukturen und Verfahren (z. B. bei der Personaleinstellung, bei Reklamationen und Kundenbeschwerden etc.) verfügen, gibt es eine darüber hinausgehende Unternehmensethik. Diese kann sehr hochstehende Werte beinhalten. Der Erfolg der deutschen Exportindustrie beruht darauf, dass Unternehmen aus Deutschland für die hohe Qualität ihrer Produkte bekannt sind. Diese ist in deutschen Unternehmen auch Ausdruck der Facharbeiter- und Ingenieursehre. »Wir liefern keinen Pfusch ab.« Daraufhin werden Facharbeiter und Ingenieure sozialisiert (z. B. in der beruflichen Ausbildung).

Genauso wie es positiv solche formellen und informellen Voraussetzungen hoher Qualität gibt, kann es aber auch in eine negative Richtung gehende Tendenzen geben. So führen Anreizsysteme im Vertrieb bei Banken dazu, dass Kunden nicht in deren Interesse beraten werden, sondern danach, wie viele Aktien, Investmentfonds, Versicherungen, Bausparverträge etc. ein Bankenmitarbeiter verkaufen muss, um eine variable Vergütung zu erhalten. Kirchliche Genossenschaftsbanken verzichten ausdrücklich auf solche Anreizsysteme, damit ihre Mitarbeiter ihre Kunden, die ja die Eigentümer der Bank sind, in deren Interesse beraten. Vergütungssysteme können Menschen moralisch korrumpieren, sodass hier eine zentrale Herausforderung der Unternehmensethik zu sehen ist.

Weitere Argumente für eine eigenständige Unternehmensethik liegen darin, das bei komplexen Gütern, die mehrere Produktionsvorgänge durchlaufen, der Kunde/Abnehmer immer das Unternehmen als solches verantwortlich machen kann und muss und nicht nur den einzelnen Mitarbeiter, der Fehler gemacht hat, die ja darauf beruhen können, dass ein Unternehmen falsche Personen an einem falschen Ort eingesetzt hat oder indem die Produktion falsch organisiert wurde (z. B. Überlastung von Personen). Weiterhin weisen Unternehmen eine historische Kontinuität auf, sodass sie selbst, wenn kein Arbeitnehmer oder Aktionär der vergangenen Zeit noch lebt, trotzdem zur Verantwortung herangezogen wurden. Dies galt etwa für deutsche Unternehmen, die im Zweiten Weltkrieg ausländische Zwangsarbeiter beschäftigt hatten und auch noch nach Jahrzehnten Entschädigung zahlen mussten (vgl. Suchanek, 2007, S. 117–124).

Auf Fehlentwicklungen können nicht nur einzelne Menschen, sondern auch Unternehmen reagieren. So versuchen Banken nach der Finanzkrise einen »Kulturwandel« einzuleiten. Durch organisatorische Änderungen (Aufbau von Compliance-Abteilungen, Errichtung von Ethik-Komitees, Einführung von Ethik-Offizieren, Behandlung von ethischen Fragen in der Weiterbildung, Neufassung von

Ethikleitlinien und Ethik-Kodizes) wird nach Skandalen – unter dem Druck der Öffentlichkeit – ein Neuanfang gesucht.

5. Ethische Grundsätze

Mit Blick auf die ethische Pluralität innerhalb moderner Gesellschaften und bei international tätigen Unternehmen sowie angesichts der Pluralität von Religionen und Weltanschauungen weltweit stellt sich die Frage, ob es für Unternehmen hinreichende Maßstäbe gibt, an denen sie ihr Verhalten ausrichten können?

Dazu ist festzuhalten, dass es eine Vielzahl internationaler Abkommen und Konventionen gibt, die einen ethischen Minimalstandard oder Minimalkonsens der Weltgemeinschaft zum Ausdruck bringen. Dies gilt zunächst für die Allgemeine Erklärung der Menschenrechte von 1948 und ihre Weiterführungen in Menschenrechtsverträgen. Speziell für die Arbeitswelt gibt es eine Reihe von internationalen Konventionen der Internationalen Arbeitsorganisation (ILO). Diese hat angesichts der Globalisierung vier Kernarbeitsnormen als arbeitsrechtliche Mindeststandards herausgestellt (vgl. Ezea, 2013, S. 26–37). Diese sind

➢ das Verbot von Kinderarbeit,
➢ das Verbot von Zwangsarbeit,
➢ das Verbot von Diskriminierung in der Arbeitswelt sowie
➢ das Recht auf Kollektivverhandlungen für Arbeitsbedingungen.

Auf Initiative des damaligen UN-Generalsekretärs Kofi Annan wurde auf dem Davoser Weltwirtschaftsgipfel 1999 der »Global Compact« initiiert. Unternehmen sollten hier eine Mitverantwortung für die weltweite soziale Entwicklung übernehmen und sich als verantwortlicher Teilnehmer der Gesellschaft (Corporate Social Responsibility) verhalten. Dafür wurden zehn Grundsätze formuliert. Über Menschenrechte und Kernarbeitsnormen gehören die Umweltverantwortung sowie ein Korruptionsverbot zu den Kriterien dieser unternehmerischen Selbstverpflichtung. Darüber haben die sich dem »Global compact« angeschlossenen Unternehmen regelmäßig zu berichten.

Bereits Mitte der 1970er Jahre gab es Kritik an Transnationalen Konzernen aus Entwicklungsländern. Auf diese Kritik reagierten die Industrieländer im Rahmen der OECD 1976 mit Leitlinien für Multinationale Unternehmen. Diese Leitlinien sind später nochmals überarbeitet worden. 2011 wurde eine Neufassung veröffentlicht.[3] Diese Richtlinien sind weitaus differenzierter als die zehn Punkte des »Global Compact«. Solche Leitlinien zielen darauf ab, dass Transnationale Unternehmen, die in Entwicklungsländern tätig werden, die dortige Gesellschaft

---

3   Vgl. http://www.oecd.org/corporate/mne/48808708.pdf (Stand: 18.04.2015).

und Wirtschaft fördern sollen, indem sie über ihre Geschäftstätigkeit informieren, dort auch Steuern entrichten und einheimische Arbeitskräfte beschäftigen. Für Verstöße von transnationalen Konzernen gegen diese Richtlinien sind auch Beschwerdeverfahren in ihren jeweiligen Herkunftsländern vorgesehen.

Nationale Traditionen und Bedingungen sind zu beachten. Deutschland weist im Unternehmenssektor eine besondere Tradition auf, die sich offensichtlich im weltweiten Wettbewerb durchaus bewährt hat. Zu der deutschen Tradition gehört das Duale System der Beruflichen Ausbildung. Die Unternehmenskultur ist durch Betriebsräte und bei größeren Unternehmen durch die Unternehmensmitbestimmung geprägt, die nach 1945 durch starke christlich-soziale Impulse in Deutschland durchgesetzt wurden. Beide Institutionen haben die soziale Partnerschaft zwischen Unternehmern und Arbeitnehmern gefördert. Dies kommt auch durch die relativ geringe Streikhäufigkeit bei Tarifverhandlungen zum Ausdruck. Um erfolgreich zu sein, müssen auch ausländische Unternehmen in Deutschland diese Unternehmenskultur pflegen. Der größte amerikanische Einzelhändler »Wal-Mart« ist mit dem Versuch, in den deutschen Markt einzudringen, an der Nichtbeachtung gescheitert, ebenso beruhen die Probleme bei Opel auch auf der zu geringen Sensibilität der Konzernleitung von General Motors für den deutschen Markt. Umgekehrt haben sich deutsche, europäische und US-amerikanische Unternehmen um eine hinreichende kulturelle Sensibilität bei Aktivitäten in anderen Erdteilen zu bemühen (vgl. Lehmann, 2006).

Eine weitere Möglichkeit besteht darin, dass sich internationale Unternehmen auf branchenspezifische Standards einigen, um so für Ansehen ihres Wirtschaftszweiges bei anderen Unternehmen, Kunden, Lieferanten, Investoren und in der Öffentlichkeit zu sorgen.

6. Christliche Wertvorstellungen in Unternehmensführung

Es ist oben dargelegt worden, dass es – trotz des Pluralismus der Wertvorstellungen – Minimalkonsense als Kriterien für eine ethisch verantwortliche Unternehmensführung gibt. Der päpstliche Rat für Gerechtigkeit und Frieden hat 2012 ein Dokument herausgegeben, das Leitlinien für Christliche Unternehmer darstellt (Päpstlicher Rat für Gerechtigkeit und Frieden, 2012). Dabei ist wichtig darauf hinzuweisen, dass die genannten Kriterien der Beachtung der Menschenrechte, von Arbeitnehmerrechten, des Umweltschutzes, der Vermeidung bzw. Reduzierung kriegsfördernder Produktion, der Korruptionsvermeidung, der Nichtbeteiligung an Wettbewerbsbeschränkungen zu Lasten der Lieferanten und Abnehmer, natürlich auch für christliche Unternehmer gelten.

Der christliche Glaube kann aber Unternehmer dazu besonders motivieren, weil er in den Personen, die mit seinem Unternehmen in Verbindung stehen, auch seine Mitmenschen als Geschöpfe Gottes sieht, als dessen Abbild. Ebenso ist die natürliche Umwelt im Lichte des christlichen Glaubens Bestandteil des göttlichen Schöpfungswerkes. Die Förderung des Friedens ist ein zentrales Anliegen der Bergpredigt Jesu. Das Prinzip der Subsidiarität kann im Unternehmen verankert werden, indem man seinen Mitarbeitern Vertrauen entgegenbringt und ihnen Eigenverantwortung ermöglicht und zutraut. Auch die Frage, welche Dienste und Güter angeboten werden, ist Gegenstand der Reflexion. Selbst wenn sich zum Beispiel mit Schönheitsoperationen viel Geld verdienen ließe, stellt sich doch die Frage, ob man damit nicht einem falschen gesellschaftlichen Schönheitswahn Vorschub leistet. Sollten nicht Menschen eher ihren Körper annehmen, statt falsche Hoffnungen in chirurgische Korrekturen zu setzen?

Der Glaube bedeutet für einen Unternehmer, dass wirtschaftlicher Erfolg, die Gewinnerzielung, die Vermehrung des Vermögens, die Ausweitung von Marktanteilen, die Eroberung neuer Märkte etc. zwar legitime Ziele darstellen, es aber im menschlichen Leben wesentlichere Dinge gibt. Wenn es wichtigere Dinge gibt, sind diese Ziele nicht um jeden Preis, rücksichtslos gegenüber sich und anderen, anzustreben und durchzusetzen. Indem die Kirche einen arbeitsfreien Sonntag mit der Feier der Eucharistie empfiehlt, soll die Relativierung alles Ökonomischen immer wieder erneuert werden. Außerdem soll es Raum für zwischenmenschliche Beziehungen im Familien- und Freundeskreis geben. Indem für Unternehmer auch von christlichen Unternehmerverbänden Besinnungstage im Kloster angeboten werden, sollen hier Hilfestellung gegeben werden, über das eigene Tun und Lassen nachzudenken.

In der wirtschaftsnahen Presse hat das Schreiben von Papst Franziskus *Evangelii Gaudium* Diskussionen wie Widerspruch ausgelöst (vgl. Wiemeyer, 2014). Mit seiner Kritik liegt der Papst auf der Linie der kirchlichen Sozialverkündigung, wenn er eine verselbstständigt, spekulative Finanzwirtschaft ablehnt und er zu krasse Einkommensunterschiede kritisiert. Wenn Staaten den Ärmsten nicht einmal ein Mindesteinkommen garantieren, sodass Menschen (ca. 800 Millionen weltweit) hungern müssen, oder Arbeitsbedingungen (wie in Textilfabriken Bangladeschs oder Pakistans) lebensgefährlich sein können, kann die jetzige Form der Wirtschaft tödlich sein. Der Papst benutzt hier eine prophetische Sprache aus der Perspektive Lateinamerikas mit krassen sozialen Unterschieden, die teilweise für europäische Ohren ungewohnt klingt. Die Impulse des Papstes zielen auf ein Konzept einer echten Sozialen Marktwirtschaft, die auch in Westeuropa etwa durch die Verselbstständigung der Finanzmärkte, durch Exzesse bei Managergehältern etc. verloren gegangen ist.

7. Schlussbemerkung

Die ethischen Anforderungen, die die Kirche an gerechtes Wirtschaften, an die Wirtschaftsordnung, die Unternehmen sowie ökonomisch handelnde Personen richtet, gelten auch für die Kirche selbst (vgl. Wiemeyer, 2015b). Durch ihr eigenes Verhalten, ihren Umgang mit Mitarbeitern, dem Umgang mit der Natur, der Transparenz der Wirtschaftsführung sowie, ethisch verantwortlicher Vermögensanlagen muss sie sich als Vorbild zeigen. Dann wird sie in der privaten Wirtschaft umso mehr Gehör finden.

Moralische Sensibilität zu zeigen, ist eine ethisch begründete Verpflichtung für Unternehmen. Es gibt aber auch gute Klugheitsargumente, sich an moralischen Wertvorstellungen zu orientieren. Man erhält die gesellschaftliche Akzeptanz der unternehmerischen Freiheit. Man vermeidet, dass Fehlverhalten irgendwann aufgedeckt wird und im Nachhinein zu extrem hohen Strafen führt. Während vor zehn Jahren die besten Hochschulabsolventen bereit waren, eine Stelle im Finanzsektor zu suchen, hat der Ansehensverlust dazu geführt, dass sie sich jetzt anderen Wirtschaftszweigen zuwenden und aktiv nach Alternativen zu herkömmlichen Banken (etwa Kreditplattformen im Internet) gesucht wird. Eine an ethischen Maßstäben ausgerichtete Unternehmensführung sichert darüber hinaus die Reputation eines Unternehmens bei Lieferanten und Abnehmern, dem sozialen Umfeld und den Investoren, die sich zunehmend auch an ethischen Maßstäben (Ethisches Investment) (Sachverständigengruppe »Weltwirtschaft und Sozialethik«, 2010) orientieren. Dabei darf man nicht versuchen, sich allein durch Sponsoring sozialer und kultureller Aktivitäten in der Öffentlichkeit ein gutes Image zu verschaffen. Die Bewährungsproben liegen immer im Kerngeschäft des Unternehmens (vgl. Suchanek, 2007, S. 124f.).

Literatur

Bhagwati, Jagdish N. (2008): *Verteidigung der Globalisierung*. Bonn: Bundeszentrale für politische Bildung.

Ezea, Matthew (2013): *The ILO's Concept of Decent Work in the Light of the Social Teaching of the Church and its Relevance to Nigeria*. Berlin, Münster: LIT (Diss.).

Homann, Karl & Blome-Drees, Franz (1992): *Wirtschafts- und Unternehmensethik*. Göttingen: Vandenhoeck (UTB).

Lehmann, Udo (2006): *Ethik und Struktur in Internationalen Unternehmen. Sozialethische Anforderungen an die formalen Strukturen internationaler Unternehmen* (Reihe: *Schriften des Instituts für Christliche Sozialwissenschaften der Westfälischen Wilhelms-Universität Münster*, Bd. 54). Berlin, Münster: LIT.

Luhmann, Niklas (1993): Wirtschaftsethik – als Ethik. In: Josef Wieland (Hrsg.): *Wirtschaftsethik und Theorie der Gesellschaft*. Frankfurt/M.: Suhrkamp, S. 134–147.

Lin-Hi, Nick & Suchanek, Andrea (2009): Eine wirtschaftsethische Kommentierung der Finanzkrise. In: *Forum Wirtschaftsethik*, *17*(1), 20–27.

Päpstlicher Rat für Gerechtigkeit und Frieden (2012): *Zum Unternehmer berufen! Eine Ermutigung für Führungskräfte in der Wirtschaft*. Rom, Köln: Bund Katholischer Unternehmer (BKU), Mitherausgeber der deutschen Ausgabe.

Sachverständigengruppe »Weltwirtschaft und Sozialethik« (2010): *Mit Geldanlagen die Welt verändern? Eine Orientierungshilfe zum ethikbezogenen Investment.* Hrsg. von. der wissenschaftlichen Arbeitsgruppe für weltkirchliche Aufgaben der Deutschen Bischofskonferenz. Bonn.
Suchanek, Andreas (2007): *Ökonomische Ethik.* Tübingen: Mohr Siebeck (2. Aufl.).
Wieland, Josef (1999): *Die Ethik der Governance.* Marburg: Metropolis-Verlag.
Wiemeyer, Joachim (2004): Die Höhe der Managergehälter und die Frage der »sozialen Gerechtigkeit«. In: *Wirtschaftsdienst, 84,* 354–357.
Wiemeyer, Joachim (2010): Die Finanzkrise aus wirtschaftsethischer Sicht. In: *Jahrbuch für Recht und Ethik, Bd. 18,* 269–294.
Wiemeyer, Joachim (2013a): Das Verhältnis von Wirtschaft und Politik in der Finanzkrise. In: Martin Dabrowski, Judith Wolf & Karlies Abmeier, Karlies (Hrsg.): *Überwindung der EU-Schuldenkrise zwischen Solidarität und Subsidiarität.* Paderborn: Schöningh, S. 129–153.
Wiemeyer, Joachim (2013b): Unternehmensethik aus christlich-sozialethischer Sicht. In: *Kirche und Gesellschaft, Nr. 403,* 3–5.
Wiemeyer, Joachim (2014): Papst Franziskus und die Wirtschaft. In: *Amosinternational. Gesellschaft gerecht gestalten, 8*(1), 50–53; auch im Internet verfügbar unter: http://www.kommende-dortmund. de/kommende_dortmund/medien/1377/original/71/amos_14-1-S50-53-Kommentar.pdf.
Wiemeyer, Joachim (2015a): *Keine Freiheit ohne Gerechtigkeit. Christliche Sozialethik angesichts globaler Herausforderungen.* Freiburg/Br., Basel, Wien: Herder.
Wiemeyer, Joachim (2015b): Für mehr Transparenz und Mitbestimmung bei den Kirchenfinanzen. In: *Amosinternational. Gesellschaft gerecht gestalten, 9*(2), 3–9.

Die Rationalität der Barmherzigkeit

Ein Zugang zur Wirtschaftsethik von Papst Franziskus

Linus Hauser

1. Diese Wirtschaft tötet. Diesseits aller Deutungsfragen?

»Auch jenseits aller Deutungsfragen ist zu prüfen, ob sich die Thesen des Papstes empirisch überhaupt halten lassen«, schreibt Christoph Schäfer am 29. November 2013 in seinem kritischen Artikel »Was der Papst verschweigt« in der *Frankfurter Allgemeinen Zeitung* über das apostolische Schreiben *Evangelii Gaudium* (24. November 2013) (Schäfer, 2013). Ich will nur am Rande darauf hinweisen, dass sich der Papst, der jetzt am 11. April 2015 ein Heiliges Jahr unter der Bezeichnung *Jubiläum der Barmherzigkeit* (vom 8. Dezember 2015 bis zum 20. November 2016)[1] mit seiner seinerzeit vielzitierten Bemerkung über »Diese Wirtschaft tötet« auf einen bestimmten Aspekt des wirtschaftlichen Lebens und nicht auf >die Wirtschaft< bezieht (*Ev. Gaudium*, Nr. 53).[2]

Mein Ziel ist es herauszuarbeiten, dass die Perspektive von Papst Franziskus eine den epochalen *Zeichen der Zeit* angemessene Perspektive ist, die sich von der traditionellen naturrechtlichen Argumentation zwar nicht verabschiedet, jedoch dieser nicht den subtextlichen Charakter des Leitargumentes gibt. Papst Franziskus vertritt ein anderes Rationalitätskonzept, das unserer Zeit, in der gleichsam die dunkle Nacht der Seele zu einem epochalen und kollektiven Phänomen wird, angemessen ist. Es ist das Konzept einer Rationalität der Barmherzigkeit, die ihre eigenen Grenzen kennt. Dieses Konzept beeinflusst sowohl das Auftreten als auch die Äußerungen des Papstes.

---

1 http://w2.vatican.va/content/francesco/de/bulls/documents/papa-francesco_bolla_2015 0411_misericordiae-vultus.html.
2 *Evangelii Gaudium* wird im Folgenden mit »Ev. Gaudium« abgekürzt; Seitenzahlen werden angegeben nach: Papst Franziskus, 2013.

»Ein außerordentliches Heiliges Jahr also, um im Alltag die Barmherzigkeit zu leben, die der Vater uns von Anbeginn entgegenbringt. Lassen wir uns in diesem Jubiläum von Gott überraschen.«[3]

In diesem Schreiben *Misericordiae vultur. Verkündigungsbulle des außerordentlichen Jubiläums der Barmherzigkeit* weist der Papst darauf hin, dass Gerechtigkeit und Barmherzigkeit zueinander gehören, die Barmherzigkeit allerdings die Anliegen der Gerechtigkeit in sich aufhebt, wobei Aufhebung zugleich Bewahrung und Vollendung meint.

Ich will im Folgenden versuchen, diesen Aufruf des Papstes, der explizit auch an Menschen ergeht, die sich in Korruption und kriminellen Vereinigungen verstrickt haben, als nicht direkt neuen, aber als schon im Stil des Redens eine neue Perspektive gebenden Versuch interpretieren, zu einer Rationalität aus Barmherzigkeit zu gelangen, weil unser vertrautes abendländisches Rationalitätskonzept (genauso wie schon die Vorstellung eines einheitlichen ›Abendlandes‹) in eine tiefe Krise geraten ist.

Dazu will ich im Folgenden erst einige Bemerkungen über die Rationalität der modernen Wissenschaft, über wissenschaftsfundierte Technik, über das Naturrecht in seiner traditionellen Ausformung und über ein besonders in den Schwellenländern wachsendes neues Wissenschaftsverständnis machen.

2. Wissenschaft, wissenschaftsfundierte Technik und inhaltlich gedeutetes Naturrecht

Unter einem wissenschaftlichen Vollzug verstehe ich (um hier drei für eine traditionelle ›abendländische‹ Perspektive grundlegende Mindestbedingungen anzugeben) die Bemühung,
a) überprüfbare Aussagen, die
b) prinzipiell kommunikabel sind, zu einem
c) systematisch-theoretischen Zusammenhang nach Prinzipien zu bilden (vgl. dazu Frey, 1970, S. 22).[4]

Die sogenannten ›Naturwissenschaften‹ sind unter diesen Hinsichten, aufgrund einer empiristischen Grundhaltung der Moderne, auch heute problemlos und interkulturell akzeptiert. Das vertraute abendländische Rationalitätskonzept geht

---

[3] http://w2.vatican.va/content/francesco/de/bulls/documents/papa-francesco_bolla_2015 0411_misericordiae-vultus.html.
[4] Zu den Grundmomenten wissenschaftlichen Denkens vgl. auch Hünermann (1989, hier S. 27f.).

dabei aber von der Voraussetzung aus, dass auch sogenannte ›geisteswissenschaftliche‹ Disziplinen der strengen Intersubjektivität genügen müssen und deshalb auf einem universalen (menschheitlichen) Vernunftverständnis beruhen – wobei der empiristische Zeitgeist an dieser Voraussetzung seit dem ersten Drittel des 19. Jahrhunderts nagt. Trotzdem beansprucht dieses Wissenschaftsverständnis weltweite Anerkennung als Mittel methodologisch geordneter Wahrheitsfindung und erhält auch faktisch weltweit diese Geltung – allerdings nur im Kontext der sogenannten ›Naturwissenschaften‹.

In der *heutigen* technisch-wissenschaftlichen Welt ist es weiter wichtig, zwischen zwei grundlegenden Weisen der Technik zu unterscheiden (Walther-Klaus, 1987, S. 209f.). Bis zum Beginn der Moderne gab es Technik primär als *Erfahrungstechnik* (vgl. dazu Burgey, 1985, S. 116–127). Erfahrungstechnik muss sich den materiellen Strukturen notwendig anpassen, um sie zu nutzen. Wenn ein früher Mensch einen Faustkeil herstellt, muss er sich in seiner Methode des Absplitterns und Zuschlagens des Steins genau der Struktur dieses Steins vergewissern, um den Stein nicht zu zerstören. Diese Orientierung am vorgegebenen Material verbindet den frühen Menschen mit dem Künstler des Rokoko, der aus feinster Porzellanmasse etwas modelliert und dabei genau weiß, dass er das Material nicht überstrapazieren darf.

Seit der Industrialisierung beginnt mit dem Ende des 18. Jahrhunderts, auf der Basis einer menschheitsgeschichtlichen »technologischen Erbmasse« (vgl. ebd.), ein Zeitalter, der von mir als »*Wissenschaftsfundierte Technik*« bezeichneten Vorgehensweise, die diese ›naturgegebenen Bestände‹ strukturell ihren Zwecken anpasst und uns global in eine Technosphäre stellt. Als »Technosphäre« kann man die heutige »Unvermeidbarkeit der Begegnung mit dem Technischen« (Irrgang, 2001, S. 194) bezeichnen. Dieser Übergang von der Partialität der Erfahrungstechnik im Leben zur Technosphäre ist natürlich ein langsamer geschichtlicher Prozess, in dem wir heute noch stehen. Erfahrungstechnik und wissenschaftsfundierte Technik gibt es heute gleichzeitig. Doch die wissenschaftsfundierte Technik wird immer wichtiger und integriert die erfahrungstechnischen Methoden. Trotzdem sich auch heute immer noch breite Sektoren erfahrungstechnischen Handelns finden, bildet aber die wissenschaftsfundierte Technik seit dem ausgehenden 18. Jahrhundert zunehmend den Rahmen für die erfahrungstechnischen Verfahren und gibt zugleich der Moderne ihr Epochengesicht (Walther-Klaus, 1987, S. 209f.).

Mit der wissenschaftsfundierten Technik ist dem Menschen die Möglichkeit gegeben sich in vertieftem Maße als Schöpfer seiner selbst zu sehen. Aus der *»materia prima«*, der der Mensch ausgeliefert ist und die er respektieren muss, um sie zu gestalten, wird zunehmend einer selbst gestaltete *»materia secunda«*. Dies ruft nach Deutung und kann – wie wir gleich sehen werden – zu einer Entflechtung von universalen Rationalitäts- und Wahrheitsansprüchen und technologischer Strukturbildung und zu standpunktbezogenen, ideologischen und inhumanen Wissenschaftsverständnissen/-mythen führen. Unter den Bedingungen von Menschenwürde, sich selbst verstehende Vernunft und die eingeschränkte Rationalität regionaler weltanschaulicher Standpunkte beginnen um die Deutungsherrschaft zu konkurrieren und benutzen gleichermaßen wissenschaftsfundierte Technik (mit ihrem universalen erfahrungswissenschaftlich orientierten Zugriff zur Wirklichkeit). Doch – bevor wir hier weiter fragen – sei der Blick auf das traditionelle, inhaltlich oft stark deutende Naturrecht innerhalb der katholischen Tradition als drittem wichtigem begrifflichem Ausgangspunkt geworfen.

Ein moraltheologischer Klassiker, Hermann Härings *Das Gesetz Christi. Moraltheologie* (Häring 1954; Zitate im Folgenden S. 256–263), bestimmt das Naturrecht zunächst einmal als den die Frage nach dem »Gerechte[n]« betreffenden »Teil des natürlichen Sittengesetzes«. Dabei wird davon ausgegangen, dass das natürliche Sittengesetz »dem Menschen mit seiner vernünftigen Natur als Gesetz der Freiheit mitgegeben [ist; L. H.], zwar nicht als eingeborene sittliche Ideen, sondern als Vernunftsanlage und zwar als aus dem Sein des Menschen und der Welt vermittelst der Vernunft erkennbaren Gesetz des freien Handelns«. Aus diesem Grund kann auch gesagt werden, dass dieses natürliche Sittengesetz, gleichsam als anthropologische Grundbestimmtheit, »bei allen Völkern, nicht zuletzt bei den primitiven Völkern, zu finden ist«. Dabei wird angemerkt, dass die Deutung dieses natürlichen Sittengesetzes am Anfang nicht als aus philosophischen Reflexionen, sondern als »mit den religiösen Überlieferungen« gegeben angesehen wurde.

In der Tradition der Klage über den modernen Relativismus, der im 19. Jahrhundert seit Papst Gregor XVI. *Mirari vos* (*Ihr wundert euch*, 1832) auch noch mit Religionsfreiheit bzw. Meinungsfreiheit/Pressefreiheit in Verbindung gebracht wurde, schreibt Papst Pius XII. in seiner Antrittsenzyklika *Summi pontificatus* (20. Oktober 1939) über die Bedeutung des Naturrechts:

> »Vor allem liegt die eigentliche Wurzel der Übel, die in der modernen Gesellschaft zu beklagen sind, in der Leugnung und Ablehnung eines allgemeingültigen Sittengesetzes für das Leben des Einzelnen und das Leben der Gesellschaft, wie für die Beziehungen der Staaten untereinander: es herrscht heute weithin Verkennung oder geradezu Vergessen eines natürlichen Sittengesetzes. Dieses natürliche Recht beruht auf Gott als seinem Fundament. Er ist der allmächtige Schöpfer und Vater aller, ihr höchster und unabhängiger Gesetzgeber, der allwissende und gerechte Vergelter der menschlichen Handlungen. Wo Gott geleugnet wird, da wird die Grundlage der Sittlichkeit erschüttert; die Stimme der Natur wird geschwächt, wenn nicht erstickt; jene Stimme, die auch den Ungebildeten und selbst noch den unzivilisierten Wilden lehrt, was gut und was böse ist, erlaubt und unerlaubt; jene Stimme, die Verantwortung für die eigenen Taten vor einem höchsten Richter predigt« (Papst Pius XII., 1946).

Papst Johannes Paul II. weist in seiner großen Enzyklika *Fides et ratio* (14. September 1998) im Hinblick auf das Verhältnis von Vernunft und Glaube darauf hin, dass Vernunftansprüche universalen Charakter haben. »Auch dann, wenn sich die theologische Argumentation philosophischer Begriffe und Argumente bedient, muss der Anspruch auf die rechte Autonomie des Denkens respektiert werden. Denn die nach strengen Vernunftkriterien entwickelte Argumentation ist Gewähr für das Erreichen allgemeingültiger Erkenntnisse« (*Fides et ratio*, Nr. 75).

Dabei wendet sich der Papst an späterer Stelle gegen einen philosophischen »Eklektizismus, Historizismus, Scientismus, Pragmatismus und Nihilismus«.

Die in diesen Standpunkten überall unthematisch mitgegebene Seinsvergessenheit habe »unvermeidlich den Kontaktverlust mit der objektiven Wahrheit und daher mit dem Grund zur Folge [...] auf dem die Würde des Menschen fußt« (Auszüge aus *Fides et ratio, Nrn. 86–90)*. Johannes Paul bezieht sich dann noch auf die postmoderne Philosophie. »Denn nach Ansicht einiger von ihnen [den postmodernen Denkern, L. H.] wäre die Zeit der Gewissheiten hoffnungslos vorbei; nunmehr müsste der Mensch lernen, vor einem Horizont völliger Sinnferne im Zeichen des Vorläufigen und Vergänglichen zu leben« (ebd., Nr. 91).

Veranschaulichen wir diese Situation einer Engführung der Vernunft bzw. eine *Ent-*Führung der Vernunft aus dem Bereich des Menschheitlichen und der Schöpfungsordnung an drei Beispielen, wie sich im abendländischen Bereich wie in den Schwellenländern aktuell (und nur deshalb werden weder eine *sozialistische Wissenschaft* aus dem Geiste des DiaMat noch Versuche eines *völkischen Denkens* à la *Ahnenerbe* hier näher angeführt) – teilweise in einer expliziten Rezeption postmoderner Philosophie (Indien) – eine Abkehr vom universalen Vernunftanspruch auf der einen Seite hinsichtlich geisteswissenschaftlicher Erkenntnisse und metaphysischer Fragestellungen und eine trotz allem selbstverständliche Adaption der wissenschaftsfundierten Technik vollzieht.

Eine sich nicht auf universale Maßstäbe besinnende Art der Selbstorientierung kann dabei zum Schluss sogar in einer brisanten kollektiven »*Pseudologia phantastica*« ihre Fundierung suchen.

Grossmann gibt in Anlehnung an das ›klassische‹ Werk von Anton Delbrück (1891) die Beschreibung eines psychischen Phänomens, welches als Pseudologia phantastica oder auch als Mythomanie bezeichnet wird (Grossmann, 1930). Bei der pathologischen Lüge wird eine bestimmte »inhaltlich wechselnde, unsystematisch ins Uferlose fortgesponnene, psychologisch undurchsichtige Fantasie [] über eine gewisse Zeitspanne als reale[s] Erlebnis gewertet und in Wort und Tat umgesetzt« (ebd., S. 296).

Der Pseudologe lebe in seiner Fantasiewelt und agiert aus ihr heraus. Dies gebe ihm eine besondere Überzeugungskraft. Brisant wird es, wenn der ›unsystematische‹ Charakter wegfällt, weil das individuelle Längere Gedankenspiel in einen bestimmten Kulturkontext bestens passt. Dann schreibt man möglicherweise einen sachbuchartigen Bestseller.

Grossmann geht davon aus, dass diese Lüge durch Aufdecken der Wahrheit manchmal gefährdet sei. Dann müsse der pathologische Lügner große Anstrengungen unternehmen, um seine Lügenwelt zu erhalten. »Der im Kontakt mit der Wirklichkeit fortbestehende und trotz einem dauernden Kampf zwischen Phantasie und Realität festgehaltene Selbstbetrug scheint mir gerade das Kennzeichen der echten Pseudologie zu sein« (ebd., S. 297).

Skizzieren wir einige Schritte, wie sich eine globale Postmodernität in sich pseudologisch verstrickt.

3. Wissenschaftsauffassungen jenseits von Philosophie und Intersubjektivität

Das sogenannte *Humanistische Manifest II (Humanist Manifesto II)* wird 1973 unter anderem von einigen der ganz großen Wissenschaftler des 20. Jahrhunderts unterzeichnet.[5] Burrhus Frederick Skinner (1904–1990), der berühmte Behaviorist, Francis Crick (1926–2004), der 1962 den Nobelpreis für seine Beschreibung der DNS erhielt, Arthur Danto (1924–2013), der breitenwirksame US-amerikanische Philosoph, Hans Jürgen Eysenck (1916–1997), einer der meistgelesenen Psychologen der Welt, Sir Julian Huxley (1887–1975), der wegweisende Pionier der Verhaltensforschung und der Nobelpreisträger (Physiologie oder Medizin) Jacques Monod (1910–1976) unterzeichnen unter anderem folgenden darin befindlichen Passus:

> »Versprechen wie das des ewigen Heils oder die Furcht vor ewiger Verdammnis sind beide illusorisch und schädlich. Sie lösen Menschen aus ihren gegenwärtigen Zusammenhängen, aus Selbstverwirklichung und dem Eintreten gegen soziale Ungerechtigkeiten. Die moderne Wissenschaft diskreditiert solche vergangenen Entwürfe [...]. Die Wissenschaft bestätigt hingegen, dass die menschliche Spezies ein Produkt natürlicher Evolutionskräfte ist. Soweit wir wissen, ist die Gesamtpersönlichkeit eine Funktion des biologischen Organismus in seiner Interaktion in einem sozialen und kulturellen Kontext. Es gibt keine glaubhafte Gewissheit *(evidence)*, dass das Leben nach dem Tode des Körpers weiterbesteht. Wir existieren weiter in unseren Nachkommen und durch die Weise, wie unsere Leben andere in unserer Kultur beeinflusst haben« (Übers. L. H.).

Ganz selbstverständlich wird in der Weise des naturphilosophischen Materialismus des 19. Jahrhunderts jede erkenntnistheoretische Reflexion philosophischer Art ausgeklammert. Andere (religiöse) Standpunkte werden a priori als unsinnig dar-

---

5   Vgl. http://americanhumanist.org/Humanism/Humanist_Manifesto_II.

gestellt. In der Bewegung dieses Denkens liegt die evolutionistische Engführung von Moralphilosophie, Theorie der Religion, Kultur etc., durch die eine geisteswissenschaftliche oder gar philosophische Perspektive ihrer Unwahrheit überführt werden soll. Wissenschaft wird – und dies ist nicht die Intention der Autoren – außerhalb der Idee einer übergreifenden Wahrheit je nach Interessenlage gestaltbar und damit zum Spielball wirtschafts- und machtpolitischer Interessen.

Postmodernes Denken verstärkt eine solche Ablösung aus geltungstheoretischen Kontexten. Im postmodernen Denken verschränken sich zwei Haltungen, die man als präzisen und als diffusen Postmodernismus bezeichnen kann (Welsch, 1993, S. 2). Der diffuse Postmodernismus der Beliebigkeit (ebd.) feiert sich als willkürliche Mischung aller Denkstile, esoterischer Transrationalismen und Exotismen (vgl. dazu Hauser, 1987). Der präzise Postmodernismus reflektiert die unhintergehbare intersubjektive und intrasubjektive radikale Pluralität der Moderne (Welsch, 1993, S. 4). Beide Haltungen finden sich oft im gleichen Subjekt.

Aber im postmodernen Denken gibt es eine Dimension, die leicht übersehen wird. Der österreichische Philosoph Paul Karl Feyerabend (1924–1994) gehörte seinerzeit zu den Lieblingskindern des Feuilletons. Mit Wortwitz stellt er sein Denken vor und charakterisiert seine Grundhaltung beispielsweise so:

»Wer sich dem reichen, von der Geschichte gelieferten Material zuwendet und es nicht darauf abgesehen hat, es zu verdünnen, um seine niedrigen Instinkte zu befriedigen, nämlich die Sucht nach geistiger Sicherheit [...]; der wird einsehen, daß es nur einen Grundsatz gibt, der sich unter allen Umständen und in allen Stadien der menschlichen Entwicklung vertreten läßt. Es ist der Grundsatz: Anything goes ...« (Feyerabend, 1976, S. 45).

Mit diesem Grundsatz ist er sprichwörtlich geworden. Was man allerdings bei flüchtiger Lektüre übersieht, ist die fundamentalistische Kehrseite dieses postmodernen Denkens. Radikaler Pluralismus braucht eine Fundierung. Und diese Fundierung weist in Dimensionen, in denen das abendländische universale Wahrheitsverständnis völlig ausgedient hat. Doch zitieren wir zunächst einmal diese unbekannte Passage aus Feyerabends später Philosophie der »*Erkenntnis für freie Menschen*«:

»Behalten wir bloß die eine Lehre, daß es viele Weisen des In-der-Welt-Seins gibt, jede mit ihren Vorteilen und ihren Nachteilen, und dass sie alle nötig sind, um uns zu Menschen im vollen Sinne des Wortes zu machen und die Probleme unseres Zusammenlebens in dieser Welt zu lösen. Eine solche fundamentale Lehre muß nun mehr sein als eine rein intellektuelle Einsicht. Sie muß die Kraft haben, unsere Gedanken zu beleben und unseren Gefühlen Richtung zu geben. Sie muß eine Weltanschauung sein oder, verwenden wir doch nur ohne Furcht das alte Wort, eine Religion. Nur eine Religion kann die vielen Strömungen, die vielen widersprüchlichen Errungenschaften, Hoffnungen, Dogmatismen, die es heute gibt, zähmen und zu einer harmonischen Entwicklung zusammenführen. Es ist überraschend, aber auch sehr beruhigend zu sehen, daß sich eine solche Religion allmählich im Rahmen der Wissenschaften selbst entwickelt« (Feyerabend, 1980, S. 25).

4. *Anything goes* goes to Schwellenländer

Anything goes-Maximen eignen sich gut für die Schwellenländer, wenn sie auf diese Weise einen Ausblick auf eigenständige postrationale Begründungen erlauben.

Betrachten wir kurz drei Beispiele, die – darauf muss deutlich hingewiesen werden – von unterschiedlicher politischer und moralischer Qualität sind.

4.1 Osmanische Wissenschaft – Kolumbus sieht eine Moschee in Amerika

Zunächst einmal liest es sich wie eine randständige Anekdote ohne tiefere Bedeutung, wenn über den türkischen Staatspräsidenten Recep Tayyip Erdogan (*1954) berichtet wird:

> »›Kontakte zwischen Lateinamerika und dem Islam lassen sich bis ins 12. Jahrhundert zurückverfolgen‹, sagte Erdogan am Samstag während eines Gipfeltreffens mit lateinamerikanischen Muslimen in Istanbul; die Rede wurde vom Fernsehen übertragen. [...] ›Muslimische Seeleute erreichten schon 1178 Amerika‹, ließ Erdogan die Zuhörer wissen. ›Kolumbus selbst erwähnte eine Moschee auf einem Hügel an der Küste Kubas‹« (Der Spiegel, 16.11.2014).[6]

Wissenschaftliche Wahrheit wird hier an politische Interessen und Idealisierungen der eigenen Vergangenheit sowie (vermutlich) eigene Lebenslügen gebunden. Florian Stark schreibt dazu in *Die Welt*: »Die vermeintliche historische Legitimation eines ›weißen‹ Amerika soll durch eine [...] muslimische Version konterkariert werden« (Stark, 2014). Im Hintergrund steht das Interesse an einer gegen die westliche Wissenschaftsauffassung gerichtete *osmanischen Wissenschaft*, die schon in der Schule dadurch begründet werden soll, dass – so Erdogans Strategie – osmanisch in Wort und arabischer Schrift zu einem Pflichtfach werden soll (vgl. dazu im Folgenden Kazim, 2014).

---

6 Online-Quelle: http://www.spiegel.de/politik/ausland/erdogan-muslime-entdeckten-amerika-nicht-kolumbus-a-1003209.htm.

4.2 Terroristische *Sharia science*

Mohammad Hasan Khalil al-Hakim/Abu Jihad al-Masri (1961–2008)[7] schreibt unter dem Pseudonym Abu Bakr Naji in seiner unfassbar zynischen Grundlegung des dschihadistischen Terrorismus über *The Management of Savagery. The Most Critical Stage Through Which the Umma Will Pass* (Naji, o. J.) seine brutale Version einer Kriegsführung als »Sharia science« nieder, die er der »worldly science« überordnet (Naji, o. J., S. 18). Die »Sharia science« plant die physische, psychische und moralische Vernichtung aller Andersdenkenden mit allen Mitteln umwillen des großen Zieles, dass die »Umma may once again steer humanity toward the path of divine guidance and salvation« (ebd., S. 3). An die Stelle des vernunftbezogenen Diskurses tritt der Bezug des Dschihadismus auf den wissenschaftlich begründeten Terror. Wer genauer in die dschihadistische Wissenschaft einsteigen will und Techniken des Folterns und Tötens erlernen möchte, dem steht etwa die elfbändige *Encyclopedia of Afghan Jihad (aka Encyclopedia of the Afghani Jihad or Encyclopedia of Afghan Terrorism)* zur Verbreitung des Namens ihres allbarmherzigen Gottes zur Verfügung.

4.3 *Vedic science* – Konsequenzen der Rezeption postmoderner Philosophie im Hindunationalismus

Nicht nur im Hinblick auf die Denkfigur, dass ein Abschied von der menschheitlichen Vernunft und dem Gedanken der Menschenwürde in fundamentalistischen und teilweise barbarischen Irrationalismen enden kann, ist Paul Feyerabends spannungsreiches Denken von exemplarischen Charakter. Für den extremistischen Hindunationalismus gilt Paul Feierabend (neben der Erinnerung an die Nationalsozialisten) als einer der wesentlichen Gewährsmänner aus dem Westen.

Im Hindunationalismus wird die Legitimität, sich als Inder zu verstehen, über eine integrative Religionsidee definiert. Nur religiöse Standpunkte, deren heilige Stätten auf dem indischen Subkontinent lägen, gehörten zu Indien bzw. zum Hindutum/Hindutva. Der Inhalt dieser Standpunkte spielt dabei keine Rolle. Der wichtige Hindutva-Theoretiker und spätere Vorsitzenden der paramilitärischen Rashtriya Swayamsevak Sangh (RSS) Madhav Sadashiv Golwalkar (1906–1973) schreibt in seinem Buch *We or Our Nationhood Defined* (1939): »Die nicht-hinduistischen Völker Hindustans müssen auf jeden Fall die hinduistische Kultur und Sprache annehmen, müssen die hinduistische Religion respektieren und adaptieren und dürfen keine andere Ideale haben als die Verherrlichung der Hindurasse

---

7 Vgl. dazu den englischen Wikipedia-Artikel: http://en.wikipedia.org/wiki/Management_of_Savagery.

und -kultur ...‹« (zit. nach Lurquin & Stone, 2007, S. 98) – ohne diese Voraussetzungen könnten ihnen keinerlei Bürgerrechte zugesprochen werden. Was zur Legitimation fehlt, ist dann eine wissenschaftstheoretische Begründung derartiger Thesen.

Der Journalist Meera Nanda verfasst 2003 mit *Prophets Facing Backward. Postmodern Critiques of Science and Hindu Nationalism in India* ein Standardwerk zu dieser Thematik. Er arbeitet heraus, dass sich die Hindutva-Theoretiker mit den postmodernen Philosophen – besonders Paul Feyerabend – verbunden fühlen, weil diese den scheinbaren abendländischen Absolutismus des Geistes, nämlich das Festhalten an den Vorstellungen übergreifender Ideen von Wahrheit und Gutem als kulturimperialistisch und kapitalistische Interessen verdeckend kritisieren und andererseits an der Bedeutung der modernen wissenschaftsfundierten Technologie festhalten. Auf diese Weise werde es möglich, die Ideen der Aufklärung (inklusive den Gedanken von liberaler Demokratie und Menschenrechten) von den Vorstellungen einer adäquaten Modernität der jeweiligen nicht-abendländischen Region abzukoppeln.

Funktionierende Technik und wissenschaftliches Wahrheitsethos können auf diese Weise voneinander unterschieden werden.

> »Im Licht der globalen anthropologischen und Sozialgeschichte der Wissenschaften kann niemand der Meinung sein, dass wissenschaftliche Methoden eine spezifisch westliche Kulturspezialität seien. Aber, wenn man den post-Kuhnschen konstruktivistischen Theorien und den feministischen Erkenntnistheorien folgt, dann sind nicht nur die Rationalität, sondern auch der Inhalt und die Methode der Wissenschaft ein soziales Konstrukt. [...] Wissenschaft ist dann nur ein weiteres System, das man im Glauben annehmen muss« (Nanda, 2003, S. 222; Übers. L. H.).

Explizit auf dem Hintergrund der postmodernen Positionen entstehen in Indien in den 80er Jahren des 20. Jahrhunderts die *»people's science movements«*, die den hindunationalistischen Bewegungen eine Art Hindu-Wissenschaftstheorie präsentieren können (ebd., S. 221).

Funktionierende Technologie und auf die Idee der Menschheit bezogene Wahrheitsansprüche auf der Basis eines aufklärerischen Wissenschaftsideals können in der Folge immer besser abgekoppelt werden. Aus einer Wissenschaft, die sich am Gedanken einer kulturübergreifenden Methodik orientiert, wird die Perspektive der *»Vedic science«*, gemäß der Astrologie, *»vastu shastra«* (Gestaltung der Wirklichkeit aus der Lebenskraft des Kosmos heraus), *»ayurveda«* (traditionelle indische Medizin), transzendentale Meditation, Heilung durch Glaubensakte, Telepathie und andere parawissenschaftliche Methoden zu Wissenschaften werden können. Die vedische Wissenschaft übersteige die westliche Wissenschaft und hebe diese zugleich in sich auf. Diese sei nur prosaische Ausdrucksform von *»apāra* *vidya*«, des unteren Wissens vom bloßen materiell Gegebenen, und werde integriert in die indische Perspektive, die zugleich das höhere Wissen repräsentiere, die »*pāra vidya*« (ebd., S. 65f.).

Narendra Modi (geb. 1950), amtierender indischer Premierminister und Mitglied der hindunationalistischen Bharatiya Janata Party (BJP), erlangt 2002 traurige Berühmtheit, als er in seiner damaligen Funktion als *Chief Minister* des Bundesstaates Gujarat zwei Monate lang tatenlos zusieht, als mit Unterstützung der örtlichen Polizei ›offiziell‹ zweitausend Menschen und zwar fast alles Muslime »bei kommunalistischen, d. h. sich über Gruppenidentitäten definierende Ausschreitungen ermordet« werden (Eckert, 2002, S. 23). Darüber hinaus werden bei diesem Pogrom »mindestens 270 Moscheen und Kultstätten (zumeist Gräber moslemischer Heiliger bzw. Darghas[8]) zerstört« (Sprung, 2005, S. 281).

Modi merkt am 25. Oktober 2014 anlässlich der Wiedereinweihung des *Reliance Foundation Hospital and Research Centre* in Mumbai in seiner Ansprache[9] an, dass Indien schon in der Antike eine hochtechnisierte Zivilisationsphase hatte.

Narendra Modi bezieht sich bei seiner Hindutva-Relecture der indischen Religionsgeschichte auf das Epos *Mahabharata* und verweist darin etwa auf den Krieger *Karna*.

Kunti (vgl. Dowson, 1879, S. 150f. u. 171), die Tochter des Prinzen *Suūra*, erhielt als junges Mädchen von dem Weisen *Dur-vāsas* ein Mantra, durch das sie einen beliebigen Gott anrufen konnte, um von diesem ein Kind zu erhalten. Sie rief den Sonnengott an und dieser zeugte mit ihr – ohne ihre Jungfräulichkeit zu verletzen – den späteren großen Krieger Karna, der schon in voller Bewaffnung zur Welt kam.

> »Wir können [so führt Modi aus] stolz auf das sein, was unser Land heute an medizinischen Errungenschaften hervorgebracht hat […].Wir lesen alle über Karna im Mahabharata. Wenn wir etwas weiter denken, dann merken wir, dass das Mahabharata erzählt, dass Karna nicht aus seiner Mutter Bauch geboren wurde. Das bedeutet, dass die Gentechnik zu dieser Zeit bekannt war. Aus diesem Grunde konnte Karna außerhalb des Leibes seiner Mutter geboren werden.«[10]

Weiter bezieht sich Modi auf den Gott Ganesa (vgl. Dowson, 1879, S. 106–108), den vierhändigen Gott der Weisheit und des Rätsellösens. Er hat einen Elefan-

---

8 D. h. Sufischreine.
9 Zitiert zusammen mit dem dortigen Kommentar im Folgenden nach http://www.thehindu.com/todays-paper/tp-in-school/genetic-science-existed-in-ancient-times-modi/article6545958.ece (Übers. L. H.).
10 Vgl. http://indianexpress.com/article/india/india-others/pm-takes-leaf-from-batra-book-mahabharat-genetics-lord-ganesha-surgery/ (Übers. L. H.).

tenkopf: »Wir verehren Lord Ganesa. Es muss zu dieser Zeit einen plastischen Chirurgen gegeben haben, der einen Elefantenkopf auf einem Menschenkörper anbrachte und die Praxis der plastischen Chirurgie begründete.«[11]

Der indische Premierminister führt dann auch noch aus, dass das antike Indien große Kenntnisse in der Raumfahrtwissenschaft gehabt habe. In einem Schulbuchbeitrag aus seiner Zeit als Ministerpräsident von Gujarat hatte er schon früher behauptet, dass *Lord Rama* das erste Flugzeug besaß und dass das alte Indien auch große Erkenntnisse in der Zellforschung besaß.

5. Papst Franziskus – Die Rationalität der Barmherzigkeit

Wissenschaftsfundierte Technik wird genutzt. Ihre Basis, die Zuwendung zur Wirklichkeit in ihrer eigenständigen Objektivität, wird aber nur noch für den Bereich des ›Herrschaftswissens über die Natur‹ zugestanden. Das geschichtliche Woher und Wohin des Menschen hingegen, das beispielsweise auch in den historischen Wissenschaften studiert wird und das auch zum Thema wird, wenn die Philosophie nach den Grenzen des Erkennens fragt, wird bedeutungslos angesichts des ›clash of ideologies‹ der – wie wir gesehen haben – zu einer kollektiven *»Pseudologia phantastica«* führen kann.

Die Orientierung an einer gemeinsamen Vernunftkonzeption ist verlorengegangen. Von daher kann ein Ruf des Papstes nicht Gehör erwarten, der naturrechtlich argumentiert. Gibt es in dieser Situation eine Hoffnung auf Ansprechbarkeit – nicht jenseits der Vernunft, sondern auf einer anderen (nicht unvernünftigen, doch andersartig Orientierung anbietenden) Basis?

Papst Franziskus wählt den Zugang über eine mögliche Selbsterfahrung des postmodernen Menschen und über das Mitgefühl, über die Barmherzigkeit, von der zu hoffen ist, dass sie – jenseits der Standpunkte – vielleicht noch die Herzen aufzuschließen vermag. Unter diesem Gesichtspunkt strukturiere ich im Folgenden einige Aspekte des Lehrschreibens.

In *Evangelii gaudium* weist der Papst zunächst darauf hin, dass der Prozess der Säkularisierung dazu

> »neigt [...], den Glauben und die Kirche auf den privaten, ganz persönlichen Bereich zu beschränken. Außerdem hat er mit der Leugnung jeglicher Transzendenz eine zunehmende ethische Deformation, eine Schwächung des Bewusstseins der persönlichen und sozialen Sünde und eine fortschreitende Zunahme des Relativismus verursacht, die Anlass geben zu einer allgemeinen Orientierungslosigkeit« (*Ev. Gaudium*, Nr. 64; S. 105f.).

---

11 Ebd.

Er bekräftigt nur kurz den auch für ihn übergreifenden Charakter des Naturrechts: »Während die Kirche auf der Existenz objektiver, für alle geltender moralischer Normen besteht« (ebd., S. 106). Wenn der Blick dann auf die Welt der Wohlhabenden fällt, dann ist festzustellen:

> »Ebenso wie das Gebot ›du sollst nicht töten‹ eine deutliche Grenze setzt, um den Wert des menschlichen Lebens zu sichern, müssen wir heute ein ›Nein zu einer Wirtschaft der Ausschließung und der Disparität der Einkommen‹ sagen. Diese Wirtschaft tötet« (ebd., Nr. 53; S. 95).

Diese Art zu leben führt zu einer »Globalisierung der Gleichgültigkeit« (ebd., Nr. 54; S. 96). Wir werden

> »unfähig, Mitleid zu empfinden gegenüber dem schmerzvollen Aufschrei der anderen, wir weinen nicht mehr angesichts des Dramas der anderen, noch sind wir daran interessiert, uns um sie zu kümmern, als sei all das eine uns fern liegende Verantwortung, die uns nichts angeht« (ebd.; S. 96f.).

Immer wieder wird allerdings auch darauf hingewiesen, dass die postmoderne Form der Globalisierung nicht nur bei den vom Wohlstand und von Rechten ausgeschlossenen Menschen Leid erzeugt.

> »Einige Pathologien nehmen zu. Angst und Verzweiflung ergreifen das Herz vieler Menschen, sogar in den sogenannten reichen Ländern. Häufig erlischt die Lebensfreude, nehmen Respektlosigkeit und Gewalt zu, die soziale Ungleichheit tritt immer klarer zutage« (ebd., Nr. 52; S. 94).

Sogar die Kirche selbst werde von dieser Versuchung, die ich als die einer kollektiven *Pseudologia phantastica* bezeichnet habe, angesteckt.

> »Es entwickelt sich die Grabespsychologie, die die Christen allmählich in Mumien für das Museum verwandelt. Enttäuscht von der Wirklichkeit, von der Kirche oder von sich selbst, leben sie in der ständigen Versuchung, sich an eine hoffnungslose, süßliche, Traurigkeit zu klammern, die sich des Herzens bemächtigt wie ›das kostbarste der Elixiere des Dämons‹. Berufen, um Licht und Leben zu vermitteln, lassen sie sich schließlich von Dingen faszinieren, die nur Dunkelheit und innere Müdigkeit erzeugen und die apostolische Dynamik schwächen. Aus diesen Gründen erlaube ich mir, darauf zu beharren: Lassen wir uns die Freude der Evangelisierung nicht nehmen!« (Ebd., Nr. 83; S. 123)

Wie also zu argumentieren oder besser zu appellieren und wach zu machen in einer nachmetaphysischen, sich vom Bezug auf eine allgemeine Menschenvernunft verabschiedenden Zeit? Das letzte ›Argument‹, das bleibt, ist der Appell an alle Menschen guten Willens, die nach dem Zweiten vatikanischen Konzil an der auf Erbauung des Reiches Gottes mitarbeiten.[12] Barmherzigkeit wird – ich verwende hier Karl Rahners Terminologie – in *unthematischer* (anonymer) wie *thematischer* (kategorialer) Weise zum Programm des anbrechenden Reiches Gottes. Der Papst proklamiert hier als Markstein der Hoffnung die Rationalität der Barmherzigkeit in nachmetaphysischer Zeit.

Barmherzigkeit ist von Anfang an das Leitmotiv dieses Papstes. In seinem ersten Angelus-Gebet nach seiner Wahl (13. März 2013), am 17. März 2013, hat Franziskus auf dem Petersplatz schon gleichsam programmatisch etwas über das Wort ›Barmherzigkeit‹ gesagt: »Es ist das Beste, was wir hören können: es ändert die Welt. Ein wenig Barmherzigkeit macht die Welt weniger kalt und viel gerechter.«[13]

Von diesem Leitmotiv her ist es folgerichtig, dass ein Papst, der erleben muss, dass auch Teile der weltweiten Amtskirche und der Kurialbürokratie sich dem »gesellschaftlichen Krebs« einer »tief verwurzelten Korruption« (italienisch spricht Franziskus beim Weihnachtsempfang für die Kurie 2014 von malattia) (*Ev. Gaudium*, Nr. 60; S. 102)[14] ausgeliefert haben, anders als in den vertrauten argumentativen Bahnen spricht. Aus diesem Grunde fallen seine Formulierungen auch drastisch aus und es ist gut, dass er so drastisch redet, weil nur so das Ausgeklammerte und gern Übersehene präsent wird. Manche seiner Formulierungen würden niemals in einen strengen argumentativen Duktus passen. Sie passen aber in einen Rahmen, in dem es darum geht, in einer prekären Situation des weltlichen Geistes im Vertrauen auf den Geist Gottes auf die auch (wie schon Papst Benedikt XVI. bemerkte) Weltlosigkeit des Christentums hinzuweisen. Gegen den Geist dieser Welt appelliert Papst Franziskus im Vertrauen auf den Heiligen Geist an die Barmherzigkeit aller Menschen guten Willens als letzte Instanz der Hoffnung in einer Welt, die zurzeit so etwas wie eine epochale dunkle Nacht der Seele durchlebt.

Mit zwei Zeilen aus seinem Schreiben *Misericordiae vultur. Verkündigungsbulle des außerordentlichen Jubiläums der Barmherzigkeit* will ich enden: »Ein außerordentliches Heiliges Jahr also, um im Alltag die Barmherzigkeit zu leben, die der Vater uns von Anbeginn entgegenbringt. Lassen wir uns in diesem Jubiläum von Gott überraschen.«[15]

---

12 *Lumen Gentium*, Nrn. 12–16 (Dogmatische Konstitution über die Kirche, II. Vatikanischen Konzil, 21.11.1964). Online unter: http://www.vatican.va/archive/hist_councils/ii_vatican_council/documents/vat-ii_const_19641121_lumen-gentium_ge.html; ebenso in Rahner und Vorgrimler (2008).

13 http://w2.vatican.va/content/francesco/de/angelus/2013/documents/papa-francesco_angelus_20130317.html

14 Vgl. auch http://de.radiovaticana.va/news/2014/12/22/weihnachtsempfang_des_papstes_die_kurialen_krankheiten/1115649

15 http://w2.vatican.va/content/francesco/de/bulls/documents/papa-francesco_bolla_20150411_misericordiae-vultus.html

Literatur

Burgey, Franz (1985): *Technik und Heiliger Kosmos. Probleme der Theologie und der Verkündigung in einer von Wissenschaft und Technik geprägten Welt.* Würzburg: Echter.
Dowson, John (1879): *A Classical Dictionary of Hindu Mythology and Religion, Geography, History and Literature.* London: Trubner.
Eckert, Julia (2002): Der Hindu-Nationalismus und die Politik der Unverhandelbarkeit. Vom politischen Nutzen eines (vermeintlichen) Religionskonfliktes. *Aus Politik und Zeitgeschichte,* B 42-43/2002, 23–30.
Feyerabend, Paul Karl (1976): *Wider den Methodenzwang. Skizze einer anarchistischen Erkenntnistheorie.* Frankfurt/M.: Suhrkamp.
Feyerabend, Paul Karl (1980): *Erkenntnis für freie Menschen.* Frankfurt/M.: Suhrkamp.
Frey, Gerhard (1970): *Philosophie und Wissenschaft.* Stuttgart, Berlin, Köln, Mainz: W. Kohlhammer.
Grossmann, A. (1930): Verschiedene Arten der Pseudologia phantastica. In: *Zeitschrift für die gesamte Neurologie und Psychiatrie, 126,* 296–311.
Häring, Hermann (1954): *Das Gesetz Christi. Moraltheologie.* Freiburg/Br.: Erich Wewel.
Hauser, Linus (1987): Ideelle Ausbeutung der Exoten oder versöhnender Tanz der Standpunkte. Ethische Aspekte des interkulturellen Dialogs. In: Institut für Auslandsbeziehungen/Württembergischer Kunstverein (Hrsg.): *Exotische Welten – Europäische Phantasien.* Stuttgart, S. 40–43.
Hünermann, Peter (1988): Die Universität und die Entstehung der technisch-industriellen Gesellschaft. In: Peter Hünermann (Hrsg.): *Universität und Entwicklung: zur Problematik der Hochschulen in der Dritten Welt.* Bonn: Katholischer Akademischer Ausländer-Dienst (KAAD), S. 8–30.
Irrgang, Bernhard (2001): *Technische Kultur. Instrumentelles Verstehen und technisches Handeln.* Paderborn: Schöningh.
Kazim, Hasnain (2014): Erdogans Bildungspolitik. Zurück ins Osmanische Reich. In: *Der Spiegel,* 8.12.2014. Online unter: http://www.spiegel.de/politik/ausland/tuerkei-erdogan-fordert-unterricht-in-religion-und-osmanisch-a-1007264.html.
Lurquin, Paul F. & Stone, Linda (2007): *Evolution and Religious Creation Myths. How Scientists Respond.* Oxford, New York: Oxford University Press.
Naji, Abu Bakr (o.J.): *The Management of Savagery. The Most Critical Stage Through Which the Umma Will Pass.* Translated by William McCants, Funding for this translation was provided by the John M. Olin Institute for Strategic Studies at Harvard University, 23. Mai 2006. URL: https://azelin.files.wordpress.com/2010/08/abu-bakr-naji-the-management-of-savagery-the-most-critical-stage-through-which-the-umma-will-pass.pdf (Stand: 03.08. 2015).
Nanda, Meera (2003): *Prophets Facing Backward. Postmodern Critiques of Science and Hindu Nationalism in India.* New Brunswick/NJ, London: Rutgers University Press.
Papst Franziskus (2013): *Die Freude des Evangeliums. Das Apostolische Schreiben »Evangelii Gaudium« über die Verkündigung des Evangeliums in der Welt von heute.* Mit einer Einführung von Bernd Hagenkord SJ. Freiburg, Basel, Wien: Herder.
Papst Franziskus (2015): *Misericordiae vultur. Verkündigungsbulle des außerordentlichen Jubiläums der Barmherzigkeit.* Rom, 11.04.2015. URL: http://w2.vatican.va/content/francesco/de/bulls/documents/papa-francesco_bolla_20150411_misericordiae-vultus.html.
Papst Johannes Paul II (1998): *Fides et ratio (Über das Verhältnis von Glaube und Vernunft).* URL: http://w2.vatican.va/content/john-paul-ii/de/encyclicals/documents/hf_jp-ii_enc_14091998_fides-et-ratio.html.

Papst Pius XII. (1946): *Gerechtigkeit schafft Frieden, Reden und Enzykliken.* Hrsg. von P. Wilhelm Jussen S. J. Hamburg, S. 131–176, Nr. 28, zitiert nach http://www.kathpedia.com/index.php/Summi_pontificatus_%28Wortlaut%29#Leugnung_des_Sittengesetzes.2C_das_Europa_seinen_geistigen_Zusammenhalt_gab.

Rahner, Karl & Vorgrimler, Herbert (2008): *Kleines Konzilskompendium.* Freiburg/Br.: Herder.

Schäfer, Christoph (2013): Franziskus und die Globalisierung. Was der Papst verschweigt. In: *Frankfurter Allgemeine Zeitung,* 29.11.2013.

Sprung, Christoph S. (2005): Macht durch Gewalt und Religion. Das hindunationalistische Pogrom in Gujarat. In: Uwe Skoda & Klaus Voll (Hrsg.): *Der Hindu-Nationalismus in Indien. Aufstieg – Konsolidierung – Niedergang? (Berliner Studien zur Internationalen Politik und Gesellschaft, Bd. 1).* Berlin: Weißensee, S. 279–297.

Stark, Florian (2014): Wieso Erdogan Kolumbus Entdeckerruhm abspricht. In: *Die Welt,* 17.11.2014. Online unter: http://www.welt.de/geschichte/article134422444/Wieso-Erdogan-Kolumbus-Entdeckerruhm-abspricht.html.

Walther-Klaus, E. (1987): Begriffsbestimmungen der Technik. In: Albert Menne (Hrsg.): *Philosophische Probleme von Arbeit und Technik.* Darmstadt: Wissenschaftliche Buchgesellschaft, S. 203–213.

Welsch, Wolfgang (1993): *Unsere postmoderne Moderne.* Berlin: Akademie-Verlag.

III Wirtschaft und Verantwortung

Wirtschaft versus Verantwortung

Ansprüche der Gesellschaft und Verantwortung der Wirtschaft – Ideal und Wirklichkeit

Rainer Schwarz

Vorbemerkung

Unternehmerisches Tun, das Streben nach Erfolg und Gewinnen auf der einen Seite und ethisches Handeln sowie gesellschaftliche Verantwortung auf der anderen Seite bilden keinesfalls einen Widerspruch. Wirtschaft meint im modernen Sinne die Gesamtheit aller Einrichtungen und Handlungen, die der planvollen Deckung der Nachfrage dienen. Zu den wirtschaftlichen Einrichtungen gehören Unternehmen, private und öffentliche Haushalte. Handlungen des Wirtschaftens sind dabei Herstellung, Werbung, Konsum, Umlauf und Verteilung und »Recycling«/»Entsorgung« von Gütern.

Unter *Verantwortung* versteht man im Rahmen der geltenden Regeln auch jene, die man sich selbst auferlegt, nämlich die pflichtgemäße Erfüllung übertragener Aufgaben. Verantwortung setzt also Handlungsfreiheit und die Fähigkeit, die Folgen des eigenen Tuns vorherzusehen, voraus. Der ethische Begriff von Verantwortung beinhaltet auch die Absichtlichkeit bzw. Willensfreiheit in Bezug auf die eigenen Handlungsziele unter Berücksichtigung der Interessen anderer.

Es gibt viele Unternehmen, in dem sich seit Langem die Einsicht durchgesetzt hat, dass es in ihrem eigenen Interesse liegt, gesellschaftliche Verantwortung nicht nur zu leben, sondern ihr Engagement als einen möglichen Wettbewerbsvorteil zu propagieren. Ob in diese Umsetzung nun Herzblut geflossen ist oder ob sie eher von nüchternem Pragmatismus bestimmt ist, lasse ich einmal dahin gestellt. Wichtig ist letztendlich, dass alle Beteiligten von einem derartigen Handeln profitieren.

Da wir in unserer Gesellschaft gerne dazu neigen, wohl bekannte Begriffe in Anglizismen zu kleiden, gibt es ihn inzwischen auch für diesen Bereich, nämlich *Corporate Social Responsibility*, kurz *CSR*. Das klingt bedeutend, verpackt aber im Prinzip nur das, was für traditionelle Familienunternehmen, für personengeführte mittelständische Unternehmen als der sprichwörtlich *»ehrbare Kaufmann«* gilt.

Der ehrbare Kaufmann steht sogar als Leitbild für optimal handelnde Wirtschaftssubjekte. Das wird im aktuell gültigem §1 des »IHK-Gesetzes« wortwörtlich so benannt, nämlich:

> »(1) Die Industrie- und Handelskammern haben, [...] zu unterstützen und zu beraten sowie für Wahrung von Anstand und Sitte des ehrbaren Kaufmanns zu wirken.«[1]

Dies gilt ebenso für größere Unternehmen, die dieses Verhalten in ihrem genetischen Code verinnerlicht haben und für die es seit jeher selbstverständlich ist und keiner besonderen Erläuterung bedurfte, Verantwortung gegenüber den Mitarbeitern, gegenüber der Gesellschaft zu übernehmen. Oder, um es in den Worten des Grundgesetzes, Artikel 14, Abs. 2 auszudrücken:

> »Eigentum verpflichtet. Sein Gebrauch soll zugleich dem Wohle der Allgemeinheit dienen.«[2]

Dass es schon immer Ausnahmen gab, dass veränderte Strukturen der Wirtschaft im Allgemeinen und äußere Einflüsse, die aus der ganzen Welt massiv auf unser Land einwirken, dass es zu Verschiebungen und zu Verwerfungen in dieser Frage kommt, ist ebenso klar.

In diesem Zusammenhang sind weitere Grundrechte zu nennen, wie Artikel 1 (Menschenwürde), Artikel 2 (die allgemeine Handlungsfreiheit) sowie Artikel 20 GG, der insbesondere die Bundesrepublik als demokratischen und sozialen Bundesstaat manifestiert.

Ansprüche der Gesellschaft an die Wirtschaft

Welche Ansprüche kann die Gesellschaft an die Wirtschaft stellen? Natürlich, dass sie sich auf dem Boden des Grundgesetzes, der *freiheitlich-demokratischen Grundordnung* und der *sozialen Marktwirtschaft* bewegt. Das sind Leitplanken für die Wirtschaft, die sich in den vergangenen 60 Jahren bewährt haben, die unserem Land nicht nur Wohlstand, sondern überdies auch sozialen Frieden garantiert haben. Natürlich kann und soll die Gesellschaft von ihren Unternehmen *sichere Arbeits- und qualitativ hochwertige Ausbildungsplätze* fordern können, soweit dies deren Möglichkeiten zulassen. Natürlich muss sie, um den im Titel des vorlie-

---

1 Bundesgesetzblatt Teil III, Gliederungsnummer 701-1, zuletzt geändert durch Artikel 17 des Gesetzes vom 25. Juli 2013 (BGBl. I S. 2749).
2 Grundgesetz für die Bundesrepublik Deutschland. In der im Bundesgesetzblatt Teil II veröffentlichten bereinigten Fassung vom 23. Dezember 2014, S. 5; http://www.juris.de

genden Buches formulierten »Ausverkauf des Menschen« nicht zu ermöglichen, immer ein waches Auge auf die *Menschenwürde* haben, die Gott sei Dank über Artikel 1 in unserem Grundgesetz und über die vom Europäischen Gerichtshof (EuGH) entwickelten Grundrechtsstandards in der Europäischen Union allgemeine Geltung haben.

Die *Grundrechte* sichern daher heute, dass *Arbeitnehmer* nicht physisch ausgenutzt werden oder an gefährlichen oder an unsicheren Arbeitsplätzen ihr Geld verdienen müssen. Dafür sorgen viele Einzelgesetze wie zum Beispiel der in Deutschland praktizierte *Arbeitsschutz*. Gefahren bestehen in diesem Zusammenhang aufgrund der zunehmenden Digitalisierung der gesamten Gesellschaft. Eine vermeintlich »softe« Gefahr durch die Hintertür, die auf den ersten Blick nicht einmal unbedingt als Gefahr zu erkennen ist, sondern viel eher mit Attributen wie »modern«, »bequem« und »chic« ablenkt, ja verführt. Sie wirft letztlich neue Fragen der Verantwortung auf. Hierauf werde ich noch zurückkommen.

Verantwortung von Gesellschaft und Wirtschaft

Hinsichtlich der zuvor angesprochenen freiheitlich-demokratischen Grundordnung und der sozialen Marktwirtschaft ist es wichtig darauf hinzuweisen, dass diese »Leitplanke« für die Verantwortung von Gesellschaft und Wirtschaft nicht nur leere Worthülsen sind. *Grundrechte*, die sich üblicher Weise als Abwehrrechte des Individuums gegen den Staat richten, entfalten aber auch eine *Drittwirkung*. Sie haben eine Ausstrahlung auf die privatrechtlichen Beziehungen untereinander. Das beginnt bei der im Rahmen der Allgemeinen Handlungsfreiheit der grundrechtsgebundenen Tätigkeit unserer Richter – wenn diese zum Beispiel über einen Dienstvertrag entscheiden. Da er Staatsgewalt ausübt, hat er bei der Auslegung der BGB-Normen *(Bürgerliches Gesetzbuch)* grundrechtliche Wertungen zu berücksichtigen. Beispiele hierfür sind die Paragrafen 138, 826 und 242 BGB (Rechtsgeschäfte gegen die guten Sitten, Schadensersatz und Treu und Glaube).[3]

Freiheit ist nach meinem Verständnis für eine lebendige demokratische Gesellschaft das Elixier überhaupt wie auch für eine Wirtschaft, die zum Wohle eben dieser Gesellschaft arbeitet. Freiheit bedeutet jedoch im Umkehrschluss nicht, dass jeder tun kann, was er will. Nein, vielmehr *bedeutet* Freiheit *Verantwortung zu übernehmen für das eigene Handeln.*

Deshalb trägt die *Wirtschaft* natürlich auch eine *Verantwortung gegenüber ihren Mitarbeitern*. Wobei das nicht nur eine Verantwortung ist, die ausschließlich das Wohlgefühl der Mitarbeiter bedient. Dies bedeutet auch, dass sie für die Mitarbei-

---

3 *Bürgerliches Gesetzbuch* (BGB). Erstes Buch 1 Allgemeiner Teil und Zweites Buch 2 Recht der Schuldverhältnisse; http://www.buergerliches-gesetzbuch.info

ter mitunter auch unangenehme Entscheidungen mit sich bringen kann. Wichtig ist, dass diese gerecht und an der Sache orientiert sind, unabhängig von Geschlecht, Herkunft und Religionszugehörigkeit. Denn die Verantwortung besteht auch darin, Mitarbeiter zu fördern und zu fordern, was – so sind sie nun einmal, die Menschen – nicht bei jedem auf fruchtbaren Boden oder Verständnis trifft. Und wenn es hart auf hart kommt, beispielsweise bei Entlassungen – den grausigen Euphemismus »Freisetzung« vermeide ich an dieser Stelle ausdrücklich – kann diese nicht einfach zu artikulierende und praktizierende Verantwortung der Zukunftsfähigkeit eines Unternehmens geschuldet sein, also dem weitsichtigen Handeln, dass nachfolgende Generationen an dieser Stelle noch ihr Brot verdienen können.

Je nach Rechtsform eines Unternehmens – dies sei der Vollständigkeit halber erwähnt – tragen die verantwortlich Handelnden einer Firma ebenso *Verantwortung gegenüber den Eigentümern, gegenüber der Umwelt*, die sie möglicherweise bei einer entsprechenden Produktion beeinflussen und gegenüber ihren *Kunden*, die ihre Produkte oder Dienstleistungen in Anspruch nehmen.

Wir treffen aber auch immer wieder *mangelnde Verantwortung* an, die erheblichen Schaden für die Gesellschaft verursacht hat. Da ist zum Beispiel die *»laxe Steuermoral«* jener zu nennen, die sich über geltende Rechtsnorm nach eigenen Maßstäben hinwegsetzen und Steuern hinterziehen. Oder wenn global tätige Konzerne durch geschickte Wahl ihres Firmensitzes Steuern elegant vermeiden, aber von einer ausgezeichneten Infrastruktur, einer verlässlichen Gesetzeslage und teilweise sogar von Subventionen profitieren oder Mitarbeitern nach Standards fremder Staaten beschäftigt werden. Dies ist das *Gegenteil von gesellschaftlicher Verantwortung*, dies ist der Ausschluss von Ethik, dies ist die Ausnutzung aller Vorteile, die eine Gesellschaft Unternehmen durch ihre Rahmenbedingungen bietet.

Um nicht missverstanden zu werden: Unternehmen sollen, *Unternehmen müssen Gewinne machen*. Nur ein Unternehmen, das erfolgreich wirtschaftet, kann einen wichtigen Beitrag für das Gemeinwohl leisten. Gewinne sind also nicht verwerflich, sondern notwendig. Darüber hinaus senden sie das Signal aus, dass eine Firma die richtige Strategie verfolgt und zukunftsfähig ist. Der wirtschaftliche Erfolg ist schlichtweg Voraussetzung für jedes weitere gesellschaftliche Handeln. Es ist die Voraussetzung dafür, dass sich Unternehmen über ihr eigentliches Kerngeschäft für die Gesellschaft engagieren, sei es im Bereich von sozialen Projekten, von Kultur, Bildung und Sport, im Sinne des Naturschutzes, im Sinne der Völkerverständigung.

Dieses bedeutet aber das Einhalten der für alle, gerade auch die Mitbewerber geltenden Regeln wie eben die Steuerehrlichkeit, Tariftreue und keine Diskriminierung einzelner. Hier allerdings ist gleichermaßen die Gesellschaft gefordert, Regeln anzupassen, was oftmals nur noch international möglich ist.

Verantwortung der Gesellschaft gegenüber der Wirtschaft

Nicht verschwiegen werden soll die Verantwortung, die eine Gesellschaft gegenüber der Wirtschaft hat. Diese drückt sich beispielsweise im *Bereitstellen von Infrastruktur* aus oder in der *Schulausbildung*. Bei Letzterem veranlasst deren Qualität in den vergangenen Jahren die Wirtschaft zunehmend bis hin zu den Handwerksbetrieben verstärkt zu Klagen. Des Weiteren muss sich die Gesellschaft, sprich die Politik, darüber Gedanken machen, wie der zunehmende Fachkräftemangel gestemmt werden kann und der Nachwuchsmangel auf dem Gebiet wissenschaftlicher und technischer Berufe, dem Ingenieurwesen. Es zählt zur Verantwortung der Gesellschaft, der Wirtschaft in einem gerechten, vernünftigen, menschenwürdigen Verfahren *notwendige Arbeitskräfte* auch aus dem Ausland zuzuführen und diese zu integrieren. Schließlich steht ganz oben auf der gesellschaftlichen Agenda, wie mit dem sich abzeichnenden demografischen Wandel umzugehen ist.

Verantwortung des einzelnen Verbrauchers

Die Verantwortung der Wirtschaft und die Verantwortung der Gesellschaft habe ich zuvor hervorgehoben. Aber wie steht es um die Verantwortung des einzelnen Verbrauchers? Es ist eine Sache, deutsche Firmen an den Pranger zu stellen, die in Ländern wie Indien und Bangladesch Billig-Textilien herstellen lassen, Produkte, die unter menschenunwürdigen Bedingungen produziert werden. Die Spitze dieses Eisberges wird immer dann sichtbar, wenn es zu einer Katastrophe kommt. Hierfür sind jene europäischen Firmen, die dort unter solchen Bedingungen produzieren lassen, mit in der Verantwortung. Wie steht es aber um die *Verantwortung des Verbrauchers*, der in Deutschland diese *Produkte zu Niedrigstpreisen kauft*? Denn hierbei müsste es klar sein, dass derartige Preise nicht unter reellen Umständen zustande kommen können. Wo bleibt die Verantwortung des Verbrauchers, für den Lebensmittel oftmals nicht billig genug sein können? Wie diese kurzen Hinweise zeigen, gibt es auch hier zwei Seiten der Medaille.

Fehlverhalten – nicht ausgeübte Verantwortung der Wirtschaft

Doch im Mittelpunkt dieses Beitrages steht die Verantwortung der Wirtschaft. Wir alle wissen auch um die Verfehlungen. Und ich bin der Überzeugung, in der heutigen Welt, die so transparent ist, dass es manchmal schon wieder ins Gegenteil, also in Abträglich abdriftet, ist es so gut wie unmöglich, Fehlverhalten welcher Art auch immer, unter den Teppich zu kehren. Es wäre müßig an dieser Stelle die Verfehlungen, sprich: nicht ausgeübte Verantwortung, aufzuzählen – von der Verletzung von

Umweltstandards über den Verkauf von »Gammelfleisch« oder über das Zocker-Verhalten einiger Banken in der sogenannten Finanzkrise. Zu hinterfragen ist, ob es von Verantwortung zeugt, wenn das Gehalt von Spitzenmanagern im Vergleich zu »normalen Mitarbeitern« sich in schwindelerregenden Höhen bewegt.

Wenn ein Unternehmer wie der Formel-I-Boss Bernie Ecclestone einhundert Millionen Dollar an die Staatskasse zahlen muss, um das Strafverfahren wegen Bestechung zu beenden, andererseits aber Mitarbeiter wegen Bagatelldelikten fristlos entlassen werden – wer kann das verstehen? Wer fragt eigentlich nach dem zerstörten Vertrauen, wenn Chefs durch Fehler und Machtallüren wenig Verantwortung an den Tag legen und dabei das Klima im Unternehmen zerstören? *»Quod licet Iovi, non licet bovi«* hat schon der Lateiner gewusst – was Jupiter erlaubt ist, ist dem Rindvieh noch lange nicht erlaubt.[4]

Corporate Social Responsibility: Unternehmen übernehmen gesellschaftliche Verantwortung

Vor diesem Hintergrund ist es viel interessanter über Unternehmen zu sprechen, die gesellschaftliche Verantwortung übernehmen, die diese umsetzen und leben. Und zwar aus Überzeugung und sei es nur deswegen, weil sie wissen, dass ihre Unternehmen von einer derartigen Haltung profitieren können, weil es den Wert ihrer Unternehmen steigern kann. Von CSR war in diesem Zusammenhang schon die Rede. Als eines von vielen Beispielen genannt sei der Sportartikel-Hersteller Nike, eine Weltfirma, die in den 90er Jahren von der Wut ihrer Kunden massiv getroffen wurde, unter anderem wegen der Produktionsbedingungen. Das hat sich maßgeblich geändert, seitdem der Konzern in vielen Bereichen soziale und ökologische Belange in seine Strategie hat einfließen lassen.

Oder der Chemie- und Pharmakonzern Bayer, der ein neues Verfahren einsetzt, das bei der Produktion von Chlor ein Drittel weniger Energie benötigt.

Oder wie Wolfgang Grupp, der öffentlichkeitswirksam für den Produktionsstandort Deutschland wirbt und damit, alle Rohstoffe für Trigema-Bekleidungsprodukte aus EU-Ländern zu erwerben, und dass die komplette Produktion in Deutschland stattfinde. Und darauf hinweist, dass es bei Trigema seit mehr als 30 Jahren weder Kurzarbeit noch betriebsbedingte Entlassungen gegeben habe und dass Kindern von Mitarbeitern nach dem Schulabschluss ein Arbeits- oder Ausbildungsplatz bei Trigema garantiert werde.

---

4   Diese vielzitierte Sentenz ist durch den bekannten römischen Dichter Terenz überliefert worden. Zitiert nach der grundsätzlichen Abhandlung zur Problematik ethischer Maßstäbe für Politiker und Top-Manager von dem Gesellschafts- und Wirtschaftsrechtler Ulrich Seibert (2009, S. 1455).

Oder die Keksfabrik Balsen, wo die Unternehmensberater von McKinsey zu Besuch waren und dringend empfahlen, die Herstellung des traditionsreichen Weihnachtsgebäcks einzustellen. Anstatt diesem Ratschlag zu folgen, bildete das Unternehmen Arbeitsgruppen im eigenen Haus, was eine arbeitnehmerfreundliche Umstrukturierung zur Folge hatte mit einer geänderten Strategie für die Produktion von Weihnachtsgebäck, die beibehalten wurde. Es ist also eine Verantwortung, die Wirtschaft und Arbeitnehmer an einen Tisch zusammenführt und die bestmöglichen Kompromisse erarbeitet.

An dieser Stelle möchte ich auch auf die OVAG-Gruppe hinweisen, für die ich verantwortlich tätig bin. Als Ausdruck deren Verantwortung nenne ich hier zum Beispiel die freiwillige paritätische Mitbestimmung, Betriebsvereinbarungen unterschiedlichster Art im Sinne der Mitarbeiter. Compliance, das heißt die Einhaltung von Regeltreue, ist für uns eine Selbstverständlichkeit. Das gilt auch für »Good Governance«. Als in der Region seit über einhundert Jahren tief verwurzeltes Unternehmen mit einer engen Bindung zu den Menschen, unterstützt das Unternehmen eben diese Region in verschiedener Weise auf den Gebieten Umweltschutz, Sport, Kultur und Sozialem. Und zwar nachhaltig. Also nicht für den einen Moment, um dann publikumswirksam im Blitzlichtgewitter zu stehen, sondern nachhaltig. Einige Projekte, die die OVAG-Gruppe gegründet hat, sind bereits seit über 13 Jahren mit Leben erfüllt. Anführen möchte ich an dieser Stelle die Naturschutzaktionen »Wasser bildet« und »Unterricht in der Natur«, bei denen die OVAG Experten verpflichtet, die ihr Wissen in den Schulen weitergeben. Oder unseren Jugend-Literaturpreis, bei dem jährlich junge Menschen aufgefordert werden, ihr Talent zu entdecken, das wir dann fördern und die Gewinner des Wettbewerbs mit einer Buchveröffentlichung belohnen. Oder – etwas ganz anderes – unser Internationales Neujahrs-Varieté in Bad Nauheim als kaum noch wegzudenkenden kulturellen Beitrag für diese Region, der jährlich rund 27.000 Zuschauer anzieht und Kreise weit über unsere Region zieht.

Verantwortung von weltweit operierenden Unternehmen – Auswirkungen des Geschäftsmodells Online-Handel

Entscheidend für das Ausüben von Verantwortung von weltweit operierenden Unternehmen in der Zukunft wird es aber sein, wie sehr sich der Druck nach Gewinnmaximierung erhöht, wie sehr der Verdrängungswettbewerb zunimmt. Amazon wäre ein solches Beispiel. Dieser Internetversandhändler hat 2012 einen Großteil des Umsatzes mit deutschen Kunden über Gesellschaften in Luxemburg abgewickelt und deshalb in Deutschland fast keine Steuern gezahlt. Die Amazon.de GmbH wies einen Vorsteuergewinn von 10,2 Millionen Euro aus. Das entspricht nur einem Bruchteil ihres Umsatzes auf dem deutschen Markt. An den hiesigen

Fiskus zahlte das Unternehmen in der gleichen Zeit 3,2 Millionen Euro Steuern, wie aus der im Bundesanzeiger veröffentlichen Bilanz hervorgeht. Dieses Beispiel zeigt, wo Globalisierung hinführen kann.

Die Diskussion um die Standards des Unternehmens bei Ihren Mitarbeitern kennen wir ebenso. Der Angriff auf die Buchpreisbindung ist ein weiteres Beispiel, was die Existenz des Kulturgutes Buch, gefährden würde. Es ist ein Angriff auf die Integrität der Verlage und deren Vielfalt.

Dies sind eine von mehreren Auswirkungen des Geschäftsmodells Online-Handel. Da dieser boomt, werden die Forderungen, Samstage und Sonntage vollständig verkaufsoffen zu halten, lauter.

An diesem Beispiel zeigt sich nach meiner Meinung recht gut, wie die Verantwortung von Wirtschaft und Gesellschaft heute teilweise Hand in Hand geht. Es ist klar, dass der Einzelhandel reagieren muss, wenn die Gesellschaft, also die Politik, Giga-Unternehmen derart aus der Verantwortung entlässt. Der Verbraucher wiederum könnte verantwortungsvoll seinen Einzelhandel vor Ort mit dem Einkauf unterstützen, so lange wir in unseren Städten uns noch einer derartigen Vielfalt erfreuen dürfen. Auch für sein Verhalten wird der Kunde irgendwann die Zeche zahlen müssen. Am Ende darf nur niemand sagen, man habe es nicht gewusst.

Zunehmende Digitalisierung – Folgen für die Gesellschaft

Nicht anders verhält es sich bei dem Komplex, den ich großzügig »zunehmende Digitalisierung« umschreiben möchte. Um nur ein Beispiel aus diesem Komplex herauszugreifen: Unternehmen haben eine besondere Verantwortung, wenn ihre Mitarbeiter aufgrund der zur Verfügung stehenden technischen Weiterentwicklung ständig »online« sein können, deswegen in zunehmendem Maße Arbeit und Freizeit verschwimmen. Sie haben eine besondere Verantwortung, wenn sie in Kauf nehmen, dass Arbeitnehmer aufgrund eben dieser Möglichkeiten zu einer Art zeitlicher Selbstausbeutung driften. Das kann letztlich, zumindest langfristig, auch nicht im Sinne des Unternehmens sein, wenn der Arbeitnehmer wortwörtlich nicht mehr zum Abschalten kommt. Es lohnt sich also, sich mit solchen Themen zu beschäftigen und sinnvolle Wege zu beschreiten.

Wird eine derart vernunftbestimmte Lösung die Zukunft sein? Ich bezweifle es. Vielmehr stehen mir Folgen für die Gesellschaft vor Augen, die sich bereits heute abzeichnen. Zu diesem Thema möchte ich nur einige Stichworte nennen:

➢ Auf den ersten Blick ist es verantwortungsvoll gegenüber Mitarbeitern, Arbeitsbedingungen wie bei dem Unternehmen Google zu ermöglichen. Beispielsweise eine *Gratis-Kantine*, die einem Toprestaurant gleicht, *Yoga, Massagen, diverse Sportangebote, Bustransfer vom Wohnort zur Arbeitsstätte.* Dass die geleistete Arbeitszeit nicht erfasst wird, hört sich auf den ersten

Blick für den Arbeitnehmer gut an. Aber wie sieht die Wirklichkeit aus? Viele Arbeitnehmer in solchen Unternehmen arbeiten am Ende viel mehr Stunden als vertraglich vorgesehen, opfern einen Teil ihrer Mittagpause, nur, um die ihnen aufgetragenen »Projekte« überhaupt bewältigen zu können. Dass erste Unternehmen dieser Arten Mitarbeitern *Schlafmöglichkeiten auf dem Arbeitsgelände* anbieten, mag zunächst Verantwortungsbewusstsein nahelegen. Schließlich ist nicht schwer vorherzusehen, dass dies ein weiteres Beispiel dafür ist, wie fließend Arbeitswelt und Privatleben sich vermischen bei einem derart »tollen« Rundumangebot des Arbeitgebers, wie folglich die Trennung zwischen diesen Welten immer unschärfer wird. Der Modebegriff von der Work-Life-Balance gerät dann in völlige Schieflage und ist nicht mehr mit Bindestrichen zu schreiben, sondern verschmilzt zu einem Wort, zu einer Wirklichkeit: *Worklife. Ohne Balance.*

➤ Folgende weitere Meldung hatte kürzlich zu heftigen Ausschlägen in den Medien geführt: Die Unternehmen Apple und Google bieten ihren Mitarbeiterinnen *kostenfrei* die Möglichkeit des *»social freezing«* an. Abermals so ein Euphemismus, der die Menschen einnehmen soll. Diese Mitarbeiterinnen können ihre Eizellen auf Kosten ihres Unternehmens in einem Alter einfrieren lassen, in dem diese eine hohe Fruchtbarkeit haben. Somit sind die Frauen, die dieses Angebot annehmen, in der Lage, ihren Kinderwunsch fast beliebig weit ins Alter zu verschieben. Aber, ist es wirklich die Aufgabe eines Unternehmens, derart in die Familienplanung einzugreifen und damit letztlich in das demografische Gefüge der Gesellschaft? *Ist das* am Ende *noch gelebte Verantwortung*? Denn die Folgen, die dieses Angebot nach sich ziehen kann – und alle wissen doch, welche globale Strahlkraft von den Ideen aus dem Silicon Valley ausgeht – sind absehbar! Kann es wirklich im Sinne der gesellschaftlichen Entwicklung sein, wenn aufgrund wirtschaftlicher Überlegungen derart massiv in die Entwicklung der Bevölkerung eingegriffen wird, wenn sich dadurch auch die *Werte der Familie* – bislang immer noch Fundament von Gesellschaft und damit auch Wirtschaft – *in Auflösung begriffen* sind?

Diese Beispiele sind meiner Ansicht nach anschaulich dafür, dass es in der heutigen, zumindest westlichen Welt, in der mehr und mehr Algorithmen unser tägliches Leben und die Wirtschaft bestimmen, in der die Digitalisierung über Jahrhunderte und Jahrzehnte gewachsene Strukturen und Wirtschaftszweige modifiziert, abwürgt oder wegwischt wie bei der mittlerweile gewohnten Bewegung des Daumens auf unserem Smartphone oder Tablet. In der Unternehmen wie Apple und der chinesische Internetkonzern Alibaba mit ihren technischen Möglichkeiten eine existenzielle Bedrohung für die einst oder manches Mal immer noch übermächtige Bankenwelt darstellen. Dass also in dieser Welt die Frage nach der Verantwortung der Wirtschaft zum einen nicht mehr so einfach zuzuordnen und schon gar nicht mehr mit wenigen Sätzen zu beantworten ist. Vielmehr stellen sich Fragen, die unsere Gesellschaft, ja, unser Menschsein an sich fundamental berühren, Fragen, die in uns bohren, was das Wesen, was den Wert, was die Bestimmung des Menschen ausmacht. Die Fragen lauten doch: Brauchen wir das alles, wollen wir das alles, verhilft uns das alles zu einem besseren, gerechteren Leben? Werden hier Wünsche geweckt, die eine angebliche Verbesserung des Lebens, zumindest mehr Komfort verheißen? Oder ist nicht vielmehr mit vielen dieser Neuheiten die Büchse der Pandora wieder einmal geöffnet? Ist es wirklich dienlich, wenn immer mehr Menschen ihren Alltag von Anwendungssoftwares, also den Apps, bestimmten lassen, wenn die Beobachtung von immer mehr Kameras im öffentlichen Raum für eine flächendeckende Be- bzw. Überwachung eingesetzt werden, Computerprogramme nicht nur einen Teil des Börsenhandels bestimmen, sondern auch Vorhersagen über Menschen und deren Verhalten treffen? Dies alles kann in seiner Summe am Ende zu einer Entmündigung des Einzelnen, zu einer Abgabe von Verantwortung führen.

Fazit

In der Bundesrepublik können wir auf sehr gute Maßstäbe zurückgreifen, die verantwortliches Handeln der Unternehmungen sicherstellen. International, wie zum Beispiel in der digitalisierten, globalisierten Welt, kann man vielfach Zweifel haben, ob hier verantwortungsvolles, an ethische Maßstäbe messbare Verantwortung immer im Focus steht. Im Rahmen dieses Beitrages komme ich zu einer veränderten Fragestellung: *Responsibility old economy versus new economy?*

Für mich gilt ohne Wenn und Aber: *Die Wirtschaft muss ihre Verantwortung gegenüber der Gesellschaft wahrnehmen. Aber auch die Gesellschaft, die Verbraucher, haben Verantwortung, haben viele Dinge in der Hand, um Verwerfungen zu begegnen.*

Literatur

Bürgerliches Gesetzbuch (BGB). Online verfügbar unter: www.buergerliches-gesetzbuch.info.
Bundesgesetzblatt Teil III, Gliederungsnummer 701-1, zuletzt geändert durch Artikel 17 des Gesetzes vom 25. Juli 2013 (BGBl. I S. 2749).
Grundgesetz für die Bundesrepublik Deutschland. In der im Bundesgesetzblatt Teil III veröffentlichten bereinigten Fassung vom 23.12.2014. Online verfügbar unter: www.juris.de.
Seibert, Ulrich (2009): Ethik in der Wirtschaft und die Rolle der Politik. In: Georg Bitter (Hrsg.): *Festschrift für Karsten Schmidt zum 70. Geburtstag*. Köln: Otto Schmidt, S. 1455–1462.

Unverantwortlichkeiten in der Finanzwirtschaft

Ein psychologischer Zwischenruf

Jürgen Hardt

Vorbemerkung

Ein Zwischenruf unterbricht, stellt sich quer zum laufenden Gespräch. Er fordert auf, Halt zu machen und, was alltäglich geredet wird, neu und anders zu bedenken. Damit tritt der Zwischenruf aber nicht zwangsläufig in einen unversöhnlichen Gegensatz zu dem, was üblicherweise gesagt und gedacht wird, er will ein anderes Denken in Gang setzen.

Viele Gedanken, die im Diskurs über die Finanzwirtschaft oft am Rande und kritisch geäußert werden, könnte ich aufgreifen. Das würde den polemischen Charakter meiner folgenden Äußerungen mildern. Aber es ist notwendig, einen radikal anderen Standpunkt[1] zu vertreten, um zu tieferen Einsichten zu kommen. So steht der Gedanke der sozialen Marktwirtschaft – hauptsächlich von einer christlich-sozialen Haltung durchdrungen – nicht im Gegensatz zu dem, was ich für geboten halte und was ich der perversen digital globalisierten Finanzwirtschaft entgegenstelle: eine dem Leben verpflichtete Finanzbewirtschaftung. Der christlich-liberale Ansatz ist mit der von mir skizzierten Position verträglich sogar weitgehend identisch, weil in ihm der Markt als eine ethische Institution fungiert. Beide Positionen betonen, dass Wirtschaft dem Leben zu dienen hat und, dass sich die Finanzwirtschaft davon nicht ausnehmen kann. Obwohl sie gegenüber der Realwirtschaft

---

1 Nagel hat in ihrer Studie über die Finanzkrise in vergleichbarer Weise »quer« argumentiert und ist zu wichtigen Einsichten gekommen, die den üblichen psychoökonomischen Diskurs überschreiten (Nagel, 2009). Tuckett hat in seiner psychoanalytischen Studie ebenfalls Ergebnisse vorgelegt, die über das bis dahin Publizierte hinausweisen (Tuckett, 2011). Beide Autoren verwenden aber nicht die »kulturanalytische« Heuristik, die verbunden mit der »Entkoppelungsthese« (Habermas, 1981) einen Zugang zur Frage der Verantwortung und der Unverantwortlichkeit der Finanzwirtschaft bietet (vgl. Hardt, 2014). Eine kritisch-heterodoxe Untersuchung über die Finanzkrise hat Peukert (2010) vorgelegt.

eine gewisse Autonomie beanspruchen darf, muss sie doch immer dem Leben Antwort geben, das heißt verantwortlich sein, sonst gleitet sie ab in unverantwortliches Spiel.

Wie alle Wirtschaft muss auch die Finanzwirtschaft dem Leben nützen, das Leben fördern und dem Menschen verpflichtet bleiben.

Position

Ich werde kein Finanzmarkt-Bashing betreiben, obwohl das als Retourkutsche gerechtfertigt wäre, denn die angeblich nüchternen Ideologen des Ökonomismus (beginnend bei Friedrich-August von Hayek; vgl. Hennecke, 2009) lassen keine Gelegenheit aus, über die Psychoanalyse herzuziehen und ihr eigenes flaches Menschenbild als überlegen zu preisen.

Man kann die Finanzwirtschaft und die ihr hörige Finanzwissenschaft nicht sich selbst überlassen, denn sie richtet sich in ihrer autistischen Verantwortungslosigkeit zugrunde und reißt uns alle mit in den Abgrund. Dabei ist sie hermetisch unbelehrbar und maßt sich an, als Leitwissenschaft der Politikberatung (Kirchgässner, 2009a) über das Leben mitzuentscheiden.

Eine andere Sichtweise würde politischen Mut erfordern, den zurzeit keine der mitentscheidenden politischen Parteien hat, weil sie ihre Entscheidungen weitgehend an die Politberatungsindustrie abgegeben haben und deren Leitwissenschaft sind nun einmal die Wirtschaftswissenschaften. Die dominierende Position der Wirtschaftswissenschaften wurde im Zuge der globalen Finanzkrise kritisch infrage gestellt, aber durch gemeinsame Anstrengungen aller ansonsten uneiniger Finanz- und Wirtschaftswissenschaftler wieder gefestigt.

Weil die Politikberatung akzeptierter Weise von den Wirtschaftswissenschaften und nicht den Lebenswissenschaften dominiert wird, so wie auch die Friedenseinsätze von Militärs betrieben werden, ist die politische Stellung der Wirtschaft unhinterfragt. Ob der Rat dieser Wissenschaft irgendeine Relevanz für die Gestaltung von Lebensverhältnissen hat, wird von niemand problematisiert. Auch dort scheint es keine Alternative zu geben.[2]

---

2   Als wirtschaftswissenschaftlicher Laie, der die ökonomistische Transformation einer lebensweltlichen Einrichtung – der Krankenversorgung – aus der Nähe beobachten musste (das Aufkommen und die Machtübernahme der Gesundheitsökonomie in der solidarischen Krankenbehandlung), frage ich mich erstaunt, was Ökonomen an Menschenkenntnis auszeichnet, um sich qualifiziert zu fühlen, bei politischen Entscheidungen, die die Lebensverhältnisse der Menschen betreffen, beratend und das heißt mitentscheidend tätig zu sein. Ökonomen können die Verantwortung gegenüber diesen lebensweltlichen Kultureinrichtungen nicht übernehmen, weil sie keine, es sei denn höchstpersönliche und höchstprivate Kenntnis vom Leben haben. So entscheiden sie mit in politischem Agnostizismus.

Wirtschaft und Finanzwirtschaft haben sich vor dem Leben zu verantworten; sie müssen Rechenschaft darüber geben, welchen Sinn sie für das Leben haben. Ein solches Dienstverhältnis von Wirtschaft und Geld zum Leben scheint mir das Natürlichste und das Normalste. »Doch die Verhältnisse sind nicht so« (Bertold Brecht in der *Dreigroschenoper*) und das verkehrte Verhältnis hat dazu geführt, dass das Leben sich vor dem Geld verbeugen und verantworten soll, aber auch, wenn das Spiel aus dem Ruder läuft, die Schulden zahlen soll.

»Erklärungen«

Um die Finanzkrise zu verstehen, die in erster Linie eine der Verantwortung ist, werden oft menschliche Faktoren bemüht. Weil die Wirtschaftssubjekte sich nicht rational verhalten, wie die klassische Standarttheorie der Wirtschafts- und Finanzwissenschaft verlangt, soll mit dem Menschlich-Allzumenschlichen, das uns allen gemein und deswegen vertraut ist, der »irrationale Überschwang« (Shiller, 2000) und die »abgrundtiefe Mutlosigkeit« erklärt werden.

Diese »psychologischen Erklärungen« für die Krise treten in zweifacher Weise auf: Als individuelle Verantwortungslosigkeit und Verantwortungslosigkeit aller Mitglieder der Gesellschaft. Es ist zu untersuchen, was es mit diesen Erklärungsmustern auf sich hat.

Die Verantwortungslosigkeit einzelner Finanzmanager ist in vielen Selbstbekenntnissen von Aussteigern aus der Szene drastisch zutage getreten: Zynische Maßlosigkeit, Selbstüberschätzung und spielerische Lust am Risiko auf Kosten von anderen, eine manische Verfassung, die wie bei einer Zyklothymie plötzlich in tiefe Depression umschlägt, soziopathische Verachtung des Gemeinwohls. Insgesamt eine atemlos hektische Verfassung mit einer rauschhaften Stimmung, die keine Besinnung zulässt und jegliches Nachdenken verhindert, denn das ist der Sinn der Beschleunigung, eine Abwehr gegen die Ängste, alles wieder zu verlieren, was man maßlos gewonnen hat. Das rasante Spiel muss immer weiter gehen, denn dort gilt: »[E]s muss doch mehr als alles geben!!« Und das Erwachen wäre, wie beim kleinen Häwelmann, ein Sturz ins Wasser (Theodor Storm).[3]

Solche Schilderungen kann man allenthalben lesen. In milder Form bei Rainer Voss, in drastischer Form im Blog des Psychoanalytikers Joris Luyendijk, mit Selbstbekenntnissen aus der London City. Aber auch die hintergründige Stimmung der Finanzkrise, wie im Financial Crisis Report der US-Regierung geschildert, trägt unverkennbar Züge dieser Psychopathologie.

---

3   *Der kleine Häwelmann* ist ein Märchen von Theodor Storm, das er im Jahr 1849 für seinen Sohn Hans schrieb. Häwelmann ist niederdeutsch und bezeichnet ein Kind, das übertriebene und maßlose Aufmerksamkeit fordert.

Ein klassischer Wirtschaftswissenschaftler, der Finanzprozesse erklären will, könnte sagen: »In der Krise kommen menschliche Faktoren zum Tragen, die, wenn man sie erkennt, bekämpft werden können; dann verhalten sich alle Akteure wieder vernünftig und das Ganze funktioniert ausgezeichnet zum Wohle für uns alle.«

Das ist eine psychoökonomische (z. B. Kahneman, 2012) Erklärung der Finanzkrise durch die unvermeidliche Unverantwortlichkeit einzelner Akteure, die menschlich, allzumenschlich ihren triebhaften, irrationalen Impulsen nachgeben und so ein ganzes System zur Erschütterung und zum Entgleisen bringen. Um die Finanzkrise zu verstehen, die in erster Linie eine Krise der Verantwortung ist, werden immer wieder »menschliche« Eigenheiten bemüht. Die Krise konnte nur geschehen, weil die Wirtschaftssubjekte sich nicht rational verhalten, wie die klassische Standarttheorie der Wirtschafts- und Finanzwissenschaft es verlangt. Also wird die »Psychologie« herbeizitiert, um die Grundprämissen zu erhalten.

Diese Erklärungen bleiben aber bei der Zuweisung individueller Schuld nicht stehen, sondern, sie gehen einen weiteren Schritt. Nicht der Einzelne ist schuld, sondern die ganze Gesellschaft ist mitschuldig, weil sie diese irrationalen Züge in sich trägt, denn wir alle sind als Menschen fehlbar, haben asoziale, auch kriminelle Impulse, die mehr oder weniger in uns verschlossen sind oder mithilfe von Reaktionsbildungen in sozial-gemeinschaftsförderliches Tun umgewandelt werden. Bei passender Gelegenheit dürfen wir alle nicht zu sicher sein, ob unsere Abwehren gegen eigennützige andere schädigende Tendenzen sicher in uns verschlossen sind.

So kommt es zu einer zweiten Erklärung. Nicht der einzelne Akteur ist verantwortlich und schuldig, sondern die unverantwortliche Gemeinschaft: wir alle sind es. Die unverantwortliche Gesellschaft bewirkt die Krise selbst.

Diese Denkfigur findet man häufig. Es wird mehr oder weniger augenzwinkernd darauf hingewiesen, dass wir alle gierig sind und Fehler machen.[4] Diese scheinbar selbstbezichtigende Geste, »wir sind doch alle schuld«, wir die Gesellschaft, unsere heutige maßlose, selbstbezogen gierige, gemeinschaftsunfähige Gesellschaft hat selbst zu verantworten, was im Finanzmarkt geschehen ist. Deswegen sollen wir auch in Anerkennung unserer Schuld die Folgen tragen. Damit wird eine argumentative Exkulpationsmaschinerie bereitgestellt, der viel Ehre erwiesen wird.[5]

Zugleich ist das eine zynische Abwehr von nachweisbarer Schuld und eine Projektion von vorwerfbarem und verantwortungslosem Verhalten auf die, die sich

---

4   Bei Kahneman (2012) findet man diese Exkulpationsfigur in ausgeprägter Form und völlig inadäquaten »lustigen« Bemerkungen.
5   Mehrere Nobelpreise der Wirtschaftswissenschaften sind für solche entlastenden Theorien vergeben worden.

als Opfer in einem System bewegen, deren Kompliziertheit sie nicht überschauen können. Mehr noch, wenn diese Figur psychoanalytisch verwendet wird, um verantwortungslose Finanzakteure zu exkulpieren, die sehr wohl wissen, was sie tun und mit Gewinn die Gesetze der Gemeinschaft und Kultur übertreten, ist das obszön. Die aufklärerische Psychoanalyse tritt als Dienstmagd in den Haushalt der Finanzwirtschaft ein (Hardt, 2014a).

Claudia Nagel liefert 2009 einen originellen Beitrag zum Verständnis der Finanzkrise, der über das individuelle Fehlverhalten einzelner Agenten hinausweist (Nagel, 2009). Sie verwendet das psychoanalytische Konzept der Perversion als Schlüssel, um die Vorgänge der Finanzkrise in ihrer Dynamik zu erfassen. Damit überschreitet sie bei Weitem die simplizistischen psychologischen Exkulpationsapparate, die Kahneman, Shiller und Andere ausgearbeitet haben. Nagel schließt an die Überlegungen von Gigerenzer an und führt sie weiter. Gigerenzer führte aus, dass, wenn auch nicht ausschließlich, die menschliche Psychologie für die Fehlentwicklung verantwortlich ist, weil die Menschen sich nicht wie ideale homini economici verhalten, sondern als Menschen unbewusste Entscheidungen treffen und deswegen Fehler machen. Sein Konzept des Unbewussten[6] krankt allerdings daran, dass er die, den Individuen anzulastende, unbewusste Dynamik als bloße Fehlerquelle ansieht und nicht in ihrer »perversen« – im Sinne von Abweichung von einer Norm – Eigenlogik auffasst und in Rechnung stellt.

Diesen Schritt unternimmt Nagel, in dem sie das Konzept des Unbewussten, das den Homo Oekonomikus hindert, kühl, sachlich und logisch zu sein, mit dynamischem Inhalt füllt. Damit überschreitet sie zugleich die gängige Sicht, die die einzelnen Investmentbanker für verantwortlich erklärt. Sie stellt die Frage: »Was wäre aber, wenn die Investmentbanker nur ein Symptom wären für eine grundlegende gesellschaftliche Psychodynamik?« (Ebd., S. 61) In der Zusammenfassung schreibt sie weiter:

> »Meine These lautet, dass sich die Entstehung der Finanzmarktkrise am ehesten durch die Psychodynamik der Perversion erklären lässt, die im Sinne eines Geisteszustandes oder Geistesverfassung (state of mind) das ökonomische System durchzieht. In diesem System wäre das Geld dann der Fetisch zu dieser Perversion« (ebd.).

Nach der Rekapitulation der Vorgänge, die zur Krise führten, stellt Nagel fest:

> »Die Hauptschwierigkeit war jedoch (neben der Verführung durch das leichte Geld und dem Vertrauensverlust) die Undurchsichtigkeit und Nichtregulierung des

---

6 Die Durchsicht seiner Literaturangaben enthüllt, dass der Terminus das »Unbewusste« eine bloße Formel ist, ohne Bezug auf die reichhaltige psychoanalytische Literatur und ohne psychologischen Inhalt.

Marktes, die explizit auch nicht gewünscht war. Deregulierung der Finanzmärkte war ein wichtiges politisches Stichwort der letzten Jahre vor der Krise« (ebd., S. 66).[7]

Nach diesem Fazit leitet Nagel zur psychodynamischen Interpretation der Vorgänge über, die zur Krise führten, und beschreibt, was aus dieser Zeit häufig berichtet wurde, exzessives Eingehen von Wetten, eine große Lust am Spiel und am Risiko, die häufig mit einer Verkennung der Realität einhergegangen ist. Zur Lust am Spiel »gehört auch der Wunsch nach Nichtregulierung und verbunden damit der ständige Versuch, die vorhandenen Regeln zu umgehen« (ebd.).

So wird das Vertrauen in das System verspielt.

»Und dann kommt es [...] in der Krise zu einem totalen Vertrauensverlust. Durch den Mangel an Regulierung weiß niemand mehr genau, welche Risiken und Papiere die andere Partei in ihrem Portfolio hat.« So entsteht schließlich eine Geistesverfassung, die als pervers »bezeichnet werden kann« (ebd.).

Mit Bezug auf die »Todsünden von Organisationen« stellt sie schließlich fest: »Als Nährboden für diese Entwicklung dient eine narzisstische Gruppendynamik auf gesellschaftlicher Ebene« (ebd.).[8]

Nagel beschreibt anschließend den Mechanismus der Perversion in psychoanalytischer Sicht und wendet dieses Verständnis auf die Vorgänge in der Finanzkrise an. Wesentlich ist dabei, dass das Geld als Fetisch eine Aufhebung der Zweckbeziehung von Geld bedeutet. Der Fetisch ist eine Aufhebung der Beziehung zum Partner als sexuellem Objekt. Überhaupt wird in der Perversion die Andersartig-

---

[7] Der Satz ist nicht leicht verständlich und lässt mehrere Lesarten zu. Auf was bezieht sich der Relativsatz, »die explizit auch nicht gewünscht war«? Er muss sich auf die Hauptschwierigkeit beziehen. Wenn er sich auf Undurchsichtigkeit und Nichtregulierung bezöge, müsste es »waren« heißen. Wenn das stimmt, bedeutet das, dass die Befürworter und Betreiber der Deregulierung nicht wussten, welche Folgen die Nichtregulierung und damit verbundene Undurchsichtigkeit haben würden? Oder haben sie sie bewusst in Kauf genommen? Waren sie blind für die Gefahren? Und wenn das so war, warum? Wie steht die Autorin zur radikalen »Entfesselung« (Hengsbach) des Finanzmarktes, wenn sie doch zu verantwortungsloser Undurchsichtigkeit führte?

[8] Diese Folgerung wird uns noch beschäftigen. Auch wenn es richtig ist, dass diese Dynamik gesellschaftlich bereit liegt, kann diese Allgegenwärtigkeit keine Exkulpation, nicht einmal eine Mitschuld aller bedeuten. Die psychoanalytische Kulturtheorie beruht darauf, dass alle Menschen schutzbedürftig sind, deswegen sich gesellschaftlich organisieren und dabei ein zweifaches Solidarversprechen ablegen: gemeinsame Anstrengung gegen die äußeren Gefahren, die das Leben bedrohen, und gemeinsamer Verzicht auf das Ausleben bloß eigennütziger und gemeinschaftsgefährdender Triebe. Gerade weil alle eigennützige Triebimpulse haben, sind sie verpflichtet, dagegen zu kämpfen, das ist der Sinn von Moral. In einer entfesselten Marktgesellschaft lösen sich Verantwortung und jegliche moralische Verpflichtung auf.

keit des Anderen verleugnet, er verliert jeglichen Eigenwert. Es kommt nicht zu einer Begegnung von Angesicht zu Angesicht, das heißt, die Verantwortung in der Begegnung mit dem Anderen wird gescheut. So löst die Perversion und besonders der perverse Gebrauch des Fetischs die Verantwortung gegenüber dem Anderen auf. Es entsteht ein Kreislauf aus Beziehungslosigkeit, Kompensation und weiterer Beziehungslosigkeit.

Zum Schluss fragt sich die Autorin, was gegenüber einer solchen Pathologie unternommen werden kann. Sie stellt fest, dass man die Erkenntnisse aus der Einzelanalyse nicht einfach auf ein viele Individuen umfassendes System oder eine Organisation übertragen kann, denn »ein System in diesem Sinne hat kein konkretes eigenes Bewusstsein, an das sich der Therapeut wenden könne« (ebd., S. 81). Damit wirft sie eine Frage auf, die sich auch Freud angesichts des aufkommenden Nationalsozialismus, mit seiner sich abzeichnenden sozialen Psychopathologie stellte. Freud war sich seiner schwachen Position bewusst, aber er ließ nicht nach, an die Kraft des Intellekts zu appellieren; das heißt, sich kritisch zu den kulturellen Vorgängen zu äußern und antikulturelle Tendenzen zu benennen.[9]

Dass das Finanzwirtschaftssystem eine gemeinschaftliche Einrichtung ist und deswegen dem Einzelnen und der Sicherung des Lebens von Allen verpflichtet ist, greift Nagel nicht als Deutungsschlüssel auf. Stattdessen verweist sie auf eine grundlegende narzisstische Problematik in unserer Gesellschaft, die sich in pervertierter Form als Pathologie der Finanzkrise ausdrückt und steigert.

Diese Sichtweise verdeckt die Verantwortlichkeit der Ideologen, der Betreiber und der Nutznießer des Systems. Deren ideologische Begründungen muss man zurückverfolgen, um ihre Grundannahmen über den Menschen zu erkennen. An ihrer Argumentation kann man grundsätzliche Fehler erkennen. Die gesellschaftliche Mitschuld besteht in der gesellschaftlichen Bereitschaft, solchen Argumentationen zu folgen. Das globale Finanzsystem ist eine Konstruktion mit angebbaren Autoren, die Pläne und die Funktionsweise des Systems entworfen, aufgebaut und kodifiziert haben. Der »Markt« ist eine ideologische Konstruktion. Die Gesellschaft hat als gebildete und dem gemeinschaftlichen Leben verantwortliche Organisation das Denken dieser letzten Ideologie zu hinterfragen und nicht ungefragt als Programm zu übernehmen und ihm zu folgen, als sei es ohne Alternative, wie immer wieder achselzuckend beteuert wird. Es handelt sich hier um das Programm eines perversen Ökonomismus, der sich mit der digitalen »Wirklichkeitsauflösung« (Vattimo, 1998) verbündet hat und losgelöst von den Erfordernissen des Lebens ein Eigenleben führt.

---

9 Freud betonte allerdings, »dass auch die Gemeinschaft ein Über-Ich ausbildet« (Freud, 1930, S. 501; vgl. auch Hardt 2009a). Damit ergibt sich ein »kulturpsychologischer« Gesichtspunkt für die Erfassung gesellschaftlicher Phänomene.

Moralisches Handeln

Wir wissen alltäglich, dass öffentliche Moral und individuelles moralisches Verhalten zusammenwirken, und dass, wenn sich die moralischen Maßstäbe der Gemeinschaft ändern, es schwieriger wird, dem moralischen Gesetz zu folgen, auch wenn wir uns ihm verpflichtet fühlen. Jeder kennt die Versuchung, über die Stränge zu schlagen, wenn wir uns außerhalb unserer üblichen Welt bewegen. Der moralische Rahmen wirkt auf das individuelle Verhalten ein. Wir müssen untersuchen, was es mit Moral und Verantwortung in der Finanzwirtschaft auf sich hat und zwar jenseits der ökonomistischen Ethik, die sich aus dem allgemeinen Diskurs der Ethik verabschiedet hat und ein solipsistisches Eigenleben führt (Ulrich, 2008, S. 11–22; Ulrich, 2006).

Abstrakt sollten wir wissen, dass hoher Gewinn mit hohem Risiko verbunden ist. Aber wie verhält es sich mit einer alten Frau, die, um ihre spärliche Altersversorgung aufzubessern, sich mit ihrem mühsam Ersparten an einer Spekulation beteiligt, die man ihr mit der Versicherung angeboten hat, es sei sicheres Geld, das sie später zur Verfügung haben werde.[10] Hier zu behaupten, sie sei selbst schuld, weil man ihr vorwerfen kann, sie habe nicht rational gehandelt und das finanzwirtschaftliche Wissen von der Beziehung zwischen Gewinnaussicht und Risiko nicht berücksichtigt, entspricht im Leben, dass wir sagen könnten: jeder Autofahrer muss von sich aus wissen, dass er bei hoher Geschwindigkeit aus der Kurve fliegen kann.

Wenn man dieser marktgerechten Exkulpationsfigur in den Publikationen der Finanzwirtschaft folgt, würde das im Alltag bedeuten, wir könnten, sollten und müssten im Straßenverkehr, um nicht die Freiheit des Einzelnen zu beschränken, auf alle Geschwindigkeitsbegrenzungen verzichten, denn das Wissen darum, dass man bei hoher Geschwindigkeit aus der Kurve fliegen kann, ist näher an der alltäglichen Erfahrung als das Wissen, dass bei Finanzgeschäften mit höherer Gewinnaussicht ein höheres Verlustrisiko besteht.

Verantwortung und Leben

Verantwortung heißt, Antwort geben, Rechenschaft ablegen. Verantwortung setzt voraus, dass jemand zur Antwort aufgefordert ist und einen anderen, dem Antwort gegeben werden muss. Eine Rechtfertigung für eine Tat oder ein Vorhaben soll vorgelegt werden. Das Ganze funktioniert nur in einem gemeinsam akzeptierten Feld von Regeln. Wenn, wie in der Finanzwirtschaft, nur noch Effizienz und Effektivität zählt, löst sich Verantwortung auf. Sie ist darüber hinaus nur zu verlan-

---

10 Diese Argumentation wurde in der publizistischen Aufarbeitung des jüngsten Prokon-Skandals oft verwendet.

gen, wenn jemand Einsicht in sein Handeln hat. Einsichtig handelt mit Gründen und in Voraussicht der Folgen. So sind Einsichtsfähigkeit und Verantwortung eng miteinander verknüpft. Wenn aber, aus vielerlei Gründen, Einsichten gewinnen können in der neoliberalen Finanzwirtschaft, grundsätzlich infrage gestellt ist, löst sich Verantwortung auf.

Verantwortung ist ein lebensweltliches Konzept. Eine unausweichliche Forderung, sogar ein Gebot, das jeder mündigen Zwischenmenschlichkeit zu Grunde liegt. Ohne Verantwortung ist menschliches Sein defizitär. Wenn wir jemandem die Verantwortlichkeit absprechen, ihm Unverantwortlichkeit attestieren, entlassen wir sie oder ihn in die Unmündigkeit.

Verantwortung ist existenziell unausweichlich, weil das Kind – wir alle waren Kinder und vergessen das gerne – der »Urgegenstand der Verantwortung« (Jonas, 1979, S. 234ff.) ist. Im Säugling zeigt sich die »archetypische Evidenz« für das »Wesen der Verantwortung« (ebd., S. 240ff.). Mit dem Bezug auf diese lebensweltliche Grundtatsache überschreitet Jonas die existenzialanalytische Konzeption der Heidegger'schen Verantwortung, die sich zuerst im »Mitdasein des Anderen« artikuliert (Heidegger, 1926/1963, §26, S. 117), um in »Sorge und Selbstheit« (ebd., §46, 316ff.) als Bedingung für das »eigentliche Ganzseinkönnen des Daseins« (ebd., S. 301ff.) ihre ontologische Unausweichlichkeit zu erhalten. Die fundamentalethische Philosophie von Levinas setzt die Verantwortung ins Zentrum aller Selbstbesinnung: denn »Das Von-Angesicht-zu Angesicht« gilt ihm als »irreduzible Beziehung« (Levinas, 1980, S. 109ff.), der niemand entgehen kann.

Die psychoanalytische Entwicklungslehre stellt die Verantwortung in den Mittelpunkt gelungener Entwicklung. Das Kind bedarf der Antwort, um existieren und zu sich kommen zu können. Die verantwortliche Pflege schafft die Lebenswelt, in der das Kind wachsen kann. Dabei wird es schrittweise zur Verantwortung geführt; denn nur so kann es mündig werden.

Verantwortung geschieht in der zwischenmenschlichen Lebenswelt und gewinnt darin unterschiedliche Inhalte. Nirgend fehlt sie, auch wenn sie unterschiedlich ausgestaltet ist und sich dabei von der Urform der Sorge im Angesicht des Anderen mehr oder weniger weit entfernt. Aufgeklärte und demokratische Kulturen beruhen auf Subjekten, deren Sozialisation zur Verantwortlichkeit und Verantwortungsübernahme befähigen soll. Diktaturen und Terrorregime pervertieren die individuelle Verantwortlichkeit zu ihrem Zweck. So ist Verantwortung in die jeweiligen Ordnungen des Lebens eingebunden; sie bleibt aber ein Maßstab gelungenen Lebens.

Lebenswelt ist die konkrete Erfahrung der Menschen, in der sie eine je eigene Weise des Lebens entwickeln. Weil es unausweichliche Anforderungen gibt, die sogenannten Facts of Life, bedarf die Lebensführung besonderer Fertigkeiten, die bis zur Neuzeit als »Ars Vivendi« hochgeschätzt war. Diese bezog sich auf ein

Wissen um das Leben, »wie es wirklich ist; zugleich aber kategorial ganz unabhängig davon, wie es sein sollte« (Simmel, 1918/1999, S. 348). Das Leben, wie es ist, ist eine alltägliche und unentrinnbare Erfahrung eines jeden Individuums; deswegen ist auch die Verantwortung gegenüber dem Leben eine Kategorie jeglicher Lebensführung.

Der Gebrauch des Terminus »Leben« grenzt sich von jeder vitalistischen Auffassung ab, es geht nicht um die Hervorhebung der Eigenlogik des Lebens gegenüber einer bloß mechanistischen Auffassung. Auch die lebensphilosophische Sichtweise, im Sinne von Ludwig Klages (Klages, 1972), die den »Geist als Widersacher« der Seele einem seelenlosen Weltverständnis gegenüber stellte und mit dem Aufruf »Zurück zur Natur!« die Basis für eine Fundamentalkritik aller Technik lieferte, ist mit dem Bezug auf das Leben nicht gemeint. Eher finden sich Ansätze in Sigmund Freuds Kulturpsychologie, nach der die »Leistungen und Einrichtungen« der Kultur wesentlich »zwei Zwecken« dienen: »dem Schutz der Menschen gegen die Natur und der Regelungen der Beziehungen der Menschen untereinander« (Freud, 1930, S. 448f.). Dieser Schutz ist notwendig, um das Überleben, besonders in der Generationenfolge, zu schützen. So ist der Zweck aller gemeinschaftlicher Einrichtungen der Schutz des Lebens: solidarische Beistandsverpflichtung gegen Gefahren, die aus der Natur drohen und solidarischer Triebverzicht gegen innere, »natürliche«, zerstörerische Tendenzen.

So wird das alltägliche Leben zu einem ethischen Bezugspunkt,[11] an dem sich alle Einrichtungen und Tätigkeiten der Menschen und zwar nicht nur die des einzelnen Individuums, sondern auch die gemeinschaftlichen Einrichtungen messen lassen müssen. Der Kern einer biophilen Ethik ist nach Lay in dem Satz zusammengefasst: »Handele so, daß du das personale (soziale, emotionale, musische, sittliche, religiöse) Leben in dir und anderen eher mehrst und entfaltest denn minderst und verkürzt« (Lay, 1989, S. 21). Von einer solchen Position aus gesehen, ist mangelndes Vertrauen, gar »Misstrauen und Verantwortungslosigkeit«, die »Folge eines entwickelten Kapitalismus« (Lay, 2004, S. 28), mit einem Verlust der Bindungen kapitalistischer Einrichtungen an das Leben eng verknüpft.

Wenn die Wirtschaft ursprünglich dem Leben zu dienen hat, sich aber durch die Vergötzung des entfesselten Marktes aus diesem Dienstverhältnis löst und sich über das Leben erhebt und dann in einer zweiten Stufe der Entkoppelung die Finanzwirtschaft sich noch weiter vom ursprünglichen Zweck entfernt und mithilfe der digitalen Virtualisierung eine Wirklichkeitsauflösung des Lebens betreibt, dann verkehrt sich die Verantwortung, sie wird zu einem Spielzug oder erscheint systemisch verfremdet nur noch als Haftung (Anspruch, Ausschluss, Anerkennung), aber nicht mehr als ein Existenzial zwischenmenschlichen Lebens (s. u.).

---

11 Ulrich fordert aus ethischen Gründen immer wieder die »Lebensdienlichkeit« der Wirtschaft ein (Ulrich, 2008, S. 12).

Es wäre interessant, zwischen Verantwortungslosigkeit und Unverantwortlichkeit zu unterscheiden. Etwas, was zuerst ein wenig gezwungen wirkt, denn in der Alltagsprache gehen beide Konzepte ineinander über. Trotzdem gibt es auch im alltäglichen Gebrauch leichte Unterschiede. Verantwortungslosigkeit wird eher mit Leichtsinn verbunden und betont das Spielerische und das Unbekümmerte, vielleicht sogar das Kindliche, während Unverantwortlichkeit in der Nicht-Übernahme von Aufgaben und Schuld geschieht und damit zum Kriminellen übergeht.

Wäre es eigentlich sinnvoller über Verantwortungslosigkeit in der Finanzwirtschaft zu reden oder geht es doch um Unverantwortlichkeit, in dem Sinne, dass sich ein System entwickelt hat, das die Frage nach der Verantwortung gar nicht aufkommen lässt und deswegen selbst nicht zu verantworten ist und unverantwortliches Handeln gratifiziert?

Realitätsverlust und Unverantwortlichkeit[12]

Die uns vertrauteste Verantwortung ist die des Individuums. Als mündige Menschen wissen wir, dass wir unser Tun zu verantworten haben, besonders dann, wenn wir von der Regel oder dem Gebotenen, das manchmal nur das Übliche ist, abweichen. Dann kann man von uns verlangen, dass wir wissen, was wir tun und dass wir dafür gerade stehen, was wir getan haben. Als mündige Subjekte müssen wir für unser Handeln einstehen, das heißt auf die Frage, warum wir was gemacht haben, Antwort geben können, für Folgen einstehen und bereit sein, Konsequenzen unserer Handlungsentscheidungen zu tragen.

Von dieser individuellen Verantwortung, das heißt der Verantwortung der Finanzakteure als Einzelpersonen, den handelnden Subjekten in der Finanzwelt, ist ausführlich geredet worden, meist mit dem Ziel, den Einzelnen zu entlasten. Weniger diskutiert worden ist die strukturelle Verantwortung des Marktes, der als überindividuelles Subjekt fungiert. Wie steht es mit der Verantwortung des Marktes für sich? Was ist der Markt für eine ethische Konstruktion?

Mit der Frage nach den Unverantwortlichkeiten im Finanzwesen betrete ich den Raum der Wirtschaftsethik und das ist ein heikles Gebiet. Die neoklassische, neoliberale Wirtschaftsethik hat sich aus dem Gespräch mit der allgemeinen philosophischen Ethik verabschiedet und sie verschließt sich der ethischen Grund-

---

12 Es geht hier um mehrere Arten von Verantwortung, um die individuelle und die strukturelle Verantwortung, sowie die systemische und die systematische Verantwortung, ohne dass diese Unterscheidungen genauer diskutiert werden. Dabei geht es auch um die »organisierte Unverantwortlichkeit«, wie sie Beck in Bezug auf den Umgang der Industriegesellschaft mit der Natur beschrieben hat (Beck, 1988). Diese »organisierte Unverantwortlichkeit« ist auch ein Grundzug der global digitalen Finanzwirtschaft.

lagendiskussion wie von Peter Ulrich apodiktisch festgestellt (Ulrich, 2006). Dabei hat die Wirtschaftsethik einen eigenständigen Diskurs entwickelt, der nur in sich selbst kreist und keine Basis außer ihrer selbst zu gewinnen sucht. Diese Entwicklung kann man als eine postmoderne Diversifikation, eine Befreiung aus dem Vereinheitlichungszwang des modernen Projektes verstehen, aber, was als Befreiung erscheint, hat die Schattenseite eines neuen Totalitarismus des Denkens, der sich als unausweichliche Globalisierung ökonomischen Denkens darstellt und als Befreiung der ganzen Welt maskiert (Hardt, 2009a).

Der geistesgeschichtlichen Bewegung der neoklassischen Wirtschaftsethik, besonders in ihrer neoliberalen monetären Form, entspricht die ökonomistische Usurpation anderer Wissenschaftsbereiche, wie zum Beispiel die Soziökonomie, Kulturökonomie und Psychoökonomie und als jüngstes Gebilde eine ökonomische Psychoanalyse, die emotional finance (Taffler & Tuckett, 2007). Alle diese Wissenschaften haben eine eigene Sprache entwickelt, sich von dem allgemeinen Diskurs abgelöst und fußen auf Setzungen und Wertungen, die nirgendwo ausgewiesen sind. So bieten sie eine raffinierte Exkulpationsmaschinerie für ökonomisches Fehlverhalten.[13]

Psychologie und Psychoanalyse waren immer mehr als nur Versuche der Rekonstruktion von individuellem Verhalten und Erleben. Sigmund Freud hat mit seiner Kulturpsychologie einen Entwurf vorgelegt, wie Individuen übergreifende, soziale Gebilde psychologisch zu erfassen sind. Er stellte sich die Frage, welche Funktion Kultur, Zivilisation oder organisierte Gesellschaften haben. Alle Kultureinrichtungen sollen dem Leben dienen, dem einzelnen Individuum und der Generationenfolge. Sie sind nach Freud primär gemeinsame Einrichtungen, Vereinbarungen und Anstrengungen, um das Leben der Menschen gegen die äußere

---

13 Dazu schreiben die Ethiker im *Handbuch der Ethik* (Düwell et al., 2006, S. 300): »Der ökonomische Reduktionismus verklärt die ›Moral des Marktes‹ als hinreichend gemeinwohldienlich. In der neoklassischen (Wohlfahrts-)Ökonomik wurde diese marktmetaphysische Gemeinwohlfiktion mit den Mitteln der utilitaristischen Ethik rationalisiert. Das utilitaristische Sozialnutzenprinzip, aus dem sich bis heute der Glaube an das Wirtschaftswachstum als Patentrezept zur Lösung fast aller wirtschafts- und gesellschaftspolitischer Probleme nährt, wurde später in der ›reinen‹ Ökonomik zwar auf die axiomatische Basis des methodologischen Individualismus umgestellt und ›vertragsethisch‹ reinterpretiert (paretianische Ökonomik), doch an der kategorialen Blindheit der Ökonomik für die Differenz zwischen (Pareto-)Effizienz und Gerechtigkeit hat sich wenig geändert. Ausgeblendet bleibt vor allem die strukturelle Parteilichkeit der Logik des Marktes für die ›systemkonformen‹ Kapitalverwertungsinteressen und gegen alle diesen entgegenstehenden Ansprüche – was wiederum erklärt, weshalb Sachzwangsargumente von Seiten jener systemkonformen Interessen so beliebt sind.« Es gibt aus dem ethischen Fach eine heftige Kritik an den sogenannten Mainstream-Economics. Auf die »Unmöglichkeit einer gegenüber der ethischen Fragestellung autonomen Ökonomik haben schon früh Myrdal sowie Albert hingewiesen.« Obschon ihre Kritik unwiderlegt blieb, ist sie vom Mainstream der Fachvertreter bis heute weitgehend ignoriert worden. Weniger

Natur und gegen die menschliche Triebnatur zu schützen. Um das zu bewerkstelligen ist eine zweifache solidarische Anstrengung unerlässlich: eine nach außen – gemeinschaftliche Bewältigung der Gefahren der Natur – und eine nach innen – solidarischer Triebverzicht.

Das mit jeder Kultur zwangsläufig verbundene individuelle Unbehagen ist ihre Schwachstelle, denn um erhalten zu bleiben, muss sie nach außen und nach innen solidarische Anstrengungen verlangen. Und die Einsicht in diese Notwendigkeit macht Unbehagen, weil sie die »Freiheit« des Individuums beschränkt, sie setzt den egoistischen Trieben Grenzen und fordert den Verzicht in Verantwortung für den Anderen. Diese Kulturaufgabe ist nur mit Einsichtigkeit zu meistern. Wenn eine Kultur nur auf egoistischen Impulsen aufgebaut sein soll und Individuen sich ganz überlassen bleiben, kann nur Macht und nicht Einsicht Kultur sichern.

Was geschieht also, wenn die Welt, in der wir uns bewegen, Verhalten gratifiziert, das wir normalerweise als unmoralisch verurteilen? Die Kultur verliert ihre Bindung an ihre basale Aufgabe: den Bezug zum Leben. Indem sie einen Realitätsverlust erleidet, wird sie zugleich unverantwortlich.

Die Verantwortungslosigkeit des Kasino-Kapitalismus gegenüber der Realwirtschaft ist oft beschrieben worden und die Reparaturvorschläge zielen darauf ab, die Risiken des Spiels mit den ungleich verteilten Gewinn- und Verlustchancen zu begrenzen und sie für die Realwirtschaft unschädlich zu machen. Das Problem aber, was eine kulturelle Superstruktur des leichten Spiels psychologisch mit den Menschen anstellt, wird nirgendwo ausführlich gewürdigt.

In der großen Abrechnung mit dem Kasino-Kapitalismus von Hans Werner Sinn (Sinn, 2010) findet sich interessanter Weise kein Eintrag unter Verantwor-

---

die Frage, ob es heute eine spezielle Wirtschaftsethik braucht, als vielmehr die Gegenfrage, wie es zum merkwürdigen Programm einer sich als ethikfrei und unpolitisch verstehenden Ökonomik kommen konnte, drängt sich von daher auf. Man kann die Entwicklung der ökonomischen Theorie – von der Vorklassik und der liberalen Klassik zur neoklassischen Ökonomik – als theoretische Spiegelung dessen verstehen, was in der Gesellschaft seit über 200 Jahren tatsächlich vorgeht (Ulrich, 1993, S. 347ff.), nämlich eine aus fast allen traditionalen normativen Bindungen fortschreitend ›entfesselte‹ und ›normativ enthemmte‹ Ökonomisierung aller Lebensbereiche, der ganzen Welt (Globalisierung, Deregulierung) und sogar des Denkens (ökonomischer Imperialismus). Zunehmend ist die ›Wirtschaft […] nicht mehr in die sozialen Beziehungen eingebettet, sondern die sozialen Beziehungen sind in das Wirtschaftssystem eingebettet‹ (Polanyi, 1978, S. 88ff.) Voraueilendes theoretisches Abbild der tendenziell entstehenden totalen Wirtschaftsgesellschaft ist das erwähnte Paradigma der reinen Ökonomik.« »Die ideologische Funktion des Ökonomismus besteht schlicht darin, den wirtschaftsethischen Reflexionsraum zu verschließen. Ökonomismuskritik ist daher die Voraussetzung, um im nächsten Schritt nach den normativen Orientierungsgesichtspunkten vernünftigen Wirtschaftens im Lebenszusammenhang der Menschen fragen zu können. Dabei lassen sich zwei Grundfragen lebensdienlichen Wirtschaftens unterscheiden: die (teleologische) Sinnfrage und die (deontologische) Legitimitätsfrage.«

tung im Sachregister. Sehr wohl findet man Gedanken über Haftung, aber nur unter Haftungsbeschränkung. Auch Regress wird nicht angeführt, sondern nur der Regressfrei und zwar regressfreie Ansprüche und regressfreie Kredite. Unter Haftungsbeschränkung findet man ganze Reihe von Einträgen. Daraus kann man einfach folgern, der Finanzkapitalismus, der Kasino-Kapitalismus kümmert sich nicht um Regress, kümmert sich nicht um Haftung, kümmert sich nicht um Verantwortung. Er ist verantwortungslos, oder doch eher unverantwortlich?

Kultureller Hintergrund

Es ist an der Zeit jenseits der finanzwissenschaftlichen Geschichtsklitterung (beispielhaft die neoliberale Verwendung von Adam Smith und John-Stuart Mill) eine geistesgeschichtliche Erinnerung anzustrengen, um besser zu verstehen, was kulturell zur Finanzkrise führte.

1979 wurde Jean Francois Lyotard von der Universität Quebec gefragt, wie sich das Wissen und die Universitäten unter dem Einfluss der Computerisierung verändern werden (Lyotard, 1979). Sein Bericht, als *Condition postmoderne* erschienen, ist eine nüchterne, erschütternd weitsichtige Vision. Er sah voraus, dass die Digitalisierung, wie wir heute sagen würden, sich mit einer Ökonomisierung des Wissens verbinden und die alten Bildungsinhalte und Bildungseinrichtungen hinwegfegen wird. Wissen mutiert zu Information, deren Ort nicht mehr das gebildete Individuum ist, sondern die effizienter in Maschinen gespeichert und bei Bedarf abgerufen werden kann. Wissen wird sich von Sinn- und Wahrheitssuche lösen und als Information der bloßen Verrechnung von Effizienz und Effektivität unterwerfen. Damit wird ein bloßer Informationsaustausch in hermetischen Expertenkreisen entstehen, der nicht mehr der Aufklärung des Menschen verpflichtet ist, sondern in sich kreist.[14]

Heute, über 40 Jahre später, bezeichnet Pierangelo Maset diese Entwicklung als progredientes »Geistessterben« (Maset, 2010), das durch die neoliberale »Psychopolitik«, wie Byung-Chul Han feststellt, beschleunigt und globalisiert wird (Han, 2014). Nach Han setzt die »Gamifizierung« (ebd., S. 69ff.) die Menschen

---

14 Lyotards Buch wird oft als ein Manifest der Postmoderne gelesen, was in zweifacher Weise seinen Inhalt sehr verkürzt: Erstens spricht sich Lyotard nirgendwo für eine intellektuelle Beliebigkeit aus, er beleuchtet die Machtverhältnisse. Die Intellektualität als treibende Kraft von Aufklärung und Demokratisierung hat ihre hervorragende Position eingebüßt, weil die Geschichten, in denen sie wirksam war, ihre Glaubwürdigkeit verloren haben. Unschwer ist zu verstehen, dass der aufkommende Neoliberalismus mit seiner antiideologischen Attitüde im Verbund mit der Computerisierung die großen abendländischen Projekte delegitimiert hat. So wird zweitens die Fragestellung der Arbeit: welche kulturellen Auswirkungen die Digitalisierung haben wird, ebenfalls nicht rezipiert.

frei, sich willig in die Unfreiheit eines »totalen Konsumismus« (Barber, 2007) zu fügen.

Im Gegensatz zu Jürgen Habermas, der sich ebenfalls mit der kulturellen Entwicklung der späten Moderne beschäftigte, sah Lyotard keinen vernünftigen Ausweg aus der sich abzeichnenden Krise der Vernunft.[15] Weil mächtige Gruppierungen diese Entwicklung zum eigenen Gewinn vorantreiben, sei nur den »Widerstreit« (Lyotard, 1987) der Interessen festzustellen, dessen Aufhebung in niemandes Macht liege.

Habermas Diagnose war weniger radikal: er stellte in der Tradition von Max Weber fest, dass sich das System der Wirtschaft von der sinngeleiteten Lebenswelt entkoppelt hat, um dann die Lebenswelt, der sie ursprünglich zu dienen hatte, mit seiner hohen Funktionalität zu dominieren, schlimmer noch zu kolonialisieren und schließlich auszubeuten. Das System hat sich von der Lebenswelt entkoppelt und das Dienstverhältnis des Systems zum Leben wurde aufgehoben; das heißt, das System fühlt sich dem Leben gegenüber nicht mehr verantwortlich.

Dieser Prozess ist an der Transformation der gemeinschaftlichen Krankenbehandlung in den weitgehend »entfesselten« (Friedhelm Hengsbach) Gesundheitsmarkt deutlich zu beobachten (vgl. Hardt, 2014b). Hier, wie in vielen anderen Lebensbereichen (Bildung, Kultur …), wird aus Kostengründen die ans Leben gebundene Sinnlogik durch eine Verrechnung nach bloßer Effizienz und Effektivität ersetzt. Die Machtverhältnisse drücken das unmissverständlich aus, Entscheidungsfunktionen werden von Gesundheitsökonomen, Bildungsökonomen und Kulturökonomen übernommen. Die Hoffnung von Habermas, die ihn schließlich zum Papst führte, dieser Kulturkonflikt könne im zwanglosen Zwang der Einsicht kommunikativ gelöst und die Dienstverhältnisse wieder zu Recht gerückt werden, hat sich nicht erfüllt. Dazu fehlt es an Einsicht, die aus ideologischen – marktgläubigen – Motiven abgeschafft worden ist. Wo es keine Einsicht gibt, verliert Verantwortung ihre Bedeutung (vgl. Hardt, 2013)!

Die zweite Entkoppelung – der Weg zur Verantwortungslosigkeit und zurück

Mit dem Erstarken der Finanzwirtschaft hat sich eine Diversifikation innerhalb des Systems der Wirtschaft ergeben, an der sich die Entkoppelung von der Lebenswelt und die Umkehr des Dienstverhältnisses wiederholen. Eine zweite Stufe der Entkoppelung von den Sinnbezügen der Lebenswelt ist damit eingetreten. Traditionell sollte das »Geld« dem Leben dienen (Strange, 1998) und behielt diese Funktion in der aufblühenden Wirtschaft als Investition, um neue Werte zu schaffen. In der

---

[15] Die Vernunft kann wegen der ungleichen Machtverhältnisse nur Zeugnis ablegen.

Folge löste sich die Finanzwirtschaft in kleinen Schritten von der Realwirtschaft ab. Der neue Finanzkapitalismus kündigte das Dienstverhältnis zur Realwirtschaft auf und kehrte es im Prozess der Finanzialisierung um; sodass die sich überlegen gerierende Finanzwirtschaft die Realwirtschaft ihren Gesetzen unterwirft, sie ihrerseits kolonialisiert und ausbeutet. In diesen zwei Schritten der Kolonialisierung und der Verkehrung der Dienstverhältnisse kommt es nicht nur zum oben genannten Geistessterben, sondern auch zum Ende der Verantwortung. Die autistische Finanzwirtschaft hat sich von der Verantwortung gegenüber dem Leben befreit.[16]

Das wird deutlich, wenn Fondmanager über Manager klagen, die sich ihrem Unternehmen gegenüber – noch – verpflichtet fühlen. Diese »Querköpfe« wollen nicht begreifen, dass sie ausschließlich dem Shareholder Value zu dienen haben. Ein solcher Manager »neigt dazu, das Unternehmen immer noch so zu führen, als sei es sein eigenes, und das ist es nicht« (Tuckett, 2011, S. 183). Besonders deutlich wird der Widerstreit, wenn Fondmanager mit Unternehmensgründern zu tun haben, »da muss man die Augen offen halten, ob sie ihr Unternehmen immer noch als ihr eigenes betrachten« (ebd., S. 87).

Damit hat sich die Finanzwirtschaft von der Lebenswelt »emanzipiert«, führt ein selbstgenügsames Eigenleben und fühlt sich keiner Rechenschaft gegenüber dem Leben mehr schuldig. Sie verlangt im Gegenteil Rechenschaft von denen, deren Werte ihnen anvertraut sind. Rechenschaft geben, heißt aber, Verantwortung anerkennen und sich ihr stellen (Werner, 2006).

Damit aber nicht genug. Der sich selbst überlassene, von aller sozialen Verpflichtung entfesselte Finanzmarkt, dreht sich in einem rasenden Strudel, der immer wieder zu Krisen führen muss. Es ist die zugrunde liegende Logik eines Spielkasinos, wie von Hans-Werner Sinn in Anlehnung an John Maynard Keynes skizziert (Sinn, 2010). Sinn geht allerdings nur in einem lässigen Vorwort auf die kulturellen Implikationen ein, die viele Jahre früher von Susan Strange in einer gut belegten Publikation herausgearbeitet worden sind (Strange, 1986).[17] Strange hat die Funktionsweise des Kasino-Kapitalismus dynamisch beschrieben und seine ideologischen Hintergründe genauestens rekonstruiert.

Strange führt zuerst die Position Friedrich-August von Hayeks an, Geld sollte wie jede beliebig andere Ware auf dem freien Markt gehandelt werden. Damit wird die Bindung an die Realwirtschaft gelöst. Darüber hinaus nennt sie das neoliberale Credo, ein von allen Fesseln befreiter Markt werde alle Wirtschaftsvorgänge zum

---

16 Die Internetplattform World Economics Association, in der viele heterodoxe Wirtschaftswissenschaftler publizieren, ist aus der post-autistic economy hervorgegangen.

17 Sinn zitiert das Buch von Strange, das den gleichen Titel trägt, nicht. Kennt er es nicht oder findet er es nicht erwähnenswert? Helge Peukert hat mich darauf hingewiesen, dass die Arbeiten von Strange: *Casino Capitalism* und *Mad Money* in Fachkreisen wenig bekannt und geschätzt sind.

Wohle aller richten, wenn man ihn nur geschehen lasse. Jeder Eingriff ist demnach zu unterlassen. Nach Hayek sind die »Gesellschaftsingenieure« die schlimmsten Feinde des freien Marktes, die im Bemühen um Verstehen und Einsicht in das Marktgeschehen planend in es eingreifen. Diese »maßen sich an zu wissen« (Hayek, 1996), wo grundsätzlich die Einsicht versagt und einzig der Glaube an den Markt gebieten soll (vgl. Hardt, 2013).

Solche auf Einsicht beruhende und nach Ansicht derer, die sich um Verstehen bemühen, notwendige verantwortliche Regulation des Marktgeschehens ist nach Meinung von Hayek und seiner amerikanischen Nachfolger die Quelle aller wirtschaftlichen Übel, jeglicher Krisen und der unaufhaltsame »Weg zur Knechtschaft« autoritärer Gesellschaft (Hayek, 1946; vgl. auch Hardt, 2012).

Damit ist das Bemühen um Einsicht und das daran gebundene Handeln in Verantwortung desavouiert. Was bleibt, ist das freie Spiel der Kräfte, in dem sich Moral aus eigennützigen Motiven ergeben soll (Friedman, 2004, S. 227ff.) und ein Markt, als letzter moralischen Instanz, der wir unsere Geschicke gläubig anvertrauen sollen.

Die einzelnen Marktakteure sind jeglicher Verantwortung gegenüber dem Leben enthoben, weil sie keine Einsicht haben können in das, was sie tun. Einsicht ist bei dem hohen Tempo der Finanztransaktionen aber auch nicht zu erreichen, denn sie würde Zeit brauchen, die niemand mehr hat. Dazu kommt, dass die sogenannten Finanzinstrumente von kaum jemand verstanden werden können (Nagel, 2009, S. 75). Tempo und Überkomplexität führten zu völliger Intransparenz und damit zur Verantwortungslosigkeit, die auf Einsicht beruht.

Das macht das neoliberale Paradox aus: der mündige Finanzakteur steht als Individuum dem Markt als einem übergreifenden Subjekt gegenüber, das weiß und einsichtig das Geschehen zu aller Vorteil lenkt, wenn man ihn walten lässt (wie Gott, das Volk oder der große Vorsitzende). Das Individuum gilt zwar als frei in seiner Entscheidung, soll sich aber dem Marktgeschehen überlassen, unterwerfen. Marktradikale machen den Markt als wissend und einsichtig für alles verantwortlich; wenn man ihn nur machen lässt, das heißt dereguliert, dann sorgt er für sich und uns alle.

Der individuelle Marktakteur in der Finanzwelt ist von der Lebenswelt enthoben, losgelöst, trägt keine Verantwortung mehr ihr gegenüber, sondern bewegt sich autonom in der Welt des Marktes. Auch die realwirtschaftlichen Akteure, mit deren Kapital er spielt, sollen ihm verpflichtet sein und sich nach seinen Vorgaben richten. Aber der einzelne Akteur darf sich nicht anmaßen zu wissen, oder versuchen Einsicht zu gewinnen, er soll sich nur dem Spiel der Marktkräfte überlassen.

Die Finanzwelt kommt aber von der Lebenswelt nicht gänzlich los und das nicht nur, weil sie im Falle des Scheiterns von deren Alimentation abhängig ist. Sie muss sich auch jenseits der Krise vor den Menschen rechtfertigen, weil sie trotz Entkoppelung des Systems von der Lebenswelt angewiesen bleibt, weil sie deren Werte braucht und nicht für sich selbst sorgen kann. Denn aus sich heraus erschafft die Finanzwirtschaft keine Werte, mit denen es sich leben ließe.

Um die Beziehung zu pflegen, hat die Finanzwelt eigene Publikationsorgane in Form der Finanzpresse entwickelt, die Vermittlungsarbeit leisten sollen. Ramon Reichert stellt 2009 in einer Untersuchung des digital-globalisierten Finanzmarktes weniger die Entkoppelung in den Mittelpunkt, als die mediale Vermittlung gegenüber der gesamten Gesellschaft (Reichert, 2009). Dadurch gelingt es ihm, Übergänge und Verbindungen aufzuzeigen, die in anderer Sichtweise auseinandergerissen werden. Der öffentliche Diskurs über die Krise ist durch Vermittlungsfiguren wesentlich beeinflusst.

So verweist Reichert auf die häufig benutzten meteorologischen Metaphern, mit denen für das alltägliche Verstehen scheinbar einsichtig und überzeugend Börsenvorgänge dargestellt werden (ebd., S. 21ff.). Diese Metaphern machen das schier Unvorstellbare, weil tatsächlich der Vorstellung Entzogene, lebensweltlich und für jeden nachvollziehbar. Die meteorologischen Metaphern betonen aber zugleich die Auslieferung an das Geschehen. Wir sind nach der Logik dieser Metaphern den, von Menschen zu verantwortenden, Geschehnissen auf dem Finanzmarkt wie dem Wetter ausgeliefert, können nicht dagegen aufbegehren und müssen uns dem fügen. Das tägliche Börsenbarometer zeigt an, was notwendiger, fast natürlicher Weise geschieht; uns bleibt noch übrig, uns danach zu richten.

Damit tritt an die Stelle von hocheffizienten und verantwortlichen Managern ein voraufklärerischer Wettergott, der über die Geschicke waltet, ohne dass wir Einfluss darauf haben können. In der Lebenswelt bleibt nur ein Götzendienst, wie zum Beispiel der Kauf von Volksaktien und die Börsenspekulation für jedermann. So werden wir ohnmächtig und letztlich unwissend einbezogen, wir werden an den Geschehnissen mit Schuld; wir beteiligen uns, wenn auch mit geringem Einsatz am leichtsinnigen Spiel, das von gieriger Erwartung und vollmundigem Versprechen des großen Gewinns vorangetrieben wird.

Wenn die kulturellen Einrichtungen dem Leben der Menschen als Individuen und als Gemeinschaft dienen sollen, in dem Sinne, dass sie das Leben sicherer, vorhersehbarer und planbarer machen, so hat sich der globale digitalisierte Finanzmarkt von dieser Aufgabe verabschiedet. Er hat sein eigenes Geschick übernommen und erwartet seinerseits, dass sich die Menschen nach ihm richten. Damit wird er zu einem Feind der kulturellen Bemühungen. Er wird zu einem Feind, weil er systematisch unwissend und unberechenbar ist, trotz aller Bemühungen, seine Bewegungen vorauszusagen. Das führt nicht nur zu einer »Volatilität« der Werte, die gehandelt werden, sondern auch zu einer »Volatilität« des Wissens (Reichert, 2009, S. 14f.).

Neben den meteorologischen Metaphern verwendet die Finanzpresse, die die Geschehnisse auf dem Finanzmarkt gegenüber der Öffentlichkeit darstellt, »Repräsentationstraditionen, die Prozesse der Ikonisierung und nicht mehr hinterfragten Sehtraditionen«, um damit die »Glaubwürdigkeit zu erhöhen, die der Lesbarkeit der Bilder entgegengebracht wird« (ebd., S. 16).

Durch die Aufdeckung dieser Übergänge, das heißt der Vermittlung und Repräsentation der hochabstrakten und wegen ihrer Schnelligkeit nicht mehr darstellbaren Finanztransaktionen, gelingt es »der Finanzpresse« die Geschehnisse quasi lebensweltlich darzustellen, allerdings zugleich mit einer ungeheuren Unbestimmtheit. So wird versprochen, dass große Manager wie Magiere dazu in der Lage seien, die Finanzgeschicke zu beeinflussen und vorauszusagen, und gleichzeitig wird deren ohnmächtiges Ausgeliefertsein an diese Prozesse betont. Das eigentliche Geschehen ist von einem ominösen Markt abhängig, der hintergründig wie ein Deus absconditus die Geschicke der Welt leitet; angeblich zum Wohle aller, wenn man ihn denn walten lässt. Die Finanzmanager erweisen sich damit als verantwortliche und zugleich unverantwortliche hohe Priester des freien Marktes, der aber selbst nicht zu Verantwortung gezogen werden kann.

Dass der Markt eine idealisierte Konstruktion ist, dessen Installation von Menschen gemacht und zu verantworten ist, tritt in dieser Narration in den Hintergrund und wird zum schier Unvorstellbaren.

Algotrade für den homo oeconomicus dyctos

Der Finanzmarkt hat sich in unvorstellbarer Weise beschleunigt. In den 1970er Jahren lag die durchschnittliche Haltezeit von Aktien bei über zehn Jahren. Rainer Voß berichtet 2013, dass sich in seiner Berufszeit die durchschnittliche Haltezeit von vier Jahren auf 22 Sekunden verringert hat. Susan Strange macht die Computerisierung dafür verantwortlich und schildert 1986 die besinnungslose Hektik der Geschäfte vor dem Bildschirm. Aber 22 Sekunden ist eine Ewigkeit gegenüber den Haltezeiten im Hochfrequenz Handel, in dem blitzschnell ungeheure Summen hin und her geschoben werden. Hier versagt der Mensch, nur noch Algorithmen können die Prozesse verfolgen und müssen die Entscheidungen treffen.

War schon bei den Quants, wie David Tuckett und Richard Taffler sie nennen (Tuckett & Taffler, 2012, S. 64ff.), das Finanzgeschäft von jeglicher inhaltlichen Überlegung abgelöst und gehorchte quasi automatisch nur noch Maßzahlen, die der Computer lieferte, so hat sich der automatisierte High Frequency Trade endgültig von jeglicher menschlichen Mitwirkung befreit. So haben sich »neue – transhumane – Gewinnmöglichkeiten erschlossen« (Priddat, 2014, S. 99). Die Algotrader kaufen und verkaufen ungeheure Summen mit oft kleinsten Preisunterschieden; besser noch sie täuschen Käufe und Verkäufe an. Sie sind Meister der Finte. »Die extreme Treffsicherheit« in der »Erkennung und Ausnutzung minimaler Transaktionschancen durch maximale Geschwindigkeit« geht aber mit einer »extremen Ignoranz der größeren Zusammenhänge« einher (ebd., S. 102). Menschen würden in diesem Geschehen das Tempo verlangsamen und damit zu Gewinneinbußen führen, weil sie sich mit Konsequenzen beschäftigen, die abzuwägen sind. Ein Algotrader stellt »eine Maschine ins Netz«, »die nach festgelegten Kriterien und Programmen selbstständig« handelt (ebd., S. 103).

Die »Maschinen spielen keine Nebenrolle mehr; sie sind die Marktakteure, von den Eigentümern nur als Programm initiiert, dann aber selbstständig entscheidend. Die Ökonomie hat nicht den Akteur verloren, aber dessen menschliche Füllung« (ebd., S. 106). Weil wir über diese Prozesse nicht verfügen, können wir auch keine Verantwortung für sie übernehmen. Die Frage der Verantwortung stellt sich nun in einer systemischen Form. Es geht nicht mehr um Antwort geben, gar im Angesicht des Anderen (Levinas), es geht um Haftung bei Fehlentscheidungen und Folgeschäden, meist um Haftungsausschluss und ausgehandelte Abfindung. So wird zwischenmenschliche Anspruch zu einem Geschäft.

Das ist schlussendlich die schöne neue Welt des global entfesselten Finanzmarktes: autistisch in sich kreisend, jeglicher Verantwortung gegenüber der Realwirtschaft und darüber hinaus der Lebenswelt enthoben und mit einem Tempo, das alle Besinnung raubt!

Literatur

Barber, Benjamin R. (2007): *Consumed! Wie der Markt Kinder verführt, Erwachsene infantilisiert und die Demokratie untergräbt*. München: C. H. Beck.
Beck, Ulrich (1988): *Gegengifte – Die organisierte Unverantwortlichkeit*. Frankfurt/M.: edition Suhrkamp.
Düwell, Marcus, Hübenthal, Christoph & Werner, Micha H. (Hrsg.) (2006): *Handbuch Ethik*. Stuttgart, Weimar: Metzler.
The Financial Crisis Inquiry Commission (2011): The Financial Crisis Inquiry Report – Official Government Edition. URL: http://www.gpo.gov/fdsys/pkg/GPO-FCIC/pdf/GPO-FCIC.pdf (Stand: 02.09.2014).
Freud, Sigmund (1930): Das Unbehagen in der Kultur. *GW XIV*. London: Imago Publishing, 1941 u. Frankfurt/M.: S. Fischer, 1983 (7. Aufl.), S. 419–506.
Friedman, Milton (1962): *Capitalism and Freedom*. Chicago: The University of Chicago Press. Deutsch (2004): *Kapitalismus und Freiheit*. Übersetzt von Paul C. Martin, Geleitwort von Horst Siebert. München: Piper.
Gigerenzer, Gerd & Kober, Hainer (2007): *Bauchentscheidungen: Die Intelligenz des Unbewussten und die Macht der Intuition*. München: Bertelsmann (10. Aufl., 2008. München: Goldmann).
Habermas, Jürgen (1981): *Theorie des kommunikativen Handelns*. Frankfurt/M.: Suhrkamp, besonders Band 2, VI: System und Lebenswelt, S. 173–283.
Han, Byung-Chul (2014): *Psychopolitik – Neoliberalismus und die neuen Markttechniken*. Frankfurt/M.: Fischer.
Hardt, Jürgen (2009a): Der Ökonomismus als »letzte« Heilslehre. Ein Vortrag für gebildete Laien. Unveröff. Manuskript. Wetzlar. URL: www.ptk-hessen//archiv.
Hardt, Jürgen (2009b): Kulturtheorie nach Freud. In: Gerhard Schneider et al. (Hrsg.): *DPV Herbsttagung*. Bad Homburg.
Hardt, Jürgen (2012): Die Aufgabe der Psychotherapie in unserer Zeit. In: Klaus-Jürgen Bruder et al. (Hrsg.): *Macht – Kontrolle – Evidenz*. Gießen: Psychosozial-Verlag, S. 47–48.

Hardt, Jürgen (2013): Ohnmacht, Grenzen oder Ende der Einsicht. In: *Freie Assoziation*, 16(3+4), 83–109.
Hardt, Jürgen (2014a): Bemerkungen zu David Tuckett (2011). Minding the Markets – An Emotional Finance View of Financial Instability. Oder: Psychoanalyse als Magd im Haushalt des Big Money und eine psychoanalytische Auffassung der globalen Finanzkrise ist möglich und notwendig. In: *Freie Assoziation*, 17(4), 23–45.
Hardt, Jürgen (2014b): Therapeutische Ethik heute. Gedanken zur Ethik der Gesundheitswirtschaft – Über den neuen Wert und die Würde des leidenden Menschen. In: Siegfried Karl & Hans-Georg Burger (Hrsg.): *Frieden sichern in Zeiten des Misstrauens*. Gießen: Psychosozial-Verlag, S. 109–122.
Hayek, Friedrich A. von (1996): *Die Anmaßung von Wissen*. Hrsg. Wolfgang Kerber. Tübingen: Mohr Siebeck.
Hayek, Friedrich A. von (2009): *Der Weg zur Knechtschaft* (1. Aufl. 1946). München: Olzog.
Heidegger, Martin (1926/1963): *Sein und Zeit* (10. Aufl.). Tübingen: Max Niemeyer.
Hennecke, Hans Jörg (2000): *Friedrich August von Hayek. Die Tradition der Freiheit*. Düsseldorf: Verlag Wirtschaft und Finanzen.
Jonas, Hans (1979): *Das Prinzip Verantwortung. Versuch einer Ethik für die technologische Zivilisation*. Frankfurt: Insel Verlag.
Kahneman, Daniel (2012): *Schneller Denken, langsames Denken*. Übersetzt von T. Schmidt. München: Siedler.
Kirchgässner, Gebhard (2009a): Die Krise der Wirtschaft: Auch eine Krise der Wirtschaftswissenschaften? In: *Perspektiven der Wirtschaftspolitik*, 10(4), 436–468.
Kirchgässner, Gebhard (2009b): The Global Crisis and the Answer of Economics. *Swiss Society of Economics and Statistics*, 145(4), 382–385.
Klages, Ludwig (1929-32): Der Geist als Widersacher der Seele. In: Ludwig Klages: *Hauptwerk in 3 Bänden* (5. Aufl., 1972). Bonn: Bouvier.
Lay, Rupert (1989): *Ethik für Manager*. Berlin: Econ.
Lay, Rupert & Nagel, Claudia (2004): *Vertrauen und Verantwortung. Verlust und Wiedergewinnung*. Büdingen: Ronneburger Kreis.
Levinas, Emmanuel (1980): *Totalité et Infini – Essai sur l'Exteriorité*. La Hague: Martinus Nijhoff Publishers. Deutsch (1987): *Totalität und Unendlichkeit – Versuche über die Exteriorität*. Übersetzt von Nikolaus Krewani. Freiburg, München: Alber Studienausgabe.
Luyendijk, Joris (2012): www.theguardian.com/commentisfree/joris-luyendijk-banking-blog/2012.
Lyotard, Jean-Francois (1979): *La Condition postmoderne. Rapport sur le savoir*. Paris: Les Éditions de Minuit. Deutsch (1994): *Das postmoderne Wissen*. Wien: Passagen.
Lyotard, Jean-Francois (1983): *Le Différend*. Paris: Les Éditions de Minuit. Deutsch (1987): *Der Widerstreit*. München: Fink.
Maset, Pierangelo (2010): *Geistessterben – eine Diagnose*. Stuttgart: Radius-Verlag.
Nagel, Claudia (2009): Die Finanzmarktkrise aus psychodynamischer Sicht. In: *Freie Assoziation*, 12(3), 61–84.
Peukert, Helge (2010): *Die große Finanzmarkt- und Staatsschuldenkrise. Eine kritisch-heterodoxe Untersuchung*. Marburg: Metropolis (5. Aufl. 2013).
Priddat, Birger (2014): *Homo Dyctos. Netze, Menschen, Märkte. Über das neue Ich: market-generated identities*. Marburg: Metropolis.
Reichert, Ramón (2009): *Das Wissen der Börse. Medien und Praktiken des Finanzmarktes*. Bielefeld: transcript.
Shiller, Robert J. (2000): *Irrational Exuberance*. Princeton: Princeton University Press. Deutsch (2000): *Irrationaler Überschwang. Warum eine lange Baisse an der Börse unvermeidlich ist*. Frankfurt/M.: Campus.

Simmel, Georg (1918/1999): Lebensanschauung. Vier metaphysische Kapitel. In: Georg Simmel: *Gesamtausgabe, Bd. 16*. Frankfurt/M.: Suhrkamp.
Sinn, Hans-Werner (2010): *Kasino Kapitalismus. Wie es zur Finanzkrise kam und was jetzt zu tun ist*. München: Ullstein.
Strange, Susan (1986): *Casino Capitalism*. Manchester: Manchester University Press.
Strange, Susan (1998): *Mad Money. When Markets Outgrow Governments*. Manchester: Manchester University Press.
Tuckett, David & Taffler, Richard J. (2012): *Fund Management: an Emotional Finance Perspective*. London: Chartered Financial Analyst Institute.
Tuckett, David (2011): *Minding the Markets: An Emotional Finance Vies of Financial Instability*. Chippenham, Eastbourne: Palgrave McMillan. Deutsch (2013): *Die verborgenen psychologischen Dimensionen der Finanzmärkte. Eine Einführung in die Theorie der emotionalen Finanzwirtschaft*. Übersetzt von Antje Becker. Gießen: Psychosozial-Verlag.
Ulrich, Peter (2006): Wirtschaftsethik. In: Marcus Düwell, Christoph Hübenthal & Micha H. Werner (Hrsg.): *Handbuch Ethik*. Stuttgart, Weimar: Metzler, S. 297–302.
Ulrich, Peter (2008): *Integrative Wirtschaftsethik. Grundlage einer lebensdienlichen Ökonomie* (4. Aufl.). Bern, Stuttgart, Wien: Haupt.
Vattimo, Gianni (1998): Die Grenzen der Wirklichkeitsauflösung. In: Gianni Vattimo & Wolfgang Welsch (Hrsg.): *Medien – Welten – Wirklichkeiten*. München: Fink, S. 15–26.
Voss, Rainer (2014): *Der Banker – Master of the Universe* (Dokumentarfilm). *Arte*, 17. Juni 2014.
Werner, M. H. (2006): Verantwortung. In: Marcus Düwell, Christoph Hübenthal & Micha H. Werner (Hrsg.): *Handbuch Ethik*. Stuttgart, Weimar: Metzler, S. 541–548.

Plädoyer für eine dialogische Wirtschaft

Dialog und Vertrauen als Schlüsselkategorien der Wirtschaft –
Impulse für eine Weiterentwicklung ökonomischen Denkens –
Gedanken aus theologischer Perspektive

Siegfried Karl

Vorbemerkung und Hinführung zu einer ›Dialogischen Wirtschaft‹

Eine Gegenüberstellung von dialogischem Denken und ökonomischer Rationalität, wie in der Überschrift angezeigt, scheint in der aktuellen sozialen, politischen und ökonomischen Situation der seit 2008 schwelenden Finanz- und Wirtschaftskrise auf eine Konfrontation oder sogar auf eine Unmöglichkeit hinauszulaufen. Verstehen doch viele Menschen das Wettbewerbsprinzip aus ethisch motivierten Argumenten als ein fundamental undialogisches Handlungsprinzip. Wirtschaftliches Handeln basiert nach dieser Überzeugung nicht auf den Haltungen von Solidarität und Vertrauen und ist auch nicht auf Dialog und Verständnis ausgerichtet, sondern basiert auf der effizienzorientierten Durchsetzung mehr oder weniger egoistischer Interessen einzelner Personen oder Organisationen und zielt auf die am Prinzip der Konkurrenz orientierten Maximierung von Gewinnen zum Nachteil anderer. Die ökonomische Praxis muss deshalb durch einen starken Staat und die Politik begrenzt und im Zaum gehalten werden.

Umgekehrt erhebt sich aus einer ökonomischen Perspektive der prinzipielle Verdacht, dass dialogisches Denken wirtschaftsfeindlich oder anti-wirtschaftlich ist und der Dialog und das dialogische Denken letztlich als radikal anti-ökonomisch einzuschätzen sind. Aus dieser Einstellung erwächst eine anti-dialogische Grundhaltung, die eine Distanzierung und das grundlegende Misstrauen gegenüber dem Dialog und allen Dialogpartnern zur Folge hat. Eine dialogische Transformation des Wirklichkeitsbereichs der Wirtschaft bzw. der wirtschaftlichen Praxis und damit ein dialogisches Verständnis von Wirtschaft und wirtschaftlichem Handeln und eine dialogische Beziehung zwischen Wirtschaft, Gesellschaft und Politik erscheinen unter diesen Voraussetzungen bereits im Vorfeld prinzipiell unmöglich.

Gegenüber diesem Verdacht, der Dialog und Wirtschaft im Vorfeld bereits als unversöhnliche Gegensätze auffasst und gegeneinander ausklammert, wird hier die These vertreten, dass der Dialog ein Leitgedanke ist, unter dem die vielfältigen und komplexen wie auch die widersprüchlichen und gefährlichen Tendenzen der Wirtschaft und des Wirtschaftens gefasst werden können. Unter Rückgriff auf das dialogische Denken kann die Wirtschaft zudem im Sinne einer ›*dialogischen Wirtschaft*‹ weitergedacht und in eine lebensdienliche Beziehung zur Gesellschaft gebracht werden. Die Prinzipien des Dialoges sollten gerade in Zeiten des Misstrauens auch von der Ökonomie entdeckt und angewendet werden. Die Argumentation dieses Beitrags orientiert sich am dialogischen Denken des jüdischen Religionsphilosophen Martin Buber (1878–1965). Der Beitrag knüpft an Diskussionen und Überlegungen des ersten Symposiums und des ersten Bandes dieser Schriftenreihe der KHG Gießen an (vgl. Karl & Burger, 2014) und will zeigen, wie Bubers Denken auch auf dem Gebiet der Wirtschaft fruchtbar werden kann, und was dies für das Zueinander von Wirtschaft, Gesellschaft und Politik bedeutet.

Jenseits einer erschöpfenden Behandlung des komplexen Gegenstandsbereichs, der in diesem Beitrag mit der Verbindung der beiden Begriffe ›dialogisches Denken‹ und ›ökonomische Rationalität‹ umrissen wird, zielt der vorliegende Beitrag darauf ab, das dialogische Denken Martin Bubers auf den Bereich der Wirtschaft und des Wirtschaftens kritisch und konstruktiv zu beziehen, freilich unter dem spezifischen Gesichtspunkt des Dialogs bzw. der Dialogik, von dem die Argumentation ausgeht und an dem sie sich orientiert. In dieser Richtung soll schließlich das Verständnis von Wirtschaft und Wirtschaften weitergedacht werden. Der Beitrag plädiert daher für ein Umdenken der Wirtschaft in Richtung einer dialogischen Wirtschaft. Er versteht sich als ein Gesprächsbeitrag, die Aktualität des dialogischen Denkens von Martin Buber herauszustellen und für die Ökonomie kritisch und konstruktiv aufzuzeigen.[1]

Im Zentrum der hier vorgetragenen Überlegungen steht somit die Frage, wie weit die Wirtschaft in Bubers Konzeption der Dialogik überhaupt vorkommt und wie sie sich vielleicht in seine Konzeption darin beschreiben, mit einbeziehen und auch weiterentwickeln lässt. Fallen die Wirtschaft und die ökonomische Praxis unter die fundamentale Dialektik der zwiefältigen Haltung von Ich-Es-Welt und Ich-Du-Welt? Ist die Welt der Wirtschaft und des Wirtschaftens in die Beziehungswelt, also in die Ich-Du-Welt, transformierbar? Vermag die Welt der Wirtschaft und des Wirtschaftens in eine Ich-Du-Beziehung einzutreten? Es geht also um die Frage nach dem Beitrag des dialogischen Denkens für ein Verstehen der ökonomischen Wirklichkeit und inwieweit wesentliche Implikationen der Ich-Du-Beziehung auch auf den Bereich der Wirtschaft beziehbar sind.

---

1 Der Ausdruck Ökonomie wird hier in einem weiten Sinn verstanden als das Gesamt der wirtschaftlichen Praxis des Menschen als auch die Wissenschaft, die diese Praxis reflektiert auf eine spezifische ökonomische Rationalität hin (vgl. Nida-Rümelin, 2011, S. 21).

Umgekehrt geht es um die Frage nach der Reichweite der Dialogik und die Relevanz des dialogischen Denkens für den Bereich der Wirtschaft. Kann es außerhalb der zwischenmenschlichen Späher, also zum Beispiel im Bereich der Wirtschaft, nur Ich-Es-Beziehungen geben, oder ist die Annahme berechtigt, auch in diesem Bereich eine Ich-Du-Beziehung für möglich zu halten?[2] Das Dialogische wird meist nur im Kontext des menschlichen Miteinanders, des Zwischenmenschlichen, wo es um Kommunikation, Gespräch und Beziehung zwischen Menschen geht, diskutiert.[3] Meines Wissens ist die Bedeutung des dialogischen Denkens in Bezug auf die Wirtschaft noch nicht diskutiert worden, obwohl es bei Buber in diese Richtung durchaus Denkansätze gibt, wie noch zu zeigen sein wird. Der Beitrag wagt daher einen Vorstoß in einen Bereich, in dem das dialogische Denken kaum oder gar nicht rezipiert wird. Dieser Beitrag möchte deshalb darauf aufmerksam machen, dass die (dialogische) Gestaltung einer Wirtschaft von der Dialogik Bubers her möglich ist. Von hier aus kann dann auch eine neue Sicht auf die Beziehung der Wirtschaft zur Politik und zur Gesellschaft gewonnen werden.

In einem ersten Gang (Abschnitt 1–3) werden die Grundlagen des dialogischen Denkens bei Martin Buber skizziert. Im Mitgehen dieses Denkens wird der Ursprung aller Wirklichkeit in der Dialektik von Ich-Es-Welt und Ich-Du-Welt kurz dargestellt und auf den Dialog und insbesondere auf den Wirklichkeitsbereich der Wirtschaft und – was bei Buber mit der Wirtschaft eng verbunden ist – der Politik bezogen. In einem zweiten Gedankengang (Abschnitt 4–6) wird das dialogische Denken mit der ökonomischen Rationalität in eine Beziehung gebracht, wobei in diesem Zusammenhang auch die Beziehung zum Politischen und Gesellschaftlichen mitgedacht werden soll. Die Ausdrücke ›*dialogisches Denken*‹ und ›*ökonomische Rationalität*‹ sind zunächst nur Platzhalter, die noch nichts über den Inhalt aussagen, dieser soll der Gedankengang dieses Artikels selbst ausweisen und klären. Dabei wird auf neuere wirtschaftsethische Forschungen Bezug genommen, die Vertrauen, Glaubwürdigkeit und Solidarität als grundlegende Kategorien für eine funktionierende Wirtschaft entdecken und in deren Konzeptionen die Bedeutung und Relevanz der Kategorie Vertrauen für eine gedeihliche Wirtschaft sogar als nahezu gesichert angenommen wird.

---

2   In der Diskussion werden die Reichweite der Dialogik und insbesondere die Frage nach einer Ich-Du-Beziehung jenseits der zwischenmenschlichen Sphäre durchaus auch kritisch gesehen (vgl. hierzu Theunissen, 1977, S. 279).

3   Zu erwähnen sind die spärlichen und eher marginalen Reflexionen Bubers zur Natur, die auch nur marginal in der Forschungsliteratur diskutiert werden. Die Diskussion erfolgt meist nur im Kontext von Gesamtdarstellungen von Bubers dialogischem Denken. Zur Einbeziehung der Natur und der Gegenstandswelt in die Beziehungswelt vgl. z. B. Heinze (2013), die in ihrem Beitrag die Bedeutung der Dialogik Bubers auf den Bereich der Natur erweitert, und Heinrichs (1972), der in seinem Lexikonbeitrag zu »Dialog – dialogisch« kurz auf die Relevanz der Dialogik für den Bereich der Gegenstandswelt eingeht.

Ich hoffe, dass der Gedankengang dieses Artikels dazu beiträgt, die Bedeutung des dialogischen Denkens für eine notwendige Interpretation und Weiterentwicklung des ökonomischen Denkens aufzuzeigen.

1. Neues Seins- bzw. Weltverständnis: Der Ursprung des Seins im dialogischen Denken Martin Bubers

Um die entscheidenden Merkmale des dialogischen Denkens, wie es sich für das Selbstverständnis von Buber aufzeigen lässt[4], erörtern zu können, ist es notwendig, den Horizont des dialogischen Seins- oder Wirklichkeitsverständnisses abzustecken, in dem wir dann auch die Welt der Ökonomie und die ökonomische Rationalität und auch das Politische neu interpretieren können. Der Dialog bezeichnet keinen abgegrenzten Bereich in unserer Welt, er ist nicht auf einen bestimmten Wirklichkeitsbereich festgelegt, sondern es geht in einer fundamentalen Weise um ein neues Weltverständnis. Dieses neue Wirklichkeitsverständnis, zu dem Buber in seinem dialogischen Werk durchgedrungen ist, gilt es zunächst darzustellen. Der gemeinsame Blick auf entsprechende Texte bei Buber soll dabei einen Zugang zum dialogischen Denken aus ganz unterschiedlichen Perspektiven eröffnen.

Entscheidend für dieses neue Seins- bzw. Weltverständnis ist der Ausgang bei dem dialogischen Ursprung allen Seins. Das Sein wird grundlegend als ein ›Zwischen‹ verstanden. Sein wird nicht substanzontologisch abgetrennt, isoliert und relationslos gedacht, sondern Sein ereignet sich zwischen mir und dem anderen meiner selbst. Buber stellt also das Sein und alles, was Wirklichkeit beansprucht, dialogisch in ein Verhältnis des ›Zwischen‹. Sein ist Leben, Sein ist Beziehung, Sein ist Dialog:

»*Die Welt ist dem Menschen* [...]« (Buber, 1923, S. 7).[5]

»Im Anfang ist die Beziehung« (ebd., S. 23).[6]

---

4 Das dialogische Werk Martin Bubers muss von seinem Frühwerk unterschieden werden, das durchgängig durch den Ausgang vom Selbst gekennzeichnet ist und in dessen Mittelpunkt das Denken vom Selbst her steht, auch wenn dieser Gedanke des Selbst in seinem Frühwerk niemals systematisch entfaltet wurde. Zum vordialogischen Werk Martin Bubers und dem Ausgang vom Selbst vgl. Casper (1967, S. 15–65). Zur dialogischen Wendung im Werk Martin Bubers und dem damit verbundenen Ausgang vom Du vgl. ebenfalls Casper (1967, S. 273–286).

5 Der Dativ in diesem Zitat ist eine Rahmenformel, in der das dialogische Denken eingetragen ist und sie drückt aus, dass alle Wirklichkeit in einer Relation zum Menschen steht und in die Dimension der Zwischenmenschlichkeit eingelassen ist.

6 Vgl. auch: »Im Anfang ist die Beziehung [...]; das Apriori der Beziehung; *das eingeborene Du*« (Buber, 1923, S. 31; Hervorh. i. Orig.).

Sein oder Wirklichkeit kann nie für sich bestehen, sondern immer nur in Relation zum Menschen. Dies ist die Grundeinsicht, in der Wirklichkeit verstanden wird. Sein ist fundamental in die zwischenmenschliche Beziehung eingelassen. Das dialogische Denken geht aus von der Priorität des ›Zwischen‹, der Beziehung und des Dialogs. Sein kann folglich überhaupt nur als Beziehung verstanden werden. Sein zeigt sich immer als In-der-Welt-sein, weil Sein immer nur dem Menschen gegeben ist. Man kann aus diesem Grundstand heraus auch sagen: Welt ist immer eine soziale Welt, Wirklichkeit ist immer eine soziale Wirklichkeit. Wirklichkeit ist allein das, was sich zwischen mir und den Mitmenschen ereignet. Damit wird Wirklichkeit in seiner ursprünglichen dialogischen Tiefendimension gesehen. Sein oder Wirklichkeit können dann nicht anders verstanden werden, als dass sie zugleich Begegnung, Beziehung und Erfahrung einschließen. Das dialogische Denken ist nicht eine Sichtweise auf die Welt unter oder neben anderen, sondern in diesem Denken kommt Wirklichkeit oder Welt in ihrem ursprünglichen (dialogischen) Wesen überhaupt erst in den Blick. Das dialogische Denken ist in diesem Sinne eine Grundlagenwissenschaft, in der bereits als sicher geglaubte Einsichten revidiert und bisher Überhörtes oder Übersehenes eingebracht und unerwartete neue Entdeckungen gemacht werden, wenn man sich auf dieses Denken einlässt.

Damit ist aber für das dialogische Wirklichkeitsverständnis noch nicht alles gesagt. Denn eine zweite Grundeinsicht muss zur Einsicht in die Priorität des ›Zwischen‹ noch hinzukommen. Die Wirklichkeit kann als ›Zwischen‹ grundsätzlich nur in einer Urdistanzierung begegnen. Das dialogische Denken möchte auf eine fundamentale Urdistanz im Sein aufmerksam machen, auf eine fundamentale ›Zwiefalt‹ des In-der-Welt-seins:

> »Die Welt ist dem Menschen zwiefältig nach seiner zwiefältigen Haltung. Die Haltung des Menschen ist zwiefältig nach der Zwiefalt der Grundworte, die er sprechen kann« (ebd., S. 7).[7]

Die grundhafte Zwiefalt/Zwiefältigkeit (ebd., S. 17 [grundhafte Zwiefältigkeit]), die sich aus der zwiefältigen Haltung des Menschen[8] ergibt, ist das grundlegende

---

7   Vgl. auch: »Die Welt ist dem Menschen zwiefältig nach seiner zwiefältigen Haltung« (Buber, 1923, S. 35).

8   Mit dem Ausdruck der zwiefältigen Haltung kennzeichnet Buber das Ur-Schema der Intentionalität des Menschen. Diese polare Bezogenheit des Ich bestimmen die beiden möglichen Haltungen des Menschen gegenüber der ihn umgebenden sozialen Welt. Der Mensch ist aufgrund dieses Schemas in einer zweifachen Weise auf die ihm umgebende soziale Welt bezogen. Diese Bezugnahme ist ursprünglich und sie ist die Beziehung meiner Selbst auf die mich umgebende Welt. Wir sind grundsätzlich in einer zweifachen Weise intentional auf unsere Welt bezogen. Das Ereignis der Begegnung mit meinem Gegenüber wird damit grundlegend intentional beschrieben.

Schema, welches das ganze dialogische Denken in ›Ich und Du‹ trägt. Das Ich des Menschen kann auf sich allein gestellt nicht bestehen, sondern nur in der polaren Bezogenheit des Ich. Das ganze Sein wird im Ausgang vom Ich und von seinem intentionalen Verhältnis zum Anderen, das nur ein zweifaches sein kann, beschrieben. Diese Urdistanzierung besagt, dass die den Menschen umgebende soziale Welt dem Menschen aufgrund seiner polaren Haltung ursprünglich in einer zwiefältigen Weise gegeben ist.

Aus der Polarität der menschlichen Haltung folgen die zwei wesentlichen Weisen des In-der-Welt-seins, die sich im Unterschied der beiden Grundworte Ich-Es und Ich-Du manifestieren und im Unterschied zwischen Erfahrung und Begegnung bestehen. Der Mensch *erfährt* Welt (Ich-Es) oder er *begegnet* ihr (Ich-Du). Was Buber damit meint, soll im Folgenden näher erläutert werden.

1) Das *In-der-Welt-sein des Grundwortes Ich-Es*[9]: Die Welt im Grundwort Ich-Es ist für Buber die vom Menschen entworfene, gedachte und gemachte Welt. Es ist die Wirklichkeit im zu- und begreifenden Entwurf, die Welt in der menschlichen Einordnung. Es ist die Welt der Oberflächendinge, die uneigentliche Wirklichkeit der Ich-Es-Welt, zu der das orientierende Einordnen als Praxis gehört. Die Wirklichkeit ist in ihrer Dinghaftigkeit gegeben, das heißt, so wie sie sich aus der Erfahrung des Menschen ergibt. Die Erfahrung erschließt ein Wissen um die Beschaffenheit der Dinge und ermöglicht immer nur eine Annäherung an die Wirklichkeit als Ding-Wirklichkeit. Diese Zugangsweise zum Sein bleibt an der Oberfläche und dringt nicht in die wesenhafte Tiefe der Wirklichkeit ein. Es findet keine Begegnung statt, Ich und Welt bleiben sich fremd, es geschieht keine wesenhafte Berührung. In dieser oberflächlichen Wirklichkeitsaneignung gilt die uneingeschränkte Kausalität und Zweckhaftigkeit[10], mit der die Welt der Erfahrung konstruiert und strukturiert wird:

> »Man sagt, der Mensch erfahre seine Welt. Was heißt das? Der Mensch befährt die Fläche der Dinge und erfährt sie. Er holt sich aus ihnen ein Wissen um ihre Beschaffenheit, eine Erfahrung. Er erfährt, was an den Dingen ist. […] Ich erfahre Etwas« (ebd., S. 9).

> »Der Erfahrende hat keinen Anteil an der Welt. Die Erfahrung ist ja ›in ihm‹ und nicht zwischen ihm und der Welt. Die Welt hat keinen Anteil an der Erfahrung. Sie

---

9 »Das andere Grundwort ist das Wortpaar Ich-Es; wobei ohne Änderung des Grundwortes, für Es auch eins der Worte Er und Sie eintreten kann« (Buber, 1923, S. 7; vgl. auch ebd., S. 26 u. S. 28 [Grundwort Ich-Es], S. 27 [das Grundwort Ich-Es, das Wort der Trennung]).

10 »In der Eswelt waltet uneingeschränkt die Ursächlichkeit. […] Davon sind auch die Vorgänge, denen der Charakter einer Zwecksetzung beigemessen werden darf, als Bestandteile des Eswelt-Kontinuums nicht ausgenommen: […]« (Buber, 1923, S. 53).

lässt sich erfahren, aber es geht sie nicht an, denn sie tut nichts dazu, und ihr widerfährt nichts davon. Die Welt als Erfahrung gehört dem Grundwort Ich-Es zu« (ebd., S. 9f.).

»Die Eswelt hat Zusammenhang im Raum und in der Zeit« (ebd., S. 101).[11]

In dieser Weise des Zugangs zur Welt lässt sich Welt erfahren, aber es geht sie nichts an, sie trägt nichts dazu bei. Die Erfahrung erfährt ›etwas‹ als Gegenstand und macht es zu einem Objekt allgemeiner und unverbundener Wahrnehmung (Es). Aber das innere Wesen bleibt unberührt. Durch die allgemeine Erfahrung wird die Welt in dem Erfahrenden gegenständlich, sie ist aber nicht ›zwischen‹ ihm und der Welt.

Dies hat aber auch Konsequenzen für das Ich selbst, das sich von der Umwelt (und den Mitmenschen) abhebt und fortan in wachsender Abgelöstheit existiert. Das Ich ist in diesem Weltzugang noch keine Person, sondern nur Individuum, Eigenwesen und Subjekt.[12] Je mehr sich das Ich ablöst und ausschließlich wird, wird das Ich zur Ichhaftigkeit, das mit seinem ichbezogenen Erfahren die Umwelt zum bloßen Gegenstand des Ich abtrennt und isoliert (siehe ebd., S. 26f.; vgl. auch ebd., S. 31 [Zerschneidung der Urerlebnisse, Trennung der verbundenen Partner]).[13]

---

[11] Vgl. auch: »Er [d. h. der Mensch, S. K.] nimmt das Sein um sich herum wahr, Dinge schlechthin und Wesen als Dinge, er nimmt das Geschehen um sich herum wahr, Vorgänge schlechthin und Handlungen als Vorgänge, Dinge aus Eigenschaften, Vorgänge aus Momenten bestehend, Dinge ins Raumnetz, Vorgänge ins Zeitnetz eingetragen, Dinge und Vorgänge von anderen Dingen und Vorgängen eingegrenzt, an ihnen messbar, mit ihnen vergleichbar, geordnete Welt, abgetrennte Welt. Diese Welt ist einigermaßen zuverlässig, sie hat Dichte und Dauer, ihre Gliederung lässt sich überschauen, man kann sie immer wieder hervorholen, man repetiert sie mit geschlossenen Augen und prüft mit geöffneten nach; sie steht ja da, deiner Haut anliegend, wenn dus annimmst, in deiner Seele eingekauert, wenn dus so vorziehst, sie ist ja dein Gegenstand, sie bleibt erst nach deinem Gefallen, und bleibt dir urfremd, außer und in dir. Du nimmst sie war, nimm sie dir zur ›Wahrheit‹, sie lässt sich von dir nehmen, aber sie gibt sich dir nicht. Nur über sie kannst du dich mit anderen ›verständigen‹, sie ist, ob sie auch sich jedem anders anbildet, bereit, euch gemeinsam Gegenstand zu sein, aber du kannst anderen nicht in ihr begegnen. Du kannst ohne sie nicht im Leben beharren, ihre Zuverlässigkeit erhält dich, aber stürbest du in sie hinein, so wärst du im Nichts begraben« (Buber, 1923, S. 35f.).

[12] »Das Ich des Grundworts Ich-Du ist ein anderes als das des Grundworts Ich-Es. Das Ich des Grundworts Ich-Es erscheint als Eigenwesen und wird sich bewusst als Subjekt (des Erfahrens und Gebrauchens). [...] Eigenwesen erscheint, indem es sich gegen andere Eigenwesen absetzt. [...] Der Zweck des Sichabsetzens ist das Erfahren und Gebrauchen ...« (Buber, 1923, S. 65).

[13] »Nun aber tritt das abgelöste Ich, verwandelt: aus der substantiellen Fülle zur funktionalen Punkthaftigkeit eines erfahrenden und gebrauchenden Subjekts verschrumpft, an all das ›Es für sich‹ hin, bemächtigt sich seiner und setzt sich mit ihm zum anderen Grundwort zusammen. Der ichhaft gewordene Mensch, der Ich-Es sagt, stellt sich vor den Dingen auf, nicht ihnen gegenüber im Strom der Wechselwirkung; [...]. Nun erst erfährt er die Dinge als Summen von Eigenschaften: [...]. Nun erst aber auch stellt er die Dinge in einen räumlich-

Das Grundwort ›Ich‹, das sich in dieser Weise absolut und wesenhaft setzt, wird für Buber schließlich zu einem Übel.[14]

2) Das *In-der-Welt-sein des Grundwortes Ich-Du*[15]: In dieser Weise des Zugangs zur Welt wird die Welt der Beziehung und der Verbundenheit konstituiert. Hier geht es nun nicht um die Welt der Erfahrung, sondern wesentlich um die Welt der Beziehung. In dieser Weise der Welterschließung gründet das eigentliche (wesenhafte) Leben des Menschen. In der Welt der Beziehung gibt es kein ›etwas‹, das als objektvierter Gegenstand erfahren wird, und auch kein abgegrenztes, isoliertes, in sich bestehendes, autonomes, absolutes Ich oder Selbst. Das Ich dieser Haltung ist mit dem Sprechen des Du zugleich mitgesprochen und gegeben.[16] Das Ich steht in einer Beziehung zu einem Anderen, das Ich steht in einer Berührung und Verbindung mit der Wirklichkeit als Du. Und die reine, ungeminderte Gegenwärtigkeit des Seins gilt es zum Vorschein und zur Sprache zu bringen:

»Das Grundwort Ich-Du stiftet die Welt der Beziehung« (ebd., S. 10).

»Wer Du spricht, hat kein Etwas zum Gegenstand. Denn wo Etwas ist, ist anderes Etwas, jedes Es grenzt an anderes Es […]. Wo aber Du gesprochen wird, ist kein Etwas. Du grenzt nicht. Wer Du spricht, hat kein Etwas, hat nichts. Aber er steht in der Beziehung« (ebd., S. 8; vgl. auch S. 22 [die wahre ursprüngliche Einheit, die gelebte Beziehung]).

»Das Du kennt kein Koordinatensystem« (ebd., S. 34).[17]

Begegnung ist kein Haben und Besitzen, sondern ein unverfügbares Geschehen und Wirken. In der Beziehung, die dem Sprechen des Grundwortes Ich-Du entspricht,

---

zeitlich-ursächlichen Zusammenhang, nun erst bekommt jedes seinen Platz, seinen Ablauf, seine Messbarkeit, seine Bedingtheit. […] Erst indem die Dinge aus unserem Du zu unserem Es werden, werden sie koordinierbar« (Buber, 1923, S. 33f.).

14 »Das Grundwort Ich-Es ist nicht vom Übel – wie die Materie nicht vom Übel ist. Es ist vom Übel – wie die Materie, die sich anmaßt, das Seiende zu sein« (Buber, 1923, S. 49).

15 »Das eine Grundwort ist das Wortpaar Ich-Du« (Buber, 1923, S. 7; vgl. auch ebd., S. 26 u. S. 28 [Grundwort Ich-Du]).

16 »Wenn Du gesprochen wird, ist das Ich des Wortpaares Ich-Du mitgesprochen« (Buber, 1923, S. 7). »Es gibt kein Ich an sich, sondern nur das Ich des Grundwortes Ich-Du und das Ich des Grundwortes Ich-Es.« (ebd., S. 8). »Ich nehme etwas wahr. Ich empfinde etwas. Ich stelle etwas vor. Ich will etwas. Ich fühle etwas. Ich denke etwas. Aus alldem und seinesgleichen allein besteht das Leben des Menschenwesens nicht. All dies und seinesgleichen zusammen gründet das Reich des Es« (ebd.).

17 Vgl. auch: »Die Duwelt hat in beiden [d.h. Raum und Zeit, S.K.] keinen Zusammenhang« (Buber, 1923, S. 101).

dürfen Ich und Du ganz sie selbst sein. Es geschieht keine Einordnung in eine Kausalität oder Zweckhaftigkeit, es gibt keine Verzweckung des Anderen für irgendeine Nutzenfunktion. Der Andere kommt als Du ganz in den Blick und kommt in seiner Andersheit selbst unverkürzt zum Vorschein. Die Beziehung ist nicht herstellbar oder machbar, sie ist Gnade und daher unverfügbar und geschieht dem Ich in der Weise eines passiven Erlebnisses. Die Begegnung, in der sich das Wesen von Ich und Du wechselseitig erschließen, widerfährt mir. Die Begegnung geschieht nicht abgehoben in einer weltabgewandten Sphäre, sondern sie ereignet sich wesenhaft ›welthaft‹. Das heißt, sie ist ganz in das In-der-Welt-sein eingelassen und geschieht in Verbundenheit mit der ganzen Welt, mit allem steht sie in Beziehung und verändert sich immer wieder neu. Beziehung ist lebendige Wirklichkeit und reine Gegenwart. Sie stellt an mich den Auftrag, anderen zu begegnen, auch wenn sich die Begegnung mir immer wieder entzieht und ich das Du wieder in die Eswelt einfügen muss:

> »Oder der Mensch begegnet dem Sein und Werden als seinem Gegenüber, immer nur *einer* Wesenheit und jedem Ding nur als Wesenheit; was da ist, erschließt sich ihm im Geschehen, und was da geschieht, widerfährt ihm als Sein; nichts anderes ist gegenwärtig als dies eine, aber dies eine welthaft; Maß und Vergleich sind entwichen; es liegt an dir, wie viel des Unermesslichen dir zur Wirklichkeit wird. Die Begegnungen ordnen sich nicht zur Welt, aber jede ist dir ein Zeichen der Weltordnung. Sie sind untereinander nicht verbunden, aber jede verbirgt dir deine Verbundenheit mit der Welt. Die Welt, die dir so erscheint, ist unzuverlässig, denn sie erscheint dir stets neu, und du darfst sie nicht beim Wort nehmen; sie ist undicht, denn alles durchdringt in ihr alles; dauerlos, denn sie kommt auch ungerufen und entschwindet auch festgehalten; sie ist unübersehbar: willst du sie übersehbar machen, verlierst du sie. Sie kommt, und kommt dich hervorlangen; erreichet dich nicht, begegnet sie dir nicht, so entschwindet sie; aber sie kommt wieder, verwandelt. Sie steht nicht außer dir, sie rührt an deinem Grund, und sagst du ›Seele meiner Seele‹, hast du nicht zu viel gesagt: aber hüte dich, sie in deine Seele versetzen zu wollen – da vernichtest du sie. Sie ist Deine Gegenwart: nur indem du sie hast, hast du Gegenwart; und du kannst sie dir zum Gegenstand machen, sie zu erfahren und zu gebrauchen, du musst es immer wieder tun, und hast nun keine Gegenwart mehr. Zwischen dir und ihr ist Gegenseitigkeit des Gebens; du sagst Du zu ihr und gibst dich ihr, sie sagt Du zu dir und gibt sich dir. Über sie kannst du Dich mit anderen nicht verständigen, du bist einsam mit ihr; aber sie lehrt dich anderen begegnen und ihrer Begegnung standhalten; [...]« (Buber, 1923, S. 36f.; Hervorh. i. Orig.).

Mit dem Eintreten in die Welt der Beziehung und Begegnungen tritt auch eine Verwandlung des Ich ein, hin zum wirklichen Ich, das es nur in der Beziehung zum Du gibt:

> »Der Mensch wird am Du zum Ich« (ebd., S. 32).

Das verbundene Ich der Beziehung ist ein anderes als das isolierte Ich der Erfahrung. Das Ich der Du-Welt empfängt sich teilhabend aus dem Zwischen der Beziehung her. Das Ich ist hier nicht Individuum, sondern wirklich Person; und nicht Subjekt, sondern wirkliche Subjektivität.[18]

Beide Grundworte – Ich-Es und Ich-Du – bezeichnen für Buber einen Gegensatz (vgl. ebd., S. 27 [der Gegensatz der zwei Grundworte]), der aber – und das ist wichtig festzuhalten – nicht absolut verstanden werden darf und in dem folglich Übergänge grundsätzlich möglich und sogar unausweichlich sind. Jedes einzelne Es kann in diesem dialogischen Wirklichkeitsverständnis zu einem Du werden, der Übergang vom Es zum Du ist durch den Eintritt in den Beziehungsvorgang möglich.[19] Andererseits ist der Rückfall aus dem geeinzelten Du in das Es unter den Bedingungen dieser Welt unausweichlich. Das einzelne Du kann nicht beständig in der unmittelbaren Beziehung verharren, es muss immer wieder in die Dinghaftigkeit eingehen, sobald das Beziehungsgeschehen beendet ist. Die wirkliche Beziehung ist immer wieder anzustreben, aber ihre Aktualität lässt sich nicht halten. In der reinen Gegenwart der Beziehung, im wirklichen Ich-Du-Verhältnis, kann der Mensch nicht leben. Das alltägliche Leben des Menschen muss sich sogar im Es vollziehen, weil das andauernde Leben in der wirklichen Beziehung den Mensch aufzehren würde. Die wirkliche Beziehung vollzieht sich im Leben des Menschen im beständigen Wechsel von Aktualität und Potenzialität der Beziehung. Die Beziehung muss immer wieder neu verwirklicht werden.[20]

Diese Bestimmung gilt auch für das Verhältnis von Person und Eigenwesen im Menschen. Person und Eigenwesen bezeichnen nicht zwei Ich, sodass der Mensch in sich gespalten wäre. Der Mensch ist aufgrund seiner zwei Pole (Zwiefalt) des einen Menschseins immer beides, Person und auch Eigenwesen, wenngleich beides in unterschiedlichem Grade möglich ist. Das Personsein kann niemals rein im Menschen verwirklicht sein, wie auch das Eigenwesen niemals vollkommen den Menschen bestimmen kann. Möglich ist aber die Verwirklichung einer Tendenz:

---

18 »Das Ich des Grundworts Ich-Du ist ein anderes als das des Grundworts Ich-Es. [...] Das Ich des Grundworts Ich-Du erscheint als Person und wird sich bewusst als Subjektivität (ohne abhängigen Genitiv). Person erscheint, indem sie zu anderen Personen in Beziehung tritt. [...] Der Zweck der Beziehung ist ihr eigenes Wesen, das ist: die Berührung des Du« (Buber, 1923, S. 65).

19 »Die Eswelt hat Zusammenhang im Raum und in der Zeit. [...] Das einzelne Es kann, durch Eintritt in den Beziehungsvorgang, zu einem Du werden« (Buber, 1923, S. 37).

20 »Das aber ist die erhabene Schwermut unseres Loses, dass jedes Du in unserer Welt zum Es werden muss. [...] Jedem Du in der Welt ist seinem Wesen nach verhängt, Ding zu werden oder doch immer wieder in die Dinghaftigkeit einzugehen« (Buber, 1923, S. 21 u. S. 22). »Die Duwelt hat in Raum und Zeit keinen Zusammenhang. Das einzelne Du *muss*, nach Ablauf des Beziehungsgeschehens, zu einem Es werden« (ebd., S. 37; Hervorh. i. Orig.).

der Mensch ist um so personhafter, je mehr die Beziehung (Grundwort Ich-Du) in seinem Leben verwirklicht wird.[21]

Für die in diesem Beitrag aufgeworfene Fragestellung ist wichtig festzuhalten, dass die Polarität der Haltungen, aus denen sich die Urdifferenzierung der beiden Weisen des In-der-Welt-seins ergibt, keine absolute Alternativik darstellt. Buber geht es in der Unterscheidung zwischen den beiden Polen zwar um einen fundamentalen und ursprünglichen Unterschied, aber dies ist keine absolute Gegensätzlichkeit im Sinn eines ›Entweder-Oder‹. Buber möchte auf die von ihm phänomenologisch wahrgenommene Urdifferenzierung und Gegensätzlichkeit der beiden Weisen des In-der-Welt-seins aufmerksam machen, dabei geht es ihm aber um die Wechselwirkung zwischen der Ich-Es-Welt und der Ich-Du-Welt und letztlich um die Realisierung und Verwirklichung des Beziehungsereignisses.[22]

Der grundlegende Horizont, in dem im dialogischen Denken Wirklichkeit gedacht wird, ist Beziehung. Wirklichkeit gibt es nie für sich, sondern immer nur im Sozialen, im Kontext des Zwischenmenschlichen, das für Buber das grundlegende Paradigma abgibt. Sein ist immer In-Beziehung-Sein und Wirklichkeit steht immer in Beziehung zum erfahrenden oder begegnenden Ich, je nach der Haltung, die eingenommen wird. Wirklichkeit ist immer nur als Wirklichkeit in einer polaren Beziehung zu denken. Dies ist der grundlegende Zug des dialogischen Wirklichkeitsverständnisses.

2. Das Grundprinzip und die Charakteristika des echten Dialogs

Der grundlegende Horizont, in dem sich das Denken Bubers entfaltet, besteht darin, Wirklichkeit nie für sich, sondern immer nur als die Wirklichkeit der Beziehung zu denken. Dies ist der grundlegende Zug seines dialogischen Wirklichkeitsverständnisses.

---

21 »Es gibt nicht zweierlei Menschen; aber es gibt die zwei Pole des Menschentums. Kein Mensch ist reine Person, keiner reines Eigenwesen, keiner ganz wirklich, keiner ganz unwirklich. Jeder lebt im zwiefältigen Ich. Aber es gibt Menschen, die so personbestimmt sind, dass man sie Person, und so eigenwesenbestimmte, dass man sie Eigenwesen nennen darf. [...] Je mehr der Mensch, je mehr die Menschheit vom eigenen Wesen beherrscht wird, umso tiefer verfällt das Ich der Unwirklichkeit. [...] Der Mensch ist umso personhafter, je stärker in der menschlichen Zwiefalt seines Ichs das des Grundworts Ich-Du ist« (Buber, 1923, S. 67f.).

22 Im Vergleich zu den später verfassten Partien seines Werkes formuliert Buber zu Beginn von *Ich und Du* den Gegensatz wesentlich schärfer (vgl. Buber, 1923, S. 16 [der fundamentale Unterschied zwischen den zwei Grundworten]; ebd., S. 17 [der Gegensatz der zwei Grundworte]; ebd., S. 31 [Zerschneidung, Trennung]).

Das Modell der Wirklichkeit als Beziehung überträgt Buber auf die Beziehung zu allem Seienden. Beziehung und Begegnung sind daher eine universale Weise des In-der-Welt-seins, die sich nicht nur zwischen Menschen, sondern ebenso zwischen dem Menschen und den Naturdingen, wie auch zwischen dem Menschen und den geistigen Wesenheiten, aus denen etwa ein Kunstwerk geboren wird, ereignen. Buber unterscheidet drei Sphären, in denen sich die Welt der Ich-Du-Beziehung errichtet und vollzieht:

➤ das Leben mit der Natur, in dem sich die Beziehung schweigend und untersprachlich vollzieht;
➤ das Leben mit den Menschen, in dem die Beziehung offenbar ist und sich sprachlich vollzieht;
➤ das Leben mit den geistigen Wesenheiten, in dem sich die Beziehung sprachlos, aber sprachzeugend offenbart (siehe Buber, 1923, S. 10; vgl. auch ebd., S. 103).

Für Buber ist die Sphäre des Lebens mit den Menschen in besonderer Weise ausgezeichnet, weil hier die Beziehung offenbar und sprachlich vermittelt ist. Das Du kann im Gespräch, im Vollzug von Rede und Gegenrede, gegeben und empfangen werden. Die Wesensmomente der Ich-Du-Beziehung sind in diesem Wirklichkeitsbereich in das zwischenmenschliche Gespräch eingelassen und im echten Gespräch kann die Beziehung auch zur vollen Wirklichkeit gelangen (vgl. ebd., S. 104).

Der zwischenmenschliche Dialog, das Gespräch, ist eingebunden in das grundlegende dialogische Weltverständnis und in die zwiefältige Haltung des Menschen gegenüber der Welt. Wie kann aber auf dem Hintergrund des dargelegten dialogischen Wirklichkeitsverständnisses das echte Gespräch, der Dialog, entstehen und welche Charakteristika oder Wesensmomente zeichnen den wirklichen Dialog, der einer Ich-Du-Beziehung entspricht, aus?

Zunächst ist im Sinne einer negativen Abgrenzung festzuhalten, dass der zwischenmenschliche Dialog nicht einfach gemacht werden kann. Das Gelingen des Dialogs ist aber nicht nur unverfügbare Gnade, der Dialog wird auch durch die Erfahrung erschlossen und ist folglich für das intentionale Wollen des Menschen auch nicht gänzlich unverfügbar oder uneinholbar.[23] In einem positiven Sinne wird Dialog möglich, wenn die absondernde und isolierende Selbstbehauptung des Ich überwunden wird, sodass das Andere als Gegenüber sichtbar wird. Die Grundlage des Dialogs besteht in einer dialogischen Grundbewegung und in einer dialogischen Wahrnehmungsweise, die die Hinwendung des Ich zu einem Du einschließt. Das wirkliche Gespräch, das sich nicht auf strategische Informationsweitergabe

---

23 »Es kann aber auch geschehen, *aus Willen und Gnade in einem*, dass ich, den Baum betrachtend, in die Beziehung zu ihm eingefasst werde, und nun ist er kein Es mehr« (Buber, 1923, S. 11; Hervorh. S. K.).

reduziert oder in einem am Anderen uninteressierten Aufeinanderlosreden erschöpft, sondern auf die unmittelbare Verständigung zwischen Ich und Du abzielt, hat seine Grundlage in der Haltung des Vertrauens. Ich und Du benötigen für diese Hinwendung zum Gespräch keines sprachlichen Lauts. Im Wesentlichen geht es also darum, mit wachen Sinnen durch die Welt zu gehen und zu erspüren, auf welche spezifische Wese die jeweils aktuelle Situation hinsichtlich eines adäquaten Antwortens auf den Anspruch des Gegenübers zu verantworten ist.

Die Charakteristika des Dialogs und des wirklichen Gesprächs sind zugleich die Charakteristika einer wirklichen Ich-Du-Beziehung. Die Wesensmomente des In-der-Welt-seins des Ich-Du beschreibt Buber wie folgt:

> »Jede wirkliche Beziehung zu einem Wesen oder einer Wesenheit in der Welt ist ausschließlich. Losgemacht, herausgetreten, einzig und gegenüber wesend ist ihr Du. Es füllt den Himmelskreis: nicht als ob nichts anderes wäre, aber alles andre lebt in *seinem* Licht. Solange die Gegenwart der Beziehung währt, ist diese ihre Weltweite unantastbar« (ebd., S. 79; Hervorh. i. Orig.).

> »Beziehung ist Gegenseitigkeit« (ebd., S. 12).

Die Welt der wirklichen Beziehungen offenbart sich in mehrfacher Weise. Folgende Bedingungen werden für die volle Realisierung eines wirklichen Dialogs, der zugleich mich selbst und die Welt verändert, besonders hervorgehoben:

➢ *Ausschließlichkeit:* Trete ich in das Gespräch mit dem Anderen ein, dann kann der Andere als Du in das Gespräch mit mir eintreten und mich in diesem Gespräch in Anspruch nehmen. Er fordert im Du-Sprechen meine Aufmerksamkeit für ihn in einer unbedingten und ausschließlichen Weise von mir ein, sodass ich den Anderen als Du nicht mehr ungestraft aus dem Gespräch ausschließen kann, um mich etwas anderem als Alternative zuzuwenden. Der Andere verschafft sich im Dialog mir gegenüber Raum und tritt mit der unbedingten Forderung an mich heran, den Dialog mit ihm nicht zu verweigern, sondern ihn fortzuführen, das Gespräch nicht abzubrechen. Wenn es dann im Gespräch noch anderes neben dem Du gibt, dann erhält es Wirklichkeit und Bedeutung allein in der Perspektive dieses Du. Die Ausschließlichkeit der Beziehung ist für Buber im Gespräch nicht gleich voll entfaltet gegeben, sondern entwickelt sich dynamisch. Dieser Prozess schließt ein zeitweiliges Schweigen ein, aber kein Gesprächsabbruch.[24]

➢ *Ganzheit:* Das wirkliche Gespräch fordert mich mit meinem ganzen Wesen ein. Ich spreche den Anderen mit meinem ganzen Wesen an und halte auch

---

[24] »Jede wirkliche Beziehung in der Welt ist ausschließlich; das Andere bricht in sie ein und rächt seine Ausschließung« (Buber, 1923, S. 101). Speziell für die Sphäre des Lebens mit

von mir selbst nichts zurück. Ganzheit meiner selbst ist nur in der Beziehung zum Du möglich. Im wirklichen Gespräch bin ich mit meinem ganzen Wesen involviert. Das bedeutet aber auch umgekehrt, dass für den wirklichen Dialog die wesenhafte Teilnahme des Anderen gegeben sein muss und letztlich die inhaltliche und volle Teilnahme aller Anwesenden.[25]

➤ *Anderheit:* Die wirkliche Beziehung setzt die Anderheit des Anderen voraus und setzt sie mir gegenüber als Sondersein frei. Die Anderheit bleibt freilich nicht nur Anderheit, da sonst keine Beziehung möglich bzw. denkbar wäre. Aber erst Anderheit und Beziehung als Begegnung zusammen kennzeichnen die paradoxe Grundbefindlichkeit des Menschen. Im Gespräch gewinnt das Du den Charakter der Anderheit: ursprüngliche Anderheit des Anderen, dem ich begegne, ist unableitbar; in der Ich-Du-Welt zeigt sich Sein als unmittelbare Begegnung mit dem Anderen selbst, das meiner Erfahrung als es selbst unzugänglich bleibt.[26]

➤ *Gegenseitigkeit:* Beziehung kann es ohne Gegenseitigkeit bzw. Wechselseitigkeit (Mutualität) nicht geben. Dialogische Beziehung ist wesentlich wechselseitige Beziehung, in der ich mich von meinem Gegenüber verändern lasse,

---

der Natur: »Es kann aber auch geschehen, aus Willen und Gnade in einem, dass ich, den Baum betrachtend, in die Beziehung zu ihm eingefasst werde, und nun ist er kein Es mehr. Die *Macht der Ausschließlichkeit* hat mich ergriffen« (ebd., S. 11). Für die Sphäre des Lebens mit den Menschen: »Stehe ich einem Menschen als meinem Du gegenüber, spreche das Grundwort Ich-Du zu ihm, ist er kein Ding unter Dingen und nicht aus Dingen bestehend. [...] Sondern *nachbarnlos und fugenlos ist er Du und füllt den Himmelskreis.* Nicht als ob nichts anderes wäre als er: aber *alles andere lebt in seinem Licht*« (ebd., S. 12). »Ausschließlichkeit ersteht wunderbar Mal um Mal [...]« (ebd., S. 19; vgl. auch ebd., S. 26 [Ausschließlichkeit] und S. 80 [Ausschließlichkeit der Beziehung]). Hervorhebungen in den Zitaten von S. K.

25 »Das Grundwort Ich-Du kann nur mit dem ganzen Wesen gesprochen werden. Das Grundwort Ich-Es kann nie mit dem ganzen Wesen gesprochen werden« (Buber, 1923, S. 7). »Das Grundwort Ich-Du kann nur mit dem ganzen Wesen gesprochen werden. Die Einsammlung und Verschmelzung zum ganzen Wesen kann nie durch mich, kann nie ohne mich geschehen« (ebd., S. 15; vgl. auch ebd., S. 79 [unantastbare Weltweite der Beziehung]). Speziell für die Sphäre des Lebens mit der Natur: »Vielmehr ist alles, [...] mit darin, ununterscheidbar vereinigt. Alles, was dem Baum zugehört, ist mit darin [...], und *alles in einer Ganzheit*« (ebd., S. 11f.; Hervorh. S. K.).

26 »Jede wirkliche Beziehung in der Welt ruht auf der Individuation; die ist ihre Wonne, denn nur so ist Einanderkennen der Verschiedenen gewährt, und ist ihre Grenze, denn so ist das vollkommne Erkennen und Erkanntwerden versagt« (Buber, 1923, S. 101). Für die Sphäre des Lebens mit der Natur: »Kein Eindruck ist der Baum, [...] sondern er bleibt mir gegenüber und hat mit mir zu schaffen, wie ich mit ihm – *nur anders*« (ebd., S. 12). Für die Sphäre des Lebens mit den Menschen: »Den Menschen, zu dem ich Du sage, erfahre ich nicht. Aber ich stehe in der Beziehung zu ihm, im heiligen Grundwort. Erst wenn ich daraus trete, erfahre ich ihn wieder. Erfahrung ist Du-Ferne«(ebd., S. 13; vgl. auch ebd., S. 66 [Sondersein, Anderssein der Person]; S. 67 [das Selbst der Person]). Hervorhebungen in den Zitaten von S. K.

wie auch ich mein Gegenüber verändere. Das echte Gespräch hat sein Fundament in einem mutualen Geschehen, in welchem das Du das aktiv Beteiligte und nicht das passiv Vorliegende ist. Im Dialog sind die Positionen nicht festgefahren oder unveränderlich, denn im Dialog verwirklicht sich vollständige Gegenseitigkeit (Offenheit und Direktheit). Voraussetzung hierzu ist das gegenseitige Vertrauen. Das echte Gespräch ist ein Gespräch, in dem die artikulierten Positionen offen und gleichberechtigt vorgetragen und diskutiert werden. Die Gesprächspartner sind beide in das Gespräch involviert und verändernd geben sie sich wechselseitig.[27]

➤ *Unmittelbarkeit:* Das Du begegnet mir in der reinen Beziehung des wirklichen Gesprächs unmittelbar. Ohne irgendein Vermittelndes und ohne eine Vermittlung ist das Du gegenwärtig. Im wirklichen Gespräch ereignet sich reine Unmittelbarkeit, die zugleich dauernde Gegenwart ist.[28] Indem das Du unmittelbar gegenwärtig ist, bin auch ich selbst unmittelbar gegenwärtig. Die Gegenwart des Du ist im zwischenmenschlichen Dialog zugleich auch meine eigene Gegenwart.[29]

---

27 »Man suche den Sinn der Beziehung nicht zu entkräften: *Beziehung ist Gegenseitigkeit*« (Buber, 1923, S. 12). »Dass die unmittelbare Beziehung ein Wirken am Gegenüber einschließt. [...]. *Beziehung ist Gegenseitigkeit.* Mein Du wirkt an mir, wie ich an ihm wirke. [...] Unerforschlich einbegriffen leben wir in der strömenden All-Gegenwärtigkeit« (ebd., S. 18–20). »Zwischen dir und ihr [d.h. der Duwelt, S. K.] ist *Gegenseitigkeit des Gebens*: du sagst Du zu ihr und gibst dich ihr, sie sagt Du zu dir und gibt sich dir« (ebd., S. 36; Hervorh. S. K.).

28 »Gegenwart, [...] die wirkliche und erfüllte, gibt es nur insofern, als es Gegenwärtigkeit, Begegnung, Beziehung gibt. Nur dadurch, dass das Du gegenwärtig wird, entsteht Gegenwart. [...] Gegenwart ist nicht das Flüchtige und Vorübergehende, sondern das Gegenwartende und Gegenwährende. Gegenstand ist nicht die Dauer, sondern der Stillstand, das Innehalten, das Abbrechen, das Sichversteifen, die Abgehobenheit, die Beziehungslosigkeit, die Präsenzlosigkeit. Wesenheiten werden in der Gegenwart gelebt, Gegenständlichkeit in der Vergangenheit« (Buber, 1923, S. 16). »Sie [d.h. die Duwelt, S. K.] ist deine Gegenwart: nur indem du sie hast, hast du Gegenwart [...]« (ebd., S. 36).

29 Zur Unmittelbarkeit in der Sphäre des Lebens mit der Natur: »Mir begegnet keine Seele des Baums und keine Dryade, sondern er selber« (Buber, 1923, S. 12). Für die Sphäre des Lebens mit den Menschen : »Beziehung kann bestehen, auch wenn der Mensch, zu dem ich Du sage, in seiner Erfahrung es nicht vernimmt. Denn Du ist mehr, als Es weiß. Du tut mehr, und ihm widerfährt mehr, als Es weiß. Hierher langt kein Trug: hier ist die Wiege des wirklichen Lebens« (ebd., S. 13). »Das Du begegnet mir. Aber ich trete in die unmittelbare Beziehung zu ihm. [...] Die Beziehung zum Du ist unmittelbar. Zwischen Ich und Du steht keine Begrifflichkeit, kein Vorwissen und keine Phantasie; und das Gedächtnis selbst verwandelt sich, da es aus der Einzelung in die Ganzheit stürzt. Zwischen Ich und Du steht kein Zweck, keine Gier und keine Vorwegnahme; und die Sehnsucht selber verwandelt sich, da sie aus dem Traum in die Erscheinung stürzt. Alles Mittel ist Hindernis. Nur wo alles Mittel zerfallen ist, geschieht die Begegnung. Vor der Unmittelbarkeit der Beziehung wird alles Mittelbare unerheblich« (ebd., S. 15f; vgl. auch ebd., S. 18 [Unmittelbarkeit]).

Siegfried Karl

3. Martin Buber und seine Sicht auf Wirtschaft und Staat: Wirtschaft, Politik und das gesellschaftliche Leben des modernen Menschen

Martin Buber hat sich kaum zu ökonomischen Themen geäußert. Dies könnte ein gewichtiger Einwand gegen die hier vorgetragene These sein, dass der Dialog von der Dialogik Martin Bubers her ein Leitbegriff für die Wirtschaft sein könnte. Buber hat keine ausführlichen und erst recht keine fachspezifischen Reflexionen zur Wirtschaft angestellt, aber es wäre völlig irreführend zu sagen, Buber hätte sich über die Ökonomie und das ökonomische Handeln des Menschen keine Gedanken gemacht. Seine freilich kurzen Analysen zur Wirtschaft in *Ich und Du* sind aber eingelassen in sein dialogisches Denken und stehen im Zusammenhang mit seinen grundlegenden Überlegungen zur Dialogik.

Buber nimmt in den Ausführungen zur Wirtschaft in seinem Hauptwerk *Ich und Du* seinen Ausgang bei sehr modern klingenden allgemeinen Aussagen, dass nämlich das menschliche Leben und besonders das gesellschaftliche Leben der Menschen unweigerlich in die Notwendigkeiten und Zwänge der modernen Ökonomie eingelassen sind. Er zeichnet wohl in Anbetracht der Industrialisierung und ihrer negativen Folgen das bedrohliche Bild einer unausweichlichen Ökonomisierung des Menschen und aller seiner Lebensbereiche. In Bubers Sprache wäre dies die notwendige um sich greifende Ausweitung der »Ich-Es-Welt« mit ökonomischen Mitteln auf den gesamten Bereich des gesellschaftlichen Zusammenlebens der modernen Menschen. Der *homo oeconomicus* erscheint in der Gestalt des erfahrenden und gebrauchenden Ich dieser Eswelt. Hier gibt es keinen Platz mehr für das unverfügbare Du, für zwischenmenschliche Beziehungen, unmittelbare Begegnungen und den echten Dialog. Alles steht unter der Perspektive der Gewinnmaximierung, der besitzergreifenden und berechnenden Maximierung eigener Vorteile. Anderes oder Fremdes gibt es gegenüber der ökonomischen Instanz nicht mehr:

> »Aber ist denn das Gemeinleben des modernen Menschen nicht mit Notwendigkeit in die Eswelt versenkt? Sind die zwei Kammern dieses Lebens, die Wirtschaft und der Staat, in ihrem gegenwärtigen Umfang und in ihrer gegenwärtigen Durchbildung denkbar auf einer anderen Grundlage als auf der eines überlegenen Verzichts auf alle ›Unmittelbarkeit‹, ja einer unbeugsam entschlossenen Ablehnung jeder ›fremden‹, nicht diesem Gebiet selbst entstammenden Instanz? Und wenn es das erfahrende und gebrauchende Ich ist, dass hier waltet, das Güter und Leistungen gebrauchende in der Ökonomie, das Meinungen und Strebungen gebrauchende in der Politik, ist nicht eben dieser uneingeschränkten Herrschaft die ausgedehnte und standfeste Struktur der großen ›objektiven‹ Gebilde in diesen zwei Umkreisen zu verdanken? Ja, ist nicht die bildnerische Größe des führenden Staatsmanns und des führenden Wirtschaftsmanns eben daran gebunden, dass er die Menschen, mit denen er zu schaffen hat,

nicht als Träger des unerfahrbaren Du, sondern als Leistungs- und Strebungszentren ansieht, die es in ihren besonderen Befähigungen zu berechnen und zu verwenden gilt?« (Buber, 1923, S. 49)

Interessant ist an dieser Stelle die Verbindung von Wirtschaft und Staat, die Buber in einer analogen Situation stehen sieht. Auch der Staat bzw. die Politik stehen in der Gefahr, alles uneingeschränkt nur unter der Perspektive der Ich-Es-Welt zu sehen, wie zum Beispiel die Arbeit und den Besitz bzw. das Eigentum.[30] Seine Analyse von Wirtschaft und Politik geht bis auf die Ebene des handelnden Menschen, der in diesen Bereichen als Träger von Intentionen und Haltungen sichtbar gemacht wird und zwar als Träger einer eingeschränkten, objektivierenden und gebrauchenden Haltung, die sich selbst und die anderen menschlichen Akteure des Marktes nicht als Träger des unerfahrbaren Du zu erkennen vermag. Es kommt zur Ausklammerung einer Tiefenschicht, die mit dem Wirtschaften als menschliche Praxis eigentlich verwirklicht werden sollte. Staat und Politik erscheinen nur noch als Wissen um die äußere technische und sachliche Beschaffenheit gesellschaftlichen Lebens. Buber sieht – vielleicht aus einer persönlichen Ahnung um die Weltwirtschaftskrise in den ausgehenden 1920er Jahren – sehr drastisch die Gefahr einer entfesselten Marktwirtschaft auf die Menschheit zukommen, in der auch der Staat und das menschliche Gemeinschaftsleben unter die Räder kommt. Die Menschen können keinen Einfluss mehr nehmen, sie sind nur noch Statisten in einem Spiel, dessen Handlung fest in der Hand der Wirtschaft liegt und die das zwischenmenschliche Leben der Menschen nach ihren Gesetzten regelt und lenkt. Unmerklich und immer mehr bestimmt die Wirtschaft das ganze gesellschaftliche und politische Leben. Der Mensch steht unter der Zwingherrschaft des Es (vgl. ebd., S. 50f.).

Buber ist aber kein Idealist oder Utopist, der das, was sich entwickelt hat und geworden ist, einfach zurückdrehen möchte und den revolutionären Sprung in ein anderes System versucht. Das zu wollen, wäre für Buber absurd, und sogar unverantwortlich. Bei Buber findet sich auch die Anerkennung der Leistungen und der Bedeutung der modernen Ökonomie für die menschliche Zivilisation. Er würdigt auch die enorme Leistungsfähigkeit und die Wichtigkeit der Wirtschaft für die Versorgung der enorm gewachsenen Menschheit mit lebenswichtigen Gütern.[31]

---

30 »Und wenn wir von den Lenkern auf die Gelenkten blicken, hat nicht die Entwicklung selbst in der modernen Art der Arbeit und in der modernen Art des Besitzes fast jede Spur der Gegenüberlebens, der sinnvollen Beziehung getilgt?« (Buber, 1923, S. 50).

31 »Es wäre absurd, sie zurückdrehen zu wollen [d.h. die Entwicklung der modernen Art der Arbeit und des Besitzes, S. K.] – und gelänge das Absurde, so wäre zugleich der ungeheure Präzisionsapparat dieser Zivilisation zerstört, der allein der ungeheuer angewachsenen Menschheit das Leben ermöglicht« (Buber, 1923, S. 51).

Die Gesellschaft und die Politik brauchen nicht nur die Wirtschaft, denn das dialogische Denken macht deutlich, dass alles Sein immer nur zwiefältig gegeben ist. Die Eswelt ist unvermeidbar. Das ökonomische Nutzendenken ist wie der politische Machtwille des Menschen ursprünglich und auch rechtmäßig, solange sie – und das ist entscheidend – nicht ausschließlich werden. Buber fordert nicht die Abschaffung des Marktes und der darauf basierenden Wirtschaft. Für die rechte Beurteilung der Wirtschaft ist entscheidend, dass es zu keiner Isolierung oder Ablösung der Wirtschaft (und des Staates) vom Beziehungswillen kommt. Ökonomie muss eingebunden bleiben in die dem Menschen aufgetragene Verwirklichung der Du-Welt. Die eigentliche Gefahr, die Buber sieht, ist die Abtrennung des ökonomischen Willens zur Gewinnmaximierung von der Beziehung. In dieser Ablösung und Verselbstständigung liegt das eigentliche Übel begründet:

»Das Gemeinleben des Menschen kann ebensowenig wie er selbst der Eswelt entraten [...]. Nutzwille und Machtwille des Menschen wirken naturhaft und rechtmäßig, solange sie an den menschlichen Beziehungswillen geschlossen sind und von ihm getragen werden. Es gibt keinen bösen Trieb, bis sich der Trieb vom Wesen löst; der ans Wesen geschlossene und von ihm bestimmte Trieb ist das Plasma des Gemeindelebens, der abgelöste ist dessen Zersetzung. Wirtschaft, das Gehäuse des Nutzwillens, und Staat, das Gehäuse des Machtwillens, haben so lange Teil am Leben, als sie am Geist teilhaben. Schwören sie ihm ab, haben sie es dem Leben getan; das Leben lässt sich freilich Zeit, seine Sache auszutragen« (ebd., S. 51).

Wirtschaft und Politik und ihre jeweiligen Interessen sind dem Menschen urwüchsig und an sich gut, sie müssen aber rückgebunden sein an den Willen zur Verwirklichung der Beziehung und müssen diesem Willen verpflichtet bleiben. Buber spricht hier davon, dass Wirtschaft und Politik am Leben und am Geist teilhaben müssen. Diese Verbindung zur Beziehung ist kein notwendiges ›Naturgesetz‹ und kein automatischer ›Mechanismus‹ in Wirtschaft und Politik, sondern gründen für Buber in der Haltung des Menschen. Politik ist nicht per se das Heilmittel für eine aus den Fugen geratene Wirtschaft, sondern Politik braucht selbst die Verbindung zum Dialogischen. Politik und Wirtschaft stehen beide in der Gefahr, sich vom Du zu lösen, wenn sich die menschlichen Akteure und Repräsentanten in ihren Intentionen von der Haltung des Du loslösen.

Der Ausweg besteht für Buber in keiner ›halben Lösung‹, er besteht allein in der Unterordnung von Politik und Wirtschaft unter den dusagenden Geist. Der lebendigen Beziehung muss der Vorrang eingeräumt werden, damit wieder die rechte Ordnung von Wirtschaft und Staat entstehen kann. Die Beziehung muss die Mitte dieses Gefüges bilden. Das Dialogische muss alle Bereiche der menschlichen Praxis, eben auch die ökonomische und die politische, durchdringen und von innen heraus formen. Buber setzt in dem Prozess der Verwirklichung der Beziehung in

Wirtschaft und Politik beim Individuum an, also beim einzelnen Politiker bzw. Unternehmer, der sich für die Verwirklichung engagieren soll, auch wenn dies ein längerer Prozess ist, der alle Kräfte fordert:

> »[D]ie Lockerung der gefügten Wirtschaft oder des gefügten Staates kann nicht aufwiegen, daß sie nicht mehr unter der Suprematie des dusagenden Geistes stehen; keine Aufführung der Peripherie kann die lebendige Beziehung zur Mitte ersetzen. Gebilde des menschlichen Gemeinlebens haben ihr Leben aus der Fülle der Beziehungskraft, die ihre Glieder durchdringt, und ihrer leibhafte Form aus der Bindung dieser Kraft im Geist. Der Staatsmann oder Wirtschaftsmann, der dem Geiste botmäßig ist, dilettiert nicht; er weiß wohl, dass er den Menschen, mit denen er zu schaffen hat, nicht schlechthin als Trägern des Du gegenübertreten kann, ohne sein Werk aufzulösen; aber er wagt es dennoch, nur eben nicht schlechthin, zu tun, bis zur Grenze nämlich, die ihm der Geist eingibt« (ebd., S. 51f.).

Buber zielt auf die Individualebene, auf der persönlichen Ebene gilt es im Dialog zu bleiben und die Beziehung zur realisieren. Das dialogische Denken schließt die ökonomische (und die politische) Rationalität nicht aus, sondern geht über sie hinaus und ist gerade deshalb in der Lage, diese Rationalität zu umfassen und in einer dem Leben- bzw. dem Dialog dienlichen Beziehung zu halten. In dem Wissen darum, dass es in der Verwirklichung des Du keine reinen oder idealen Lösungen gibt, sondern immer wieder neu die Verwirklichung des Du gesucht werden muss, betont Buber das Wagnis, immer wieder neu an Grenzen zu gehen, wo sich das Du erschließt und das Ich Person werden kann:

> »[E]r [sc. der Staats- oder Wirtschaftsmann; S.K.] dient der Wahrheit, die übervernünftig, die Vernunft nicht verstößt, sondern im Schoße hält. Er tut im Gemeinleben nichts anderes, als im persönlichen der Menschen, der sich wohl unfähig weiß, das Du rein zu verwirklichen, und es doch alltäglich am ehesten bewährt, nach dem Recht und Maß dieses Tages, täglich neu die Grenze ziehend, – die Grenze entdeckend. So auch sind Arbeit und Besitz von sich aus nicht zu erlösen, nur vom Geiste aus; nur aus seiner Präsenz kann aller Arbeit Bedeutung und Freude, allem Besitz Ehrfurcht und Opferkraft einströmen, nicht randvoll, aber quantum satis, – kann alles Gearbeitete und alles Besessene, der Eswelt verhaftet bleiben, dennoch sind zum Gegenüber und zur Darstellung des Du verklären. Es gibt kein Dahinter-zurück, es gibt, noch im Augenblick der tiefsten Not, ja erst in ihm, ein vorher ungeahntes Darüber-hinaus« (ebd., S. 52).

An der Grenze kann Unerwartetes und Neues, kann Begegnung und Beziehung mit dem Leben und dem Geist des Du geschehen. Dieses Erschließungsgeschehen vom Geist her muss gesucht werden, weil von hier aus die Erlösung der Eswelt zur

Duwelt geschieht. Aber nicht so, dass die Eswelt (hier Wirtschaft und Politik) verschwindet, wohl aber dass sie bereichert, verwandelt und überschritten wird.

Es geht Buber nicht darum, die Wirtschaft durch die Politik im Zaum zu halten oder umgekehrt, auch die Fragen nach einer gerechteren Wirtschaftsordnung und nach einem schlanken und liberaleren Staat sind nachrangig. Ordnungspolitische oder wirtschaftsethische Sach- und Detailfragen werden hinten angestellt, um den Blick frei zu bekommen, für das, was Buber uns allein nahe bringen will. Dem dialogischen Denken geht es allein darum, dass beide Bereiche selbst noch einmal einer höheren Wirklichkeit zugeordnet werden, von wo her sie geformt und umgewandelt werden. Beziehung kann nicht von Wirtschaft und Politik hergestellt werden. Es geht Buber um die Freisetzung des Du von sich selbst her in Wirtschaft und Politik. Und das ist für Buber nicht anders zu haben, als durch die Öffnung des Gemeinlebens, des persönlichen Lebens und des Zwischenmenschlichen für das Du:

> »Ob der Staat die Wirtschaft regelt oder die Wirtschaft den Staat beauftragt, ist, solange beide uns verwandelt sind, nicht wichtig. Ob die Einrichtungen des Staates freier und die der Wirtschaft gerechter werden, ist wichtig, aber nicht für die Frage nach dem wirklichen Leben, die hier gefragt wird; frei und gerecht können sie von sich aus nicht werden. Ob der Geist, der dusagende, der antwortende Geist am Leben und an der Wirklichkeit bleibt; ob das, was noch von ihm im Gemeinleben des Menschen eingesprengt ist, weiterhin dem Staat und der Wirtschaft unterworfen ist oder selbstständig wirken wird; ob das, was von ihm noch im persönlichen Leben des Menschen ausharrt, sich dem Gemeindeleben wieder einverleibt: ist entscheidend« (ebd., S. 52f.).

Buber versucht eine Segmentierung des Wirklichkeitsbereichs zu vermeiden und stellt sich gegen eine Auflösung des Lebens in unterschiedliche Lebensbereiche des Menschen. Denn das würde umgekehrt eine Ablösung des Dialogischen in einen Sonderbereich und damit eine Ablösung vom Leben bedeuten, wodurch das Du selbst der Wirklichkeit beraubt würde. Am Ende dieses Prozesses stünde die Entweltlichung des Du. Das Entscheidende für Buber ist aber die Ver-Wirklichung und die Ein-Weltlichung des Du und damit die Verwirklichung von Beziehung in der Welt der Ökonomie und der Politik. Dazu müssen beide Bereiche, Ökonomie und Politik, in das dialogische (zwiefältige) Wirklichkeitsverständnis hineingenommen werden. In diesem Sinne geht es Buber auch um die Erlösung eines idealistischen, weltlosen Du-Denkens:

> »Mit einer Aufteilung des Gemeinlebens in unabhängige Bereiche, zu denen auch ›das geistige Leben‹ gehörte, wäre dies freilich nicht getan; das hieße nur die in die Eswelt versenkten Gebiete endgültig der Zwingherrschaft preisgeben, den Geist aber vollends entwirklichen; denn selbstständig ins Leben wirkend ist der Geist niemals

an sich, sondern an der Welt: mit seiner die Eswelt durchdringenden und wandelnden Gewalt« (ebd., S. 53).

Das Denken, die Rationalität – im Politischen wie im Ökonomischen – setzt sich nicht mehr in den Punkt des absoluten Ursprungs, sondern geben sich an die Begegnung frei. Dialogisches Denken zielt auf Wirklichkeit und auf die Wirklichkeit der Beziehung.

4. Die Welt der Wirtschaft und die ökonomische Rationalität im Lichte des dialogischen Denkens

Das Ökonomische spielt im Denken Bubers eine eher untergeordnete Rolle, auch wenn es – wie bereits gezeigt – nicht völlig unberücksichtigt bleibt. Das liegt schlicht daran, dass Buber eine Vorliebe für das unmittelbar Zwischenmenschliche hat und in Analogie zum Zwischenmenschlichen auch die anderen Wirklichkeitsbereiche betrachtet. Für ökonomische und makroökonomische Zusammenhänge bringt er nur wenig Interesse auf. Das Dialogische bzw. die dialogische Idee muss folglich mit der ökonomischen Rationalität konfrontiert werden und es muss gefragt werden, was das Wort ›Wirtschaft‹ im Dialogischen bedeutet, welche Wirklichkeit damit bezeichnet wird. In dieser Auseinandersetzung mit der Ökonomie liegt eine Herausforderung für das dialogische Denken, der es sich stellen und wo es sich auch bewähren muss.[32]

Im Folgenden steht nun die relevante Frage im Zentrum, auf welche Weise das dialogische Denken und die Prinzipien des Dialogs auf den Bereich der Wirtschaft übertragen werden können. Es stellen sich folgende Fragen:

➢ Wie kann der dialogische Ansatzes und seine zentralen Grundaussagen auf den Wirklichkeitsbereich der Wirtschaft und des Wirtschaftens übertragen werden? Wie kann also ein dialogisches Verständnis der Wirtschaft formuliert werden?

---

[32] Buber kann als Philosoph bzw. Religionsphilosoph, Pädagoge, Soziologe, Bibel- oder Religionswissenschaftler, Literat oder Literaturwissenschaftler, Kulturwissenschaftler, Theologe und vielleicht noch als anderes untersucht werden – Buber aber in eine Zuordnung zur Wirtschaft zu bringen mag ungewohnt sein. Das Dialogische bei Buber ist sicherlich primär als ein religiös oder religionsphilosophisch motiviertes Denken zu charakterisieren. Sein dialogisches Denken ist aber ein beständiges deutendes Überschreiten von Grenzen und ein schreibendes Kritisieren von egozentrischen Abgeschlossenheiten. Die Grundlage des Dialogs wird durch die Erfahrung erschlossen und ist folglich nicht gänzlich unverfügbar und daher auch nicht uneinholbar für die ökonomische Rationalität. Die Konfrontation der Dialogik Bubers mit den Regeln und Gesetzen der Wirtschaft ist daher notwendig, auch wenn hier nur eine grobe Skizze dieser Konfrontation erfolgen kann.

➤ Wie ist der Eintritt in eine Ich-Du-Beziehung auf dem Gebiet der Wirtschaft zu vollziehen? Können die Prinzipien von den unterschiedlichen Dialogpartnern/Akteuren der Wirtschaft rational verarbeitet und verwirklicht werden?

Das Dialogische ist auf all die oben bereits genannten Felder nicht festzulegen, und muss immer wieder auch auf weitere Bereiche ausgedehnt werden. Es gehört zu der kaum auszuschöpfenden Vielseitigkeit und Tiefe des dialogischen Ansatzes, dass er auch auf den Bereich der Ökonomie ausgedehnt werden kann.[33] Die Prinzipien des Dialogs sind also auch in die Wirtschaft hinein zu formulieren. Dabei sollen vor allem jene Aspekte in ihren Grundzügen skizziert werden, in denen das dialogische Denken mit der Wirtschaft konvergieren kann. So kann deutlich werden, welchen Beitrag die Dialogik Bubers für die wirtschaftliche Sphäre zu leisten vermag.

Die Übersetzung der dialogischen Grundgedanken auf den Bereich der Wirtschaft setzt bei dem grundlegenden Verständnis der Wirtschaft als einer dialogischen Wirklichkeit an. Die dialogische Idee taucht nicht nur in nahezu allen Bereichen der Gesellschaft auf, auch die Wirtschaft ist eine Wirklichkeit, die dem Menschen gegeben ist und die folglich in einer fundamentalen Weise eine soziale Wirklichkeit darstellt. Die Wirtschaft und die wirtschaftliche Praxis sind aus dem Sozialen und Dialogischen nicht herausgenommen. Die Ökonomie ist grundlegend in die Handlungswelt des Menschen eingelassen. Noch bevor es um die Frage geht, wie eine Ich-Du-Beziehung in der Wirtschaft stattfinden kann, gilt es, die Wirtschaft in einer wesenhaften Weise als ein ›Zwischen‹ zu begreifen, das sich zwischen einem Ich und einem Gegenüber abspielt. Die Anwendung des dialogischen Kerngedankens auf die Wirtschaft bedeutet zu aller erst, die Dialog- oder Sozialnatur der Wirtschaft wieder zu entdecken.[34]

Das Dialogische soll und darf hier nicht als Alternative oder als das Bessere zur ökonomischen Rationalität eingeführt werden, ganz so, als gäbe es einen Be-

---

33 In seinen späteren Schriften dehnt Buber die Möglichkeit einer Ich-Du-Beziehung selbst auch auf Dinge des täglichen Lebens aus. In seinem Hauptwerk *Ich und Du* benennt Buber zunächst die drei bereits genannten Bezirke möglichen Angeredet-Werdens: Das Leben mit der Natur, das Leben mit den Menschen und das Leben mit den geistigen Wesenheiten (vgl. auch diesen Beitrag S. 130).

34 Diese grundlegend dialogische Konzeption von Wirtschaft und ökonomischer Rationalität wird plausibel, wenn man bedenkt, dass die Verwirklichung von Interessen im Bereich der Wirtschaft kommunikativ, intersubjektiv bzw. dialogisch eingelöst werden. Vermittlung von Handlungsinteressen erfolgt in der Wirtschaft durch eine Dialogpraxis aller Akteure des Marktes. In diesem Sinne beruht die Ökonomie auf einer Lebenspraxis und auf einer gesellschaftlich-politischen Basis. Letzteres bedenkt vor allem Peter Ulrich in seinem Konzept einer ›zivilisierten Marktwirtschaft‹ (siehe Ulrich, 2010, S. 87–170).

reich, der von der Dialogik nicht bestimmt wäre, sondern es soll und muss vielmehr als ein Ansatz plausibel gemacht werden, der dem Menschen und seinen Lebens- und Kulturbedürfnissen, auch jenen, die er durch ökonomische Rationalität zu befriedigen versucht, adäquat ist. Wir dürfen den Dialog nicht einfach aufteilen, vielmehr gilt es, das Dialogische im Bereich der Wirtschaft aufzusuchen und dort zur Geltung bringen.

Aus der Einsicht in den Zusammenhang von Wirtschaft und Dialogik und aus der daraus hervorgehenden dialogischen Sicht auf die Wirtschaft lassen sich bereits drei grundlagenkritische Konsequenzen ableiten:

➢ Hieraus folgt zunächst die Kritik einer sich als dialogfrei verstehenden Wirtschaft bzw. einer dialogfrei behaupteten ökonomischen Sachlogik, die umgekehrt den Dialog und das dialogische Denken als sachfremd zurückweist. Vielmehr muss dem Dialog ein zentraler Rang im ökonomischen System eingeräumt und zuerkannt werden.

➢ Weiterhin folgt die Anerkennung der Grenzen des Marktes bzw. einer sich als rein verstehenden ökonomischen Vernunft. Dialog begründet den Schutz des Menschen und der Menschlichkeit vor dem Zugriff der Ökonomie und vor der Bemächtigung des Menschen und der Menschlichkeit durch die Ökonomie.

➢ Schließlich folgt aus dem dialogischen Verständnis der Wirtschaft der Imperativ zum Dialog bzw. zu seiner Realisierung auch im Bereich der Wirtschaft. Denn der Dialog ist ein zu realisierendes soziales Handlungsprinzip wirtschaftlichen Handelns, auch wenn dieses Ziel nie voll erreicht wird. Widersprüche und Konflikt zwischen Mensch, Gesellschaft und Wirtschaft können und sollen bearbeitet und ausgeräumt werden.

Die Übertragung der fundamentalen Dialektik von der zwiefältigen Haltung, die Buber durch die beiden Grundworte ›Ich-Es‹ und ›Ich-Du‹ beschreibt und das ganze dialogische Denken prägt, auf den Bereich der Wirtschaft, führt zu der Unterscheidung von zwei Weisen des Wirtschaftens. Die Ökonomie bzw. die ökonomische Praxis des Menschen lässt sich gemäß der Zweiteilung des In-der-Welt-seins in Erfahrung (Eswelt) und Begegnung (Duwelt) als eine Ökonomie der Ich-Es-Welt und als eine Ökonomie der Ich-Du-Welt erhellen. Ökonomie lässt sich dialogisch folglich in einer zweifachen Richtung verständlich machen:

➢ *Wirtschaft der Ich-Es-Welt:* Hier dominiert die Effizienzsteigerung und die Nutzenfunktion. Diesem Prinzip werden die Interessen untergeordnet. Diese Haltung ist Basis eines sachlich-rationalen und analysierenden Wirtschaftens, indem das Gegenüber als Gegenstand des Wirtschaftens fungiert. Im Rahmen eines besitzergreifenden und vermarktenden Ichs wird der Andere zum Es, zum Objekt meiner wirtschaftlichen Interessen, Bedürfnisse und Wünsche. Der andere ist nur von Bedeutung, wenn er marktrelevante Bedürfnisse und Interessen besitzt. Für die zugreifende und verfügenwollende Ökonomie bleibt die Beziehung, die Begegnung unzugänglich, unzugänglich für den ökonomischen Zugriff, der besitzen und verfügen will. Je stärker der rein ökonomische Zugriff, desto schwächer die Beziehung. Diese Wirtschaft ist keineswegs schlecht oder moralisch verwerflich, sie wird es aber, wenn sie sich als ausschließliche Form des Wirtschaftens versteht.[35]

➤ *Wirtschaft der Ich-Du-Welt:* Sie steht in Abgrenzung zu der Wirtschaft der Ich-Es-Welt, weil hier das Zwischenmenschliche die Brücke ist zu einer ökonomischen Interaktion zwischen den Menschen. Diese Haltung führt zu einem Wirtschaften, in dem das In-Beziehung-Treten im Zentrum steht, die Entfaltung des Personalen und die soziale Integration, jenseits einer ausschließlichen Zweck-Mittel-Relation und der Möglichkeit, das Gegenüber in irgendeiner Weise kategorisieren, geschweige denn, sich aneignen zu können. Sie befähigt die Akteure, sich als verantwortliche Subjekte des Wirtschaftens zu verhalten.[36]

Das dialogische Denken nimmt seinen Ausgang bei der Wirtschaft des Ich-Es und zielt auf die Realisierung einer Wirtschaft der Ich-Du-Beziehung. Die Dialogik setzt die Funktionsweise der Wirtschaft nicht außer Kraft, sie ›verteufelt‹ die Wirtschaft auch nicht, sondern will sie besser verstehen und – aus dialogischem Denken heraus – besser in Kraft setzen. Dialogisches Denken schließt Ökonomie nicht aus und stellt sich nicht notwendig gegen die ökonomische Rationalität. Buber geht es um die Einbeziehung der Ökonomie in das dialogische Denken und versteht die Entwicklung hin zu einer Wirtschaft der Ich-Du-Welt als ethi-

---

[35] Versteht sich die Wirtschaft der Ich-Es-Welt in einer Ausschließlichkeit und Ganzheit, so entspricht sie dem Ökonomismus (vgl. Ulrich, 2010, S. 33ff.), in dem alles vollkommen auf die ökonomische Nutzendimension reduziert wird. Die Wirklichkeit wird in dieser Gestalt der Wirtschaft dem Menschen entfremdet, indem sie die Welt als ein ausschließlich ökonomisches Projekt instrumentalisiert, um die Welt ökonomisch zu unterwerfen, damit sie die Bedürfnisse und Wünsche der Wirtschaft erfüllt. Es verbleibt dann nichts außerhalb der ökonomischen Logik und es gibt kein Gegenüber mehr zur Ökonomie. Der Ökonomismus als ideologische Weltanschauung steht einer Veränderung oder Neuausrichtung der Wirtschaft fundamental im Weg. Die Bewegung zum Ökonomismus ist deshalb in sich nichtig.

[36] Die spezifische Haltung den Gütern gegenüber ist Dankbarkeit und die Freude. Bereits Bestehendes wird sorgsam erhalten und gepflegt, im Sinne einer Optimierung verändert oder es wird Neues hervorgebracht, um Leben zu bewahren, zu gestalten, zu verschönern, zu kultivieren und somit einen menschlichen Beitrag zur Wirtschaft zu leisten. Die Forderung Bubers nach einer Heiligung des Alltags kann auch auf eine Heiligung der Wirtschaft und der wirtschaftlichen Praxis ausgeweitet werden. Dies würde dann bedeuten, die im eigenen ökonomischen Umfeld bzw. Einflussbereich befindlichen Lebewesen und Gegenstände mit Sorgfalt, Wohlwollen und Treue zu behandeln und somit wert zu schätzen und gleichsam zu erlösen (vgl. Buber, 1952, S. 800).

sche Pflicht, damit das Wirtschaften den Charakter einer unmittelbaren Anrede an den Einzelnen annehmen kann. Es gilt, Wirtschaft im Sinne einer Anrede zu verwirklichen, welche eine entsprechende Reaktion in Form einer Antwort bzw. Beantwortung erfordert. Dem Reagieren bzw. Antworten ist eine ethische Komponente inhärent. Aufgabe des wirtschaftenden Menschen ist das Du-Sagen, das dialogische In-Beziehung-Treten und Innewerden. Die Dialogik vermag die Wirtschaft ernst zu nehmen, und das heißt aber auch Wahrnehmung ihrer dialogischen Qualität gemäß der zwiefältigen Haltung des Menschen. Die Ausweitung der Verwirklichungsmöglichkeit einer Ich-Du-Beziehung auf den Bereich der Wirtschaft ist möglich: die Dialogik Bubers bietet einen Ansatz, die Wirtschaft als eine in dialogischer Hinsicht positive Wirklichkeit anzusehen – wenn die Wirtschaft immer wieder auch auf der Ebene der Ich-Du-Welt verwirklicht wird.

Zur Verwirklichung einer dialogischen Wirtschaft reichen Lippenbekenntnisse zu mehr Ethik in der Wirtschaft nicht aus. Eine dialogische Wirtschaft ist möglich und sie muss nicht im Widerspruch zu wirtschaftlichem Erfolg stehen. Dialog ist nicht grundsätzlich marktfeindlich. Für Buber ist die Ökonomie aber grundlegend in die Handlungswelt des Menschen eingelassen. Hieraus ergibt sich der Imperativ, das Dialogische in die ökonomische Diskussion und in die wirtschaftsethische Debatte einzubringen. Das Kernanliegen muss sein, den Dialog in die Ökonomie einzubringen und zu fördern und Verantwortung für eine solche Entwicklung zu übernehmen. Wenn wir den Begriff des Dialogischen und des Ökonomischen weiter entwickeln wollen, dann kommt es darauf an, in welcher Weise und zwischen welchen Akteuren wir den Dialog stattfinden lassen. Dialog ist in der Wirtschaft nicht einfach da, sondern wir müssen Verantwortung dafür übernehmen und ihn verwirklichen. Dialog kann und soll in der Wirtschaft auch neue Räume eröffnen.[37]

Für harte Ökonomen ist die These einer dialogischen Wirtschaft vielleicht schwer zu akzeptieren, weil sie meinen, dadurch ginge der Wettbewerb, der Kern der Marktwirtschaft, verloren. Diese Befürchtung entbehrt aber jeder Grundlage, weil sie übersehen, dass Wettbewerb auf vertrauenswürdiger Kommunikation der Marktakteure und auf dem Dialog über Erwartungen und Bedürfnisse der Men-

---

[37] Eine dialogische Beurteilung und Bewertung der Wirtschaft ist objektiv angewiesen auf den guten Rat der Fachleute aus der Wirtschaft und den Wirtschaftswissenschaften. Denn die Verantwortung muss wahrgenommen werden bis in die konkrete Sachrichtigkeit hinein. Das Dialogische kann nicht nur in gut gemeintem Wollen, in guten Absicht oder Formulierung von bestimmten Meta-Prinzipien bestehen, Verantwortung ist nur insofern dialogische Verantwortung, als sie sich um das sachbegründete Verantwortete bemüht. Ein dialogisches Wirtschaftsverständnis fordert zwingend den Sachverstand, die wirtschaftliche Rationalität ist ein Teil des dialogischen Handelns. Dies gilt analog zur objektiven Angewiesenheit der Wirtschaftsethik auf den ökonomischen Sachverstand (vgl. hierzu Utz, 1998, S. 335).

schen basiert. Um das zu erkennen, benötigt man ein dialogisches Verständnis von wirtschaftlicher Praxis, zu dem die Dialogik hinführt. Jeder Akteur des Marktes steht in der einen oder anderen Weise in einer dialogischen Beziehung zu anderen, das setzt der ökonomische Wettbewerb geradezu fundamental voraus.

Eine charakteristische Qualität der Dialogik möchte ich hier speziell herausgreifen und im Bezug zur Wirtschaft diskutieren, nämlich die Gegenseitigkeit. Sie besagt, dass eine dialogische Beziehung der Ich-Du-Welt eine wechselseitige Beziehung ist, in welcher das Du das aktiv Beteiligte und nicht das passiv Vorliegende ist. Vollständige Gegenseitigkeit – ist das im Rahmen der Wirtschaft und wirtschaftlichen Beziehung aber überhaupt möglich? Basiert das Effizienz- bzw. Konkurrenzprinzip nicht auf der Ungleichheit der Akteure? Für Buber ist entscheidend, nicht dass vollständige Reziprozität geschieht, die nicht einmal im zwischenmenschlichen Beziehungsgeschehen zustande kommt, sondern dass eine solche überhaupt möglich wird. Es geht um keinen simplen und einseitigen Ruf nach Dialog. Dialog, Solidarität, Fairness etc. implizieren Wechselseitigkeit. Und das kann bedeuten, dass die Reichen mit den Armen teilen müssen, und die Helfenden müssen mit den Gefährdeten solidarisch sein; aber auch die Armen und Gefährdeten müssen ihren Beitrag zur Realisierung der Gegenseitigkeit leisten. Heute besteht die Gefahr, dass Hilfe oder Reichtum einseitig wird und nur noch eine fordernde Solidarität formuliert wird, die Betroffenen selbst aber keinen Beitrag zur Überwindung der Krise leisten wollen. Die Mutualität oder Gegenseitigkeit in den dialogischen Beziehungen des Menschen in der Wirtschaft ist zwar nicht naheliegend, aber sie ist durchaus erschließbar.

Das dialogische Denken mahnt uns, Wirtschaft nicht als eine extra-dialogische Wirklichkeit, als eine Wirklichkeit im Nirgendwo zu betrachten, sondern sie als eine Wirklichkeit zu betrachten und zu behandeln, die in das dialogische Denken eingelassen ist. Ökonomisches Handeln muss dem systematischen Ansatzpunkt und der Einsicht des dialogischen Denkens Rechnung tragen, dass Wirtschaft ein ›Zwischen‹ ist, dass Ökonomie fundamental in das Zwischenmenschliche, in die soziale Welt eingelassen ist. Ökonomie kann nicht als ›reiner‹, das heißt dialogfreier oder außerhalb des Dialogs befindlicher Wirklichkeitsbereich begriffen werden, sondern Ökonomie ist in all ihren Erscheinungen gleichsam als eine dialogische Wirklichkeit zu behandeln. Nur am Rande sei hier darauf hingewiesen, dass diese Zuordnung von Wirtschaft und Dialog und die grundlegende Einsicht in das dialogische Wesen der Wirtschaft an Brisanz für eine sich als ›rein‹ verstehende ökonomische Rationalität kaum zu übertreffen ist.

Der Dialog bzw. das dialogische Denken kann in der hier vorgeschlagenen Konzeption einer dialogischen Wirtschaft eine doppelte Funktion haben:

➢ Die Rolle des Dialogs als ein *fundamentaler Ordnungsrahmen*: Ausgangspunkt ist der Gedanke, dass auf dem Markt nicht von selbst die Haltung des Dialogs entsteht. Es geht dabei um die fundamentale Einsicht bei Buber, dass sich Wirtschaft und die ökonomische Praxis nur in einer dialogischen Richtung entwickeln und verwirklichen können, wenn die Akteure den Markt nach den Prinzipien des Dialogs ordnen, das heißt, wenn der Markt durch diese Prinzipien bestimmt wird. Bei dieser Funktionsbestimmung darf das dialogische Denken aber nicht stehen bleiben.

➢ Die Rolle des Dialogs als ein *Prinzip ökonomischen Handelns*: Ausgangspunkt ist hier der Gedanke, dass das dialogische Denken nicht nur ein Ordnungsrahmen ist, sondern der Dialog ist vielmehr ein inneres Wesensmoment des ökonomischen Handelns selbst. Wirtschaft kann angemessen überhaupt nicht dialogfrei gedacht und praktiziert werden. Das dialogische Denken führt uns zu einem grundlegend veränderten Verständnis von Ökonomie bzw. ökonomischer Rationalität.

Damit wird deutlich, dass der explizite Verlust des Dialogischen in der Wirtschaft, zu einer Krise der Wirtschaft führen kann, weil die Wirtschaft sich selbst und ihre eigenen Grundlagen zerstört. Es geht bei der dialogischen Konzeption der Wirtschaft daher nicht um eine ›Ethik der Leitplanken‹ für eine Wirtschaft, die als solche grundsätzlich ethik- oder dialogfrei wäre. Der Dialog wird nicht von Außen an die Wirtschaft herangetragen und ihr aufgesetzt, sondern die Dialogik ist der Wirtschaft implizit und es gilt dieses Wesen der Wirtschaft durch das dialogische Denken zugänglich zu machen.

5. Dialog und Vertrauen als Schlüsselkategorien der Wirtschaft?

In diesem Beitrag geht es um eine Betrachtung der Wirtschaft aus der Sicht des dialogischen Denkens. Die dialogische Dimension der Wirtschaft und des Wirtschaftens soll im Rückgriff auf das dialogische Denken Bubers herausgestellt und gewürdigt werden.[38] Nunmehr stellt sich die Frage, ob die Prinzipien des Dialogs,

---

38 Die Dialogik hat im Bereich der Wirtschaft und der Wirtschaftsethik nur geringen Anklang gefunden. Es stellt sich die Frage nach der heutigen Bedeutung und Wirkung von Bubers Werk in diesem Bereich. Ist eine Übertragung des dialogischen Grundwortes Ich-Du auf die Wirtschaft und das Verhältnis der ökonomischen Akteure denkbar und realisierbar? Ein erster Schritt zur Beantwortung dieser Frage besteht in einer notwendigen begrifflichen Präzisierungen der Konzepte »Dialog« und »Wirtschaft« im philosophischen Rückgriff auf das dialogische Denken Bubers. Dieser Beitrag hat versucht, dies in einer für die hier gestellte Aufgabe erforderlichen Weise zu erfüllen. Darüber hinaus ist aber auch ein Gespräch mit den Fachvertretern der Wirtschaft und der Wirtschaftsethik erforderlich, um beide Konzepte noch besser unterscheiden und in eine Beziehung zueinander setzen zu können. Dies ist ein Desiderat der weiteren Forschung.

ob das dialogische Denken überhaupt eine Relevanz hat für die Wirtschaft und das Wirtschaften des Menschen? Im Folgenden geht es also um einen Zugang zum dialogischen Denken vonseiten der Ökonomie her. Ein Anknüpfungspunkt hierzu sind die zahlreichen Überlegungen zum Zusammenhang von Wirtschaft und Vertrauen.

Vertrauen und Dialog spielen nicht nur im zwischenmenschlichen Interaktionsraum eine wichtige Rolle, sondern auch im Bereich der Wirtschaft. Erfolgreiche wirtschaftliche Praxis basiert auf der Kommunikation, dem Gespräch der unterschiedlichen Akteure, die in dem Bereich der Wirtschaft agieren. Vertrauen und Dialog lassen sich deshalb als Schlüsselkategorie der Wirtschaft verstehen. Keine Wirtschaft (wie auch keine Gesellschaft) funktioniert ohne eine verlässliche Vertrauensbasis.[39]

Nicht selten wird die fundamentale Bedeutung des Vertrauens und des Dialogs erst dann richtig wahrgenommen, wenn der Dialog kaputt gegangen ist und wenn Misstrauen herrscht. Die globale Finanzkrise ab 2007 und ihre negativen wirtschaftlichen Folgen führten zu einem enormen Vertrauensverlust wie auch einen Vertrauensverlust in die Dialogfähigkeit der Akteure. Man kann sogar sagen, dass die Finanz- und Wirtschaftskrise sich in den vergangenen Jahren zu einer großen Vertrauenskrise ausgeweitet hat. Die aktuelle Wirtschafts-, Finanz- und Schuldenkrise und ihre Auswirkungen zeigen deutlich, wie gefährlich eine Wirtschaft dem Menschen werden kann, wenn Vertrauen verloren geht und Dialog zerstört wird (vgl. Lachmann, 2014).[40]

Kann es aber Vertrauen ohne einen echten Dialog überhaupt geben? Vertrauen gibt es nicht ohne Dialog. Vertrauen kann ohne Dialog nicht entstehen und nicht bestehen. Vertrauen braucht den Dialog, weil Vertrauen durch den Dialog überhaupt erst entstehen kann. Vertrauen und Dialog sind deshalb notwendige Bedingungen nicht nur des zwischenmenschlichen, sondern auch des gesellschaft-

---

39 Unter den zahlreichen Beiträgen über den Zusammenhang von Wirtschaft und Vertrauen wäre zum Beispiel auf den von Karl Farmer (Volkswirt), Harald Jung (Ökonom und Theologe) und Werner Lachmann (Volkswirt) herausgegebenen Sammelband »Wirtschaftskrisen und der Vertrauensverlust in Wirtschaft und Politik« und auf den im Rahmen der 30. Sinclair-Haus-Gespräche (»Worauf ist noch Verlass?«) von der Herbert Quandt-Stiftung herausgegebenen Sammelband »Vertrauen und das soziale Kapital unserer Gesellschaft« zu verweisen (vgl. Farmer, Jung & Lachmann, 2014; Herbert Quandt-Stiftung, 2011).

40 Hier wäre auch weiter zu fragen, ob Buber mit seiner Dialogphilosophie tatsächlich ein Schlüssel zur Bewältigung der Krise unseres Jahrhunderts in den Händen hält? Buber denkt weniger in institutionellen und globalen Kategorien. Das ist ein Schwachpunkt des dialogischen Denkens bei Buber. Hier wäre die Dialogik durch eine Konfrontation mit der Politik – ein Ansatzpunkt könnte hier zum Beispiel das Gespräch mit Dag Hammarskjöld sein – weiterzuentwickeln (vgl. hierzu Karl, 2014, bes. S. 38ff.).

lichen Zusammenlebens und des wirtschaftlichen Handelns. Wirtschaftliche und politische Krisen gründen in aufkommendem Misstrauen und bewirken sehr häufig Dialogverweigerung. Eine sträfliche Vernachlässigung des Dialogs birgt gesellschaftlichen und ökonomischen Zündstoff. Ein Verlust des Vertrauens und des Miteinanders, der Solidarität und des Dialogs haben weitreichende negative Folgen für die Beteiligten.

Es ist daher eine durchaus sachgemäße und keineswegs sachfremde Aufgabe, den Dialog im Bereich der Wirtschaft stark zu machen als das Grundlegende ökonomischen Handelns und als die tragfähige Basis auch im Blick auf die Bewältigung von Krisen. Ohne Dialog ist die Bewältigung einer Krise nicht wirklich möglich. Der Dialog hat massive positive Auswirkungen auf die Wirtschaft und die wirtschaftliche Praxis. Die Wirtschaft sollte daher ihre Vorbehalte gegen den Dialog aufgeben. Dialog und Vertrauen sind nichts ›Sachfremdes‹ und auch kein ›Luxus‹, sie sind für eine funktionierende und erfolgreiche Wirtschaft vielmehr unverzichtbar und notwendig. Vertrauen ist eine Schlüsselkategorie der Wirtschaft und nur eine dialogische Wirtschaft hat auch Zukunft.[41]

Zur weiteren Profilierung eines dialogischen Vertrauensbegriffs muss Vertrauen auf einer zweifachen Ebene thematisiert werden:

➢ *Vertrauen der Ich-Es-Welt:* Hier geht es um das Vertrauen im zwischenmenschlichen Interaktionsraum der Vertragsschließung. Das Vertrauen gewährt den Vertragspartnern wechselseitig Sicherheit, aber es ist geprägt von gegenseitiger Abhängigkeit und von Unsicherheit, das gerade durch den Vorschuss an Vertrauen mit dem Vertrag überbrückt werden soll. Wie das gegenseitige Vertrauen zwischen Vertragspartnern so ist auch dieses Vertrauen zwischen den Akteuren der Wirtschaft begrenzt, weil beide Partner voneinander abhängig, interdependent, sind. Das Verhältnis wird primär von Misstrauen beherrscht, das nicht überwunden ist und durch das Vertrauen in ein vertraglich fixiertes Verhalten kalkulierbar werden soll. Ob das vorausgeschossene Vertrauen wirklich gerechtfertigt ist, zeigt sich erst ex-post, wenn die Erwartung sich bestätigt hat. Aber bereits auf dieser Ebene stellt Vertrauen aus ökonomischer Sicht ein fruchtbares und begrüßenswertes

---

41 Umgekehrt gilt, breitet sich persönliches Misstrauen und Angst aus, wird der Dialog zwischen den Akteuren verweigert, dann hat dies auch negative Folgen für die sozialen und ökonomischen Systeme selbst. Wirtschafts- und Finanzkrisen erschüttern oder zerstören gar das Vertrauen und den Dialog zwischen den wirtschaftlichen und sozialen Institutionen und zwischen den in diesen Institutionen tätigen Akteuren. Die zwischenmenschlichen Dialogbeziehungen im Bereich der Wirtschaft werden auch dann erschüttert, wenn im gesellschaftlichen Kontext der Dialog in den sozialen Systemen abnimmt. Buber weist daher zu Recht in seinen Ausführungen zum Gemeinleben des Menschen auf den Zusammenhang von Wirtschaft und Staat (vgl. Buber, 1923, S. 49ff.).

> *Vertrauen der Ich-Du-Beziehung:* Vertrauen im eigentlichen Sinne der Ich-Du-Beziehung geht aus einer dialogischen Beziehung hervor und steht im Einklang mit dem Dialog. Vertrauen in diesem eigentlichen dialogischen Sinne überwindet das Misstrauen und befreit die Partner zur uneingeschränkten Gegenseitigkeit. Sie stehen ohne Misstrauen und Angst in Beziehung und Unmittelbarkeit zueinander, weil für sie Dialog und Vertrauen ein Wert in sich selbst darstellen und ihr eigenes Wesen wechselseitig darin offenbar wird. Eine Bestätigung des gegenseitigen Vertrauens ist nicht nötig, weil es keine Angst und kein Misstrauen gibt.[43]

Konzept dar, wenngleich es noch nicht das Vertrauen der Ich-Du-Beziehung realisiert.[42]

Vertrauensvolle zwischenmenschliche Beziehung ist das Fundament des Wirtschaftens des Menschen. Diese Grundeinsicht mag Ausdruck eines gläubigen Humanismus sein, es ist aber die Basis für Menschlichkeit und das Bemühen um ein Wirtschaftskonzept, das grundlegend auf Mitmenschlichkeit und auf ein neues dialogisches Miteinander ausgerichtet ist. In der Wirtschaft ist daher immer wieder ein Perspektivenwechsel notwendig, der vom Es zum Du führt, von einem ›Es-Vertrauen‹ zu einem wirklichen ›Du-Vertrauen‹. Das Ökonomische und die ökonomische Rationalität müssen sich beständig weiterentwickeln, um zur zwischenmenschlichen Beziehung aller Menschen beizutragen.[44] Für eine solche Entwicklung sind meines Erachtens vor allem zwei Aspekte wichtig:

> *Wahrnehmung von Verantwortung im Geist des Dialogs*: Es gibt eine unser Wesen bestimmende Verantwortung. Ein dialogisches Verständnis der Wirtschaft macht deutlich, dass Verantwortung in der Wirtschaft kein frei in der Luft schwebendes Sollen ist, das von Außen an die Akteure der Wirtschaft herangetragen wird und darüber hinaus keinen Beitrag zur Wirtschaft leistet. Die Verantwortung ist vielmehr in das konkrete Wirtschaften zurückzuholen. Echte Verantwortung gibt es im Sinne der Dialogik in der Wirtschaft nur dort, wo es auch wirkliches Antworten auf die Bedürfnisse des Anderen gibt, wo es also echten Dialog gibt.[45]

---

42 Zu diesen Definitionselementen des Vertrauens der Ich-Es-Welt vgl. Sell (2014, S. 33f.) und Gloyna (2001, Spp. 990f.).

43 Wesensmomente eines echten Vertrauens in der Sichtweise der Dialogik sind: (1) Ausschließlichkeit, (2) Ganzheit, (3) Anderheit, (4) Gegenseitigkeit und (5) Unmittelbarkeit (vgl. Gloyna, 2001, Spp. 990f.). Siehe hierzu auch Abschnitt 2 dieses Beitrages.

44 Die soziale Marktwirtschaft könnte in diesem Sinne dialogisch reformuliert und darüber hinaus auch erneuert werden.

45 »Echte Verantwortung gibt es nur, wo es wirkliche Antwort gibt« (Buber, 1934, S. 161). Die Dialogik ist wohl die beste Basis, um den Dialog zur Grundlage menschlicher Interaktion zu erheben.

➢ *Konkrete Verwirklichung des Dialogs im wirtschaftlichen Leben*: Hier geht es darum, eine dialogische Herangehensweise an den Bereich der Wirtschaft zu versuchen, die den dialogischen Imperativ in der Marktwirtschaft umsetzt. Eine entscheidende Frage ist allerdings, wie die Realisierung der dialogischen Dimension, der gegenseitigen Anerkennung etc., Erfolg haben kann. Unerlässlich sind dabei die aktive Beteiligung und Unterstützung aller Akteure in den wirtschaftlichen und sozialen Institutionen, insbesondere die politischen Verantwortungsträger. Hierfür müssen auch Knotenpunkte des Dialogs installiert werden.

Was könnte dieser Ansatz im Blick beispielsweise auf den Markt bedeuten? Das könnte in einem ersten Schritt bedeuten, dass wettbewerbliche Märkte sich öffnen für immaterielle und nicht-monetäre Güter – wie Vertrauen, Dialog, Zusammenarbeit, Wertorientierungen oder ein gutes Leben etc. In diesem Marktkonzept werden zwar die immateriellen Güter immer noch als Elemente in der jeweiligen Nutzenfunktion eingesetzt, aber unter diesem Vorzeichen werden auch sie maximiert.[46] In den Überlegungen wäre aber noch einen Schritt weiter zu gehen. Der Wettbewerb wird nicht erst durch den Dialog ethisch wünschenswert, sondern der Wettbewerb/Markt wäre als ein Mittel (neben anderen) zu entwickeln, der Dialog überhaupt gewährleistet. Der Markt wäre in eine dialogische Grundstruktur einzubauen. Der Markt als ein durch Konkurrenz und Wettbewerb bestimmtes System wäre durch Regeln des Dialogs richtig und gerecht zu organisieren. Der konkurrenzbestimmte Markt wäre dann für den Dialog offen und auf den Dialog bezogen. Der Dialog würde genau dann verwirklicht, wenn Wettbewerb gewährleistet wird. Dies wäre der Gedanke eines dialogischen Wettbewerbs bzw. Marktes. Eine dialogische Interpretation des Wettbewerbs würde voraussetzen, dass

➢ alle Akteure im Markt eine faire Chance haben, sich dialogisch einzubringen, sie müssen das Recht haben, sich zu beteiligen und sich in den Markt einzubringen; dieses Recht steht deshalb einem egoistischen und ausgrenzenden Gewinnstreben, der Jagd nach dem eigenen maximalen Profit, entgegen;[47]

---

[46] Dies setzt freilich die Verabschiedung eines engen Verständnisses von Wettbewerb/Markt voraus, der sich ausschließlich auf die materielle Bedürfnisbefriedigung bezieht. Moderne Ökonomie hat sich von diesem Verständnis bereits weit entfernt, insofern sie nicht mehr nur monetäre oder materielle Güter berücksichtigt, sondern alles, was Individuen als Vorteile ansehen, wozu gerade auch immaterielle und nicht-monetäre Güter gezählt werden können. Dieses Marktverständnis könnte als eine Annäherung an das dialogische Ideal aufgefasst werden. Die Umsetzung dieses Konzeptes fördert den Dialog, wenngleich dieses Konzept nicht das Ziel ist (vgl. Lütge, 2014, S. 37–39).

[47] Die durch fehlenden Dialog Ausgegrenzten bzw. die Verlierer im Wettbewerb können die Gewinner regelmäßig beneiden, und dieser Neid könnte in der Praxis destruktiv werden. Die

➢ alle Akteure die Pflicht haben, den Wettbewerb nicht zu blockieren, Fehlentwicklungen zu beseitigen, Wege suchen, den Dialog zu stärken und Fehler zu begrenzen; der Markt wird sogar als zentral angesehen, den Dialog zu realisieren und aufrechtzuerhalten.[48]

Der Dialog und ein dialogisches Verständnis der Wirtschaft sind dringend nötig. Ohne Dialog ist ein erfolgreiches gesellschaftliches Zusammenleben kaum, oder vielleicht sogar überhaupt nicht möglich. Wir haben eine immense Verantwortung für den Zusammenhalt der Menschen untereinander. Das setzt einen offenen Dialog voraus, und die Entscheidung, dem Dialog eine größere Rolle und ein stärkeres Gewicht in unserem wirtschaftlichen Denken und Handeln zu geben, um es dadurch weiter zu entwickeln, zu diskutieren und um Verständnis für ein dialogisches Bewusstsein zu fördern.

6. Schluss: Orientierung am Dialog und Option für eine dialogische Wirtschaft

Es wurde die Frage gestellt, ob es im Bereich der Wirtschaft nur Ich-Es-Beziehungen geben kann, oder ob die Annahme berechtigt ist, auch in diesem Bereich der Weltwirklichkeit eine Ich-Du-Beziehung für möglich zu halten. Ausgangspunkt zur Beantwortung dieser Frage waren die Grundlagen des Dialogs bzw. des dialogischen Denkens und die Stellung der Dialogik Martin Bubers zur Wirtschaft. Das Anliegen dieses Beitrags zielte dabei auf eine Ausweitung der dialogischen Ich-Du-Beziehung auf die Sphäre der Wirtschaft, um so die Prinzipien des Dialogs in den aktuellen Diskurs zwischen Ethik, Wirtschaft und Gesellschaft integrie-

---

rechtlich gewährleistete Einbeziehung aller – besonders auch der Verlierer des Marktes – in den Dialog kann das Problem reduzieren, auch wenn es sich wohl nie ganz aus der Welt schaffen lässt.

48 Die Stärkung des Dialogs in der Wirtschaft sorgt dafür, dass die Kräfte zur Kooperation und zur Zusammenarbeit lebendig bleiben. Vertrauensvoller Dialog stimuliert die Kooperation und ist ein wichtiges Kriterium der Zukunftsfähigkeit. Die ökonomischen Vorteile des Dialogs liegen in der Verwirklichung von Vertrauen, Zusammenarbeit, Kooperation und Kommunikation, in der Bereitschaft zu einem Perspektivenwechsel, zu Wagemut, Verantwortung und Anstrengung. Steht man dieser Einsicht positiv gegenüber, so muss man auch aus einer ökonomischen Sicht dem Dialog gegenüber offen und positiv eingestellt sein. Die dialogischen Bedingungen von Intelligenz, Zusammenarbeit, Kreativität und der Entwicklung innovativer Lösungen wird auch bei Unternehmern neu entdeckt, in denen es gerade um gemeinsam geschaffene Werte geht (vgl. Lütge, 2014. S. 28f.). Es wäre freilich weiter zu überlegen, was Dialog bzw. dialogische Wirtschaft in marktwirtschaftlichen Wettbewerbsstrukturen konkret bedeutet.

ren zu können. Auch im Bereich der Wirtschaft gilt es den kategorialen Wert des Dialogs zu entdecken – am Schluss dieses Beitrags möchte ich diese Erkenntnis als Orientierung am Dialog und als Option für eine dialogische Wirtschaft zusammenfassen.[49]

Eine dialogische Konzeption der Wirtschaft bezieht die ökonomische Rationalität mit ein in den größeren Zusammenhang eines dialogischen Denkens, um aus dem Wirtschaften ein dialogisches Ereignis entstehen lassen. Eine Verselbstständigung und Entkopplung der Wirtschaft von der dialogischen Praxis ist somit nicht möglich. Die fundamentale Orientierung am dialogischen Denken bedeutet, den Dialog als ein allgemeingültiges Seins- und Handlungsprinzip zu verstehen, aus denen sich grundlegende Orientierungen für das Zueinander von Gesellschaft, Wirtschaft und Ethik ergeben. Das dialogische Ineinandergreifen dieser drei Bereiche schließt nicht aus, sondern fordert vielmehr, dass jeder Dialogpartner auch seine eigene und unverwechselbare Perspektive einbringt. Die Anerkennung dieser dialogischen Differenz ermöglicht auch verschiedene und wechselseitig kritische Stellungnahmen.

Die Überlegungen sind getragen von der Vision einer dialogischen Wirtschaftsordnung, die auf einem dialogischen Wirklichkeitsverständnis und den Prinzipien des Dialogs aufbaut. Im Mittelpunkt steht die Auffassung, dass auch die Wirtschaft eine soziale Wirklichkeit ist, die aus der Perspektive des dialogischen Denkens betrachtet werden kann und das dialogische Miteinander der Akteure und der Institutionen voraussetzt. Es ist vielleicht die größte Herausforderung für das dialogische Denken, die Prinzipien des Dialogs auf einen Wirklichkeitsbereich auszuweiten, der unser humanes und soziales Miteinander fundamental bestimmt und wohl auch immer mehr bestimmen wird. Die hier vertretene Position verfolgt keine Verteufelung der Wirtschaft, sie hegt keine Verachtung und erhebt auch keine Anklage, sie fordert aber auf zu einem fundamentalen Wechsel in den Haltungen bzw. in den intentionalen Absichten, die in der Wirtschaft verfolgt werden. Dies ist zunächst Sache der Einzelnen, die den Willen und die Bereitschaft zum Dialog haben müssen, sodass die Beziehung zum Gegenüber und nicht das reine Nutzenkalkül vorausgesetzt werden kann. Darüber hinaus geht es aber auch um Fragen, welche die Gesellschaft als Ganze betreffen und die folglich nur auf gesellschaftlicher bzw. politischer Ebene beantwortet werden können: Wofür und für wen wollen wir wirtschaften? Wohin soll die Entwicklung führen? Geht es uns um eine Wirtschaft im Einsatz für eine solidarische Gesellschaft, für ein solidarisches Europa? Dies sind für uns auch Fragen nach der Zukunft, die unser Heute begleiten.

---

49 Den Dialog herauszustreichen liegt dem heutigen Mainstream-Empfinden durchaus nahe und ist von daher populär. Hier aber bloßen Modeströmungen hinterherzulaufen wäre im Blick auf die Gefahren eines neoliberalen Kapitalismus und im Blick auf die gesellschaftlichen

Es ist zu wenig vom Dialog und vom Vertrauen in der Wirtschaft die Rede. Wo ist in der Krise vom Dialog die Rede gewesen? Wo wird der Dialog verwirklicht? Eine dialogisch geprägte Wirtschaft öffnet sich für die Sichtweise des Dialogs und ist auf dem Weg von einer Ich-Es-Wirtschaft zu einer Ich-Du-Wirtschaft. Denn nur im Dialog geschieht eine Annäherung an das Du und die Abwendung von dem bloß Nützlichen, dem Gebrauchen und Konstruierten und von dem die dialogische Wirklichkeit überspielenden Denken. Hierzu brauchen wir Frauen und Männer, die für den Dialog in der Wirtschaft Verantwortung übernehmen und seine Realisierung auch auf politisch-institutioneller Ebene vorantreiben. Die dialogische Beziehung im Wirklichkeitsbereich der Wirtschaft vollziehen, hat zur Konsequenz, das Konkretum, das mir jeweils in jedem Augenblick zugereicht wird, auch zu verwirklichen. Das ist nur möglich, wenn ich effektiv im Bereich der Wirtschaft mitwirke. ›Verwirklichung‹ erweist sich als der zentrale Imperativ in Bezug auf Bubers dialogisches Prinzip. Es obliegt dem (wirtschaftenden) Menschen, sich auf eine Ich-Du-Beziehung einzulassen, diese zu verantworten, womöglich des Wesens des Gegenübers innezuwerden, dessen ›Wesen‹ zu berühren, auf die Zeichen zu reagieren und eine angemessene Antwort zu geben.

Ich plädiere für eine auf die Dialogik zugeschnittene Konzeption der Ökonomie, in der ein angemessener, dialogischer Umgang mit der Wirtschaft bzw. ihren Akteuren möglich wird. Es geht mir dabei um einen wesentlich erweiterten Begriff von Ökonomie, der darauf abzielt, die Wirtschaft und die wirtschaftliche Praxis nicht lediglich als für den Menschen nützlich anzusehen, sondern sie vielmehr in ihren sozialen Einzelerscheinungen wahrzunehmen, deren jeweiligen Eigenwert zu würdigen und jenseits eines reinen Es- bzw. Zweck-Mittel-Verhältnisses zu würdigen. Ökonomie wird nicht primär veranstaltet, sondern Ökonomie ist eine Form des Lebens und der Akzent liegt darauf, die Bereiche des Alltagslebens gerade nicht aus der wirtschaftlichen Bestimmung zu entlassen oder herauszuhalten.

Ein Denken und Handeln in den Kategorien des Dialogs ist notwendig, dies gilt besonders für den Dialog zwischen anscheinend unversöhnbaren Gegensätzen. Gesellschaft und Wirtschaft sollen nicht als Gegensätze, sondern als Ganzheiten in den Blick genommen werden. Und dies bedeutet, Wirtschaft nicht aus der dialogischen Beurteilung auszuschließen, so als wäre diese Wirklichkeit nur ein dem Fachwissenschaftler der Wirtschaftswissenschaften vorbehaltenes Objekt. Nur mit dem dialogischen Denken können ideologische Vereinseitigungen aufgeweicht und aufgelöst werden, um damit aber auch die Aufmerksamkeit für neue Entwicklungen zu verbinden. Gesellschaft, Wirtschaft und Ethik können auf Dauer jeweils

---

Herausforderungen einer internationalen Weltwirtschaft geradezu fahrlässig und letztlich bedeutungslos.

nur gewinnen, wenn sie das Prinzip des Dialogs für sich entdecken und in ihrem Denken und Handeln berücksichtigen.

Die Wirtschaft in all ihren Erscheinungen dialogisch zu verstehen, ist eine Aufgabe, die an Brisanz kaum zu überbieten ist und immer mehr an Bedeutung gewinnt. Die Zeit ist reif für ein Paradigmenwechsel im Sinne einer dialogischen Wirtschaft, was umgekehrt aber auch eine Erweiterung des Dialogdenkens verlangt. Das Dialogische ist als ein inneres Moment der Wirtschaft und der wirtschaftlichen Praxis zu entdecken und liegt somit diesem Wirklichkeitsbereich selbst zugrunde, auch wenn es vielfach durch das Nutzenkalkül verdeckt ist und nicht zum Vorschein kommt. Dies konnte in diesem Beitrag am Beispiel der Bedeutung des Vertrauens in der Wirtschaft freilich nur skizzenhaft aufgezeigt werden.

Wir brauchen den fruchtbaren Dialog zwischen Gesellschaft, Mensch und Wirtschaft, damit die ökonomische Praxis als Raum der zwischenmenschlichen Interaktion wiedergewonnen wird. Ein Denken in den Kategorien des Dialogs ist auch im Bereich der ökonomischen Praxis notwendiger denn je.[50] Die Wirtschafts-, Finanz- und Schuldenkrise in 2008, die wir nicht losbekommen, ruft die Beachtung des Dialogs und die Rückbesinnung auf den Dialog, als das dem Menschen und der Wirtschaft Angemessene wach. Mit diesem Beitrag möchte ich betonen, wie wichtig angesichts der schweren wirtschaftlichen Krise ein Umdenken ist.[51] Es ist wünschenswert, den Bezug der Dialogik Bubers zur Sphäre der Wirtschaft und des Wirtschaftens weiter zu diskutieren, damit die Konzeption Bubers auch in der Wirtschaft mehr Einfluss auf das ökonomische Verhalten und die Praxis gewinnt. Die Zeit scheint reif für einen Paradigmenwechsel im Sinne des Dialogdenkens Martin Bubers!

---

50 Ich hoffe, dass ich als Nichtfachmann in Sachen Wirtschaft bei den Fachleuten der Wirtschaftswissenschaften keinen Anstoß errege, wenn ich in diesem Beitrag unklar definierte Ausdrücke aus den Wirtschaftswissenschaften gebrauche. Daher ist es an dieser Stelle wichtig, den Fokus dieses Beitrags im Blick zu behalten: es geht mir um die Beschreibung einer Option und Orientierung aus einer theologische Perspektive, die die Kategorie des Dialogs einbringen möchte; ohne direkt praktisch realisierbare Maßnahmen zur Beseitigung grober Missstände anzuzeigen.

51 Die Genitiv-Verbindung in dem Wort ›Wirtschaftskrise‹ kann in einem doppelten Sinn verstanden werden: Das Wort Wirtschaftskrise verweist einerseits darauf, wie sich die Wirtschaft gegen den Menschen wenden kann. Das Verhältnis, die Beziehung, zwischen Wirtschaft und Mensch ist in der Krise und damit ein wichtiger Wirklichkeitsbereich, in dem sich heute das Miteinander der Menschen abspielt. Zugleich verweist der Genitiv aber auch auf eine Krise der Wirtschaft selbst: die Wirtschaft zerstört ihre Grundlagen und damit in letzter Konsequenz auch sich selbst. Mit anderen Worten, die Wirtschaft selbst ist in einer Krise. Die Rückbesinnung auf den Dialog setzt vor allem dann ein, wenn das Handeln des Menschen (in Wirtschaft und auf dem Finanzmarkt) zu Krisen und Katastrophen geführt hat.

Literatur

Berghoff, Hartmut (2011): Vertrauen und soziales Kapital als Schlüsselkategorien der Wirtschaftsgeschichte. In: Herbert Quandt-Stiftung (Hrsg.): *Vertrauen und das soziale Kapital unserer Gesellschaft.* Hrsg. im Auftrag der Herbert Quandt-Stiftung von Karsten Essen unter Mitarbeit von Stephanie Hohn *(30. Sinclair-Haus-Gespräch).* Freiburg/Br., Basel, Wien: Herder, S. 30–41.
Buber, Martin (1923): Ich und Du. In: Martin Buber: *Das dialogische Prinzip.* Gütersloh: Gütersloher Verlagshaus (12. Aufl. 2012), S. 5–136.
Buber, Martin (1934): Zwiesprache. In: Martin Buber: Das dialogische Prinzip. Gütersloh: Gütersloher Verlagshaus (12. Aufl. 2012), S. 139–196.
Buber, Martin (1952): *Die chassidische Botschaft.* Heidelberg: Lambert Schneider.
Bude, Heinz (2011): Grundformen des Vertrauens aus soziologischer Perspektive. In: Herbert Quandt-Stiftung (Hrsg.): *Vertrauen und das soziale Kapital unserer Gesellschaft.* Hrsg. im Auftrag der Herbert Quandt-Stiftung von Karsten Essen unter Mitarbeit von Stephanie Hohn *(30. Sinclair-Haus-Gespräch).* Freiburg/Br., Basel, Wien: Herder, S. 12–19.
Casper, Bernhard (1967): *Das dialogische Denken. Eine Untersuchung der religionsphilosophischen Bedeutung Franz Rosenzweigs, Ferdinand Ebners und Martin Bubers.* Freiburg/Br., Basel, Wien: Herder.
Farmer, Karl; Jung, Harald & Lachmann, Werner (Hrsg.) (2014): *Wirtschaftskrisen und der Vertrauensverlust in Wirtschaft und Politik. Ist das Vertrauen mit christlichem Ethos wiederzugewinnen? (Marktwirtschaft und Ethik. Impulse zum Handeln, Bd. 17).* Berlin, Münster: LIT.
Gloyna, Tanja (2001): Vertrauen. In: Joachim Ritter (Hrsg.): *Historisches Wörterbuch der Philosophie, Bd. 11: U-V.* Basel, Stuttgart: Schwabe & Co., Spp. 986–990.
Heinrichs, Johannes (1972): Art. Dialog – dialogisch. In: Joachim Ritter (Hrsg.): *Historisches Wörterbuch der Philosophie, Bd. 2: D–F.* Basel, Stuttgart: Schwabe & Co, Spp. 226–229.
Heinze, Eva-Maria (2011): *Einführung in das dialogische Denken.* Freiburg/Br., München: Karl Alber.
Heinze, Eva-Maria (2013): Natur als Du. Reflexionen zur Bedeutung des Dialogs mit der Natur bei Martin Buber. In: Thomas Reichert, Meike Siegfried & Johannes Waßmer (Hrsg.): *Martin Buber neu gelesen. (Martin-Buber-Studien, Bd. 1)* Lich (Hessen): Edition AV, S. 326–352.
Herbert Quandt-Stiftung (Hrsg.) (2011): *Vertrauen und das soziale Kapital unserer Gesellschaft.* Hrsg. im Auftrag der Herbert Quandt-Stiftung von Karsten Essen unter Mitarbeit von Stephanie Hohn *(30. Sinclair-Haus-Gespräch).* Freiburg/Br., Basel, Wien: Herder.
Karl, Siegfried (2014): Die Prinzipien des Dialogs wiederentdecken. Das dialogische Prinzip bei Martin Buber, Dag Hammarskjöld und Horst-Eberhard Richter – Was haben sie uns heute zu sagen? In: Siegfried Karl & Hans-Georg Burger (Hrsg.): *Frieden sichern in Zeiten des Misstrauens. Zur Aktualität von Martin Buber, Dag Hammarskjöld und Horst-Eberhard Richter.* Gießen: Psychosozial-Verlag, S. 19–44.
Karl, Siegfried & Burger, Hans-Georg (Hrsg.) (2014): *Frieden sichern in Zeiten des Misstrauens. Zur Aktualität von Martin Buber, Dag Hammarskjöld und Horst-Eberhard Richter* (Buchreihe: *Dialog leben*). Gießen: Psychosozial-Verlag.
Lachmann, Werner (2014): Schuldenkrise und Vertrauensverlust. In: Karl Farmer, Harald Jung & Werner Lachmann (Hrsg.): *Wirtschaftskrisen und der Vertrauensverlust in Wirtschaft und Politik. Ist das Vertrauen mit christlichem Ethos wiederzugewinnen? (Marktwirtschaft und Ethik. Impulse zum Handeln, Bd. 17).* Berlin, Münster: LIT, S. 1–32.
Lütge, Christoph (2014): *Ethik des Wettbewerbs. Über Konkurrenz und Moral.* München: C. H. Beck.
Nida-Rümelin, Julian (2011): *Die Optimierungsfalle. Philosophie einer humanen Ökonomie.* München: Irisana.

Ockenfels, Wolfgang (Hrsg.) (1998). *Ethik des Gemeinwohls. Gesammelte Aufsätze 1983–1997 von Arthur F. Utz*. Im Auftrag der Internationalen Stiftung HUMANUM hrsg. v. Wolfgang Ockenfels. Paderborn, München, Wien, Zürich: Schöningh. Zitiert nach der Online-Ausgabe München BSB: urn:nbn:de:bvb:12-bsb00044833-7.

Reichert, Thomas; Siegfried, Meike & Waßmer, Johannes (Hrsg.) (2013): *Martin Buber neu gelesen (Martin Buber-Studien, Bd. 1)*. Lich (Hessen): Edition AV.

Rusche, Thomas (2011): Glaubwürdigkeit als Vertrauenskapital. In: Herbert Quandt-Stiftung (Hrsg.): *Vertrauen und das soziale Kapital unserer Gesellschaft*. Hrsg. im Auftrag der Herbert Quandt-Stiftung von Karsten Essen unter Mitarbeit von Stephanie Hohn *(30. Sinclair-Haus-Gespräch)*. Freiburg/Br., Basel, Wien: Herder, S. 50–60.

Sell, Friedrich L. (2014): Warum Vertrauen in der Wirtschaft wichtig ist. In: Karl Farmer, Harald Jung & Werner Lachmann (Hrsg.): *Wirtschaftskrisen und der Vertrauensverlust in Wirtschaft und Politik. Ist das Vertrauen mit christlichem Ethos wiederzugewinnen? (Marktwirtschaft und Ethik. Impulse zum Handeln, Bd. 17)*. Berlin, Münster: LIT, S. 33–45.

Theunissen, Michael (1977): *Der Andere. Studien zur Sozialontologie der Gegenwart* (2. Aufl.). Berlin, New York: de Gruyter.

Ulrich, Peter (2010): *Zivilisierte Marktwirtschaft. Eine wirtschaftsethische Orientierung* (aktualisierte und erweiterte Neuauflage der TB-Ausgabe von 2005). Bern: Haupt.

Utz, Arthur Fridolin (1998): Die katholische Wirtschaftsethik. In: Ockenfels, Wolfgang (Hrsg.): *Ethik des Gemeinwohls. Gesammelte Aufsätze 1983–1997*. Paderborn, München, Wien, Zürich: Schöningh, S. 334–339.

IV Jugend und Wirtschaft

Ökonomie und Ethik – eine Schlüsselfrage auch für die Schulen

Zum Bildungs- und Erziehungsauftrag der Schulen – Zu ethischem Handeln befähigen[1]

Andreas Lenz

»*The economy, stupid*« – diese bekannte Phrase stammt aus dem Präsidentschaftswahlkampf von Bill Clinton 1992. Sie wurde formuliert von einem gewissen James Carville, der seinerzeit für die Wahlkampfstrategie verantwortlich zeichnete.

Es war übrigens nur der zweite von insgesamt drei Slogans, die auf einem Schild standen, das im Wahlkampfhauptquartier in Little Rock, Arkansas, aufgehängt war. Die anderen beiden lauteten »*Change vs. more of the same*« und »*Don't forget health care*«. Im Unterschied zu den anderen beiden Phrasen hat sich »*The economy, stupid*« gehalten, wobei »Health care« ja in der amerikanischen Innenpolitik durchaus wieder ein Thema ist, und ein heißes Thema noch dazu.

Dass der Satz »*The economy, stupid*« im Gedächtnis geblieben ist, hängt mit dem zusammen, was uns heute hier zusammenführt. Wirtschaft und Wirtschaftlichkeit, so erscheint es jedenfalls manchmal, sind für den gesellschaftlichen Alltag prägend geworden. Ob zu Recht oder zu Unrecht, ist eine ganz andere Frage – aber in immer mehr gesellschaftlichen Zusammenhängen kommen wir ohne ökonomische Erwägungen nicht mehr aus. Die ökonomische Dimension lässt sich nicht ausklammern. Und gerade der nicht ganz so charmante Zusatz »stupid« macht deutlich, dass der Autor der Phrase deren Inhalt ganz offensichtlich für die größte Selbstverständlichkeit unter der Sonne hält.

Wenn das denn so ist, und ich will das an dieser Stelle einmal offen lassen, dann stellt sich die Frage nach den Konsequenzen, die Frage, wie wir denn mit diesen –

---

1   Grußansprache des Staatssekretärs im Hessischen Kultusministerium Dr. Manuel Lösel zur Eröffnung des Symposiums »Ausverkauf des Menschen? Gesellschaft, Wirtschaft und Ethik im Gespräch« am 8. November 2014 in Gießen. Wegen Erkrankung hat Andreas Lenz, Leitender Ministerialrat im Hessischen Kultusministerium und seit 1. April 2015 Präsident der Hessischen Lehrkräfteakademie in Frankfurt am Main, das Grußwort gehalten. Dies ist die für die Buchausgabe bearbeitete Fassung.

unterstellten – Sachzwängen umgehen. Und da wir – ganz unabhängig von aller möglichen Ökonomisierung – nicht in einer wertfreien Gesellschaft leben, in der es jenseits der Kategorien von Recht und Gesetz – vor allem jenseits des positiven Gesetzes – keine moralischen Kategorien mehr gibt, stellt sich in der Tat die Frage nach der »Moral der Märkte«.

Lassen Sie mich mit einem aktuellen Beispiel beginnen. Die kürzlich geführte und wohl noch nicht abgeschlossene Diskussion über Sinn und Nutzen von *Social Freezing* – die Unternehmen Facebook und Apple hatten im Oktober 2014 bekannt gegeben, ihren Mitarbeiterinnen derartige Prozeduren im Wert von jeweils rund 20.000 US-Dollar kostenlos zur Verfügung stellen zu wollen – ist ja auch im Kern eine arbeitsethische, eine wirtschaftsethische Debatte. Nach einer repräsentativen Umfrage des Meinungsforschungsinstituts TNS Emnid, die ebenfalls kürzlich veröffentlicht wurde, halten immerhin 37 Prozent der befragten Deutschen *Social Freezing* als Angebot für grundsätzlich richtig, wobei sich bei den 14- bis 29-Jährigen 53 Prozent für diese Möglichkeit aussprachen; bei den über 60-Jährigen waren es 20 Prozent.

Ich kann und will diese Umfrage hier nicht im Letzten auswerten, stelle aber fest: Ein klares Bild ist das nicht, und es ist auch kein gesamtgesellschaftlicher Konsens, der sich da abzeichnet. So zitiere ich gerne Herrn Hochschulpfarrer Dr. Karl, der – ganz konsequent und prägnant – in seiner Einladung zur Veranstaltung formuliert hat: »Welche Verantwortung haben Unternehmen, Banken, die Politik und letztlich jeder Einzelne in unserer Gesellschaft? Drohen die Ökonomisierung aller Lebensbereiche und der Ausverkauf des Menschen?«

Die Antworten auf diese Fragen lassen sich – dies ist ganz offensichtlich – nicht so einfach aus dem Ärmel schütteln.

Das zeigt gerade auch das Beispiel des *Social Freezing*, das ich zuvor angesprochen habe. Ist das Angebot bestimmter Unternehmen, die Kosten für die zeitlich verschobene Reproduktion ihrer Mitarbeiterinnen (und der dazugehörigen Partner) zu übernehmen, ein ethisch verwerflicher Angriff auf die Privat- und Intimsphäre der betroffenen Frauen, gewissermaßen ein Vordringen und Übergreifen des Ökonomischen bis hinein in den Kernbereich des Höchstpersönlichen? Oder kann man ein solches Angebot nicht auch als Ausdruck einer *Corporate Social Responsibility* verstehen, als den Versuch, gegenüber Mitarbeiterinnen, die wie viele andere den Spagat versuchen, Familie und Beruf, Kinder und Karriere, unter einen Hut zu bekommen, ein verantwortliches unternehmerisches Handeln an den Tag zu legen, indem man ihnen einen Weg aufzeigt, der sicher auch nicht ohne Nachteile und Risiken ist, den aber die moderne Medizintechnik eröffnet? Wie verhält es sich damit, dass Manager großer Unternehmen auch den Erwartungen der Mutterunternehmen oder Anteilseigner ausgesetzt sind, deren Vermögensinteressen zu bewahren sie gesetzlich verpflichtet sind – bis hin zum Risiko, sich arbeitsrechtlich oder gar strafrechtlich angreifbar zu machen, wenn sie – sehr vereinfacht ausgedrückt – auf die Maximierung des monetären Gewinns verzichten und stattdessen den Angestellten eines Unternehmens etwas Gutes tun? Kann nicht gerade ein wirtschaftlich gesundes, ja potentes Unternehmen Arbeitsplätze sichern und gerade so soziale Verantwortung wahrnehmen? Ich will das Thema *Corporate Social Responsibility*, das ja nicht neu ist, hier nicht vertieft behandeln. Sie erkennen ja, in dieser komplexen Materie fällt es schwer, Sachverhalte in simple Kategorien von Gut und Schlecht, von Schwarz und Weiß einzuteilen.

Gewiss gibt es oft die Versuchung, drängende und kontrovers diskutierte Fragen gewissermaßen aus einer bestimmten interessierten Perspektive, aus einer bestimmten Situation heraus zu beantworten – und dann die in Rede stehende Verantwortlichkeit jeweils der Institution oder Instanz zuzuordnen, die gerade nicht am Gespräch beteiligt ist. Die heutige Veranstaltung geht einen dezidiert anderen Weg. Denn sie lässt hier im Plenum und nachher in den Arbeitskreisen bewusst und konsequent – wenn auch unvermeidbar exemplarisch – alle denkbaren Beteiligten zu Wort kommen und sorgt auf diese Weise für ein Maß an Ausgewogenheit, Nüchternheit und Objektivität, das der komplexen Fragestellung angemessen ist, so, wie es sich für ein Symposion ja auch gehört.

Kirche an der Hochschule – Diskurs anstoßen richtig

In diesem Zusammenhang muss ich zunächst – gewissermaßen außerhalb des Protokolls, denn dazu habe ich selbst als Mitglied des Hessischen Kultusministeriums eigentlich keine dienstliche Meinung, aber vielleicht darf ich ja als praktizierender Katholik etwas dazu sagen – der Katholischen Hochschulgemeinde Gießen ein großes Kompliment machen: ihrem Hochschulpfarrer und allen, die an der Konzeption und Durchführung des heutigen Symposions beteiligt waren, aber auch allen, die sich ansonsten in den vielfältigen Arbeitsbereichen und Aktivitäten der Hochschulgemeinde engagieren. Die heutige Veranstaltung und das Semesterprogramm insgesamt machen in exemplarischer Weise deutlich, was es heißt, unter den Bedingungen der heutigen Zeit Hochschulpastoral zu betreiben – ja, Kirche an der Hochschule zu sein.

Ich will jetzt keinen Parforceritt durch verschiedene hochschulpastorale Ansätze in ihrer historischen Entwicklung unternehmen, sondern nur so viel sagen: Hochschulgemeinde – Kirche an der Hochschule – ist erstens mehr als nur Gottesdienste und individuelle Seelsorge, so wichtig und unverzichtbar die liturgischen und konventionellen pastoralen Elemente auch sein mögen. Kirche an der Hochschule geht auch – zweitens – hinaus über das Erleben und Erfahren von Begegnung und Gemeinschaft – auch diese Dimension ist zweifelsohne ganz wesentlich. Aber ich möchte auf ein Drittes hinaus: Kirche an der Hochschule vollzieht sich auch in der Dimension des Zeugnisses davon, dass die Christen, wie es im Johannesevangelium heißt, zwar nicht von der Welt, aber eben in der Welt sind (vgl. Joh. 15,19).

Deshalb können sich die Christen – vor dem Hintergrund ihres christlichen Glaubens, den andere teilen mögen oder auch nicht – der Welt und der Gesellschaft von heute öffnen, sich ihr zuwenden, mit ihr in einen Dialog treten, ein Forum bieten für einen Diskurs, in dem die brennenden Fragen der heutigen Zeit, die die Menschen bewegen, existenziell bewegen, ihren Platz haben und in aller Offenheit und Ernsthaftigkeit erörtert werden können. Die Hochschulen sind ein angemessener Ort für diesen Diskurs, und es ist gut und richtig und angemessen, dass eine Hochschulgemeinde den Diskurs anstößt und in Gang hält.

Gelegentlich entsteht oder zeigt sich – weniger auf kirchlicher Seite – das Missverständnis, der Auftrag der Kirche in der Gesellschaft bestehe gewissermaßen darin, zu den harten Fakten, zu den Sachzwängen, zu den ökonomischen Rahmenbedingungen die Moral, die Werte beizusteuern – beinahe im Sinne einer Zutat, eines Abschmeckens. Das ist – wie gesagt – ein Missverständnis. Staat und zivile Gesellschaft sind keine wertfreie oder wertneutrale Zone – ganz im Gegenteil. Richtig ist, dass es dem in religiöser und weltanschaulicher Hinsicht neutralen Staat verwehrt ist, seinen Wertentscheidungen eine dezidiert religiöse, mit einem religiösen Wahrheitsanspruch versehene Begründung zu geben. Aber der Staat, der in seinem Grundgesetz neben manch anderem auch die Freiheit der Religionsausübung gewährleistet, ist auch verpflichtet, denen Raum zu geben und jenen die Teilnahme am öffentlichen Diskurs zu ermöglichen, welche die gesellschaftlichen Debatten gerade vor dem Hintergrund ihrer eigenen religiösen Überzeugungen mitgestalten.

Genau dies geschieht hier und heute, und es geschieht zu Recht! Das gilt natürlich auch für die Schriftenreihe der KHG mit dem Titel *Dialog leben*, die die guten Gedanken der Symposien auch für die Nachwelt überliefert und das Nachlesen ermöglicht. Ich finde das alles ausgesprochen lobenswert! Und dass der Hochschulpfarrer genau im Dialog von Kirche und Welt einen wesentlichen Aspekt seiner Berufung als »Weltpriester« sieht und erkennt, erscheint mir als eine ausgesprochen glückliche Fügung.

Die Frage, ob in unserer Zeit und Gesellschaft, die ja zweifelsohne durch ökonomische Gesetzmäßigkeiten und Erfordernisse geprägt ist, in der Tat der Ausverkauf des Menschen droht, will ich an dieser Stelle nicht abschließend beantworten. Mit Ihnen allen hoffe ich natürlich, dass es zu solch einem Ausverkauf nicht kommen wird!

Ich möchte dem Impulsreferat von Herrn Müntefering und den Erkenntnissen aus den Arbeitskreisen nicht vorgreifen. Gestatten Sie mir aber bitte mit Blick auf die Mitverantwortung, die wir im Kultusministerium für das Schulwesen und die Bildungsverwaltung in unserem Land tragen, noch einige wenige Bemerkungen zur Thematik, die uns heute hier beschäftigt.

Zum Bildungs- und Erziehungsauftrag der Schulen – Schülerinnen und Schüler zu ethischem Handeln befähigen

Die Sorge, ob der Ausverkauf des Menschen zu befürchten steht, geht uns alle an. Das gilt auch für den schulischen Bereich, da die Schülerinnen und Schüler dort – in gewisser Anlehnung an *Seneca* – nicht für die Schule, sondern für das Leben lernen. Das ist nicht nur einfach eine Floskel, sondern hat – wenn man einen Blick in das Hessische Schulgesetz wirft – einen durchaus ernsthaften Hintergrund. Nicht von ungefähr heißt es dort von den hessischen Schulen, dass diese den gemeinsamen Bildungsauftrag erfüllen, der aus der Landesverfassung resultiert, einen Bildungsauftrag, der auf christlicher und humanistischer Tradition beruht. Und dann geht der Wortlaut des §2 Absatz 1 Hessisches Schulgesetz so weiter:

»Sie [gemeint sind die Schulen] tragen dazu bei, dass die Schülerinnen und Schüler ihre Persönlichkeit in der Gemeinschaft entfalten können.«

Grundsätzlich gilt also: Der Bildungs- und Erziehungsauftrag der Schule ist darauf ausgerichtet, dass die Schülerinnen und Schüler ihre eigene Identität im Spannungsverhältnis von Individualität und Gemeinschaftsbezogenheit entwickeln.

Das ist – für einen Programmsatz am Anfang des Schulgesetzes ist das nichts Untypisches – relativ allgemein gefasst und bedarf einer – schrittweisen – Konkretisierung. Was im Einzelnen gemeint ist, wozu die Schülerinnen und Schüler befähigt werden sollen, wird in §2 Absatz 2 Hessisches Schulgesetz näher entfaltet. Da kommen ganz verschiedene Aspekte und Umstände zur Geltung. Auf zwei dieser Erziehungsziele, die das Gesetz eigens anspricht, will ich an dieser Stelle in aller Kürze eingehen.

Zwei Erziehungsziele sind:

Zum einen geht es darum, *zur demokratischen Gestaltung des Staates und einer gerechten und freien Gesellschaft beizutragen*. Das weist zurück auf das Menschenbild unseres Grundgesetzes und der Verfassung des Landes Hessen. Und dieses Menschenbild meint Bürgerinnen und Bürger, die sich engagieren, die bereit sind, in der Demokratie Verantwortung zu übernehmen. Das Lernziel der Verfassung, wenn man so will, besteht daher darin, die freiheitliche demokratische Grundordnung aktiv mitzutragen, und zwar in dem Verständnis, dass der Staat organisierte Selbstbestimmung ist – und nicht nur ein passiv geduldetes System zur Verteilung von Sozialchancen (*Köller*, in: *ders./Achilles*, Hessisches Schulgesetz, Kommentar, §2 Anmerkung 8.2).

Die Demokratie aktiv mittragen und Verantwortung zu übernehmen, heißt aber nicht nur, sich zur Wahl zu stellen, wenn der Landtag oder ein Kreistag oder auch eine Stadtverordnetenversammlung gewählt wird. Es muss auch nicht jeder Ministerpräsident oder Minister oder Staatssekretär werden oder werden wollen.

Demokratie aktiv mittragen und Verantwortung übernehmen, beginnt viel früher und kann sich in ganz schlichten Formen vollziehen. Auch wählen gehen ist eine Form davon. Und einer Ministerin oder einem Minister, einer Staatssekretärin oder einem Staatssekretär kritische Fragen stellen, kann auch dazu gehören. Und ganz gewiss werden Beiträge zur Demokratie geleistet, wenn sich Menschen in ihrem jeweiligen persönlichen Kontext überlegen, was es denn konkret bedeuten kann, an einer gerechten und freien Gesellschaft mitzuwirken, und was sie oder er individuell oder gemeinsam mit anderen dazu möglicherweise beitragen kann.

Aufgabe der Schulen ist es – in aller Schlichtheit und Ernsthaftigkeit –, junge Menschen dazu zu befähigen. Das ist nicht nur eine Frage der Wissensvermittlung, der Weitergabe von Kenntnissen etwa über ideengeschichtliche, gesellschaftliche und historische Zusammenhänge. Das ist auch eine Frage der Ermutigung durch die Lehrkräfte und des glaubwürdig gelebten Zeugnisses: Die Lehrerinnen und Lehrer sind mit ihrer gesamten Persönlichkeit gefragt. Sie stehen da nicht allein – es gibt ja auch noch Eltern, Großeltern, Patinnen und Paten und manch andere Bezugspersonen der jungen Leute. Aber im schulischen Kontext nehmen die Lehrerinnen und Lehrer doch eine zentrale Stellung ein, wenn es um die Vermittlung von Wissen und von Kompetenzen geht. Das bedeutet Verantwortung und Chance zugleich.

Das Schulgesetz nimmt zum anderen die Schulen in die Pflicht, die *Schülerinnen und Schüler zu befähigen, nach ethischen Grundsätzen zu handeln*. Das ist nicht nur eine Frage von Lehrplänen und Curricula, ob dies nun das Fach Ethik ist als Ersatzfach für Schülerinnen und Schüler, die aus unterschiedlichen Gründen nicht am Religionsunterricht teilnehmen, oder das Fach Politik und Wirtschaft.

Sicher kommt diesen beiden Fächern eine besondere Bedeutung zu. Ich will hier nicht ins Detail gehen; dazu gibt es den Arbeitskreis mit Herrn Studiendirektor Kaiser und Herrn Reif. Gleichwohl meine ich: Wenn es etwa im Ethikunterricht darum geht, den Schülerinnen und Schülern zu vermitteln, was es heißt, verantwortlich zu handeln, und zu verstehen, was mit Menschenwürde gemeint ist und warum sie unveräußerlich und unantastbar ist, dann kann die ökonomische Dimension der Welt und der Gesellschaft, dann können die wirtschaftlichen Aspekte, die unsere moderne Lebenswirklichkeit mitprägen, dabei nicht außen vor bleiben. Sie gehört ganz selbstverständlich dazu.

Und auch das Fach Politik und Wirtschaft zielt darauf ab, dass die Schülerinnen und Schüler – die ja auch einmal Arbeitnehmer oder Arbeitgeber sein werden – politische und ökonomische Systeme und Strukturen, Prozesse und Handlungen sowie die handelnden Personen in ihren gesellschaftlichen Rollen analysieren, hinterfragen und schließlich beurteilen können. Dies geht nicht ohne ein gewisses Maß an ökonomischer Bildung.

Das Ganze ist natürlich ein dynamischer Prozess. *Ökonomische Bildung und Befähigung zum ethischen Handeln* geschieht auch in wirtschaftsbezogenen Zusammenhängen und funktioniert nicht nach Schema F. Die beruflichen und privaten Lebenssituationen, für die die schulische Bildung – neben anderem – ein Rüstzeug geben will, wandeln sich, und die Fragen der jungen Leute, wandeln sich ebenfalls – und sie wandeln sich in rasantem Tempo. Die Generation Y wird das System Schule in absehbarer Zeit durchlaufen haben, die Generation Z – die *Digital Natives* – sind schon dabei oder stehen in den Startlöchern, und in welcher Folge künftig eine dieser Generationen auf die nächste folgen wird, wird sich noch erweisen müssen. Lehrerinnen und Lehrer stehen daher in der Verantwortung, ihrerseits nicht nur das Ohr am Puls der Zeit zu haben, sondern vor allem ihre Schülerinnen und Schüler mit dem, was sie beschäftigt und bewegt, im Blick zu behalten – auch dadurch können sie übrigens ein Vorbild für verantwortliches Handeln geben.

Es zeigt sich: *Der Zusammenhang von Ökonomie und Ethik als einer Schlüsselfrage für unsere moderne Gesellschaft betrifft nicht nur einzelne Fächer, sondern letztendlich Schule in ihrer Gesamtheit. Kein Fach – auch kein Schulfach – kann es sich heutzutage leisten, gleichsam mit Scheuklappen vorzugehen, nicht über den eigenen Tellerrand hinauszuschauen, nicht in Kontakt zu treten mit anderen Disziplinen und Fachrichtungen – nicht zwanghaft, sondern dort, wo es sinnvoll und sachgerecht ist. Fachübergreifende Ansätze – in verwandten Fächern, etwa im gesellschaftswissenschaftlichen Aufgabenfeld, aber auch darüber hinaus – sind ebenso nützlich wie hochwillkommen. Ich habe das selbst als Lehrer erlebt, und ich freue mich, dass diese Möglichkeiten im Schulalltag immer wieder und immer öfter erkannt und genutzt werden.*

Dabei will ich aber bewusst nicht stehenbleiben. Ethische Überlegungen und Aspekte können in ganz vielen Zusammenhängen in den Lernprozess und in die Unterrichtsgestaltung, in die Gestaltung des Schulalltags einfließen. Sicher, das Einmaleins richtet sich nicht nach ethischen Grundsätzen und die Rechtschreibung und die englischen oder französischen Vokabeln auch nicht. Aber die Verortung des ethischen Handelns und der Befähigung hierzu in den allgemeinen Bildungs- und Erziehungszielen am Anfang unseres Schulgesetzes, also gewissermaßen vor die Klammer gezogen, zeigt: Das gilt ganz allgemein. Es gibt also keine Lehrerin und keinen Lehrer, die oder der sagen könnte: Für mein Fach, für meinen Unterricht spielt das keine Rolle.

»Angewandte Wirtschaftsethik« stärkt Verantwortung und Verantwortungsbereitschaft der Jugendlichen

Ein Bereich, in dem das ganz praktisch erfahrbar wird, ist übrigens auch die gezielte Förderung von Schülerinnen und Schülern, denen aus unterschiedlichen Gründen das Hineinfinden in das Berufs- und Arbeitsleben schwerfällt. Ich denke da an die Projekte »Lernen und Arbeiten in Schule und Betrieb« (SchuB) sowie »Eingliederung in die Berufs- und Arbeitswelt« (EIBE) – schon seit geraumer Zeit hat es sich das Land Hessen zum Ziel gesetzt, die Ausbildungsfähigkeit von Jugendlichen zu stärken und ihnen den Einstieg in die Berufs- und Arbeitswelt zu erleichtern. Schulabbruch soll vermieden, die Jugendlichen sollen auf den Übergang von der Schule in den Beruf intensiv vorbereitet und in dieser Lebensphase begleitet werden. Diese Unterstützung bei der Bewältigung von Schulabschluss und Berufseinstieg, die übrigens nicht ohne das aktive Mittun der betreffenden Jugendlichen auskommt, ist, wenn Sie so wollen, »*angewandte Wirtschaftsethik*« – eine Hilfestellung, die auch die Verantwortung und die Verantwortungsbereitschaft der Jugendlichen einfordert und gleichzeitig stärkt, wenn sie nämlich Mut fassen und dann in Welt und Gesellschaft ihre Frau, ihren Mann stehen.

Auf diese Weise wird deutlich: Der gesetzliche Auftrag, die Schülerinnen und Schüler zu ethischem Handeln zu befähigen, richtet sich letztendlich an alle verantwortlichen Akteure in Schule und Bildungsverwaltung – Lehrerinnen und Lehrer, Schulleiterinnen und Schulleiter, aber auch an diejenigen, die in den Schulaufsichtsbehörden und im Bereich der Lehrerbildung an diesem Auftrag mitwirken. Ich selbst will mich da gar nicht ausnehmen.

Anerkennung gebührt in diesem Zusammenhang aber auch den Eltern sowie den Schülerinnen und Schülern, die sich – so wie es das Schulrecht vorsieht – im Wege der Mitbestimmung einbringen, wenn es darum geht, den staatlichen Bildungsauftrag und das private Erziehungsrecht so zu verbinden, dass man – bei allen Unterschieden in Einzelfragen – im Grundsatz nicht gegeneinander, sondern miteinander zum Wohl der Kinder und Jugendlichen arbeitet. Auch das ist übrigens ein Beispiel für verantwortliches Handeln, das Vorbildcharakter haben kann.

Vorrang von Mensch oder Markt – Welche Konsequenzen ziehen?

Abschließend ist festzuhalten: Ob der Mensch noch über den Markt bestimmt oder ob der Markt nicht längst die Kontrolle über den Menschen übernommen hat, ist eine – zu Recht – zugespitzte Frage, die sich vielleicht nicht so ohne weiteres abschließend beantworten lässt. Es kommt ein wenig darauf an, wie man sie verstehen will. Wichtiger noch als die Antwort auf die Frage erscheint mir aber, welche Konsequenzen wir aus dem Umstand ziehen, dass sich die Frage nach dem Vorrang von Mensch oder Markt überhaupt stellt.

Mich stimmt jedenfalls hoffnungsvoll, dass das heutige Symposion den Menschen, den Wert eines jeden einzelnen Menschen und die ihm zustehende unveräußerliche Würde, in den Mittelpunkt stellt. Und es sind Menschen aus Fleisch und Blut, die hier heute zusammen sind und miteinander ins Gespräch kommen, miteinander diskutieren, dies gerne auch kontrovers, und dabei Übereinstimmung feststellen oder auch, dass man – respektvoll – unterschiedlicher Meinung ist und bleibt. Auch das ist Dialog – jedenfalls dann, wenn die Dissentierenden im Grundsatz bereit sind, sich weiterhin für die gemeinsame gute Sache einzusetzen. Und auch »der Markt« ist ja nicht ein ominöses anonymes Wesen mit eigener Persönlichkeit, welches die Fäden zieht und die Geschicke der Welt lenkt, sondern es sind Marktteilnehmer, Unternehmen, hinter denen letztendlich Menschen dieser Erde stehen, denen es – wie uns allen – aufgetragen ist, verantwortlich zu handeln, in Verantwortung vor unserem Gewissen, das bei denen, die vor dem Hintergrund einer religiösen Überzeugung handeln, das Einfallstor für das Heilige, das »Einfallstor für den göttlichen Willen« (Georg Wünsch) ist. Hier deutet sich schon die Antwort auf die Frage an, ob nun der Markt oder der Mensch das letzte Wort hat.

Wie steht die junge Generation zu Verantwortung und zu Werten?

Erfahrungen aus langjähriger Unterrichts- und Projektarbeit an der Schule

Josef Kaiser

Zeitdiagnosen sind unerlässliche Untersuchungen, wie ein Seismograf legen ihre Ergebnisse und Analysen den Zustand und die Entwicklungen in Politik und Gesellschaft sowie die Einstellungen und Verhaltensweisen verschiedener gesellschaftlicher Gruppen offen. Zugleich berühren die jeweiligen Gegenwartsanalysen auch Grundsatzfragen in der Gesellschaft und stellen somit auch wertvolle Indikatoren zur Einstellung und Gestaltung von Zukunft dar. Hierzu gehören auch Studien über die junge Generation. Jugendforschung hat in Deutschland seit den 1950er Jahren an Umfang und Gewicht einen Aufschwung erfahren. Zu einem festen Bestandteil der Jugendforschung haben sich seit über 60 Jahren die Shell-Jugendstudien entwickelt. Seit 1953 werden von Shell in Deutschland unabhängige Forschungsinstitute mit der Erstellung von Studien beauftragt, um Sichtweisen, Stimmungen und Erwartungen von Jugendlichen zu dokumentieren.[1]

Wie steht die junge Generation heute zu Verantwortung und Werten? Diese Frage wird aktuell wieder viel diskutiert. Um sie einzuschätzen und sich ein Urteil hierzu bilden zu können, behandle ich die Thematik im Folgenden anhand von drei Leitfragen.

1. Leitfrage: Ist die Schule der richtige Ort, um der sogenannten Generation Y Werte zu vermitteln und ihre Verantwortungsbereitschaft zu fördern?

1.1 Jugend heute – Welches Bild zeichnen Medien von ihr?

Obwohl es sie als homogene Gruppe nicht gibt, wird aktuell die junge Generation der 15- bis 30-Jährigen häufig als Generation Y bezeichnet. Dabei zitieren

---

[1] Nach dem Wikipedia-Artikel »Jugendforschung« (Stand: 30.03.2015) und den Informationen zur »Shell Jugendstudie« (www.shell.de/aboutshell/our-commitment/shell-youth

Kommentatoren und Artikelschreiber in den Printmedien, auf die ich mich hier beschränke, meist Klaus Hurrelmann, den 70-jährigen Bielefelder Soziologen und Autor zahlreicher Jugend-Studien. Er hat zusammen mit dem Journalisten Erik Albrecht das 2014 neu erschienene Buch mit dem Titel *Die heimlichen Revolutionäre. Wie die Generation Y unsere Welt verändert* geschrieben (Hurrelmann & Albrecht 2014a). Zugleich kündigte die Zeitschrift *Psychologie Heute* in ihrem Oktober-Heft 2014 mit dem Aufmacher »Die Ypsiloner kommen« an, dass eine neue Generation die Bühne betrete. Autoren sind auch hier Hurrelmann und Albrecht (Hurrelmann & Albrecht, 2014b).

Die sogenannte Generation Y wird als von ihren Eltern behütet, als pragmatisch und flexibel, dem gesellschaftlichen Wandel angepasste Generation dargestellt, für die allerdings das Versprechen auf immer mehr Wohlstand und sozialversicherte Vollzeitjobs nicht mehr gelte. Sie besteht aus den ersten Digital natives, die mit Computer, Tablets und Smartphones online aufgewachsen ist. Google und Facebook erzielten in ihrer Kinder- und Jugendzeit ihren Durchbruch. Neben den technischen Umwälzungen erleben junge Menschen im Vergleich zu ihren Eltern und Großeltern eine veränderte wirtschaftliche und politische Lage. Deshalb wird das Y, das für das Englische »Why« steht, als Fragewort zum Symbol für die Sinnfrage und zum Merkmal dieser Generation. Nur noch ein Teil dieser Generation kann den traditionellen Mustern von Beruf und Karriere folgen. Mindestens ein Drittel muss mit Teilzeitjobs und Kettenverträgen rechnen oder wird vorübergehend arbeitslos. Die Aussichten für gering Qualifizierte, einen festen Arbeitsplatz zu erhalten, sind vergleichsweise noch geringer, obwohl quantitativ die Generation Y die kleinste ist, die die Bundesrepublik je gesehen hat.

In dieser Situation müssen die jungen Menschen eine Persönlichkeit entwickeln, die es ihnen erlaubt, auf die Veränderungen zu reagieren, ohne sich von ihnen treiben zu lassen. Die Generation Y wird als Generation von Realisten und Egotaktikern bezeichnet. Das bedeutet, dass sie schnell und mit großer Sensibilität ihre Ausgangslage erfasst, um möglichst schnell flexible Entscheidungen zu treffen. Klappt ein Praktikum oder eine Bewerbung nicht oder wird ihr Zeitvertrag nicht verlängert, hat sie einen Plan B, C oder D. Ausgehend von einer nüchternen Betrachtung ihrer Wünsche und Bedürfnisse stellen sie sich die Frage: Was ist das Beste für mich? Wie halte ich mir möglichst viele Optionen offen? Hurrelmann bezeichnet Egotaktik als

> »Mechanismus, mit dem die Generation Y jederzeit schnell im Alltag flexible Entscheidungen treffen kann. Sie nutzt eine Mischung aus Selbstbezug und sensiblem,

---

-study; Stand: 30.03.2015). Die aktuelle 16. Studie *Jugend 2010 – 16. Shell Jugendstudie* erschien 2010 und das nächste Jugendporträt erscheint im Herbst 2015 unter dem Titel *Jugend 2015 – 17. Shell Jugendstudie*.

strikt nach opportunen Gesichtspunkten ausgerichtetem, tastendem und taktierendem Verhalten, über das sie Chancen auslotet und Entfaltungsspielräume erkundet. Ideale, Normen und Prinzipien helfen da wenig. Oft kommt es auf die Intuition an. Improvisation wird zum zentralen Element der Lebensführung. Jede Entscheidung und jede Handlung rechtfertigen sich am Ende allein durch ihr Ergebnis« (Hurrelmann & Albrecht, 2014a, S. 32).

Nur wenige Wochen später hat sich Ende Oktober 2014 der *Spiegel* unter der Überschrift »Generation Ich« ebenfalls dieses Themas angenommen. Dort konstatieren die Autoren: »Konsumorientiert und karrierefixiert – deutsche Studenten leisten sich einer unveröffentlichten Regierungsstudie zufolge lieber schöne Dinge als politisches Engagement« (Becker et al., 2014). Weiterhin kann man lesen, die Studenten seien unpolitischer und konservativer geworden.

Viel wichtiger als Politik sei ihnen ein gewisser Wohlstand. »Die Ergebnisse zeichnen ein Bild einer stark ichbezogenen Studentengeneration. Berufliches Vorankommen sowie materielle Werte sind für sie wichtig«, heißt es in der Studie. »Sich schöne Dinge leisten zu können« steht für die Studenten zum Beispiel ganz oben auf der Agenda. 1995 fanden dies nur 31 Prozent wichtig, heute sind es 73 Prozent der Befragten« (ebd., S. 45).

Das deckt sich auch mit Hurrelmanns Erkenntnissen:

> »Auf die Idee jedoch, sich in der organisierten Politik zu engagieren, kommen nur sehr wenige Ypsiloner. Sie sind zufrieden mit der bundesdeutschen Demokratie, ein soziales Engagement betreiben sie lieber über soziale Netzwerke im Internet. Sie sind größtenteils unideologisch und haben eine realistische und pragmatische Weltsicht. Sie sind nicht selbstzufrieden, aber überzeugt von ihren Fähigkeiten. Sie nehmen gelassen zur Kenntnis, dass sich soziale, kulturelle, wirtschaftliche und ökologische Rahmenbedingungen geändert haben und alte Regeln nicht mehr gelten. Sie sind es gewohnt, ihre Lebensplanung immer wieder neu den Realitäten anzupassen. Sie ahnen, dass ›Erwachsenwerden‹ und ›Gesellschaftliches-Vollmitglied-Sein‹ nicht mehr das sind, was sie noch für ihre Eltern waren« (Hurrelmann & Albrecht, 2014b, S. 62).

Die Ypsiloner stehen laut Hurrelmann zum Kapitalismus und zum Gewinnprinzip, *aber* sie arbeiten primär nicht um des Geldes, sondern des Interesses willen und wollen ihre Arbeitskraft in sinnvolle Projekte stecken. Ypsiloner wollen sich selbst über die Berufstätigkeit als unverwechselbare Persönlichkeiten entfalten. Sich mit Haut und Haaren ihrer Arbeit verschreiben und das persönliche und das gesellige Leben darüber hintanstellen – das ist nicht in ihrem Sinne. Sie haben sich in ihrer Bildungs- und Ausbildungslaufbahn viel Mühe gegeben und haben intensiv an sich gearbeitet. Nun erwarten sie vom Arbeitgeber, dass er auf ihre Wünsche und Bedürfnisse eingeht.

Unter der Überschrift »Die Jugend von heute« stellte in einem Kommentar am 1. November 2014 Jürgen Kaube, der damalige stellvertretender Leiter des Feuilletons und seit dem 1. Januar 2015 Herausgeber der *Frankfurter Allgemeinen Zeitung* als Nachfolger von Frank Schirrmacher, in einem Kommentar fest:

> »Vor gut zehn Jahren schon diagnostizierte besagter Forscher in typischer Manier die Ego-Taktik an einer Generation, die sich politisch allenfalls für Fragen interessierte, die ihr eigenes Fortkommen angingen. Als kurz darauf unter Beteiligung derselben Jugend europaweit riesige Demonstrationen gegen den zweiten Irak-Krieg stattfanden, wurde er gefragt, wie sich das zu seinen Befunden verhalte. Der Forscher fand sich bestätigt: Das sei ja gerade ein Bestandteil dieses egotaktischen Verhaltens, dieser Mentalität, auch bei politischen Themen von ganz ursprünglichen Bedürfnissen und Wünschen auszugehen, hier nach dem Frieden. Man tauscht also einfach den Gegenbegriff aus. Zuerst lautet die Unterscheidung Egoismus/Altruismus, dann emotionales Engagement/etablierte Politik. Und schon ist die These wieder intakt.
> Was bei all dem zu kurz kommt, ist die Frage, warum denn die Jugendlichen so sind, wie sie sind« (Kaube, 2014).

1.2 Generation Y – meine Erfahrungen und Eindrücke als Lehrer

Decken sich meine Erfahrungen und Eindrücke als Lehrer mit dem von den Medien vermittelten Bild der Generation Y? Hierzu möchte ich auf die Bologna-Reform und auf Jürgen Kaubes Fazit in seinem Kommentar verweisen. In seinem Schlusssatz schreibt er:

> »Auch Bologna mit seinen vollgestopften Stundenplänen hat sich die Jugend nicht ausgedacht. Wen also muss man sich näher anschauen, wenn Studenten, die fünfzehn Kurse in der Woche haben, nicht mehr lesen? Nicht die Jugend von heute, sondern die Erwachsenen von gestern« (ebd.).

Insofern ist nach meinem Eindruck bei dem pauschalen Schwadronieren über die Jugend von heute immer viel Heuchelei der Generation im Spiel, die angeblich politischer war in ihrer Jugend als es die momentane angeblich ist und die sich jetzt für die Rente mit 63 und andere soziale Wohltaten stark macht. Es wird von Politikern viel über den Wert des Rohstoffs Bildung in der ansonsten rohstoffarmen Bundesrepublik geredet, aber immer noch nicht genug für entsprechende Zukunftsinvestitionen getan. Immerhin haben studentische Proteste zur Abschaffung der Studiengebühren in fast allen Bundesländern geführt.

Der gleiche Pragmatismus, den Jugendforscher beklagen, wird durch enge Zeitpläne für Schüler durch G8 und als Resultat der Bologna-Reform an den Universitäten von Jugendlichen als Haltung gefordert und gefördert. Sie sollen zügig Abitur machen und studieren, um möglichst schnell ins Berufsleben einzusteigen und am besten noch nebenher zahlreiche Praktika und Auslandssemester zu absolvieren.

Forschendes Lernen und das Betreten eigener Interessensgebiete, die nicht im Curriculum der Schule oder des jeweiligen Studienganges verankert sind, bleiben auf der Strecke oder werden zur Ausnahme.

Jugendliche sind zwangsweise Meister der Zeitökonomie, da sie zum Teil mehr Stunden mit Lernen verbringen als Erwachsene in ihrer beruflichen Tätigkeit. Auch hier ist es wieder Schüler- und Eltern-Protesten zu verdanken, dass die flächendeckende Einführung der verkürzten Schulzeit an Gymnasien in vielen westlichen Bundesländern rückgängig gemacht worden ist bzw. als Wahloption angeboten wird. Wahlfreiheit heißt das politische Zauberwort, das aber auch immer eine Delegation der Verantwortung von oben nach unten beinhaltet.

1.3 Sind Schulen Supermärkte für pädagogische und fachspezifische Angebote oder Orte der Vermittlung von Allgemeinbildung und gesellschaftlicher Werte?

Welche Schule ist die richtige für mein Kind? Wo bekommt es den besten Notenschnitt im Abitur? Wo wird es am besten individuell gefördert? Wo ist es unter Seinesgleichen? Welche Leistungskurse soll mein Kind belegen? Welche Fächer soll es abwählen, welche Kurse zusätzlich belegen? An welchem Schüleraustausch soll es teilnehmen? USA, Spanien, China oder Australien?

All das sind Fragen, die sich Eltern stellen und die Entscheidungen verlangen. Weniger häufig wird die Frage gestellt: Beinhaltet das Abitur an dieser Schule auch eine gute Studierfähigkeit? Was wird für die Persönlichkeitsbildung und die Allgemeinbildung mehr oder minder systematisch an dieser Schule getan? Hat die Schule eine gut funktionierende Schulgemeinde und eine Schulleitung, die auf gute Unterrichtsqualität achtet?

Besucht man eine Schulmesse, wie sie im Frühherbst 2014 in Gießen in der Kongresshalle stattgefunden hat, wo sich alle weiterführenden Schulen vorgestellt haben, so gewinnt man den Eindruck, Schulen seien pädagogische Supermärkte mit einem möglichst vielfältigen Warenangebot.

Ich zitiere als Beleg hierfür aus der Einladung zu Informationsveranstaltungen zweier Gießener Gymnasien. Sie bieten an:

> »Sportklasse, erweiterter Musikunterricht, AG-Angebot, Konzept ›Soziales Miteinander‹, Sport und Gesundheit, Ganztagsangebot, MINT, Hausaufgabenbetreuung,

Austauschprogramme, Begabtenförderung, besondere Einstiegsprofile, besondere Förderung der musisch-ästhetischen Erziehung.«[2]

Die Liste ließe sich beliebig lang fortsetzen bei dem Studium weiterer Einladungen. Schule erscheint als Supermarkt der Möglichkeiten, in dem es auszuwählen gilt zwischen Angeboten.

Für Eltern ist es schwierig, hinter die Kulissen zu schauen, um zu beurteilen, wie die Unterrichtsqualität ist, wie engagiert ein Kollegium ist, ob die Schulleitung ein gut funktionierendes Team ist, wie gut das Schulklima und das Miteinander in der Schulgemeinde sind.

Noch schwieriger ist es zu beurteilen, ob es eine Schulphilosophie in Form eines pädagogischen Konzeptes gibt. Das auf der Homepage einer Schule veröffentlichte Leitbild und das Schulprogramm geben da nur begrenzt brauchbare Auskunft.

Aber man findet eine Reihe von Werten, die es im schulischen Alltag zu verwirklichen gilt. Hier ein exemplarisches Beispiel:

> »Der Umgang aller an Schule Beteiligten miteinander ist von Respekt, gegenseitiger Achtung und konstruktivem Bemühen geprägt; die Wahrung der Menschenwürde ist dabei oberstes Gebot. Das schulische Handeln wird bestimmt durch die allgemeinen Menschenrechte und das Streben nach Gerechtigkeit und Solidarität. Daraus resultieren das gemeinschaftliche Bemühen um individuelle Förderung jedes Schülers und jeder Schülerin sowie die Erziehung zu partnerschaftlichem und demokratischem Miteinander. Unterricht ist daher zugleich fachwissenschaftliche Vermittlung, Erwerb von Lernkompetenzen sowie Erziehung hin zu den Werten einer demokratischen Gesellschaft in solidarischer Verantwortung in einem lokalen wie auch einem globalen Sinne. Ein solches Verantwortungsbewusstsein schließt sowohl die Verantwortung für den eigenen Lernprozess als auch für die Gemeinschaft in der Lerngruppe, eine aktive Friedenserziehung, interkulturelle Aspekte und nachhaltigen Umgang mit Umwelt und natürlichen Ressourcen ein.«

Es handelt sich um das Leitbild der Helene-Lange-Schule in Wiesbaden, einer Reformschule mit besonderem pädagogischen Anspruch.[3]

Aber auch an normalen Schulen werden Werte wie die genannten vermittelt, besonders dann, wenn im Kollegium ein Konsens darüber hergestellt werden kann, wie humanistische Ideen umgesetzt und neu interpretiert werden kön-

---

2   Einladungen der drei Gießener Gymnasien Herderschule, Landgraf-Ludwigs-Gymnasium und Liebigschule zu Informationsveranstaltungen für Eltern von Viertklässlern.
3   Leitbild und Schulprogramm der Helene-Lange-Schule in Wiesbaden; http://www.helene-lange-schule.templ2.evision.net/index.php?id=55

nen. Ich habe einen entsprechenden Prozess im Rahmen der Leitbilddiskussion an meiner Schule, dem Landgraf-Ludwigs-Gymnasium in Gießen anzustoßen versucht.

Was verstehen wir unter Bildung, wie sieht unser humanistisches Bildungsverständnis aus, was sind die Ziele von humanistischer Bildung? In Anlehnung an Julian Nida-Rümelin lassen sie sich wie folgt definieren:

>»Eine humane Bildung soll den ganzen Menschen in den Blick nehmen, ihn in seiner ästhetischen, emotionalen, ethischen und kognitiven Dimension respektieren. Die menschliche Praxis verlangt nach einer Kohärenz emotiver und kognitiver, ästhetischer und ethischer Erfahrungen und Einstellungen. Diese Kohärenz zu entwickeln helfen und damit ein in sich stimmiges Leben zu ermöglichen, dazu beizutragen, dass Menschen in den unterschiedlichen Phasen ihres Lebens mit sich im reinen sind, ist oberstes Ziel humaner Bildung« (Nida-Rümelin, 2013, S. 230f.).

Weiter heißt es bei ihm:

>»Selbst wenn Bildung dem Erfolg dienlich ist, würde daraus nicht folgen, dass der Erfolg darüber entscheidet, ob jemand gebildet ist. Bildung kann nur inhaltlich, nicht instrumentell definiert werden. Wenn Platon recht hat, dann spielt für genuine Bildung wohlbegründetes Wissen, ›sophia‹, eine zentrale Rolle. Wenn Aristoteles recht hat, beruht echte Bildung auf erfahrungsgesättigter Lebensklugheit, ›phronesis‹. Wenn die Stoiker recht haben, ist die gebildete Persönlichkeit dadurch ausgezeichnet, dass sie ihre Gefühle kontrollieren kann, dass sie zu diesen kritisch Stellung nehmen und auf der Grundlage dieser Stellungnahme handeln kann. [...] Wenn Immanuel Kant recht hat, dann gehört zur Bildung die Achtung vor dem Sittengesetz, die Fähigkeit, sich so weit von seinen eigenen Neigungen distanzieren zu können, dass man nur solchen Regeln (Maximen) folgt, die auch als allgemeine Handlungsregeln taugen würden. Wenn Wilhelm von Humboldt recht hat, dann fördert die Wahrheitssuche um ihrer selbst willen die Persönlichkeit etc.
>
> Gemeinsam ist diesen und anderen humanistischen Positionen trotz aller Unterschiede, dass Bildung einen Selbstwert hat, dass Bildung um ihrer selbst willen erstrebenswert ist« (ebd., S. 51).

>»Ein humanistisches Bildungsverständnis beruht auf dem Ideal der Autonomie. Die Fähigkeit, ein Leben nach eigenen Regeln, frei und verantwortlich zu führen, ist oberstes humanistisches Bildungsziel. Eine entwickelte Urteilskraft und Entscheidungsfähigkeit sind Voraussetzungen für ein autonomes Leben« (ebd., S. 60).

Grundlagen für unser Denken und Handeln sind Rationalität, Freiheit und Verantwortung.

> »Die Fähigkeit, vernünftige, wohl begründete Überzeugungen auszubilden, die Fähigkeit zu einer autonomen Lebensgestaltung und die Fähigkeit, Verantwortung zu übernehmen, sind die zentralen Bildungsziele eines erneuerten Humanismus«. (ebd., S. 83).

Wenn es einer Schulgemeinde nicht gelingt, diesen Diskurs erfolgreich zu führen, so ist den Schülern auch schon geholfen, wenn es einen Konsens darüber gibt, dass Wert auf eine gute Allgemeinbildung gelegt wird und die Lehrer/innen dazu in Lage sind, Orientierungswissen zu vermitteln und Fächer verbindend und fachübergreifend Schülern Vernetzung von Wissen zu ermöglichen, das nicht deklarativ, sondern prozedural sein sollte.

Was ist Allgemeinbildung und wie können wir sie fördern? Dies möchte ich in Anlehnung an den an der Universität Siegen lehrenden Erziehungswissenschaftler Hans Werner Heymann wie folgt definieren und deren Ziele umreißen:

> »Allgemeinbildung ist gleichsam der ›Humus‹, auf dem individuelle Bildung gedeihen kann; in unserer unvergleichbar entwickelten Gesellschaft wird die Vermittlung von Allgemeinbildung zu großen Teilen an die ›allgemein bildende‹ Schule delegiert; im Einzelnen lassen sich folgende Teilaspekte unterscheiden:
> (1) Lebensvorbereitung durch Vermittlung alltagstauglicher Kompetenzen;
> (2) Stiftung kultureller Kohärenz;
> (3) Weltorientierung, die ein gut strukturiertes Überblicks- und Orientierungswissen umfasst;
> (4) Anleitung zum kritischen Vernunftgebrauch;
> (5) Entfaltung von Verantwortungsbereitschaft;
> (6) Einübung in Verständigung und Kooperation;
> (7) Stärkung des Schüler-Ichs.
> Allgemeinbildung ist so gesehen also eine Aufgabe der Schule, die sich in den genannten Teilaspekten konkretisiert. Allgemeinbildung umfasst Wissen und Können, Kompetenzen (als Verbindung von Wissen und Können) sowie Haltungen und Werte« (Heymann, 2013, S. 38f.).

Um orientierendes Allgemeinwissen zu vermitteln, müssen natürlich die Lehrer über ein entsprechendes Allgemeinwissen verfügen, was nicht immer garantiert werden kann.

So kann nicht jeder Deutschlehrer ökonomische Aspekte bei der Interpretation von Goethes Faust und anderer literarischer Werke mit seinen Schülern herausarbeiten. Hier eine kurze Kostprobe:

> »›Zum Golde drängt, am Golde hängt doch alles, ach wir Armen!‹ Goethe lässt bekanntlich im ›Faust‹ das schlichte Gretchen diesen nicht minder schlichten, aber ebenso tiefsinnigen Seufzer tun.

Auf der Suche nach literarischen Berührungspunkten fällt auf, dass es zahlreiche Werke gibt, in denen wirtschaftliche Faktoren implizit oder explizit eine wichtige Rolle spielen. Allerdings ist es ebenso evident, wie selten das Thema ›Geld‹ in der Literatur in einem positiven Kontext erwähnt wird. Die Literatur des Barock warnt vor einer Überbewertung materieller Werte, im 19. Jahrhundert erscheinen die an Geld Interessierten oft als machtbesessen und intrigant. Im zweiten Teil von ›Faust‹ erfindet Mephisto das Papiergeld, vervielfältigt es inflationär und löst dadurch einen zweifelhaften wirtschaftlichen Boom aus. In Eichendorffs romantischem ›Taugenichts‹ findet sich schließlich sogar ein jugendlicher Sympathieträger mit hohem Identifikationspotential, der auf jede vernünftige wirtschaftliche Absicherung pfeift und sich zwar nicht auf einen Sozialstaat, dafür aber auf sein Gottvertrauen verlässt. Es gibt also eine Menge Anknüpfungspunkte auch im Deutschunterricht, um den Zusammenhang zwischen Geist und Geld, wirtschaftlichen Verhältnissen und Bewusstseinsentwicklung zu thematisieren« (Gerstmeyer, 2004).

Schade, dass es nur an wenigen Universitäten ein Studium Generale gibt und Studenten immer weniger Zeit und Motivation haben. Über den Tellerrand ihrer jeweiligen Fachveranstaltung hinauszuschauen. Credit Points sind eine falsche Währung für die Vermittlung von Allgemeinbildung.

2. Leitfrage: Ist ökonomische Bildung Teil der Allgemeinbildung und braucht sie dafür ein eigenes Schulfach?

Diese Frage beantworte ich mit einem schlichten Ja. Die Frage, ob man dafür ein eigenes Schulfach braucht, beantworte ich mit einem schlichten »Nicht unbedingt«. Aber es kommt darauf an, wie gut die Lehrer ausgebildet sind.

2.1 Welche wirtschaftlichen Grundkenntnisse brauche ich als mündiger Bürger und wo sollen sie vermittelt werden?

Hermann May, Professor am Institut für Gesellschaftswissenschaften der Pädagogischen Hochschule Heidelberg, stellt in einem 2011 veröffentlichten Artikel »ökonomische Bildung als Allgemeinbildung« fest:

> »Leitziel ökonomischer Bildung ist der mündige Wirtschaftsbürger. Folgen wir Hans-Jürgen Albers, so lässt sich diese Mündigkeit über die Kriterien Tüchtigkeit, Selbstbestimmung und Verantwortung operationalisieren. Tüchtigkeit meint in sei-

nem Verständnis die Fähigkeit zur sachgerechten und effizienten Problemlösung; Selbstbestimmung bedeutet freie Gestaltung des eigenen Lebens; Verantwortung schließlich umschreibt die Bereitschaft, das individuelle Handeln vor sich selbst und gegebenenfalls auch vor der Gesellschaft zu rechtfertigen. Ohne Selbstbestimmung und Verantwortung ist nach Albers eine menschenwürdige Bewältigung ökonomischer Lebenssituationen ebenso wenig möglich wie ohne Tüchtigkeit« (May, 2011, S. 1).

»Die über ökonomische Bildung zu bewältigenden Lebenssituationen lassen sich im Wesentlichen drei Situationsfeldern zuordnen: dem Konsum, der Arbeit und der Wirtschaftsgesellschaft. Mit den ökonomischen Problemen des Konsums sieht sich der Jugendliche schon in frühen Jahren konfrontiert und zur Auseinandersetzung gezwungen. Über den Konsum vollzieht sich sein Einstieg ins Wirtschaftsleben. Ihm folgt nach geraumer Zeit die arbeitsweltliche Integration (Arbeit). Über sie eröffnet sich dem jungen Menschen die Möglichkeit der eigenverantwortlichen materiellen Existenzsicherung und darüber hinaus der persönlichen Bewährung. Als Konsument und Arbeitender entdeckt sich schließlich der Heranreifende als Glied einer größeren Einheit, unserer Wirtschaftsgesellschaft. In ihre Ordnung ist er gestellt, zu ihrer Mitgestaltung ist er als demokratischer Bürger aufgerufen« (ebd.).

Dirk Loerwald und Rudolf Schröder schreiben in ihrem 2011 veröffentlichen Aufsatz »Zur Institutionalisierung ökonomischer Bildung im allgemeinbildenden Schulwesen«:

»Es gibt heute einen breiten Konsens darüber, dass ökonomische Bildung ein integraler Bestandteil zeitgemäßer Allgemeinbildung ist. Über die Art und Weise, wie ökonomische Bildung im allgemeinbildenden Schulwesen institutionell verankert werden sollte, gibt es allerdings unterschiedliche Auffassungen« (Loerwald & Schröder, 2011, S. 1).

Die beiden Autoren selbst sprechen sich ebenso wie May gegen die Vermittlung ökonomischer Inhalte in einem Integrationsfach, das in Hessen zum Beispiel Politik und Wirtschaft heißt, aus. Sie befürchten eine Beliebigkeit aufgrund der Annahme, »dass im Integrationsfach kein einheitliches fundiertes Grundverständnis existiert«. Weiterhin sind sie der Auffassung: »Aufgrund der knappen Zeit, die für ein Schulfach zur Verfügung steht, erscheint eine Fokussierung auf eine relevante Bezugsdisziplin nicht nur hilfreich, sondern auch notwendig. Multiperspektivität setzt Perspektivität voraus« (ebd., S. 3).

Eine konträre Position beziehen die Professoren Hedtke, Famulla, Fischer, Weber und Zurstrassen in ihrer 2010 veröffentlichten Kurzexpertise zum Gutachten

Ökonomische Bildung an allgemeinbildenden Schulen und Standards für die Lehrerbildung im Auftrag des Gemeinschaftsausschusses der Deutschen Gewerblichen Wirtschaft. Sie behaupten, die ökonomische Bildung nach Art der Wirtschaftsverbände favorisiere

> »die Erziehung zum Denken und Handeln als kühl kalkulierender homo oeconomicus in allen Lebensbereichen; [...]
> eine Schule, die sich die Universität zum Vorbild nimmt, Struktur und Inhalte der Schulfächer aus den wissenschaftlichen Einzeldisziplinen kopiert und die ökonomische Bildung einseitig wirtschaftswissenschaftlich ausrichtet.«

Weiterhin sind sie der Auffassung, dass eine ökonomische Bildung nach Art der Wirtschaftsverbände vernachlässige

> »– auf reale Wirtschaftswelten und Alltagssituationen bezogenes Lernen von real existierenden Konsumentinnen, Berufswählerinnen, Auszubildenden, Erwerbstätigen, Unternehmerinnen und Anlegerinnen;
> – den Vergleich unterschiedlicher Perspektiven, Erklärungsansätze und Handlungsmuster samt ihrer ökonomisch, politisch, gesellschaftlich, ökologisch und persönlich unterschiedlichen Folgen;
> – personale Bildungsprozesse, die auf Selbsterkenntnis, kritisch reflektiertes Handeln, sozial-ökologische Verantwortung oder gar die Deflation von Konsumansprüchen zielen;
> – das kritische Nachdenken von Schülerinnen und Schülern über ihre persönlichen Vorstellungen vom guten Leben und ihre Anforderungen an die Wirtschaftswelt;
> – ein Lernen, das sich für die wichtigen Probleme der Menschen und Menschheit, alternative Lösungsstrategien und persönliche Beiträge dazu interessiert« (Hedtke et al., 2010, S. 3f.)

Sie kommen zu dem Schluss: »Das geforderte Schulfach Ökonomie gefährdet die ökonomische Bildung« (ebd., S. 12). Ihre Begründung:

> »Mit der disziplinären Verengung allein auf die Wirtschaftswissenschaften verbindet sich ein doppeltes Risiko der Einseitigkeit: Dieses Schulfach zwingt dazu, Welt und Wirtschaft ausschließlich mit einem einzigen Denkmodell aus einer Einzelwissenschaft wahrzunehmen (z.B. ökonomische Verhaltenstheorie) und misst der Perspektive der unternehmerischen Wirtschaft einen unangemessen starken Stellenwert bei. Erst wissenschaftliche Multiperspektivität, wissenschaftlicher Pluralismus und interdisziplinäres Vergleichen eröffnen die Chance, paradigmatische und disziplinäre Einseitigkeiten und Engführungen zu reflektieren und zu relativieren« (ebd., S. 12f.).

Mein persönliches Fazit lautet:
1. Die hessische Politik und die Wirtschaftslehrer/innen sind nicht genügend im Bereich Ökonomie ausgebildet, weil die Studienordnungen der Universitäten den inhaltlichen Wandel des Faches größtenteils ignorieren.
2. Es fehlt an gezielten Angeboten im Bereich der Lehrerfortbildung, die auf- und nicht weiter abgebaut werden müsste.

2.2 Welche wirtschaftlichen Grundkenntnisse werden im Fach Politik und Wirtschaft in Hessen vermittelt?

Schaut man sich die Lehrbücher für das Fach Politik und Wirtschaft in Hessen für die Mittelstufe an (z. B. Riedel, 2013), die sich eng an den Lehrplanvorgaben orientieren, so sollen Schülerinnen und Schüler die Wirkungsweise des Marktes, die Welt der Unternehmen und Entscheidungen und Konflikte in Unternehmen kennen lernen. Sie sollen sich mit den Grundlagen der Sozialen Marktwirtschaft beschäftigen und mit der Frage »Wie viel Markt und wie viel Staat brauchen wir?« auseinandersetzen. Sie sollen die sozialen Sicherungssysteme kennen lernen und sich mit Einkommen zwischen Erwerbstätigkeit und Arbeitslosigkeit auseinandersetzen. Sie sollen in der Regel ein Betriebs- oder Sozialpraktikum absolvieren und sich deshalb mit Arbeitswelt im Wandel und Optionen der Berufswahl beschäftigen. Sie sollen über EU, Euro und EZB (Europäische Zentralbank) Bescheid wissen. Sie sollen unter der Leitfrage »Globalisierung – Fluch oder Segen?« sich mit der wirtschaftlichen Globalisierung und deren Folgen und Bedingungen für den Standort Deutschland und für Produzenten und Konsumenten weltweit beschäftigen.

Schließlich sollen sie ich mit ökologischen Herausforderungen für Politik und Wirtschaft auseinandersetzen und Antworten finden auf die Fragen: Warum brauchen wir Wirtschaftswachstum? Welches Wachstum braucht die Welt? Wachstum und Nachhaltigkeit – ein Widerspruch?

In der Einführungsphase der Oberstufe wird ein Teil der genannten Themen und Schlüsselfragen vertiefend aufgegriffen in den Kurshalbjahren »Sozialstruktur und sozioökonomischer Wandel« und »Ökologie und wirtschaftliches Wachstum«. Im letzten Schuljahr, in dem der Politik- und Wirtschaft-Unterricht für Schülerinnen und Schüler optional ist, geht es wiederum um Aspekte der Globalisierung – Chancen, Probleme und Perspektiven. In der Q 2 geht es um Inhalte, die auf ein Volkswirtschaftslehre-(VWL)-Studium vorbereiten könnten, wenn genügend Zeit und Raum zur Vertiefung da wäre und die unterrichtenden Lehrer genügend Ahnung hätten. Die Themenstichworte lauten:

> Soziale Marktwirtschaft als ordnungspolitisches Leitbild; Funktion und Folgen des Wettbewerbs; Marktpreisbildung; Lenkungsfunktion der Preise; Konzentration in der

Wirtschaft; Kartelle und marktbeherrschende Unternehmen: Entstehung und Verwendung des BIP; Kreislauf von Geld- und Warenströmen; Faktoren der gesamtwirtschaftlichen Nachfrage und Angebots; Magisches Sechseck zwischen Stabilität, Inflation und Staatsverschuldung; Beschäftigung und Arbeitslosigkeit; Konjunktur und Konjunkturpolitik; angebots- und nachfrageorientierte Wirtschaftspolitik; Tarifautonomie und Lohnpolitik: Verteilungsrechnung des BIP und Einkommensentwicklung; Lohnquote und Gewinnquote; wirtschaftliche Integration und nationalstaatliche Interessen (exemplarisch anhand der Struktur-, Wettbewerbs-, der Geld- oder der Sozialpolitik).

All das sind verbindliche Themen eines Grundkurses. Dazu kommen fakultative Inhalte wie: Verteilung des Volkseinkommens und Verteilungspolitik, Konzentration und Wettbewerb und schließlich Wirtschaftsethik.

Für den Grundkurs sind unter diesem Stichwort die Themen »Finanzkapital und soziale Verantwortung« und »Kapitalismus, Gewinnorientierung und Moral« vorgesehen, im Leistungskurs die Themen: »Soziale Gerechtigkeit zwischen Leistungs- und Bedarfsprinzip, Finanzkapital und soziale Verantwortung, Kapitalismus, Gewinnorientierung und Moral« (Hessisches Kultusministerium, 2010, S. 30–46).

2.3 Wie und wo kann fächerübergreifendes und Fächer verbindendes Lernen zu ökonomischer Bildung stattfinden?

Wegen der Themenfülle im Pflichtbereich kommt es meist nicht zur Behandlung der fakultativ genannten Fragen der Wirtschaftsethik. Genau an dieser Stelle böten sich fächübergreifende und Fächer verbindende Lernmöglichkeiten mit dem Fach Ethik. Dort geht es in der Q3, wo nicht mehr alle Politik- und Wirtschaft-Schüler im Boot sind, um: Modelle der Verteilungsgerechtigkeit, Marktwirtschaft und Gerechtigkeit, Eigentum und Sozialbindung des Eigentums, Gerechtigkeit und Fairness, Globalisierung und Chancengleichheit, Gleichheit der Entwicklungschancen und um wirtschaftsethische Fragen wie Produkthaftung, Hersteller- und Konsumentenverantwortung.

Der Haken dabei ist: nur ein Bruchteil der Schüler belegen das Fach Ethik. Bei der Lehrplanfülle in beiden Fächern hängt es stark vom jeweiligen Lehrer ab, ob wirtschaftsethische Fragen im Unterricht erörtert werden oder nicht.

Fazit: Die Umsetzung der Kerncurricula in der Mittelstufe und der neuen Kerncurricula für die Oberstufe bieten neue inhaltliche Spielräume für die jeweiligen Fachkonferenzen einer Schule und auch neue Möglichkeiten des fächübergreifenden Lernens. Diese Spielräume müssen im Sinne einer besseren inhaltlichen Vernetzung genutzt werden.

Die zeitgemäße didaktische Leitfrage »Über welche Fähigkeiten, Kenntnisse und Kompetenzen müssen Jugendliche verfügen, um sich in einer zunehmend komplexen Welt zu orientieren und aktiv an der Gestaltung unserer Gesellschaft teilzunehmen?« muss fachübergreifend gestellt werden ebenso wie die Frage: »Was macht einen politischen, ökonomischen, sozialwissenschaftlichen Sachverhalt so bedeutsam, dass er als Lehrstoff für die nächste Generation zu vermitteln ist und auf welche Weise soll dies geschehen?«

Fachübergreifendes und Fächer verbindendes Lernen darf nicht dem Zufall überlassen werden, es muss im Schulcurriculum verankert werden. Eine Chance dafür bilden die neuen Standards und Kerncurricula in Hessen, die es für die Mittelstufe bereits gibt und die für die Oberstufe vor der Einführung stehen.[4]

Neidisch blicke ich jedoch manchmal auf Kollegen in anderen Bundesländern, in denen die Leistungskurse zurückgefahren worden sind im Umfang und in denen es sogenannte Seminarkurse gibt, in deren Zentrum fachübergreifende Themen und Projekte stehen. So können sie in einem dreistündigen Seminarkurs mit Schülern den Wirtschaftsteil der FAZ studieren und Artikel für die Jugend und Wirtschaft-Seite der FAZ erfassen, was meine Grundkursschüler mit zusätzlichem Zeitaufwand neben dem eigentlichen Unterrichtsstoff betreiben. Trotzdem möchte ich hier meine positiven Erfahrungen, die ich im Laufe einer zehnmaligen Teilnahme mit Schülerinnen und Schülern an dem Projekt Jugend und Wirtschaft von 2000 bis heute gemacht habe, nicht vorenthalten.[5]

2.4 Was können Schüler/innen im Projekt »Jugend und Wirtschaft« lernen?

Das Interesse an ökonomischen Themen und Fragestellungen war unterschiedlich groß zu Kursbeginn. Es ist mir gelungen, mithilfe regelmäßiger *FAZ*-Lektüre und Rechercheaufgaben außerhalb des Unterrichts dieses zu steigern. Der Lehrplan, den ich trotz Zentralabiturs flexibel sehe, und Zeitungslektüre ließen sich hervorragend vereinbaren. Die *Frankfurter Allgemeine Zeitung* lieferte termingerecht Artikel zu Themen wie Wettbewerb, Konjunkturpolitik, Mindestlohn, Bankenkrise, Eurokrise, Wirtschaftskrise etc.

Meine These: Je größer das Basis- oder Allgemeinwissen der Lehrkraft und der Schüler, desto flexibler ist der Lehrplan handhabbar.

Die Schülerinnen und Schüler haben für die Recherche und das Schreiben von Artikelentwürfen im Schnitt 50 bis 70 Stunden zusätzlichen Zeitaufwand betrieben und sind damit noch weit unter dem Aufwand in anderen Wettbewerben wie

---

[4] Kerncurriculum Gymnasiale Oberstufe (Entwurfsfassung); http://www.lsa.hesse.de/iij/LSA_Internet?eid=c238u0120893e0ib33cf2c323830bz

[5] Siehe Homepage des Landgraf-Ludwigs-Gymnasiums in Gießen unter Wettbewerbe und dort unter Jugend und Wirtschaft: www.llg-giessen.de

etwa dem Geschichtswettbewerb des Bundespräsidenten geblieben. Dafür haben sie einige Qualifikationen erworben:

Die Schüler waren sehr kreativ bei der Themenfindung, sodass natürlich auch ihre individuellen Interessen gefördert wurden. Ich nenne einige Themen aus der Liste der im Laufe des letzten Schuljahres entstandenen 49 Artikelentwürfe:

1. Zauberei als einträgliches Geschäft
2. Gullydeckel, die Tore zur Unterwelt
3. Theaterschuhe
4. Regenschirmautomaten
5. Diamantschleifereien
6. Blaulichter
7. Handballharz
8. Karateanzüge
9. Zweiräder aus Holz
10. Nato-Draht
11. Kontoauszugsdrucker
12. Tierprothesen
13. Naturmatratzen
14. Elvis-Imitatoren
15. Fahrradgaragen

Neben der Preisträgerin Larissa Schwarz, die vier Artikelentwürfe verfasst hat, von denen drei in der *FAZ* veröffentlicht worden sind, haben drei weitere Schülerinnen veröffentlichungswürdige Artikel verfasst, von denen fünf in der *FAZ* veröffentlicht worden sind.[6]

Alle Schüler im Projekt haben gelernt,

➢ Interviews zu führen, sich nicht abwimmeln zu lassen und sich hartnäckig bis in die oberste Chefetage durchzufragen.

➢ Sie haben Zahlen, Daten und Fakten ermittelt und Gründe erfahren, warum Betriebe nicht immer gerne Umsatz- und Gewinnzahlen herausrücken.

➢ Sie haben wertvolle Einblicke in betriebliche Abläufe bekommen.

➢ Sie haben Branchen und Märkte studiert und Bedingungen für Marktführerschaft ermittelt.

➢ Sie haben beim Recherchieren und Schreiben ihre Frustrationstoleranz getestet und diese gefördert.

➢ Sie haben professionelle Rückmeldungen von Redakteuren bekommen und Kritik ausgehalten und produktiv umgesetzt. Rückmeldungen von außen beschleunigen den Reifeprozess der Schüler, die von ihren Lehrern häufig in Watte gepackt werden und zu wenig auf das spätere Berufsleben vorbe-

---

6 Siehe: www.juwi.org, dort: Schülerartikel Archiv 2014.

reitet werden, wo man ja auch lernen muss, mit Frust und Hindernissen umzugehen.
➤ Sie haben eine hohe Anstrengungsbereitschaft gezeigt, die ihnen entsprechenden Erfolg und damit verbundene Gefühle der Bestätigung ermöglicht haben.

Fazit: Der Erfahrungs- und Lernerfolg der Projektarbeit ist hoch und wird den Schülern oft erst im Nachhinein während des Studiums bewusst.

Für mich bedeutet die Teilnahme am Projekt Jugend und Wirtschaft praktische Begabtenförderung.

3. Leitfrage: Wie, wofür und warum engagieren sich Jugendliche in Deutschland?

3.1 Welche Fragen und Probleme interessieren Jugendliche im Zusammenhang mit Politik, Wirtschaft und Gesellschaft?

Martina Gille konstatiert in ihrem 2014 erschienenen Aufsatz »Zwischen Spaß und Altruismus«:

> »Zieht man wissenschaftliche Studien zum Engagement und zu Wertorientierungen junger Menschen über einen längeren Zeitraum heran, so zeigt sich, dass das freiwillige Engagement Jugendlicher und junger Erwachsener in Vereinen und Verbänden und anderen Organisationen konstant geblieben ist. [... Es] lässt sich jedoch ein Wandel in den Motiven feststellen, der mit einer wachsenden Nutzenorientierung beschrieben werden kann. Insbesondere jungen Menschen ist es zunehmend wichtig, ihr Engagement als Qualifikationschance zu nutzen. Sie möchten die dort erworbenen Kompetenzen, wie z. B. Zeitmanagement, Organisations- und Führungsfähigkeiten für ihr weiteres Leben und ihr berufliches Fortkommen verwerten können« (Gille, 2014, S. 12).

Dies deckt sich auch mit meinen Erfahrungen im Rahmen der Teilnahme am Wettbewerb Jugend und Wirtschaft, der – wie bereits gesagt – im Schnitt 50 bis 70 Stunden zusätzlichen Zeitaufwand von meinen Schülerinnen und Schülern verlangt. Ich halte diese Einstellung, nicht zuletzt wegen der verkürzten Schulzeit, für völlig legitim.

3.2 Warum, wofür und wie engagieren sich Jugendliche heute?

> »Dies bedeutet allerdings nicht, dass junge Menschen sich ausschließlich aus Eigennutz gesellschaftlich engagieren. Nach wie vor sind der Spaß an der Tätigkeit

sowie das gesellige Zusammensein die wichtigsten Beweggründe. Außerdem gewinnt die Orientierung am Gemeinwohl (›anderen Menschen helfen‹, ›etwas für die Gemeinschaft tun‹) an Bedeutung. Jugendliche und junge Erwachsene wollen mit ihrem Engagement ›die Gesellschaft zumindest in Kleinen mitgestalten‹« (ebd.).

Dabei ist ihnen sehr wichtig, dass sie die Erfahrung machen, dass sie selbst etwas bewirken und verändern können.

»Der jungen Generation, die häufig als ›pragmatische Generation‹ bezeichnet wird, sind prosoziale Werte, die die Bereitschaft, anderen Menschen zu helfen oder Verantwortung für andere zu übernehmen, sehr wichtig (Gille 2013[7]) Zugleich ist sie stark leistungsorientiert« (ebd.).

Auch das deckt sich mit meinen persönlichen Eindrücken. Ich kenne zahlreiche Schülerinnen und Schüler, die in der Schülerselbstverwaltung (SV), für die Schülerzeitung, im Schulsanitätsdienst, in der Hausaufgabenhilfe, in Sportvereinen oder in kirchlichen Gruppen oder beim THW oder der Freieilligen Feuerwehr in ihrem Wohnort aktiv sind trotz eines engen Zeitplans.

Ein von Gensicke und Geiss 2010 veröffentlichter *Hauptbericht des Freiwilligensurveys 2009* besagt:

»35% der Jugendlichen und jungen Erwachsenen im Alter von 14 bis 24 Jahren sind im Jahr 2009 mindestens in einem Tätigkeitsfeld engagiert. 12% üben zwei oder mehr freiwillige Tätigkeiten aus. Die wichtigsten Aktivitätsbereiche sind: Sport und Bewegung, Kirche und Religion und Schule. Es folgen auf den weiteren Rängen: Kultur und Musik, Freiwillige Feuerwehr und Rettungsdienste, Jugendarbeit, Freizeit/Geselligkeit, sozialer Bereich, Natur- und Tierschutz, Politik, Gesundheit, berufliche Interessenvertretung« (Gensicke & Geiss, 2010, S. 13).

Dabei gibt es geschlechtsspezifische Unterschiede: »Während engagierte Jungen und junge Männer bei Freiwilligen Feuerwehren und Rettungsdiensten, im Sport und im politischen Bereich dominant sind, übernehmen Mädchen und junge Frauen eher im kirchlichen und sozialen Bereich freiwillig Aufgaben« (ebd., S. 14).

»Im Alter von 14 bis 19 Jahren sind beide Geschlechter im gleichen Ausmaß engagiert, die jungen Frauen mit einem Anteil von 37% sogar geringfügig stärker als die

---

7   Hoffmann-Lange, Ursula & Gille, Martina (2013).

jungen Männer mit 35%. Bei den 20 bis 24-Jährigen geht das Engagement der jungen Frauen deutlich zurück, auf 28%. Dagegen sind 40% der jungen Männer aktiv« (ebd.).

Formen und Motive ehrenamtlichen Engagements sind so vielfältig wie die Jugendlichen selbst. Das Sinus-Lebensweltmodell für Unter-18-Jährige teilt diese ein in: konservativ-bürgerliche, sozialökologische, expeditive, adaptiv-pragmatische, materialistische Hedonisten, experimentalistische Hedonisten und Prekäre.

Dem von der Y-Generation in der Öffentlichkeit vermittelten Bild am nächsten kommen die expeditiven Jugendlichen, denen folgende Beweggründe zugeschrieben werden:

»Die erfolg- und lifestyleorientierten Networker sind auf der Suche nach neuen Grenzen und unkonventionellen Erfahrungen. Sie streben nach einer Balance zwischen Selbstverwirklichung, Selbstständigkeit und Hedonismus einerseits sowie Leistungswerten, Zielstrebigkeit und Fleiß andererseits und möchten nicht an-, sondern weiterkommen. Wichtig ist expeditiven Jugendlichen, sich von der ›grauen Masse abzuheben‹. Zeitliche und örtliche Flexibilität sind oberste Priorität, weshalb ein bindendes Ehrenamt schwer denkbar ist. Sehen sie eine Chance für die Verwertbarkeit im Lebenslauf und eine Möglichkeit zur Vernetzung, so lässt sich über gemeinnütziges Tun – gerne auch im Ausland – nachdenken« (Uhlmann & Thomas, 2014, S. 17).

Beliebt sind auch Engagementmöglichkeiten wie Guerilla-Gardening oder kulturelle und künstlerische Bereiche, die aber außerhalb der Schule liegen müssen.

3.3 Warum ist die sogenannte Generation Y besser als ihr Ruf?

Der Y-Generation wird ein geringes politisches Interesse und Engagement nachgesagt. Wenn man das an öffentlichkeitswirksamen Aktionen wie Demonstrationen festmacht, mag der Eindruck stimmen. Politisches Interesse und Engagement äußert sich heute bei Jugendlichen aber hauptsächlich in anderen Formen. Sie nehmen über soziale Netzwerke an medialisierten politischen Aktionen teil wie etwa an der Kony-Kampagne, sie sammeln kurzfristig Geld für Flutopfer oder bedrohte Jesiden, sie helfen Benachteiligten in ihrer näheren Umgebung, sie nehmen an internetbasierten Solidaritätsaktionen wie Icebucket-Challenge, Lemon Face Challenge oder Wake up Call Challenge teil für den guten Zweck. Sie machen Musik mit Obdachlosen und klicken 4-millionenfach das entsprechende Video auf YouTube an. Der von vier Studenten aus Offenburg gegründete, gemeinnützige Verein »bejaby e.V.«

möchte mit diesen Videos auf den Missstand von Obdachlosen und Hilfsbedürftigen aufmerksam machen.

Eine Solidarisierung mit kurdischen Kämpfern gegen IS findet über das Anklicken von Save Kobane statt. Wie wirksam und nachhaltig diese Aktionen sind, steht auf einem anderen Blatt.

»Unsere Generation ist so bemüht wie kaum eine andere zuvor, die Welt zu retten – politisch wie ökologisch«, schreibt Digital Native Philipp Riederle, Jahrgang 1994.

> »Die Generation Y arbeitet an einem Begriff von Politik, der gestaltende Aktivitäten in den Alltag integriert und nicht an ausdifferenzierte gesellschaftliche Organisationen namens ›politisches System‹ delegiert. Weil Politik gleich Alltag ist, geht es auch nicht um Ideologie, sondern um Machbarkeit. Im Alltag ist Generation Y auch nicht rechts oder links, nicht für oder gegen Kapitalismus. Sie will einfach gut leben und Probleme in ihrem Sinne möglichst ohne großen Aufwand lösen« (Hurrelmann & Albrecht, 2014a, S. 131).

Auch Konsum ist politisch, und hier erweist sich die Generation Y alles andere als unpolitisch. Sie betreibt Politik auf leisen Sohlen, ganz anders als etwa die »»68er«, die zu jedem Thema großen politischen Klamauk gemacht haben, um die gesamte öffentliche Aufmerksamkeit auf sich zu ziehen. Wenn Ypsiloner sich entscheiden, »Bioprodukte zu kaufen oder Textildiscounter zu boykottieren«, dann sehen sie das als bewusste ethische Kaufentscheidung, nicht als politische Handlung, selbst wenn sie das de facto ist. »Politik machen wir heute über die Kreditkarte, nicht über das Parlament«, schreibt Oliver Jeges. »Wir drücken damit aus, was wir gut finden und was nicht« (ebd., S. 129).

Tausende Internetforen helfen etwa dabei, ethisch korrekt zu konsumieren.

Kritische Konsumentenerziehung sollte ein fester Bestandteil ökonomischer Bildung sein. Aber Politik- und Wirtschaft-Unterricht hat auch die Aufgabe klarzumachen, dass Wahlrecht und Grundrechte keine Selbstverständlichkeit sind, sondern immer wieder neu bestätigt, definiert und im Ernstfall erkämpft werden müssen. Das gilt nicht nur mit Blick nach Ungarn für den freien Zugang zum Internet, der Jugendlichen ein zentrales Anliegen ist neben anderen Themen wie Schutz der Umwelt und der Bewältigung des Klimawandels.

Jugendliche schauen unbefangen auf das gesellschaftliche Leben. Schnell wird ihnen klar, welche Ziele im Leben sie einfach erreichen werden können und welche nur schwer. Für das, was auf der Werteskala ganz oben steht, sind sie auch bereit, besonders viel Energie zu verwenden (ebd., S. 135)

Schule und Universität sollten die Chance wahrnehmen, die Komplexität der Welt mithilfe von Orientierungswissen für Jugendliche durchschaubarer zu machen. Auch wenn sie dann nicht nach uns bekannten Mustern handeln, sondern eigene Wege zur Problemlösung gehen, so verdienen sie unsere Unterstützung und Anerkennung, denn sie sind unser Bündnispartner zur Lösung eines wachsenden politischen Problemberges, den wir mitverursacht haben.

Unter der Überschrift »Die unterschätzten Unterwanderer« kommen Hurrelmann und Albrecht zu dem Schluss:

> »Ohne die Beteiligung der heutigen jungen Generation, die auf die Nuklearkatastrophe von Fukushima im März 2011 intensiv reagiert hat, wäre diese Energiewende nicht möglich gewesen. Die jungen Leute waren zwar nicht die Initiatoren dieser Bewegung, unterstützten sie aber auf breiter Front. Sie nutzen Like Buttons und Hash-Tags der sozialen Netzwerke und machen damit deutlich, wo sie gesellschaftspolitisch stehen« (ebd., S. 143).

> »Die heutige junge Generation sieht keinen Grund zu politischer Ablehnung und Opposition gegen die Eltern und auch nicht gegen die politischen Machthaber. Sie fühlt sich insgesamt nicht bevormundet und nicht benachteiligt. Auf ihre Weise signalisiert sie aber deutlich, was sie will und was ihr nicht gefällt. Es wird nicht mehr lange dauern, dann werden die Ypsiloner nicht nur in ihren Familien für flache Hierarchien, gleichberechtigtes Miteinander und intensive Partizipation sorgen, sondern auch in Schule, Berufsausbildung, Beruf und Öffentlichkeit. Für sie ist Partizipation selbstverständlich« (ebd.).

> »Die Ypsiloner wollen einen Unterricht, der die Themen aufnimmt, die sie interessieren, und sie wollen eine Schule, die sie selbst gestalten und beeinflussen können. Sie soll ihnen Möglichkeit bieten, gezielt mit sozialer Verantwortung, Teilhabe an sozialen Regeln, an Umgangsformen, an Stilen, dann aber auch an der Unterrichtsorganisation und an bestimmten Unterrichtsfolgen mitzuwirken« (ebd.).

Mein persönliches Fazit:

Was meine Rolle als Familienvater angeht, so haben meine Söhne, 25-und 27-jährig innerhalb und außerhalb meines Portemonnaies für flache Hierarchien gesorgt und sind auch politisch interessiert und blicken pragmatisch optimistisch in die Zukunft. Was Hurrelmanns Schul- und Unterrichtsvisionen angeht, die er der Y-Generation zuschreibt, so hoffe ich, deren Umsetzung vor meiner Pensionierung im Jahr 2018 als Lehrer zu erleben oder aber eine Ausnahmegenehmigung des Hessischen Kultusministeriums zu bekommen, bis zur vollständigen Umsetzung weiterarbeiten zu dürfen. Der Diskurs mit meinen Schülerinnen und Schülern wird mir fehlen, und der mit meinen Referendaren und Referendarinnen auch. Was die Veränderungswünsche meiner Kolleginnen und Kollegen angeht, da bin ich schon etwas skeptischer.

Literatur

Becker, Sven; Gerding, Jonas & Popp, Maximilian (2014): Generation Ich. In: *Der Spiegel, Nr. 44*, 27.10.2014, 44–46.
Gensicke, Thomas & Geiss, Sabine (2010): *Hauptbericht des Freiwilligensurveys 2009. Zivilgesellschaft, soziales Kapital und freiwilliges Engagement in Deutschland 1999 – 2004 – 2009.* Durchgeführt im Auftrag des Bundesministeriums für Familie, Senioren, Frauen und Jugend. Vorgelegt von TNS Infratest Sozialforschung, München. Online als PDF verfügbar unter: http://www.bmfsfj.de/BMFSFJ/Service/publikationen,did=165004.html (Stand: 03.08.2015).
Gerstmeyer, Susanne (2004): Rede anlässlich der Preisverleihung »Jugend und Wirtschaft« am 22. September 2004 in Berlin.
Gille, Martina (2014): Zwischen Spaß und Altruismus. Wie, wofür und warum engagieren sich Jugendliche in Deutschland? In: *Schüler 2014. Engagement und Partizipation.* Seelze: Friedrich-Verlag, S. 12–15.
Hedtke, Reinhold; Famulla, Gerd-E.; Fischer, Andreas; Weber, Birgit & Zurstrassen, Bettina (2010): *Für eine bessere ökonomische Bildung? Kurzexpertise zum Gutachten: Ökonomische Bildung an allgemeinbildenden Schulen – Bildungsstandards und Standards für die Lehrerbildung im Auftrag des Gemeinschaftsausschusses der deutschen Gewerblichen Wirtschaft.* Bielefeld. URL: http://pub.uni-bielefeld.de/publication/2557852.
Helene-Lange-Schule Wiesbaden (2008): Leitbild und Schulprogramm. URL: http://www.helene-lange-schule.templ2.evision.net/index.php?id=55.
Heymann, Hans Werner (2013): Notwendig oder unterschätzt. Was ist Allgemeinwissen, wie entwickelt es sich, wie können wir es fördern? In: *Pädagogik, 2013*(7–8), 38–39.
Hessisches Kultusministerium (2010): *Lehrplan Politik und Wirtschaft. Gymnasialer Bildungsgang.* Wiesbaden, S. 30–46.
Hoffmann-Lange, Ursula & Gille, Martina (2013): Das veränderte Verhältnis von Jugend und Politik. In: *DJI Impulse. Deutsches Jugendinstitut, 103*, 7–10.
Hurrelmann, Klaus & Albrecht, Erik (2014a): *Die heimlichen Revolutionäre. Wie die Generation Y unsere Welt verändert.* Weinheim, Basel: Beltz.
Hurrelmann, Klaus & Albrecht, Erik (2014b): Die Ypsiloner: Egotaktiker und Realisten. In: *Psychologie Heute, 2014* (Oktober), 60–65.
Kaube, Jürgen (2014): Die Jugend von heute. In: *Frankfurter Allgemeine Zeitung*, 1.11.2014, S. 1.
Loerwald, Dirk & Schröder, Rudolf (2011): Zur Institutionalisierung ökonomischer Bildung im allgemeinbildenden Schulwesen. In: *Aus Politik und Zeitgeschichte, 12/2011*, 14.03.2011, 1–6. URL: http://www.bpb.de/apuz/33409/zur-institutionlisierung-oekonomischer-bildung-im-allgemeinbildenden-schulwesen.
May, Hermann (2011): Ökonomische Bildung als Allgemeinbildung. In: *Aus Politik und Zeitgeschichte, 12/2011*, 14.03.2011, 1–4. URL: http://www.bpb.de/apuz/33406/oekonomische-bildung-als-allgemeinbildung?p=all.
Nida-Rümelin, Julian (2013): *Philosophie einer humanen Bildung.* Hamburg: edition Körber Stiftung.
Riedel, Hartwig (Hrsg.) (2013): *Politik & Co 2.* Bamberg.
Uhlmann, Christine & Thomas, Peter Martin (2014): Das Sein bestimmt das Dabeisein. In: *Schüler 2014. Engagement und Partizipation.* Seelze: Friedrich-Verlag, S. 16–17.

Alles ändert sich: die Generationen X, Y und Z

Wandel bei Human Resources – Arbeitgeberattraktivität wird entscheidend

Marcus K. Reif

Vorbemerkungen

Der demografische Wandel und der stetig zunehmende Fach- und Führungskräftemangel sind in aller Munde. Können wir ihnen ein Schnippchen schlagen? Doch wie funktioniert das? Wie sehen eigentlich die Realität und vor allem die Zukunft der Arbeitswelt aus? Im Folgenden werde ich in knappen Zügen über die wesentlichen Entwicklungen und Trends berichten sowie die Herausforderungen an die Wirtschaft und an die jüngeren Generationen aufzeigen. Sie basieren auf meinen beruflichen Tätigkeiten und Erfahrungen mit den Themen Personalbeschaffung, dem Strategischen Personalmarketing und der Personalrekrutierung. Seit Januar 2011 bin ich bei EY, der Wirtschaftsprüfungsgesellschaft Ernst & Young, mit meinem Team zuständig für die gesamte Wertschöpfungskette der Personalbeschaffung, angefangen beim Employer-Branding, dem Strategischen Personalmarketing, dem Hochschulmarketing bis hin zur Rekrutierung für die Länderorganisation Deutschland, Schweiz, Österreich. Über die aktuellen Entwicklungen zu diesen Themenbereichen berichte und kommentiere ich regelmäßig in meinem privaten Blog www.reif.org, meine Ausführungen basieren auf diesen Beiträgen.[1]

EY (Ernst & Young) mit Sitz in Stuttgart und 22 Niederlassungen deutschlandweit ist einer der Marktführer in Wirtschaftsprüfung, Steuer- und Transaktionsberatung sowie Advisory Services. Die rund 7.100 Mitarbeiter sind in die internationale Ernst & Young-Organisation eingebunden, die mit weltweit circa 190.000 Kollegen mittelständische und große Unternehmen berät und betreut. Besonderen Wert legt man auf die Schaffung und den Ausbau des »Knowledge Management«, das man als intellektuelles Kapital versteht. Entsprechend wird in die Erlangung und die Bewahrung von Wissen investiert.

---

1   Siehe hierzu die angeführten Blogs im Literaturverzeichnis.

Marcus K. Reif

Die Herausforderung für Unternehmen: Die richtigen Talente ansprechen und gewinnen

Die Herausforderungen für die deutschen Unternehmen sind massiv und steigen stetig. Die rapide alternde Bevölkerung, die geringe Geburtenrate und der daraus entstandene Fachkräftemangel sind alles keine düsteren Geschichten von Fabulisten, sondern bittere statistische Realität der Unternehmen heute.

Mit den Megatrends für die Arbeitgeber begegnen wir heute schon den Herausforderungen:
➢ Demografischer Wandel,
➢ verändertes Werteverständnis der Workforce,
➢ technologische Entwicklung und
➢ Digitalisierung.

Diese vier Megatrends bestimmen die Herausforderungen für die Arbeitgeber in der Personalpolitik, die sich mit allen Auswirkungen bis zu den Disziplinen runterbrechen lassen, zum Beispiel die Disziplin Recruiting, wo viel intensiver eignungsdiagnostisch gearbeitet werden muss, oder die Disziplin der Arbeitgeberattraktivität, wo Employer-Branding zu einer Gesamtbetrachtung des Kandidaten im Lifecycle führt. Also jede Art der Kommunikation mit Mitarbeitern – aktuellen, zukünftigen oder ehemaligen – zu einer Zentralfunktion im Employer-Branding wird.

Aus meiner Sicht ist die Kultur der alles entscheidende Aspekt für eine erfolgreiche Arbeitgebermarke und beste Ergebnisse im Recruiting und im Employer-Branding. Doch weshalb ist dieses relativ einfach umrissene Ziel so schwer erreichbar? Eine der wesentlichen Inkohärenzen ist sicherlich, dass sich die Human-Resources (HR)-Manager/innen selbst sehr kurzfristige und eher operative Zielsetzungen geben. Doch die Arbeitswelt ist komplexer und insbesondere die Human-Resources-Bereiche müssen viel strategischer agieren, ihr eigenes Wirken und ihre Instrumente mit der Geschäftsstrategie des Unternehmens gleichschalten. Denn nur im Kontext der Gesamtstrategie wird die HR-Arbeit einen Wertbeitrag zum Erfolg beitragen und somit wertschöpfend gewichtet und wahrgenommen werden.

»Employer Branding« steht auf der Agenda

In vielen Unternehmen steht auf einmal »Employer Branding« auf der Agenda. Wo kommt das Bedürfnis her, nun gezielt in die Arbeitgebermarke zu investieren? Die Online-Stellenmärkte zeigen eine Fülle an Vakanzen rund um den Begriff »Employer Branding«. Das ist eine wunderbare Entwicklung. Wir müssen aber auch differenzieren, um was genau es beim Employer-Branding geht. Employer-Branding hat jeder Arbeitgeber. Überraschend? Ja, denn bei vielen Vorständen und Geschäftsführern steht das Employer-Branding für ein Instrument, gegebenenfalls sogar ein Team oder eine Abteilung. Employer-Branding ist die Wahrnehmung einzelner außerhalb und innerhalb des Unternehmens über das Unternehmen als Arbeitgeber. Die Schärfung und Beeinflussung der Arbeitgebermarke trennen viele Experten derzeit in »Employer Reputation« auf der einen Seite und dem Sourcing & Personalmarketing auf der anderen. Im Ergebnis landen wir wieder beim Employer-Branding, denn gemessen wird das Ergebnis.

Neben den pauschalen, sicherlich wenig strategischen und noch weniger konkreten Bekundungen aus allerlei veröffentlichten Trends, was denn in der HR-Arbeit und im personalpolitischen Wirken nun Priorität zu haben darf, zeigen eben genau diese, allseits bekannte und oft zitierte Studien immer die gleichen Aspekte, nämlich
a) Mitarbeiterbindung und
b) Mitarbeiterrekrutierung.

Doch müssen die HR-Agenden viel pluralistischer und strategischer ausgestaltet sein und mindestens für die nachfolgenden Aspekte eine unternehmensspezifische Antwort geben können:
➢ Bildungs- und Qualifizierungsinitiativen (langfristig und allgemeine Herausforderung);
➢ Fachkräftemangel (aufgrund des demografischen Wandels);
➢ Stressabbau, Entschleunigung und Gesundheitsvorsorge (kurzfristig und konkret);
➢ mitarbeiterorientierte Führung (kurzfristig und konkret);
➢ Flexibilität und Flexibilisierungs-Programme (kurzfristig und konkret);
➢ Rekrutierung nach Potenzial und Talent (kurzfristig und konkret) und
➢ Professionalität im Recruiting (kurzfristig und konkret).

Denn eines ist sicher: Der Arbeitsmarkt wird enger, dadurch wird es schwerer, die richtigen Talente für das eigene Unternehmen anzusprechen und zu gewinnen. Die Karrieren ändern sich und deshalb werden Elemente, wie Fluktuation, weniger lineare und mehr mosaikförmige Biografien die Realität darstellen. Die Mehrheit der deutschen Führungskräfte agiert aber noch nach ihrem persönlichen Erfolgsmodell »*Ähnlichkeit*«. Toleranz gegenüber den gerade bei den jüngeren Generationen zu beobachtbaren Biografien in Mosaikform ist nicht ausgeprägt.

Alles in allem werden die Personalarbeit, die HR-Instrumente und das Recruiting als Disziplin zu erfolgskritischen Disziplinen in den Unternehmen evolutionieren und unter dem Strich bedeutend teurer. Der Wandel von der hoch administrativ handelnden Personalabteilung zu dem mehr taktisch wirkenden Human-Resources-Bereich wird weitergehen zu strategisch und wertschöpfend tätigen »Business Partnern« der Unternehmensleitung. Die Bestrebungen sieht man überall dort, wo die HR-Bereiche sich ein neues Leitbild und eine neue Strategie gaben und mit neuem Namen und neuer Bezeichnung auftreten. »Talent« ist eine breiter umfassende Bezeichnung und zeugt von dem eigenen Anspruch, das Unternehmen, die Geschäftsstrategie und die Unternehmensziele viel nachhaltiger und eben umfassender zu unterstützen.

Alles ändert sich: Von den Generationen X, Y und Z

Wieso ändert sich alles? Ein Beispiel, was vielerorts diskutiert wird, ist die »nachfolgende« Generation – die Gen Y. Die akademische Generation Y, geboren zwischen 1980 und ca. 1994, strömt seit einigen Jahren schon in die Unternehmen und wirbelt einiges durcheinander. Für viele Vorstände und Geschäftsführer lesen sich die meisten Artikel und Berichte über die Gen Y wie eine Prognose eines Trends, der irgendwann einmal auftreten wird. Das Gegenteil ist jedoch der Fall. Ich selbst arbeite bei einer Firma, wo die Gen Y bereits zwei Drittel der Belegschaft stellt. Das ist, wenn sich die Leser ihr eigenes Unternehmen anschauen, auch für sie sicherlich keine überraschende Erkenntnis. Also sollten, alleine aus der Zukunftssicherung ihres Geschäftsmodells, die eigenen HR-Instrumente, die strategische Setzung der Personalstrategie, das Employer-Branding und die Recruiting-Prozesse sowie insbesondere die Unternehmenskultur jetzt überprüft werden.

Die Gen Y steht für viele sinnbildliche Attribute, Neigungen und Eigenschaften, Bedürfnisse und Erwartungen, die auch die Generation X, geboren zwischen 1964 und 1980, sehr schätzen, aber zu ihrem Karrierestart nicht so deutlich und laut artikulierten (vgl. hierzu Abbildung 1). Geben wir der These eine Chance und setzen *»Flexibilität«* als allseits geschätzten Grundwert der Unternehmensstrategie. Google und Apple leben es vor! (vgl. hierzu Reif, 2013, 2014a).

Ich bin seit Jahren auf dem Absolventenkongress in Köln und wirkte unter anderem auf der Messe des Jahres 2013 neben vielen Gesprächen und Terminen auch auf zwei Podiumsdiskussionen mit. Beide drehten sich nachhaltig um die Generationen. Die Moderatoren wollten stets in die Richtung Gen Y, weil das ja Trend sei. Wenn man dann sagt, dass die Gen Y heute schon einen Großteil unserer Belegschaft ausmachen und von Trend ja keine Rede mehr sein kann, wir vielmehr auch über die Gen Z nachdenken müssen, merkt man, wie ungläubig die Augenbrauen gelupft werden.

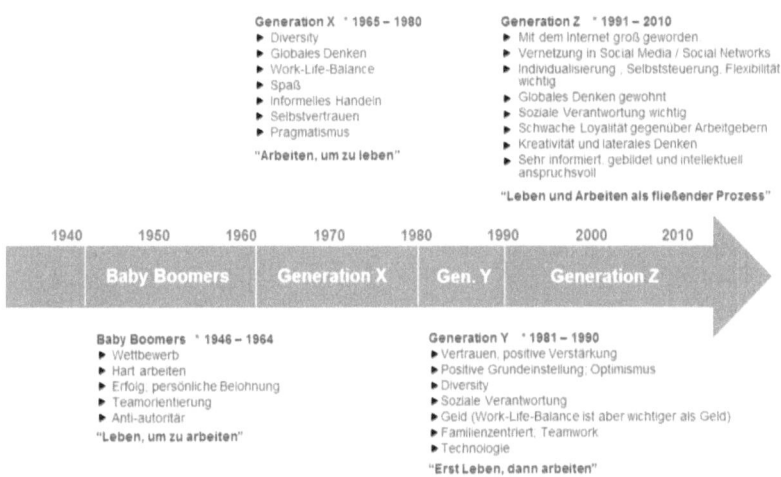

Abbildung 1: Die Generationen, ihre Attribute und Erwartungen (übernommen aus Reif, 2014a)

Generation Z ist der Trend, Generation Y die Realität!

Wenn man also erklären möchte, weshalb alles im Wandel ist, hilft es doch sehr, die Bedürfnisse und pauschalen Mottos der Generationen heranzuziehen. Generationen sind Pauschalierungen. Jeder kennt die pauschalen Attribute der 1968er. Und jeder kennt auch Beispiele in seiner Familie, im Bekannten- und Freundeskreis, von Menschen der gleichen Generation, die aber ganz anders sind als die Stereotypen der 68er. Generationen-Forschung lebt von Stereotypen und eben der Gewissheit, dass dies immer nur eine Klammer um beobachtbare Attribute sein kann. Dass sich Auffassungen zu Generationen ändern, ebenfalls. Und das ist auch gut so, wenn ständig der Realitätscheck gemacht wird. Das hilft dabei, bei diesen Themen nicht zu weit theoretisch unterwegs zu sein.

Meine Großeltern sind dort in Rente gegangen, wo sie ihren Job begannen. Meine Eltern hatten zwei bis drei Arbeitgeber. Ich bzw. meine Generationen statistisch gesehen acht Arbeitgeber. Die Generation Y wird wohl bei statistisch zwölf Arbeitgebern liegen. Und die Gen Z? Diese Generationen drehen diese Logik um. Die Fokussierung auf Arbeitgeber dreht sich hin zur eigenen Expertise und Kompetenz. Vor Jahren hatte Kai Deininger mal vom »Job-Nomadentum« gesprochen (vgl. hierzu Reif, 2014a).[2] Vielleicht trifft diese Beschreibung zu. Auf

---

2   Der ausgewiesene Online-Recruiting-Experte Kai Deininger steuerte ab 2002 als Managing Director bei Monster Worldwide Deutschland GmbH den Aufbau des Deutschland-

jeden Fall wird die Generation Z ihre eigenen Fähigkeiten viel stärker auf dem Arbeitsmarkt kapitalisieren. Das Ergebnis wird steigende Fluktuation sein, weil im Arbeitgeberwechsel die größte Kapitalisierungswahrscheinlichkeit vermutet wird. Dies ist eine Entwicklung, die ganze Arbeits- und Organisationsmodelle etablierter deutscher Unternehmen auf den Kopf stellen wird. Hinzu kommen noch die Trends aus der Globalisierung und der technologischen Entwicklung, wo sogar kleine Handwerker und regionale Mittelständler einen weltweiten Absatzmarkt bearbeiten. Das ist großartig, bleibt aber nicht einseitig ohne Konsequenz und Implikation.

Paradigmenwechsel in den Unternehmen zwingend – Karriereplanung und Strategien für Mitarbeitergewinnung

»Dialog« – dieses Wort ist für mich mehr als nur ein wichtiger Begriff, ihn lasse ich erst einmal im Raum stehen und wirken. Seit 1997 beschäftige ich mich mit Internet-Stellenbörsen und Personalbeschaffungsstrategien und habe technische wie strategische Möglichkeiten entwickelt, On- und Offline-Aktivitäten zu verbinden. Employer Branding und Recruiting ist mein Verantwortungsgebiet bei EY (Ernst & Young GmbH Wirtschaftsprüfungsgesellschaft). Darunter verstehe ich mehr als das Erstellen von interessant klingenden Web-Angeboten, die Absolventen neugierig machen sollen. Meine Idee reicht weiter und wirkt nachhaltiger. Soziale Medien sind wichtige Bestandteile meiner Strategie. So kümmert man sich um die knapp 100.000 Facebook-»Fans« der Karriereseite ebenso intensiv wie um Fragen, die in Foren oder auf Internetportalen gestellt werden. Heutzutage geht das Interesse potenzieller Kollegen weit über das hinaus, was man früher auf Homepages und in Stellenanzeigen über sich preisgegeben hat. Und der Weg, wie man neue Kollegen gewinnt, hat sich fundamental verändert. Die Strategie »post and pray« im Sinne von Anzeige schalten und warten, bis sich jemand bewirbt, ist restlos überholt und heute wirkungslos. Auch erlauben das Internet, die sozialen Medien und die hohe Smartphone-Durchdringung der Zielgruppe viel umfassendere Möglichkeiten, sich ein Bild von einem Unternehmen zu machen. Und an diesem zeichnet jeder Bewerber, jeder Mitarbeiter, jeder Ehemalige mit. Nicht mehr spezielle Botschafter prägen die Reputation eines Arbeitgebers, sondern der Einzelne.

Früher haben sich Absolventen bei Unternehmen beworben, heute bewerben sich die Unternehmen bei Absolventen. Der immer stärker werdende Fach- und Führungskräfte-Engpass erfordert diesen Paradigmenwechsel der Unternehmen. Der Prozess der Bewerbung ist ein Kennenlernen für beide Seiten. Dies muss zwin-

---

Geschäfts. Monster Worldwide mit Sitz in New York betreibt Online-Karriereportale in verschiedenen Ländern.

gend auf Augenhöhe stattfinden. Die Absolventen von heute haben eine genaue Vorstellung davon, was der Job ihnen bieten muss, welche Entfaltungs- und Karrieremöglichkeiten sie erwarten. Und weil man bei EY nicht weniger als die Besten für das Unternehmen gewinnen will, nimmt man den Kontakt mit potenziellen neuen Kollegen sehr früh auf, teilweise schon in der Schule. Wir wollen präsent sein, wenn die jungen Leute sich fragen, was sie studieren sollen. Mit Rat und Hinweisen helfen wir, die Gedanken zu sortieren und eine der bedeutendsten Entscheidungen für die eigene Karriere zu treffen. Die Praktika werden seit Bologna kürzer, sind aber noch immer gefragt. Wer möchte, bleibt länger oder kann im Ausland Erfahrung sammeln. Wir unterstützen viele denkbare Ansätze, veranstalten kostenlose Seminare für ehemalige Praktikanten, betreuen Abschlussarbeiten und organisieren beispielsweise eine internationale Praktikantenkonferenz mit 3.000 Teilnehmern in Florida.

Flexibilität: Gefordert, aber auch gewährt

Stressfrei ist der Beruf in einer Wirtschaftsprüfungsgesellschaft und Unternehmensberatung nicht. Diesbezüglich verweise ich auf die Besonderheiten der Beraterbranche, wozu für mich unter anderem etwa gehören: Im Sommer die Freiheit zu haben, früher als andere am See zu liegen, mittags eine Runde zu joggen, spontan freizunehmen oder auch mal länger in Urlaub zu gehen, als es in der Industrie üblich ist – das gehört zur Flexibilität, die wir fordern, aber auch geben. Die heutige Generation hat ihre eigenen Bedürfnisse, braucht andere Angebote und Freiheiten als früher. Das Handy zur privaten Nutzung, der Blick ins soziale Netzwerk, der Laptop mit Firmennetzzugang für das Homeoffice und viele verschiedene Angebote, vom Kiosk und der Kantine über Reinigung, Schneiderei sowie diverse Fitness- und Gesundheitspakete bis hin zum Betriebsarzt, sind daher bei uns bei EY zur Normalität geworden. Im Gegenzug erwartet das Unternehmen Teamfähigkeit, Eigeninitiative und die Bereitschaft, niemals stehen zu bleiben, sich immer weiterzuentwickeln. Das muss jedem auch klar sein: »Alleinunterhalter« können bei uns nicht erfolgreich sein.

Ein wichtiger Aspekt neben Dialogfähigkeit ist für mich *Diversity*. Darunter verstehen wir nicht nur die Frauenquote, sondern alle Unterschiedlichkeiten, die sich in einem Unternehmen zeigen – ob hinsichtlich Ausbildung, Know-how, Arbeitsweise, Entwicklung oder Bedürfnissen. Nicht zwei unserer Mitarbeiter sind gleich, somit müssen wir einigen Aufwand betreiben, um Potenziale und Talente zu erkennen – im Idealfall bereits beim Recruiting. G8, das achtjährige Gymnasium, und Bologna, die europaweite Harmonisierung von Studiengängen und -abschlüssen, brachten einschneidende Veränderungen. Damit haben wir inzwischen eine Verlagerung der Ausbildung in die Unternehmen hinein. Heutige Bewerber sind nicht vergleichbar mit früheren, sie sind jünger und mit weniger praktischen Erfahrungen, da der Bologna-Prozess während des sechssemestrigen Bachelors keine Praktika vorsieht. Das meine ich nicht als Wertung, sondern als Tatsache und Herausforderung für die Personalentwicklung. Ihr gilt es gerecht zu werden.

Fazit[3]

Der Arbeitsmarkt wird enger und die Talente, Fach- und Führungskräfte werden deutlich knapper. Wie lautet die strategische Antwort auf diese Entwicklung? Produktivitätszunahme, Effizienzgewinn, Zuwanderung, Förderung von Teilzeitjobs und verstärkte Integration von Eltern (weiblich und männlich) zurück in den Job, Inklusion und zielgerichtete Bildungsstrategie? Unternehmen müssen vor allem Antworten finden, wie die nicht gesetzlich bestimmte Frauenquote, die Flexibilisierung in einer modernen Unternehmenskultur mit Souveränität des Individuums über die eigene Arbeitswelt umsetzen können. Ferner müssen Mitarbeiter mehr in die Pflicht genommen werden, sich am Erfolg (und Misserfolg) zu partizipieren. Das ist zwar heute schon Usus in einigen Branchen und wird sich verstetigen. Das Bewusstsein hierfür muss jedoch noch erweitert werden.

Die Frage, wie und vor allem wo denn Arbeit im Einklang mit der Digitalisierung stattfinden wird, ist eine sehr spannende Frage. Arbeitszeit- und Arbeitsortflexibilisierung werden ein wichtiger Teil davon sein. Darauf müssen sich alle Unternehmen heute schon einrichten, beispielsweise mit einer Regelung, wie man auch außerhalb des Büros produktiv und technisch optimal wirken kann.

Literatur

Reif, Marcus K. (2013): Generationen – Trends, Herausforderungen und Karrierewege. URL: http://www.reif.org/2013/12/10.
Reif, Marcus K. (2014a): Generationen X, Y, Z – Trends, Herausforderungen und Karrierewege. In: *Employer Branding Today*, 25.02.2014. URL: http://www.employerbrandingtoday.com/de/2014/02/25/gastbeitrag-marcus-reif.
Reif, Marcus K. (2014b): Interview zu Employer-Branding, Fachkräftemangel, Kampagnen, Recruiting und Kulturwandel. URL: http://www.reif.org/2014/11/05.
Reif, Marcus K. (2014c): Die Zukunft der Arbeitswelt ist digital: Perspektiven der Generation Y. URL: http://www.reif.org/blog/interview-zu-employer-branding-fachkraeftemangel-kampagnen-recruiting-und- kulturwandel/www.reif.org/2014/12/18; auch in *Zeitschrift der Unternehmensberatung (ZUB)*, eJournal »ConsultingBay«. Die ESV-Datenbank für Berater. URL: http://consultingbay.de/id/zub_2014_b3_reif.
TrendReport 2013. Matthias Horx. Frankfurt/M.: Zukunftsinstitut, Dezember 2012.

---

3 Siehe hierzu meine Beiträge Reif, 2014c.

V Der Privathaushalt als Arbeitsplatz

Die Sorgelücke füllen – aber zu gerechten Bedingungen![1]

Bernhard Emunds & Esther Jünger

Je einseitiger eine Gesellschaft auf Wirtschaftswachstum – also auf die Steigerung ausschließlich der Summe monetär bewerteter Leistungen – und auf die möglichst umfassende Teilhabe aller Frauen und Männer an der Erwerbsarbeit setzt, umso mehr droht die Sorgearbeit unter die Räder zu geraten. Den Vätern und Müttern, deren Sorge für Kinder phasenweise viel Zeit »verschlingt«, sowie den (Schwieger-)Töchtern und den wenigen (Schwieger-)Söhnen, die Pflegeverantwortung für die Elterngeneration übernehmen, wird geraten, die Aufgaben so weit wie möglich an externe Dienstleister abzugeben. Nach den Bedingungen, unter denen die Erbringer dieser Dienstleistungen arbeiten müssen, wird dann aber selten gefragt.

Nach einem Blick darauf, wie sich die gesellschaftliche Organisation der Sorgearbeit zuletzt in Deutschland verändert hat (1), werden einige ethische Probleme dieser Entwicklung herausgestellt (2). Dann werden die Arbeitsbedingungen für Arbeitnehmerinnen beleuchtet, die gegen Bezahlung Sorgearbeit in privaten Haushalten übernehmen (3). Der Beitrag endet mit einigen Ideen für politische Reformen (4).

---

[1] Der Text beruht auf der Studie »Wen kümmert die Sorgearbeit? Gerechte Arbeitsplätze in Privathaushalten« der Sachverständigengruppe Weltwirtschaft und Sozialethik (Studien der Sachverständigengruppe »Weltwirtschaft und Sozialethik«, Band 20), hg. von der Wissenschaftlichen Arbeitsgruppe für weltkirchliche Aufgaben der Deutschen Bischofskonferenz. Bonn: Sekretariat der Deutschen Bischofskonferenz, 2015. Die Projektleitung beim Erstellen der Studie hatte Bernhard Emunds. Für die Projektbearbeitung war Isabell Merkle zuständig. Download und Bestellung der Studie auf der Homepage der Bischofskonferenz: http://www.dbk-shop.de/de/Publikationen-der-wissenschaftlichen-Arbeitsgruppe/Broschuerenreihe.html Auf der Homepage des Nell-Breuning-Instituts wird eine wissenschaftliche Tagung zu der Studie dokumentiert: http://www.sankt-georgen.de/nbi/

Bernhard Emunds & Esther Jünger

1. Sorgearbeit in westlichen Gesellschaften

Der Begriff Sorgearbeit bezeichnet sehr unterschiedliche Tätigkeiten, wie etwa Putzen und Aufräumen, Waschen und Bügeln, Kochen, Betreuung von kleinen Kindern, Pflege von Kranken und älteren Menschen. Außerhäusliche Kinderbetreuung und Pflege gehören ebenfalls in den Bereich der Sorgearbeit. Im Rahmen dieses Beitrags wird der Fokus jedoch auf den Sorgetätigkeiten im eigenen Haushalt liegen, die das Gros der Arbeit in und für Privathaushalte in Deutschland und anderen westlichen Gesellschaften ausmachen.

Die Sorgearbeit im eigenen Haushalt hat einige problematische Besonderheiten. In Arbeitsgesellschaften – also in Gesellschaften, in denen die Erwerbsarbeit für Einkommen, persönliche Entfaltung, soziale Anerkennung und gesellschaftliche Beteiligung grundlegende Bedeutung hat – wird die Sorgearbeit kaum wertgeschätzt. Das alltägliche Leben von Erwachsenen wird wahrgenommen in einer Dualität von Arbeit und Freizeit; dabei steht »Arbeit« für die Erwerbsarbeit und die mit anderen Erwerbstätigen geteilte Arbeitsstätte, »Freizeit« dagegen für alles, was nicht Erwerbsarbeit ist, und die häusliche Privatsphäre. Die Sorgearbeit, die man im privaten Bereich für andere Familienangehörige oder für einen selbst leistet, fällt damit durch das Raster; sie bleibt weithin unsichtbar.

In den letzten Jahren ist der Umfang bezahlter Erwerbsarbeit in privaten Haushalten stark gestiegen. Die zunehmende Migration von Menschen aus ärmeren Ländern, die in westlichen Gesellschaften Arbeit suchen, ist mit bedingt durch die steigende Nachfrage nach Haushaltsarbeiterinnen. Gesellschaftlich verweist das schnelle Wachstum der bezahlten Sorgearbeit – vor allem der irregulären, das heißt den arbeitsrechtlichen Standards des Landes nicht entsprechenden Sorgearbeit – auf eine große Sorgelücke in westlichen Gesellschaften, die insbesondere bei der Betreuung von Kindern und Pflegebedürftigen entstanden ist. Grund dafür ist eine veränderte Konstellation in der Arbeitsteilung zwischen den Geschlechtern:

In westlichen Gesellschaften sind Frauen heute in erhöhtem Maß erwerbstätig. Frauen aus den Mittelschichten haben sich die Möglichkeit, berufstätig zu sein, in der Vergangenheit erstritten. Seit einigen Jahren ist die verstärkte Erwerbsbeteiligung von Frauen auch politisch gewollt, weil ihre Arbeitskraft benötigt wird. Durch das vermehrte Engagement von Frauen auf dem Arbeitsmarkt muss die traditionell von ihnen geschulterte Sorgearbeit im Haushalt neu verteilt werden. Allerdings beteiligen sich Männer immer noch deutlich weniger an der Arbeit im Haushalt und an den Betreuungsaufgaben. Es kommt zu einer Mehrfachbelastung, die fast immer die Frau trifft.

Durch die duale Alltagswahrnehmung der Arbeitsgesellschaft wird dieser Effekt weiter verstärkt. Die gestiegenen Anforderungen in vielen Beschäftigungsbereichen fordern ihren Tribut: Von den Arbeitnehmern wird immer mehr Flexibilität und hoher (zeitlicher) Arbeitseinsatz verlangt. Die Sorgearbeit hingegen bleibt ungetan, kann nur schlechter als möglich oder unter enormer Anstrengung geleistet werden. Das wird hier als Sorgelücke bezeichnet.

In den meisten Partnerschaften gelingt es nicht, Sorgearbeit gleich zwischen den Geschlechtern zu verteilen und die Sorgelücke auf diese Weise zu schließen. Eine Erklärung hierfür setzt bei der Geschlechtsidentität an. Demnach ist die Identität eines Menschen als Mann oder Frau nicht einfach immer schon gegeben. Vielmehr muss sie stets neu hergestellt und ausgehandelt werden. Ein besonders wichtiger Ort für diesen Prozess ist der Privathaushalt mit seinen Aufgaben und Zuständigkeiten. Da die im Haushalt anfallenden Sorgetätigkeiten traditionell als weibliche Aufgaben angesehen werden, widerstrebt es vor allem den Männern, nicht selten aber beiden Partnern, die anfallende Sorgearbeit paritätisch aufzuteilen. Wenn die Frau alleine nicht (mehr) den Großteil der Sorgearbeit übernehmen kann, erscheint die Beschäftigung einer Haushaltsarbeiterin oft als Ausweg: Die Abgabe von Sorgearbeit von einer Frau an eine andere Frau lässt sich für beide Partner mit ihrer Geschlechtsidentität vereinbaren. Auch kann damit die Letztverantwortlichkeit für den Haushalt und seine Mitglieder bei der Partnerin verbleiben. Sie sucht die Haushaltsarbeiterin aus, stellt sie an, bespricht mit ihr die Aufgaben und erteilt ggf. Anweisungen.

Hinzu kommt, dass der Ausbau von öffentlichen Betreuungseinrichtungen für Kinder und Pflegebedürftige in Deutschland und vielen anderen Ländern nur schleppend voran geht. In anderen Ländern werden diese öffentlichen Angebote zugunsten des Ausbaus von privaten, marktgesteuerten Dienstleistungen, die in den Haushalten erbracht werden, sogar zurückgefahren.

Gängige Auswege aus der Sorgelücke sind, dass die Frauen Teilzeit arbeiten und/oder Sorgearbeit gegen Bezahlung an meist weibliche Beschäftigte abgeben. Die Zunahme von bezahlter Sorgearbeit im Haushalt wird dabei durch eine steigende soziale Ungleichheit zwischen potenziellen Arbeitgeberinnen und Arbeitnehmerinnen begünstigt. Im Falle der transnationalen Haushaltsarbeiterinnen ist das der unterschiedlichen wirtschaftlichen Stärke von Volkswirtschaften zuzurechnen. Bei einheimischen Haushaltsarbeiterinnen liegt es am Ausmaß der sozialen Ungleichheit in der Gesellschaft. Sie führt dazu, dass Menschen aus den weniger privilegierten Gesellschaftsschichten bereit sind, für einen vergleichsweise niedrigen Lohn eine ungesicherte Beschäftigung aufzunehmen.

2. Gerechtigkeitsprobleme der gesellschaftlichen Organisation von Sorgearbeit

Eine ethische Reflexion von Sorgearbeit in unserer Gesellschaft kann mit der fundamentalen Bedeutung von Sorgearbeit für menschliches Leben beginnen. Trotzdem fordert Geschlechtergerechtigkeit in einer Arbeitsgesellschaft vor allem den gleichen Zugang von Frauen und Männern zur Erwerbsarbeit. Zugleich ist aber auch herauszustellen, dass es veränderter gesellschaftlicher Strukturen bedarf, in denen die Sorgearbeit als ein – mit der Erwerbsarbeit – gleichwertiger Beitrag zum gesellschaftlichen Leistungsaustausch anerkannt wird.

2.1 Ausdruck der leiblichen Existenz

Die Sorgearbeit ist Ausdruck der leiblichen Existenz des Menschen. Es ist der Leib, der den Menschen sinnliche Wahrnehmung sowie die Beziehung und die Kommunikation mit anderen ermöglicht. Über ihn sind sie in die soziale und materielle Welt eingebunden, sind sie Teil dieser Welt; über ihn stehen sie mit ihrer Umwelt auch im Austausch. Sorgearbeit bezieht sich auf diesen Austausch des Menschen mit seiner Umwelt. Bei ihr geht es um die stoffliche Basis des Menschen, um seinen Körper und um die Folgen seiner körperlichen Präsenz in der Welt. Abgesehen von der Nahrungsmittelaufnahme thematisieren wir diesen Austausch des menschlichen Leibes mit der übrigen materiellen Welt nur ungern; häufig assoziieren wir Dreck und Schmutz. Aus diesem Grund gilt Sorgearbeit vielfach als unreine und minderwertige Arbeit. Sorgearbeitende, die mit den stofflichen Ausscheidungen anderer Menschen zu tun haben, müssen bei ihrer Arbeit nicht selten Ekel überwinden. Ihre Arbeit wird häufig als eine Art »niederer Dienst« wahrgenommen.

Historisch gesehen gab und gibt es immer wieder Schichten sozial Bessergestellter, die einen Teil der anfallenden Sorgetätigkeiten an Hausangestellte oder selbstständige Auftragnehmerinnen abgaben. Zum Teil gibt es auch Bestrebungen, sich der Sorgearbeit möglichst umfassend zu entledigen, um sich uneingeschränkt anderen Aufgaben und/oder den »schönen Dingen des Lebens« widmen zu können. Zu Zeiten der bürgerlichen Ein-Ernährer-Familie gab es nicht wenige Männer, die Sorgetätigkeiten (beinahe) vollständig der Ehefrau und ggf. den von ihr geführten Dienstboten überließen. Bei »High Professionals« ohne familiäre Verpflichtungen mag es heute manchmal eine vergleichbare Tendenz geben, möglichst alle Tätigkeiten der Sorgearbeit an Haushaltsarbeiterinnen abzugeben.

Gegenüber einer besonders weitgehenden, auf die Spitze getriebenen Delegation von Sorgearbeit kann man zu bedenken geben, dass diese Tätigkeiten zur leiblichen Existenz der Menschen gehören. Aufgrund ihres eigenen Charakters und durch ihre Einbindung in zwischenmenschliche Beziehungen sind mit vielen Tätigkeiten der Sorgearbeit auch besondere Chancen für Momente erfüllenden, gelingenden Lebens verbunden: die Wohnung, die man nach eigenen Vorstellungen und ggf. nach Vorstellungen der Mitbewohner/-innen gestaltet und bereitet, das Kochen einer Mahlzeit, die andere erfreuen wird, das Wickeln eines nach Aufmerksamkeit heischenden Babys, die von einem Gespräch begleitete Unterstützung der pflegebedürftigen Mutter beim Essen usw. Indem wir uns in unserem häuslichen Umfeld einrichten, kochen, waschen, reinigen, Kinder oder Pflegebedürftige versorgen etc., bejahen wir unsere leibliche Existenz. Die zumeist repetitiven, körperbezogenen Tätigkeiten der Sorgearbeit haben einen besonderen Wert für das ganzheitliche Dasein des Menschen als einem leiblichen, mit Geist und Seele ausgestatteten Wesen. Mit ihnen wird eine Dimension des Menschseins verwirklicht, die man bei einem ganzheitlichen Zugang zum menschlichen Leben nicht einfach ausklammern kann. Insofern steht jemand, der für berufliche Herausforderungen ganz frei sein will und deshalb alle Tätigkeiten der Sorgearbeit an Arbeit- oder Auftragnehmerinnen abgibt, unter Umständen in der Gefahr, »die Bodenhaftung« zu verlieren.

2.2 Geschlechtergerechtigkeit

Aufgrund der steigenden Erwerbstätigkeit von Frauen und der nur zögerlich wachsenden Sorgepartizipation der Männer sind westliche Gesellschaften mit der Frage konfrontiert, wer sich jetzt und in Zukunft um die Kinder, die Kranken und die Alten kümmern soll. Statt sich dieser politischen Herausforderung zu stellen, werden vorhandene Sorgedefizite vor allem als individuelles Problem thematisiert: als Frage nach der Vereinbarkeit von Beruf und Familie für Frauen. Anders als in den ersten Jahrzehnten nach dem Zweiten Weltkrieg gilt heute in den westlichen Gesellschaften die Ein-Ernährer-Familie mit ihrer geschlechtsspezifischen Aufteilung von Erwerbsarbeit und Sorgearbeit nicht mehr als Norm. Die Paare legen großen Wert darauf, die anfallende Sorgearbeit und die Zeiten, in denen sie durch Erwerbsarbeit zum Haushaltseinkommen beitragen, frei nach eigenen Vorstellungen gelingenden Lebens untereinander aufzuteilen.

Dieses Aushandeln geschieht aber nicht in einem luftleeren Raum, sondern ist beeinflusst von den gesellschaftlichen und politischen Bedingungen der eigenen Gesellschaft: von Vorstellungen zur Geschlechtsidentität, von Väter- und Mütterbildern, von Leitbildern einer reifen, erwachsenen Persönlichkeit, aber auch von den Bedingungen, unter denen Sozialtransfers gewährt werden, und von den Regelungen der Einkommensteuer. Vor diesem Hintergrund verwundert es nicht, dass in allen westlichen Gesellschaften Frauen einen erheblich größeren Anteil an der unbezahlten Sorgearbeit übernehmen und dementsprechend nicht im selben Ausmaß erwerbstätig sein können wie Männer.

Diese Asymmetrie, die in einigen Ländern, darunter auch in Deutschland, ausgeprägter ist als in anderen, steht in einem deutlichen Gegensatz zu dem in diesen Gesellschaften weit verbreiteten Leitbild, dass prinzipiell beide Geschlechter in etwa gleich stark an der Erwerbs- und an der Sorgearbeit partizipieren sollten. Da westliche Gesellschaften ein (erwerbs)arbeitsgesellschaftliches Profil haben, stellen vor allem die geringere Beteiligung der Frauen an der Erwerbsarbeit und die deutlich schlechteren Bedingungen, zu denen sie mehrheitlich erwerbstätig sind, ein erhebliches Gerechtigkeitsdefizit dar. Zwar ist Sorgearbeit bedeutsam und die entsprechenden Tätigkeiten können – wie eben angedeutet – erfüllend sein. Aber in Gesellschaften, in denen die Erwerbsarbeit eine so zentrale Rolle spielt, ist der Umstand, dass Frauen für die gesellschaftlich notwendige Sorgearbeit erheblich mehr Verantwortung übernehmen, ein massiver Nachteil: Er macht es ihnen schwerer, im gleichen Umfang und mit dem gleichen Engagement erwerbstätig zu sein, bedingt also ihren schlechteren Zugang zur Erwerbsarbeit. Viele Frauen sind gut ausgebildet, sie wollen Geld verdienen, sich beruflich verwirklichen und an ihrem Arbeitsplatz Verantwortung übernehmen. Interessante und verantwortungsvolle Aufgaben werden aber häufig nur an Arbeitskräfte vergeben, die Vollzeit arbeiten. Ohne die Unterstützung von Verwandten, des Ehemannes oder eben einer Haushaltsarbeiterin können Frauen, die Verantwortung für Kinder oder Pflegebedürftige tragen, diese Arbeitsstellen nicht annehmen.

Die Beschäftigung einer Haushaltsarbeiterin kann Frauen aus der Mittelschicht die Möglichkeit geben, den unterschiedlichen gesellschaftlichen Erwartungen an sie zu entsprechen: trotz Erwerbstätigkeit für die eigene Familie die Hauptsorge zu tragen und zugleich als Mutter oder pflegende Tochter volle Leistung am Arbeitsplatz zu zeigen. Dadurch erhöht sich ihre Sichtbarkeit in der Gesellschaft und sie erfahren – weil sie in einem Beruf mit formaler Qualifikation tätig sind – mehr gesellschaftliche Wertschätzung. Gleichzeitig wird allerdings die Erstzuständigkeit der Frauen für Sorgearbeit stabilisiert, denn Sorgearbeit bleibt bei diesen Arrangements Frauenarbeit. Da sie nun in der Regel von Frauen übernommen wird, die in der Hierarchie der Gesellschaft weiter unten stehen, findet sie gesellschaftlich eher noch weniger Anerkennung als zuvor.

Obwohl Erwerbsarbeit immer ein Moment von Fremdbestimmung beinhaltet, genießt die Idee einer gleichberechtigten Partizipation der Geschlechter am Erwerbsleben in westlichen Gesellschaften hohes Ansehen. Als Grundlage wirtschaftlicher Selbstständigkeit und gesellschaftlicher Wertschätzung sowie als Bereich der persönlichen Bewährung und Entfaltung ist sie sehr begehrt. So gerät häufig aus dem Blick, dass die Sorgearbeit und die prinzipiell gleiche Beteiligung beider Geschlechter an dieser Aufgabe für die Zukunft moderner Gesellschaften ebenso unabdingbar und wichtig sind und dass sich auch mit diesen Tätigkeiten besondere Bewährungs- und Entfaltungschancen verbinden. Aufgrund dessen wird es kaum als Problem wahrgenommen, dass die Sorgelücke immer weiter wächst, weil versucht wird, unter Beibehaltung der Vollzeit-Arbeitszeit die Erwerbspartizipation auf möglichst alle Männer und Frauen auszuweiten. Dass dadurch viele Paare und Alleinerziehende zunehmend Probleme haben, ihrer Sorgeverantwortung zu entsprechen, wird in der politischen Öffentlichkeit kaum als eine Herausforderung identifiziert, die gesellschaftspolitische Reformen erfordert.

2.3 Anerkennung der Sorgearbeit

Da Sorgearbeit wenig Ansehen genießt, überrascht es nicht, dass sie zu schlechten Bedingungen an Gruppen mit einem geringeren gesellschaftlichen Status abgegeben wird. An dem niedrigen Ansehen von Sorgearbeit leiden aber nicht nur die Haushaltsarbeiterinnen, sondern auch die (potenziellen) Arbeitgeberinnen, die Kinder oder pflegebedürftige Menschen versorgen müssen; so sehen sie sich in ihrem Alltag mit Erwartungen konfrontiert, deren Erfüllung ihnen nicht genug Energie und Zeit für die Sorgearbeit ließe. In Deutschland sind die Bürgerinnen und Bürger vor allem in zwei Lebensphasen mit einer Doppelbelastung von Sorgearbeit und beruflicher Tätigkeit konfrontiert:

➢ In einer Wissensgesellschaft wie Deutschland treten viele junge Menschen erst nach langen Bildungs- und Ausbildungszeiten ins Berufsleben ein. Bis dahin sind sie zumeist finanziell von den Eltern abhängig und sehen sich nicht in der Lage, eine eigene Familie zu gründen. Zu Beginn des vierten Lebensjahrzehntes treten sie häufig in eine erste »Rush-Hour des Lebens« ein, in der sie viele verschiedene Anforderungen gleichzeitig bewältigen müssen: Berufseinstieg und die Etablierung in einer zunehmend von Unsicherheit gekennzeichneten Arbeitswelt, Aufbau einer stabilen Paarbeziehung und Elternschaft, eventuell auch Umzug in eine entfernte Region und Neuaufbau eines privaten Umfeldes am neuen Arbeitsort.

➢ Eine zweite »Rush-Hour« kristallisiert sich im fünften und sechsten Lebensjahrzehnt heraus, in denen viele Menschen ihre berufliche Position gegen vermeintlich besonders leistungsstarke Jüngere »verteidigen« oder gar neu aufbauen müssen und gleichzeitig – oft auch unerwartet – mit der familiären Pflege ihrer Elterngeneration konfrontiert sind.

Menschen, die im geschilderten Umfang sowohl Familienarbeit als auch Erwerbsarbeit leisten müssen bzw. wollen, leiden unter Stress und schlechtem Gewissen: Sie fühlen sich überlastet und viele haben den Eindruck, ihren Kindern, den Pflegebedürftigen, dem Partner, ihren Freunden sowie den Anforderungen bei der Arbeit nicht gerecht werden zu können.

Die geringe gesellschaftliche Anerkennung von Sorgearbeit bekommen Menschen, die Sorgearbeit leisten, auch finanziell zu spüren. Im Vergleich zu kinderlosen Paaren mit einer vergleichbaren Ausbildung haben Paare mit Kindern in der Regel ein deutlich geringeres Einkommen, weil zumindest ein Elternteil beruflich kürzer treten muss. Die Entscheidung für ein Leben mit Kindern ist also auch eine Entscheidung dafür, mit besonderen zeitlichen Engpässen und finanziellen Belastungen zu leben. Deshalb entscheiden sich viele junge Frauen und Männer dagegen, ein Kind bzw. weitere Kinder zu bekommen – obwohl sie die Freude, die mit dem Zusammenleben mit Kindern verbunden ist, durchaus sehen.

Unter der geringen Anerkennung der Sorgearbeit leiden auch Menschen, die Angehörige pflegen: Ohne Arbeitseinkommen, also nur in Kombination mit anderen Sozialleistungen, reicht das monatliche »Pflegegeld« oft lediglich für eine Lebensführung an der Armutsschwelle. Bei Paaren führt eine langjährige ausschließliche Pflegetätigkeit eines Partners – zumeist der Frau – im Alter zu einer starken finanziellen Abhängigkeit vom anderen.

Die derzeitige Organisation der gesellschaftlich notwendigen Arbeit ist mit Blick auf die Zukunft der Gesellschaft insgesamt zu problematisieren. Bei der heutigen Fixierung auf Erwerbsarbeit und auf das Wirtschaftswachstum – also faktisch: auf die Zunahme ausschließlich der monetär erfassten Leistungen – lebt die Gesellschaft von ihrer Substanz. Verlässliche soziale Beziehungen sowie physische und psychische Gesundheit sind wichtige Voraussetzungen der gesellschaftlichen – und damit auch: der wirtschaftlichen – Kooperation. Sie werden intensiv in Anspruch genommen und dadurch übermäßig verbraucht. Oft bleibt nicht genug Raum für die Regeneration dieser Voraussetzungen, die durch Sorgearbeit, aber auch in Muße geschieht. Insofern ist diese Form, die gesellschaftlich notwendige Arbeit zu organisieren, nicht nachhaltig. In besonderem Maße gilt dies für Gesellschaften, die mit einem zügigen demografischen Wandel konfrontiert sind, durch den immer weniger Menschen im erwerbs- und sorgefähigen Alter sind.

3. Gerechtigkeitsprobleme von Sorgearbeit als Erwerbsarbeit – und die ILO-Übereinkunft 189

Die geringe gesellschaftliche Anerkennung der Sorgearbeit spiegelt sich auch in schlechten Arbeitsbedingungen derjenigen wider, die in privaten Haushalten Dienstleistungen erbringen.

Weltweit nimmt die bezahlte Arbeit in Privathaushalten zu. Es ist davon auszugehen, dass es sich dabei in allen Ländern mehrheitlich um gering entlohnte und ungeschützte Beschäftigung handelt. Denn bezahlte Arbeit in Privathaushalten wird häufig nicht als Erwerbsarbeit ernst genommen und die meist weiblichen Leistungserbringerinnen werden selten als Arbeitnehmerinnen angesehen; es dominieren hier informelle Beschäftigungsverhältnisse. Diese Struktur und der Ort der Erwerbstätigkeit, die privaten Räumlichkeiten der Arbeitgeberinnen, führen zu besonderen Verletzlichkeiten und Abhängigkeiten auf beiden Seiten, vor allem aber bei den Arbeitnehmerinnen. Wenig Einfluss auf die Gestaltung des Arbeitsverhältnisses, hohe Verletzlichkeit – das ist vor allem ein Problem bei migrantischen Haushaltsarbeiterinnen.

Viele der Haushaltsarbeiterinnen wandern alleine aus und lassen ihre Familie im Herkunftsland zurück. Ein wesentlicher Grund dafür ist vielfach die restriktive Migrationspolitik der westlichen Empfängerländer. Die EU-Mitgliedsländer beispielsweise gewähren in der Regel den Angehörigen einer Haushaltsarbeiterin aus Nichtmitgliedsländern keine Aufenthaltserlaubnis; im Übrigen ist die Haushaltsarbeiterin oft selbst nicht regulär im Land. Deutschland und viele andere westliche Staaten begrenzen Einwanderung auf hochqualifizierte Fachkräfte; potenzielle Haushaltsarbeiterinnen zählen sie nicht dazu. Da illegalisierte Haushaltsarbeiterinnen – zum Teil trotz gegenteiliger Rechtslage – fürchten, dass sie abgeschoben würden, wenn sie sich für ihre Rechte einsetzen, ist in diesen Ländern die Gefahr groß, dass es zu ausbeuterischen Arbeitsverhältnissen und Grenzüberschreitungen von Arbeitgeberinnen kommt. So sehen sich viele Haushaltsarbeiterinnen »ohne Dokumente« davon abhängig, dass ihre Arbeitgeberinnen sie gut behandeln. Sie wagen es nicht, zum Beispiel das Einbehalten von Lohn anzuzeigen.

Die meisten Haushaltsarbeiterinnen – auch solche mit Aufenthaltsgenehmigung und Arbeitserlaubnis oder einheimische Haushaltsarbeiterinnen – schließen oft keinen schriftlichen Arbeitsvertrag mit ihren Arbeitgeberinnen ab. Das kann durchaus von den Arbeitnehmerinnen so gewollt sein, zum Beispiel weil sie Steuerzahlungen und Sozialabgaben vermeiden wollen. Ohne schriftlichen Vertrag sind sie aber erheblich schlechter vor Missbrauch und Willkür geschützt und haben keinen Anspruch auf die üblichen sozialstaatlichen Leistungen, die mit regulären Beschäftigungsverhältnissen verbunden sind.

Zusammenfassend bedeutet das: Haushaltsarbeiterinnen – insbesondere solche ohne Arbeitserlaubnis oder gar ohne Aufenthaltsgenehmigung – sind häufig in einer sehr viel schwächeren Position als ihre Arbeitgeberinnen. Insofern erscheint es angemessen, bei der Beschäftigung von Haushaltsarbeiterinnen, vor allem bei der Erwerbstätigkeit transnationaler Haushaltsarbeiterinnen, von einer massiven Machtasymmetrie zwischen Arbeitgeberinnen und Arbeitnehmerinnen auszugehen.

Aufgrund dieser Machtasymmetrie(n) kommt es zu einem Vertrag zwischen zwei unterschiedlich starken Vertragspartnern. Zwar ist in westeuropäischen Gesellschaften davon auszugehen, dass zumeist beide Seiten den Arbeitsvertrag aus freien Stücken eingegangen sind, sich also einen Vorteil davon versprechen – oder zumindest zum Zeitpunkt der Vertragsschlusses davon versprochen haben. Aber die Asymmetrie zulasten der transnationalen Haushaltsarbeiterin führen zu einer sehr ungleichen Verteilung der Vorteile aus dem Arbeitsvertrag – einschließlich ggf. der Hinnahme menschenunwürdiger Arbeitsbedingungen durch die Migrantin.

Deshalb kommt der Aufgabe, sich zugunsten von Haushaltsarbeiterinnen für gerechte Arbeitsbedingungen einzusetzen, besondere Dringlichkeit zu. Hier liegt die Bedeutung des ILO-Übereinkommens 189 über *Menschenwürdige Arbeit für Hausangestellte*, das im Juni 2011 in Genf verabschiedet wurde. Mit diesem Übereinkommen widmet sich erstmals eine UN-Organisation den Arbeitsbedingungen von Haushaltsarbeiterinnen. Der Grundgedanke dieses Übereinkommens ist es, die Anerkennung bezahlter Hausarbeit in Privathaushalten als Erwerbsarbeit zu erreichen und Haushaltsarbeiterinnen mit anderen abhängig Beschäftigten gleichzustellen. Die Bundesrepublik Deutschland hat das ILO-Übereinkommen 189 im September 2013 ratifiziert; zum 1. September 2014 ist es in Kraft getreten.

Für die bezahlte Sorgearbeit bedeuten diese Überlegungen zum einen, dass die staatlichen Organe aufgerufen – und aufgrund der Ratifizierung des ILO-Übereinkommens 189 auch völkerrechtlich verpflichtet – sind, gegen entwürdigende Arbeitsverhältnisse vorzugehen. Entwürdigend ist es zum Beispiel, wenn in Deutschland und anderen westlichen Ländern ein erheblicher Teil jener Pflegekräfte, die in Privathaushalten als »Live-ins« arbeiten, nicht wenigstens ein Mal pro Woche eine Auszeit von 24 Stunden hat. Hier besteht die Gefahr, dass die Haushaltsarbeiterinnen ausschließlich instrumentell – also mit Blick auf die von ihnen geleistete Sorgearbeit – wahrgenommen werden und nicht auch als Menschen mit eigenen Rechten und Bedürfnissen, zum Beispiel als Personen, die sich nach der Arbeit regenerieren müssen und die selbst ein Privatleben haben. Das Recht dieser Haushaltsarbeiterinnen, Freiräume zu haben, die nicht von Arbeitsverpflichtungen bestimmt sind, wird hier schlichtweg negiert.

Mit Blick auf dieses Problem menschenwürdiger Arbeitsbedingungen in deutschen Privathaushalten ist es bedeutsam, dass die Bundesregierung bei der Ratifizierung des ILO-Übereinkommens 189 eine Klausel eingefügt hat, die Live-In-Pflegekräfte von den Schutzbestimmungen des Übereinkommens ausnehmen soll. Die Arbeitsbedingungen in der sogenannten 24-Stunden-Pflege weichen nämlich vor allem in Bezug auf Arbeits- und Ruhezeiten massiv von den Bestimmungen des Übereinkommens ab. Allerdings unterliegt die Bundesregierung – auch für diese Ausnahme – einer Berichtspflicht. In offiziellen Berichten an die ILO muss sie nicht nur die Fortschritte bei der Umsetzung des Übereinkommens, sondern auch die Gründe für ihre Ausnahmen darstellen. Zudem muss sie darüber berichten, welche Maßnahmen sie ergriffen hat, um das Übereinkommen zukünftig auch auf die bisher noch davon ausgenommenen Arbeitnehmerinnen ausdehnen zu können.

Zum anderen bedarf es einer mittel- bis langfristigen Strategie, bei der es um die allmähliche Verbesserung der Lebensbedingungen der Haushaltsarbeiterinnen und ihrer Familien geht. Für diese Strategie bietet die Grundausrichtung der Agenda für menschenwürdige Arbeit, welche die ILO auch für die informelle Erwerbsarbeit in Entwicklungsländern erarbeitet hat, überzeugende Anhaltspunkte. Denn die Agenda basiert einerseits auf der Einsicht, dass bessere Arbeitsbedingungen ein wesentlicher und unerlässlicher Aspekt der angezielten besseren Lebensbedingungen sind. Schlechte Arbeitsbedingungen führen eben zum Verschleiß von Arbeitsvermögen und untergraben damit letztlich die Aussicht auf produktive und einträgliche Erwerbstätigkeit in der Zukunft. Andererseits berücksichtigt sie aber auch den Umstand, dass Beschäftigte, die unter sehr schlechten Bedingungen – nicht selten informell – arbeiten, von Versuchen, zügig anspruchsvolle Standards gerechter Arbeit durchzusetzen, eher Nachteile haben dürften: Gelänge es, die hohen Standards schnell durchzusetzen, würde das Volumen der Erwerbsarbeit stark schrumpfen, sodass viele dieser Erwerbstätigen nicht nur ihre aktuellen Arbeitsstellen verlieren, sondern auch keine neuen finden. Oder die Einführung anspruchsvoller Standards ändert wenig am Gesamtvolumen der Erwerbsarbeit, drängt aber einen erheblichen Teil dieser Erwerbsarbeit immer tiefer in die Informalität und in die Missachtung gesetzlicher Vorschriften. Angesichts solcher Risiken für die Beschäftigten sind Verbesserungen der Arbeitsbedingungen von Haushaltsarbeiterinnen immer nur schrittweise möglich. Vielfach wird es selbst zu kleinen Fortschritten nur kommen, wenn der Staat auch für die Arbeitgeberinnen Anreize schafft, sich auf die angezielten Verbesserungen der Arbeitsbedingungen für die Haushaltsarbeiterinnen einzulassen.

4. Politische Reformperspektiven

Bei den Perspektiven für das politische Handeln geht es zuerst um Reformideen für die Formalisierung von Arbeitsverhältnissen in Privathaushalten und die Verbesserung der Arbeitsbedingungen für diese Arbeitnehmerinnen. Dann wird – mit Blick auf die viel umfassendere Aufgabe einer nachhaltigen und gerechten Organisation von Sorgearbeit – das Leitbild »sorgende Gesellschaft« skizziert und nach konkreten Reformschritten zu dessen Verwirklichung gefragt.

4.1 Öffentliche Mitfinanzierung und Regulierung von bezahlter Sorgearbeit

Um die Lebensbedingungen von Haushaltsarbeiterinnen und ihren Familien in Deutschland zu verbessern, bedarf es mittel- bis langfristiger Strategien: Einen positiven Einfluss auf die Arbeitssituation der Haushaltsarbeiterinnen hätten Maßnahmen, die zur Transformation illegaler in legale Beschäftigung und zu einer besseren Bezahlung führen. Allerdings müssen dabei auch die vorhin herausgestellten Schwierigkeiten bei der Durchsetzung anspruchsvoller Standards gerechter Arbeit berücksichtigt werden. Angesichts der Risiken eines sinkenden Erwerbsarbeitsvolumens oder eines Drängens zu mehr Informalität und Missachtung von Gesetzen sind Verbesserungen der Arbeitsbedingungen von Haushaltsarbeiterinnen immer nur schrittweise möglich. Vielfach wird es selbst zu kleinen Fortschritten nur kommen, wenn der Staat auch für die Arbeitgeberinnen Anreize schafft, sich auf die angezielten Verbesserungen der Arbeitsbedingungen für die Haushaltsarbeiterinnen einzulassen.

Bei Reinigungstätigkeiten könnte in Deutschland die Einführung von Dienstleistungsschecks nach belgischem Vorbild ein wirkungsvolles Mittel sein. In Belgien können Privatpersonen, die im Haushalt eine Unterstützung benötigen oder wünschen, zu einem günstigen Preis bei einer staatlichen Agentur Dienstleistungsschecks erwerben, die bei entsprechend spezialisierten Unternehmen einzulösen sind. Im Umfang der eingereichten Schecks stellen ihnen die Unternehmen dann Mitarbeiterinnen zur Verfügung, die im Haushalt die gewünschten Arbeiten übernehmen. Die Mitarbeiterinnen werden bei den Dienstleistungsunternehmen regulär beschäftigt; sie sind sozialversichert, zahlen Steuern und erhalten einen auskömmlichen Nettolohn. Die Kosten, die über den Kaufpreis der Dienstleistungsschecks hinausgehen, trägt der Staat. Für Arbeitgeberinnen sind die Schecks attraktiv, weil es mit ihnen erheblich günstiger und ggf. überhaupt erst bezahlbar wird, die Dienste einer regulär beschäftigten Arbeitnehmerin in Anspruch zu nehmen. Für Arbeitnehmerinnen bietet das Dienstleistungsscheckverfahren neben einer regulären, sozialversicherungspflichtigen Beschäftigung auch einen annehmbaren Lohn.

Die reguläre, sozialversicherungspflichtige Beschäftigung, ihre Bezahlbarkeit für Arbeitgeberinnen und die Auskömmlichkeit für Arbeitnehmerinnen sind wichtige Vorteile der belgischen Lösung gegenüber dem deutschen Haushaltsscheckverfahren, bei dem die Haushaltsarbeiterinnen nur als Minijobberinnen angestellt werden können. In Deutschland möchten viele Haushaltsarbeiterinnen mehr arbeiten, als es im Rahmen dieses geringfügigen Beschäftigungsverhältnisses vorgesehen ist. Kommen sie jedoch über die Grenze von 450 Euro pro Monat, entstehen erhebliche zusätzliche Kosten, weil nun sie selbst und die Haushalte zusätzliche Sozialabgaben zahlen müssen.

In ähnlicher Weise wie mit einem Haushaltsscheckverfahren nach belgischem Vorbild könnten auch die Lebens- und Arbeitsbedingungen von Haushaltsarbeiterinnen, die Pflegebedürftige in ihren Privathaushalten versorgen und betreuen, gezielt verbessert werden. So könnte zum Beispiel die Pflegeversicherung – ähnlich wie dies in Österreich bereits geschieht – dann für die häusliche Pflege ein höheres Pflegegeld auszahlen, wenn eine solche Pflegekraft eingebunden ist. Die Auszahlung dieses höheren Pflegegeldes wäre dann aber – anders als in Österreich – an die Einhaltung bestimmter Mindeststandards für die Qualität der Arbeit (wie z. B. die Beachtung bestimmter Ruhezeiten) zu binden.

4.2 Leitbild der sorgenden Gesellschaft

Es muss außerdem auch Erwerbstätigen in westlichen Gesellschaften erleichtert werden, wieder mehr Sorgearbeit selbst zu übernehmen. Hierzu bedarf es einer grundlegenden gesellschaftspolitischen Neuausrichtung. Orientierung kann das *Leitbild einer sorgenden Gesellschaft* geben. In einer sorgenden Gesellschaft kommt der unbezahlten häuslichen privat geleisteten Sorgearbeit der gleiche gesellschaftliche (Stellen-)Wert wie der Erwerbsarbeit zu. Es gehört zu einem »Normallebensverlauf«, dass Erwerbstätige in einigen Phasen in erhöhtem Maße Sorgearbeit übernehmen. Sorge für andere kann dann in ihrem Alltag eine wichtige Rolle spielen, ohne dass dadurch ihre Existenz nicht mehr gesichert ist. Die sorgende Gesellschaft ermöglicht es aber auch durch öffentliche Einrichtungen, dass Angehörige partiell von der Sorgearbeit entlastet werden, und sie stärkt Initiativen, die die ehrenamtliche Übernahme von Sorgearbeit jenseits familiärer Bande unterstützen.

Zur Unterstützung von Eltern und pflegenden Angehörigen braucht es eine gute öffentliche Betreuungsinfrastruktur für Kinder und Jugendliche, aber auch entsprechende Angebote für ältere Menschen. Der Ausbau der öffentlichen Kinderbetreuung sollte weiter vorangetrieben werden, aber auch der Aufbau von Tagespflegeeinrichtungen, in denen Pflegebedürftige stundenweise oder ganztags betreut werden.

Fände das Leitbild einer sorgenden Gesellschaft Eingang in die Politik und übernähme die große Mehrheit der Bevölkerung im Erwachsenenalter Sorgearbeit, dann würde wohl auch die gesellschaftliche Wertschätzung der Sorgearbeit zunehmen – auch weil beinahe alle sie leisten. Diese veränderte Wahrnehmung von Sorgearbeit würde sich zweifellos auch auf die Arbeits- und Lebensbedingungen von Haushaltsarbeiterinnen positiv auswirken.

4.3 Verändertes Arbeitszeitregime

Das Leitbild der sorgenden Gesellschaft sollte sich auch konkret in der Gestaltung des sogenannten Normalarbeitsverhältnisses ausdrücken. Abhängig Beschäftigte sollten nicht mehr so wahrgenommen werden, als verabschiedeten sie sich am Ende ihrer täglichen Erwerbsarbeitszeit in die Freizeit, sondern als Arbeitnehmer/-innen, die für sich und andere Sorge tragen. Zu den entsprechenden Reformschritten gehören die Förderung von Gleitzeit, Homeoffice-Tagen und anderer Regelungen, die die Zeitsouveränität und Flexibilität der Erwerbstätigen erhöhen.

Eine grundlegende Möglichkeit zur Gestaltung des sogenannten Normalarbeitsverhältnisses besteht in der Arbeitszeitverkürzung bei weitgehendem Lohnausgleich für Eltern und für Pflegende. Mit Blick auf die Geschlechtergerechtigkeit scheint es sinnvoll, eine paritätische Verteilung dieser Reduzierung anzustreben, bei der zum Beispiel beide Partner ihre Arbeitszeit auf je 25 oder 30 Stunden verkürzen. In diese Richtung geht unter anderem der Vorschlag von Bundesfamilienministerin Manuela Schwesig. Sie plädiert für eine Familienarbeitszeit im Sinne einer vorübergehenden geringeren Vollzeitstelle mit 32 Stunden. Der hohe (Stellen-)Wert der Sorgearbeit sollte sich darin zeigen, dass diejenigen finanziell sehr viel besser abgesichert werden, die in einer Lebensphase umfangreich Sorgearbeit leisten und dafür ihre Erwerbsarbeit reduzieren. Denkbar wäre zum Beispiel die Einführung einer recht hohen, vom bisherigen Arbeitseinkommen abhängigen monatlichen Sozialleistung (ähnlich dem Elterngeld Plus mit Partnerschaftsbonus, aber über längere Zeiträume). Diese könnte zweifach gegenfinanziert werden: durch höhere Sozialversicherungsbeiträge derer, die in den letzten zehn Jahren ihre Erwerbsarbeit nicht reduziert haben, und zudem dadurch, dass diejenigen, die diese Leistung in Anspruch nehmen, erst etwas später ihre Rente ohne Abschlag beziehen können. Damit diese oder eine ähnliche – Sorgearbeit fördernde – Leistung nicht zum benachteiligenden »mommy track« wird, müssten Anreize gesetzt werden, um alle erwerbsfähigen Erwachsenen – auch die Männer – einzubeziehen. Die Herausforderung, die Übernahme von Sorgearbeit zu fördern und zugleich auf eine gleichmäßigere Verteilung von Sorgearbeit hinzuwirken, ist so groß, dass es hier noch viel institutioneller Fantasie bedarf.

Der Privathaushalt als Arbeitsplatz – Wie füllen wir die Sorgelücke?

Die Erwerbsbeteiligung beider Geschlechter

Uta Meier-Gräwe

1. Partnerschaftliche Arbeitsteilungsmuster auf dem Vormarsch?

Seit Einführung des einkommensabhängigen Elterngeldes in Deutschland zum 1. Januar 2007 richteten sich viele Erwartungen auf die junge Vätergeneration als Hoffnungsträger und Trendsetter in Sachen partnerschaftliche Arbeitsteilung. Wie eine aktuelle Studie des Wissenschaftszentrum Berlin belegt, machen in der Tat immer mehr Männer nach der Geburt ihres Kindes von dieser Möglichkeit Gebrauch: So ist es als Ausdruck einer involvierten Vaterschaft unbedingt anzuerkennen, dass 2012 bereits 29,3 Prozent der Männer nach Geburt ihres Kindes Elternzeit in Anspruch nehmen (Bünning, 2014). Hervorzuheben sind darüber hinaus die positiven Effekte, welche diese mindestens zweimonatige Fürsorgeverantwortung von Vätern auch nach Ablauf der Elternzeit für partnerschaftliche Betreuungsarrangements in Familien generiert: diejenigen Väter, die Elternzeit genutzt haben, reduzieren ihre Arbeitszeit nach der Rückkehr in den Job durchschnittlich um immerhin 4,5 Stunden pro Woche und beteiligen sich insgesamt stärker an der Kinderbetreuung als die Vergleichsgruppe an Vätern, die diese Maßnahme nicht in Anspruch genommen hat. Eine stärkere Beteiligung bei der Hausarbeit streben die Väter dagegen weder konkret an noch erhöhen sie ihr zeitliches Engagement nach der Elternzeit in diesem Bereich. Lediglich die Väter, die in Elternzeit waren, während ihre Partnerin einer Erwerbstätigkeit nachging, übernahmen später auch etwas mehr an Hausarbeit (ebd.).

Die Frage, wer die täglich anfallenden, zeitintensiven Arbeiten des Alltags übernimmt, ist also selbst in Paarbeziehungen mit Kindern, in denen beide Partner eine ebenbürtige Erwerbsbeteiligung anstreben oder ausüben und Väter die Betreuung ihrer Kinder stärker als andere wahrnehmen, nicht vom Tisch. Gleiches gilt für alleinerziehende Mütter und Väter, die einer Erwerbstätigkeit nachgehen und ihren Alltag mit Kindern bewältigen müssen. Aber auch in anderen Phasen des Lebensverlaufs stellt sich die Problematik, wer eigentlich die alltägliche Haus- und Sorgearbeit verlässlich und zugewandt übernehmen kann, wenn physische und psychische Kräfte nachlassen und ihre erwachsenen Kinder andernorts mit ihren je eigenen Verpflichtungen leben. Es ist in diesem Zusammenhang durchaus bemerkenswert, dass die Bedeutung hauswirtschaftlicher Versorgungsleistungen in jüngster Zeit vor allem durch den Anstieg demenzieller Erkrankungen erstmals stärker ins öffentliche Bewusstsein gerückt ist. Somit kommen Reformkonzepte und Professionalisierungsstrategien in ambulanten und stationären Pflegesettings nicht länger umhin, hauswirtschaftliche Dienstleistungen gleichwertig zu integrieren und anzuerkennen, dass es sich hierbei keineswegs bloß um einfache »Jede-Frau-Tätigkeiten« handelt. Zum einen geht es um die Übernahme von Versorgungsdiensten für hilfebedürftiger Menschen, zum anderen aber auch darum, in Würdigung ihrer noch vorhandenen Fähigkeiten eine sensible interaktive Arbeit mit ihnen zu praktizieren, die auf eine Stärkung (noch) vorhandener Ressourcen gerichtet ist.

Bisher lässt sich die historische Entwicklung der Arbeit des Alltags in Privathaushalten in doppelter Hinsicht demnach nicht als »Erfolgsstory« interpretieren (Scheiwe & Krawietz, 2014). Weder ist eine partnerschaftliche Arbeitsteilung bei der Übernahme der unbezahlten Haus- und Sorgearbeit im privaten Raum weit verbreitete soziale Realität, noch hat die Delegierung dieser Arbeit des Alltags an Dritte, genauer: an Frauen mit anderen sozialen Positionen oder ethnischen Zugehörigkeiten zu guten und fairen Arrangements geführt. Für diese These spricht nicht nur die Kontinuität von Ungleichbehandlungen und Benachteiligungen dieser Tätigkeits- und Berufsfelder, sondern auch die Herstellung neuer Ungleichheiten und Hierarchien, vor allem im Zuge der Globalisierung und Migrationsbewegungen. Die Transformation von Tätigkeiten der Erziehung, Pflege und Haushaltsarbeit folgt offenkundig nicht einfach dem Pfad einer linearen ›Modernisierung‹, wonach bisher innerhalb der Familie erbrachte unbezahlte Arbeit immer mehr auf Professionelle verlagert wird, die dafür eine angemessene symbolische und vor allem finanzielle Gratifikation erhalten würden. Vielmehr zeichnen sich derzeit wiederum neue Tendenzen einer Prekarisierung der Arbeit des Alltags ab, die durch vermeintlich innovative Geschäftsmodelle wie das Start-Up-Unternehmen »Helpling«, welche den Putz- und Reinigungsmarkt gerade als Milliardengeschäft entdeckt haben, perpetuiert statt aufgelöst werden (Loeffler, 2014).

2. Der Blick zurück: Männlich konnotierter Markt und die Familarisierung der weiblichen Hälfte der Gesellschaft

In der ursprünglich ländlichen Subsistenzwirtschaft bis ins 18. Jahrhundert war eine ergänzende Arbeitsteilung zwischen Männern und Frauen bei der Bewirtschaftung des ›Ganzen Hauses‹ – des oikos – charakteristisch, um den Lebensunterhalt des gesamten bäuerlichen Personenverbandes zu sichern. In den bäuerlichen (oder auch handwerklichen) Familienbetrieben gab es keine Trennung von Produktions- und Reproduktionssphäre:

Die Arbeit aller Mitglieder dieser Wirtschafts- und Lebensgemeinschaften, die neben den Familienangehörigen und Verwandten auch familienfremde Arbeitskräfte (Sklaven, Gesinde etc.) umfasste, war im wechselseitigen Zusammenspiel unterschiedlicher Arbeits- und Tätigkeitsformen für das Überleben von unverzichtbarer Bedeutung und wurde – ungeachtet vorhandener hierarchischer, auch geschlechtsbezogener Strukturen der Über- und Unterordnung – vom Hausvater, dem pater familias, auch dementsprechend anerkannt. Mit anderen Worten: Der Arbeitscharakter der Haus- und generativen Sorgearbeit wurde gesellschaftlich definitiv wertgeschätzt und war im Alltag omnipräsent. Es ging im Kern um den sorgsamen und generationsübergreifenden Umgang mit den meist knappen, immer wieder gefährdeten Ressourcen. In den überlieferten Haushaltsökonomiken und -lehren von der Antike bis ins 18. Jahrhundert hinein stand also nicht die Gewinnerwirtschaftung im Zentrum der Betrachtung. Vielmehr enthalten diese überlieferten schriftlichen Dokumente differenzierte Darlegungen und wertvolle Informationen über das, was man »die Kunst des rechten Haushaltens« nannte: Die durchdachte Anlage von Haus und Gehöft, die Nahrungsbeschaffung und Vorratshaltung, Gesunderhaltung und definierte Regeln des Zusammenlebens mit dem Ziel, die Daseinsvorsorge und den Erhalt der Lebensgrundlagen dieser Wirtschafts- und Lebensgemeinschaften langfristig zu sichern (vgl. Richarz, 1991).

Mit dem Übergang zur Industriegesellschaft vollzog sich dann ein fundamentaler gesellschaftlicher und ökonomischer Strukturwandel, der zu einer Abkehr von diesem seit der »Oikonomia« von Aristoteles über viele Jahrhunderte handlungsleitenden Wirtschaftsverständnis führte. Es war ein folgenreicher Schachzug der männlichen Architekten der Nationalökonomie, als sie im Zuge des Übergangs von der Agrar- zur kapitalistischen Industriegesellschaft seit dem späten 18. Jahrhundert sämtlichen hauswirtschaftlichen Tätigkeiten *(cooking, cleaning, caring)* kurzerhand das Prädikat absprachen, produktive Arbeit zu sein. Mehr noch: sach- und personenbezogene Care-Arbeit, die bis auf den heutigen Tag bundes- und weltweit einen quantitativ deutlich höheren Stundenumfang ausmacht als das Gesamtvolumen an bezahlter Erwerbsarbeit, erfuhr fortan keine strukturelle Berücksichtigung mehr in den ökonomischen Modellen zur Erfassung gesellschaftlicher Wohlfahrtsproduktion, wie sie das Wissenschaftssystem konstruierte. Damit wurden wichtige Dimensionen der unterhalts- und bedarfsorientierten *Oikonomia* aufgegeben, indem sie per definitionem nicht mehr als Gegenstand der Wirtschaft galten. Zugleich erfolgte eine naturrechtliche Begründung der Zuständigkeit von Frauen für diese vielfältigen alltäglichen

Aufgaben: Die Haus- und Sorgeverantwortung wurden ihnen seither wesensmäßig zugeschrieben, als Nicht-Arbeit deklariert und in ihrer systemrelevanten und wertschöpfenden Bedeutung für Wirtschaft und Gesellschaft systematisch ignoriert.

Den ideologischen Nukleus der Ausgrenzung weiblicher Sorgearbeit aus der gesellschaftlichen Wertschöpfung formulierte ein Nationalökonom klassischer Prägung unverhohlen so:

> »Die Begründung dafür liegt in dem besonderen Charakter all dieser im Schoße der Familie unentgeltlich geleisteten häuslichen Dienste: sie haben zwar alle auch eine wirtschaftliche Seite [...], aber sie werden im Allgemeinen doch weit weniger als wirtschaftliche Handlungen denn als Akte der Lebensführung, der Lebensgestaltung und der aus Liebe geübten fürsorglichen Betreuung empfunden. Es widerstrebt dem gesunden Gefühl, hier den Maßstab wirtschaftlicher Bewertung anzulegen« (Jostock, 1941, S. 135).

Einer der wenigen Volkswirtschaftler, der die Absurdität dieser patriarchalen Theoriekonstruktion erkannte, war der Volkswirtschaftler Friedrich List (1959, S. 151): »Wer Schweine erzieht ist nach ihr ein produktives, wer Menschen erzieht, ein unproduktives Mitglied dieser Gesellschaft.« Ein Grund für die Borniertheit herkömmlicher Wirtschaftstheorien besteht darin, dass sie wesentlich von der – männlichen – Faszination für die technischen Umwälzungen der industriellen Revolutionen seit der Mitte des 19. Jahrhunderts geprägt sind, der Fixierung auf Gewinnrationalität und einer dadurch unvergleichlichen Steigerung der Produktivität. Adam Smith, der als Architekt der Nationalökonomie gilt, benennt diese Zielsetzung: »Consumption is the sole end and purpose of all production« (Smith, 1950, zit. nach Funder, 2011, S. 146). Ein weiterer Grund liegt darin, dass die Wirtschaftswissenschaften vom Standpunkt der Unternehmen respektive des Kapitals ausgehen. Haushalte werden aus dieser androzentrischen Perspektive lediglich als Konsum-, aber nicht als Produktionseinheiten wahrgenommen. Mehr noch, private Haushalte werden in diesen ökonomischen Theoriemodellen sogar als ›Wertevernichter‹ deklariert, da an diesen lebensweltlichen Orten am Markt erworbene Güter ›verbraucht‹ werden.

Mit der Entstehung der kapitalistischen Industriegesellschaft und der Nationalökonomie wurde zugleich das Strukturprinzip einer hierarchischen Arbeitsteilung zwischen den Geschlechtern eingeführt und institutionell eingelassen. Man spricht auch vom fordistischen »Reproduktionspakt«: Darunter wird die institutionell organisierte und politisch legitimierte gesellschaftliche Organisation von Produktionsabläufen und Reproduktionsprozessen verstanden (Jurczyk, 2010). Die Frau wurde zur *domina privata,* die sich nun mit der Fürsorge für Mann und Kinder befassen und begnügen sollte. Ihr Lebensstandard wurde durch das Nadelöhr des männlichen Haushaltsvorstands, der seine Arbeitskraft im erwerbsförmig organisierten Produktionsprozess als *homo oeconomicus* veräußert, mitfinanziert und durch ehebezogene, steuer- und arbeitsmarktpolitische Regelungen strukturell abgestützt. Diese geschlechtsspezifische Arbeitsteilung wurde Teil der fortschreitenden gesellschaftlichen Arbeitsteilung der sich etablierenden kapitalistischen Gesellschaft, die eine enorme Produktivität entfaltete, dabei aber systematisch verschwieg, welchen großen Anteil Frauen an diesem gesellschaftlichen Fortschritt hatten.

Zudem rückte das historisch neue Verständnis von privaten Haushalten als Konsumeinheiten die vor allem von ihren weiblichen Mitgliedern geleistete Arbeit noch weiter aus dem Blickfeld der Gesellschaft, zumal Konsumgüter wie Waschmaschinen, Staubsauger und Fertigprodukte die Haushaltsarbeit scheinbar ersetzten. Dadurch geriet zunehmend aus dem Fokus, dass die vielfältigen Tätigkeiten der Fürsorge für andere nicht nur den sozialen Rahmen für die gesellschaftliche Produktion bilden, sondern dass das Aufziehen von Kindern, Sorgetätigkeiten zum Erhalt von Gesundheit und Leistungsfähigkeit von Erwachsenen, wie sie im Privaten tagtäglich erbracht werden, und nicht zuletzt die Pflege von Kranken und hilfebedürftigen Alten selbst produktive Akte darstellen, ohne die auch kapitalistisch verfasste Gesellschaften nicht überlebensfähig wären. Jede Geldwirtschaft würde letztlich zum Erliegen kommen, wenn diese Tätigkeiten nicht ausgeführt werden (vgl. Schmuckli, 1994).

Die Zuweisung der Haus- und Fürsorgearbeit an die Frau erwies sich mithin als ein durchaus kalkulierter Schritt der Architekten der neu entstehenden Industriegesellschaft, der die Stabilisierung des Sozialen in einer zunehmend individualisierten Gesellschaft sicherstellen sollte. Abgestützt wurde diese Geschlechterrollenkonstruktion zum einen über die Verrechtlichung geschlechtsspezifischer Zuweisungsmuster und zum anderen dadurch, dass sie als »naturgegeben« dargestellt und somit naturalisiert wurde.

An der Verbreitung dieser Geschlechterrollenideologie, welche die Prinzipien »männlich« und »weiblich« als unversöhnlich und unvereinbar gegenüberstellte, hatten die Repräsentanten des sich im 19. Jahrhundert rasch ausdifferenzierenden Wissenschaftssystems, insbesondere Mediziner, Juristen, Ökonomen und Soziologen, einen ganz erheblichen Anteil. Diese Ideologie war mit einer historischen Neu-Konstruktion von Weiblichkeit verbunden, welche die Rolle der Frau auf die der Ehefrau und Mutter reduzierte und in einen standardisierten weiblichen Lebenslauf mündete. Es handelt sich um die naturrechtlich begründete Familialisierung der Frau. Sie wurde zum ›Engel im Haus‹, zur aufopferungswilligen, entsexualisierten und harmlosen Abhängigen. »Dem Gleichheitsimperativ des modernen Rechtsstaats wurde eine Gegenbewegung eingebaut, die das weibliche Geschlecht mit der historischen Mission des sozial stabilisierenden Bindeglieds zwischen Individuum und Gesellschaft beauftragte« (Stauder, 1999).

3. Entlastung von Familien und alleinstehenden Menschen durch die Professionalisierung und Qualitätssicherung von personen- und haushaltsnahen Dienstleistungen

Infolge des tiefgreifenden Strukturwandels der bundesdeutschen Gesellschaft unter Einschluss des enorm gewachsenen Bildungs- und Qualifikationspotenzials der Frauen und ihrer steigenden Erwerbsbeteiligung stellt sich heute die Frage, wie wir die Haus- und Fürsorge-/Carearbeit im 21. Jahrhundert künftig verlässlich organisieren. Pointiert gesagt: Wer übernimmt diese Arbeit des Alltags, wenn das klassische Ernährer-Modell des Industriezeitalters ausläuft? Zum einen geht es um eine geschlechtersensible Sozialisations- und Alltagskultur, die zu fairen Aushandlungsprozessen und Geschlechterarrangements der anfallenden Arbeit des Alltags zwischen Frauen und Männern führt. Zum anderen aber geht es darum, den Wandel der Arbeitsgesellschaft in den Blick zu nehmen, den Wandel von Wertschöpfungsprozessen und ihre Quellen zu analysieren und zugleich den neuen Arbeitstyp in der Dienstleistungsgesellschaft, die interaktive Arbeit anzuerkennen (Baethge, 2011). Anders als in der Industriegesellschaft, in deren Fokus die produktive Facharbeit von Handwerk und Industrie stand, stellt das Humanvermögen der Wissensgesellschaft eine Kombination aus Infrastruktur, Qualitätssicherung, Bildungs- und Gesundheitsakkumulation dar. So gesehen ist es perspektivisch wenig sinnvoll, Investitionen in zukunftsfähige Industrien (z. B. alternative Energien) gegen Investitionen in den Bereich der haus- und personenbezogenen Dienstleistungen zwecks Bildung und Pflege von Humanvermögen als einem vermeintlich überflüssigen, bestenfalls unumgänglichen ›Kostenfaktor‹ auszuspielen. Es geht darum, die vorhandenen großen Bedarfe bei der Schaffung einer vitalen, qualitativ hochwertigen alltagsentlastenden und –unterstützenden Dienstleistungsinfrastruktur in den Bereichen Familienservice und Kinderbetreuung, aber auch Altenpflege und Privathaushalt klar zu benennen und zukünftig auf gutem Niveau zu befriedigen, und zwar durch die Flankierung einer gemischten Infrastruktur aus staatlich-kommunalen, privatwirtschaftlichen und freigemeinnützigen Anbietern und Organisationsformen. In diesem Zusammenhang besteht eine der vordringlichsten staatlichen Gestaltungsaufgaben in der Begründung und Festlegung von entsprechenden Qualitätsstandards im Bereich der Grundversorgung und Betreuung, Erziehung und Bildung, aber auch von Ernährung, Gesundheit und Pflege, die für alle Anbieter von Dienstleistungen verbindlich sind. Ebenso relevant ist es, um verlässliche Finanzierungsmodelle zu ringen, mit denen diese Strategien abzusichern sind.

Moderne Gesellschaften sind also gefordert, im Interesse ihrer Zukunftsfähigkeit und im Interesse des Erhalts ihrer wirtschaftlichen Stabilität und Vitalität historisch neue, den veränderten gesellschaftlichen Bedingungen angemessene Lösungen zu finden, um ihre sozialen Kohäsions- und Solidaritätspotenziale sicherzustellen. Eine zukunftsweisende und geschlechtergerechte Gesellschaftspolitik muss dabei die keineswegs triviale Frage beantworten, wie künftig die Bereitschaft zur Übernahme von generativer Sorgearbeit für andere zwecks Aufbau und Pflege des Humanvermögens strukturell gewährleistet und organisiert werden kann, um so die Voraussetzungen für ein wirtschaftlich und gesellschaftlich intaktes Gemeinwesen zu schaffen. Lebenslauftheoretisch gesehen, geht es um die Auflösung der traditionell nach Geschlecht getrennten Lebenswege und um eine Neujustierung sämtlicher lebenslaufbegleitenden Institutionen, sodass die Verbindung von Bildungs-, Erwerbs- und Familienarbeit als Grundmuster der Biografie einer Person unabhängig vom Geschlecht in unterschiedlichen Mischungen und mit flexiblen Übergängen gelebt werden kann.

Das zwingt zu einer Neubewertung sämtlicher gesellschaftlich notwendiger Arbeitsformen und damit untrennbar verbunden zu einer grundsätzlichen Umgestaltung der bestehenden Geschlechterordnung moderner Gesellschaften. Diese kommt nicht umhin, das gängige »hegemoniale Konzept von Männlichkeit« aufzugeben, eine Neubestimmung der Männerrolle vorzunehmen und in einem reflexiven Geschlechterdiskurs auszuhandeln. Umgekehrt gilt es, generative Sorgearbeit – weder strukturell noch normativ – länger als »weiblich« und »freiwillig« zu definieren. Erst wenn die Gleichrangigkeit von männlich und weiblich bestimmten Tätigkeits- und Erfahrungsfeldern die momentane Hierarchisierung von männlich konnotierten Lebensmustern, Kompetenzen und Erfahrungen zuungunsten von »typisch weiblichen« ablöst, haben fortgeschrittene Gesellschaften eine Chance, als vitale und nachhaltig wirtschaftende Gesellschaften zu überleben (vgl. Meier-Gräwe, 2007). Die von Frauen heute schon in sehr viel stärkerem Maße gelebten Patchwork-Biografien sind in diesem Sinne als Zukunftsmodelle eines vielseitigen verantwortlichen Erwachsenendaseins zu werten, die – wenn sie zu einer kulturellen Selbstverständlichkeit werden sollen – allerdings bildungs-, arbeitsmarkt- und sozialpolitisch entsprechend flankiert werden müssen (vgl. BMFSFJ, 2006). Das Leitbild einer erwerbstätigen Person, die im Lebensverlauf zugleich auch familiale Fürsorgeaufgaben übernimmt, kann allerdings nur dann durchgesetzt werden, wenn einerseits eine Kontinuität in der Erwerbsbiografie für beide Geschlechter angestrebt wird, andererseits aber auch Unterbrechungen der Erwerbsverläufe lebbar werden; nur so kann die Erwerbsbiografie an Anforderungen zum Beispiel für (Weiter-)Bildung oder Fürsorgeverpflichtungen im Sinne von »garantierten Optionalitäten« (Klammer, 2006) angepasst werden. Das schließt die verstärkte Förderung von Übergängen aus Phasen der Familienarbeit wie auch von Weiterbildung in die Erwerbsarbeit und umgekehrt ein. Darüber hinaus braucht es Wiedereinstiegshilfen nach Elternzeit- und Pflegeunterbrechungen, aber auch Möglichkeiten des Wechsels zwischen Vollzeit und Teilzeitarbeit. Nur so ließe sich die »Rush-Hour of Life« schrittweise auflösen, die darin besteht, dass sich im mittleren Lebensalter die Aufgaben konzentrieren und berufliches Engagement,

Familiengründung und Fürsorgeaufgaben für Kinder bzw. pflegebedürftige Angehörige synchron bewältigt werden müssen. Die Gestaltung und Mischung der Lebensläufe beider Geschlechter zwischen Bildungs-, Erwerbs- und Familiensystem wäre zudem durch den Ausbau einer Vielzahl von passgenauen personen- und haushaltsbezogenen Dienstleistungen zu unterstützen.

Vielfältige Arbeitsplätze werden in den nächsten Jahren gerade in diesen Bereichen entstehen, die interessante Beschäftigungsperspektiven für beide Geschlechter eröffnen können. Ein Blick nach Schweden zeigt, dass dort der Anteil der im Öffentlichen Dienst beschäftigten Personen im Verhältnis zur Bevölkerungszahl dreimal so hoch ist wie derzeit in Deutschland und dass die Lohn- und Gehaltssumme in diesem Sektor das Dreifache derjenigen in Deutschland ausmacht. Vorstellbar ist aber auch, dass sich eine beträchtliche Angebots-Nachfrage-Dynamik in diesem Dienstleistungssegment durch einen Mix aus staatlichen, freigemeinnützigen und privatwirtschaftlichen Anbietern ergeben kann, wenn diese miteinander kooperieren, statt sich gegeneinander abzuschotten.

Von einer Doppelorientierung im Lebenslauf würden beide Geschlechter gleichermaßen profitieren: Erfahrungsfelder von fürsorglicher Praxis prägen in diesem modernen Gesellschafts- und Ökonomiekonzept normativ wie faktisch auch den Lebenslauf von männlichen Kindern und Männern, anstatt weiterhin einseitig auf eine erwerbszentrierte männliche »Normalbiografie« hin sozialisiert zu werden (vgl. Methfessel, 1993; Schlegel-Matthies, 1998). Umgekehrt gilt es als gesellschaftsweite Normalität, dass Frauen (gestützt auf eine gute Ausbildung) ebenbürtig am Erwerbsleben teilhaben, ohne deshalb auf Kinder verzichten zu müssen. Das wäre nicht nur für die Beziehungsqualität in individuellen Partnerschaften ein Gewinn, weil dadurch die heute vielfach beklagte Überforderung der »Super-Mum« vermieden werden könnte, nämlich gleichzeitig und allein verantwortlich als (Ehe-)Frau, Mutter und Berufstätige und in bestimmten Lebensphasen auch noch fürsorgliche Tochter für Eltern und Schwiegereltern zu sein. Zudem eröffnen sich durch eine normative wie strukturelle Überwindung tradierter Geschlechterrollen im Lebenslauf historisch neue Erwerbsmöglichkeiten für Männer in den expandierenden weiblich konnotierten Dienstleistungsbranchen des Erziehens, Unterstützens und Pflegens (vgl. BMFSFJ, 2011).

Die Relevanz personen- und familienbezogener Dienstleistungen steht in einem engen Zusammenhang mit dem Umfang Frauenerwerbsquote eines Landes. Europäische Nachbarländer, die schon seit Jahren den öffentlichen Sektor im Bereich der Kinderbetreuung, der Altenpflege und der haushaltsunterstützenden Dienste ausgebaut haben, weisen heute niedrigere Erwerbslosenquoten, höhere Kinderzahlen, weniger Kinderarmut und eine höhere Frauenbeschäftigung auf. Im EU-Vergleich gibt es eine signifikant positive Korrelation zwischen der Beschäftigungsquote (in Vollzeitäquivalenten) von Frauen und dem Arbeitsvolumen in diesem Dienstleistungssegment. Mehr Frauen auf dem Arbeitsmarkt erhöhen die

Nachfrage nach diesen Dienstleistungen, andererseits aber auch das Angebot an Arbeitskräften, die einen Arbeitsplatz in diesem Bereich suchen. In diesem Zusammenhang ist es bemerkenswert, dass die Beschäftigungszuwächse in den letzten Jahren – trotz schwacher Konjunktur – in einem beträchtlichen Umfang auf den weitgehend konjunkturunabhängigen Aufwärtstrend im Dienstleistungsbereich zurückzuführen sind (Fuchs, 2015).

Letztlich besteht eine grundlegende Herausforderung nach wie vor darin, die längst überfällige gleichwertige Anerkennung unterschiedlichster gesellschaftlich notwendiger Formen von Arbeit sowie ihre geschlechtergerechte Verteilung diesseits und jenseits von Haushalt und Markt umzusetzen. Politisch verantwortliches Handeln für die Gewährleistung von guter Dienstleistungsarbeit, die der klassischen guten »deutschen« Facharbeit nicht nachstehen dürfte, erfordert demnach eine gesellschaftliche Rahmung und Kontrolle von Professionalisierungs- und Qualitätsstandards der personen-, haushalts- und familienbezogenen Dienstleistungsfacharbeit und deren Überprüfung im beruflichen Alltag der betreffenden Beschäftigtengruppen. Das schließt ein, die Überwindung einer geschlechtersegregierten Dienstleistungsarbeit auf die politische Agenda zu setzen, sich der Schwarzarbeit und prekärer Selbstständigkeit entschieden zu widersetzen, um schrittweise eine Gleichwertigkeit von männlich und weiblich konnotierten Tätigkeitsfeldern zu erreichen.

Literatur

Baethge, Martin (2011): Qualifikation, Kompetenzentwicklung und Professionalisierung im Dienstleistungssektor. In: *WSI-Mitteilungen, 9*, 447–455.
BMFSFJ [Bundesministerium für Familie, Senioren, Frauen und Jugend] (Hrsg.) (2006): *Familie zwischen Flexibilität und Verlässlichkeit. Siebter Familienbericht der Bundesregierung*. Berlin.
BMFSFJ [Bundesministerium für Familie, Senioren, Frauen und Jugend] (Hrsg.) (2011): *Neue Wege – Gleiche Chancen. Gleichstellung von Frauen und Männern im Lebensverlauf. Erster Gleichstellungsbericht*. Berlin.
Bünning, Mareike (2014): Mehr väterlicher Familiensinn. Pressemitteilung des WZB. URL: http://www.wzb.eu/de/pressemitteilung/mehr-vaeterlicher- familiensinn.de (Stand: 02.09.2014).
Fuchs, Johann et al. (2015): Der Arbeitsmarkt bleibt auf Erfolgskurs. In: IAB- Kurzbericht, 7, 1–12.
Funder, Maria (2011): *Soziologie der Wirtschaft. Eine Einführung*. München: Oldenbourg.
Jostock, Paul (1941): *Die Berechnung des Volkseinkommens und ihr Erkenntniswert*. Stuttgart: Kohlhammer.
Jurczyk, Karin (2010): Care in der Krise? Neue Fragen zu familialer Arbeit. In: Ursula Apitsch & Marianne Schmidbaur (Hrsg.): *Care und Migration. Die Ent-Sorgung menschlicher Reproduktionsarbeit entlang von Geschlechter- und Armutsgrenzen*. Opladen, Farmington Hills/MI: Barbara Budrich, S. 59–76.
Klammer, Ute (2006): Geld und soziale Sicherung im Lebensverlauf. In: Hans Bertram, Helga Krüger & Katharina C. Spieß (Hrsg.): *Wem gehört die Familie der Zukunft? Expertisen für den 7. Familienbericht der Bundesregierung*. Opladen: Barbara Budrich, S. 423–455.

List, Friedrich (1959): *Das nationale System der politischen Ökonomie*. Basel, Tübingen: Kyklos/J.C.B. Mohr (erschienen 1841).
Loeffler, Hannah (2014): Helpling »Putzkraftvermittlung ist ein absoluter Milliardenmarkt«. URL: http://www.gruenderszene.de/allgemein/helpling-interview.de (Stand: 16.04.2015).
Meier-Gräwe, Uta (2007): Kinderlosigkeit, ›die gute Mutter‹ und die Notwendigkeit eines nicht nur familienpolitischen Kurswechsels. In: Susanne Baer, Susanne & Juliane Lepperhoff, Juliane (Hrsg.): *Gleichberechtigte Familien? Wissenschaftliche Diagnosen und politische Perspektiven. (Gender kompetent. Beiträge aus dem GenderKompetenzZentrum, Bd. 3)*. Bielefeld: Kleine Verlag, S. 69–89.
Methfessel, Barbara (1993): Eine gemeinsame Zukunft? Zur Relevanz von Familie und Haushalt für die Lebensplanung von Jungen und Mädchen. In: Irmhild Kettschau, Barbara Methfessel & Hiltraud Schmidt-Waldherr (Hrsg.): *Jugend, Familie und Haushalt*. Hohengehren: Schneider, S. 85–102.
Richarz, Irmintraut (1991): *Oikos, Haus und Haushalt. Ursprung und Geschichte der Haushaltsökonomie*. Göttingen: Vandenhoeck & Ruprecht.
Scheiwe, Kirsten & Krawietz, Johanna (Hrsg.) (2014): *(K)Eine Arbeit wie jede andere? – Arbeitsplatz Privathaushalt und seine Regulierung*. Berlin: De Gruyter.
Schlegel-Matthies, Kirsten (1998): Alltägliche Aufgaben und Probleme im Haushalt – Identifikation und Entwicklung von Qualifikationen als wichtiger Bildungsauftrag für Herausforderungen der Zukunft. In: Irmintraud Richarz (Hrsg.): *Der Haushalt. Neubewertung in der Postmoderne*. Göttingen: Vandenhoeck, S. 157–167.
Schmuckli, Lisa (1994): Gebrochene Kontinuität. Zu einer Ökonomie der Zeiten. In: Heidi Bernhard Filli, Andrea Günter, Maren Jochimsen, Ulrike Knobloch, Ina Praetorius, Lisa Schmuckli & Ursula Vock: *Weiberwirtschaft. Frauen – Wirtschaft – Ethik*. Luzern: Edition Exodus, S. 41–63.
Stauder, Brigitte (1999): Verzögerte Individualisierung. In: *Neue Zürcher Zeitung*, 6./7.2.1999, S. 55.

VI Schlussbemerkungen

Ethik in Studiengängen berücksichtigen

Humanistisches Menschen- und Bildungsverständnis fordert Thematisierung ethischer Fragen in den Wirtschaftswissenschaften – Begründungen

Siegfried Karl

Vorbemerkungen

Seit der Finanz- und Schuldenkrise in 2008 ist die Gesellschaft und die Öffentlichkeit sensibilisiert für die Moral der Märkte. Die Wirtschaft betrifft unsere soziale Ordnung, und eine Wirtschaft bzw. ein Finanzmarkt, wenn sie außer Rand und Band geraten, können zu einer Bedrohung für die Menschlichkeit und das Soziale werden. Das ist inzwischen für alle unübersehbar. Andererseits verzeichnen wir in Wissenschaft und Praxis regelrecht einen *Corporate Social Responsibility*-Hype. Zugleich erfreut sich das Fach Wirtschaftsethik wachsender Popularität, vor allem in den USA zählt das Fach zum selbstverständlichen Standard des wirtschaftswissenschaftlichen Studiums. Auch an angelsächsischen Universitäten hat sich die Wirtschafts- und Unternehmensethik fest etabliert. Im deutschsprachigen Raum ist man mit der Einrichtung wirtschaftsethischer Lehrstühle allerdings noch zurückhaltend. Dies sind meine Erfahrungen, die ich im Zusammenhang mit dem Symposium der Katholischen Hochschulgemeinde (KHG) Gießen vom November 2014 gesammelt habe. Die festgestellte Zurückhaltung zeigt sich auch an dem Umstand, dass sich noch längst nicht alle Hochschulen zur Einrichtung wirtschaftsethischer Lehrstühle haben durchringen können. Was sind die Gründe hierfür, wie sind sie zu bewerten, welche Folgerungen sind daraus zu ziehen?

Die Ergebnisse und meine Erfahrungen mit dem Gießener Symposium haben mich zu einer intensiven Beschäftigung mit dieser Thematik veranlasst. Sie sind zum einen für mich Anlass für die Initiative zur Einrichtung eines wirtschaftsethischen Lehrstuhls an der Universität Gießen. Die fundierte universitäre akademische Ausbildung zukünftiger Führungskräfte in den Wirtschaftswissenschaften ist von hohem öffentlichen und gesellschaftlichen Interesse. Hochschulen haben in einer Zeit des gesellschaftlichen Wandels eine besondere gesamtgesellschaftliche Verantwortung. Deshalb müssen sich die Wirtschaftswissenschaften diesem Dialog stellen und in diesem Dialog präsent sein.

Die Analysen machen aber auch deutlich, dass Fragen nach Sinn und Ziel des Wirtschaftens gestellt werden und dass ein neuer gesellschaftlicher Konsens über unsere Wertorientierungen für Wirtschaft, Gesellschaft und Wissenschaft notwendig wird. Wegen der grundsätzlichen Bedeutung dieser Fragen für das Verhältnis und die Aufgaben von Hochschulen, Wissenschaft und Forschung sowie der akademischen Ausbildung für die Gesellschaft, die Menschen und die Wirtschaft habe ich im folgenden Beitrag neben dem regionalen Bezug zur Universität Gießen grundlegende Ausführungen und Begründungen zur Wirtschaftsethik und zur Wirtschaft und zum Wirtschaften gemacht. Denn Wirtschaftsethik ist mehr als eine »praxisnahe Anwendung« irgendwie vorgegebener moralischer Werthaltungen auf den Bereich der Wirtschaft und des Wirtschaftens. Für den Dialog mit der Gesellschaft kann Wirtschaftsethik unverzichtbar sein, wenn sie die verschiedenen Aspekte ethischer Verantwortung aufgreift und sie im Rahmen eines sachgerechten wirtschaftlichen Handelns reflektiert.

Das angesprochene Symposium der KHG Gießen widmete sich in 2014 gesellschaftlichen Zukunftsfragen und stand unter dem Titel *Ausverkauf des Menschen!? – Gesellschaft, Wirtschaft und Ethik im Gespräch*. In der Vorbereitung auf dieses Symposium suchten wir als Veranstalter Ansprechpartner für wirtschaftsethische Fragestellungen aus dem Fachbereich Wirtschaftswissenschaften der Justus-Liebig-Universität Gießen, die das Fach Wirtschaftsethik auf dem Symposium repräsentieren könnten. Dabei mussten wir feststellen, dass es an der hiesigen Universität eine ausgewiesene Fachvertretung für Wirtschaftsethik nicht gibt und das Fach Wirtschaftsethik in Forschung und Lehre in den Wirtschaftswissenschaften nicht vertreten ist. Die intensive Auseinandersetzung mit wirtschaftsethischen Fragestellungen ist an der Universität Gießen im wirtschaftswissenschaftlichen Studiengang offenbar nicht vorgesehen.[1] Dies hat uns doch sehr erstaunt. Auch die Suche nach einem Modul Wirtschaftsethik in den Bachelor- und Master-Studiengängen der Wirtschaftswissenschaften verlief negativ. Ähnlich verhält es sich hinsichtlich der Stellung der Wirtschaftsethik in den wirtschaftswissenschaftlichen Studiengängen der Technischen Hochschule Mittelhessen (THM), die hier vor allem einen betriebswirtschaftlichen Schwerpunkt haben.[2]

---

1 Für diesen Beitrag habe ich im Sommersemester 2015 noch einmal aktuell die Studiengänge für *Bachelor of Science* und *Master of Science* in den Wirtschaftswissenschaften der Justus-Liebig-Universität Gießen hinsichtlich des Angebots wirtschaftsethischer Module bzw. des Angebots eines Moduls Wirtschaftsethik online abgefragt; wiederum mit negativem Ergebnis.

2 Ebenso habe ich den aktuellen Stand für die Studiengänge am Fachbereich 07 Wirtschaft – *Business School* (Betriebswirtschaft, Unternehmensführung, International Marketing, Master of Business Administration) der Technischen Hochschule Mittelhessen hinsichtlich des Angebots wirtschaftsethischer Module bzw. des Angebots eines Moduls Wirtschaftsethik online abgefragt. Auch für die Studiengänge *International Marketing* und *Master of Business Administration* verlief die Abfrage negativ.

Feststellung: Wirtschaftsethik ausgeklammert ...

Offensichtlich wird in dem wirtschaftswissenschaftlichen bzw. betriebswirtschaftlichen Mainstreamdenken, das mit den Studierenden an den Hochschulen eingeübt wird, die ethische Einbettung der (Markt- bzw. Betriebs-)Wirtschaft, und damit auch die wirtschaftsethischen System- und Grundsatzfragen, nicht in den Blick genommen, oder werden sogar als ein Fremdkörper oder als eine grundsätzlich fachfremde Forderung angesehen. Zumindest aber sind speziell wirtschaftsethische Fragestellungen in den Forschungsbereichen und in den Lehrinhalten nicht ausreichend vorgesehen. Für die wirtschaftswissenschaftlichen Studiengänge, in denen die Wirtschaftsethik derart ausgeklammert wird, stellt sich eine grundlegende Frage:

Sollen ethische Fragen in den Wirtschaftswissenschaften überhaupt eigens thematisiert werden? Ist die hier vorgetragene Initiative zur Einrichtung eines wirtschaftsethischen Studiengangs bzw. eines Lehrstuhls für Wirtschaftsethik an der Justus-Liebig-Universität Gießen überhaupt vernünftig und gerechtfertigt?

... Hochschulen und Wirtschaftswissenschaften müssen die gesellschaftliche Forderung nach moralischer Verantwortung ernst nehmen ...

In einem ersten Zugehen auf diese Fragen möchte ich die Wahrnehmung einer Diskrepanz festhalten, die zwischen der gesellschaftlichen Bewertung ethischer Fragestellungen im Bereich der Wirtschaft und des wirtschaftlichen Handelns und dem eben beschriebenen Ausfall solcher ethischer Wert- und Orientierungsfragen in den Wirtschaftswissenschaften selbst besteht. Auf dem KHG-Symposium 2014 ist für alle Beteiligten deutlich geworden, wie sehr die Menschen über die Moral in den Märkten und das Verhalten von Wirtschaft, Politik und Wissenschaft beunruhigt sind. Sie fordern geradezu ein höheres Verantwortungsbewusstsein aller Akteure in Wirtschaft, Politik und auch in der Wissenschaft.[3] Die Justus-Liebig-Universität Gießen und insbesondere der Fachbereich Wirtschaftswissenschaften sollten diese Unzufriedenheit und das Verlangen der Menschen nach Berücksichtigung von moralischer Verantwortung gegenüber der Gesellschaft sehr ernst nehmen. Die Sensibilisierung der verantwortlichen Entscheidungsträger in den universitären Gremien, aber auch der Studierenden und Lehrenden in den Wirtschaftswissenschaften für die moralische Relevanz wirt-

---

3   Zur Bekräftigung dieser Wahrnehmung verweise ich auf die Befragungsergebnisse vom Institut für Demoskopie Allensbach. Danach sagen über 60 Prozent der Deutschen, dass die soziale Gerechtigkeit in unserer Gesellschaft in den letzten Jahren abgenommen hat. Auch nimmt die Zahl derer, welche die wirtschaftlichen Verhältnisse eher für nicht gerecht halten, in den letzten Jahren zu (vgl. hierzu den Beitrag von Petersen in diesem Band, S. 41–53).

schaftlichen Handelns ist mir ein besonderes Anliegen. Als eine Folgerung aus den Ergebnissen des Symposiums plädiere ich deshalb für eine stärkere Berücksichtigung von Ethik in den wirtschaftswissenschaftlichen Studiengängen und in der Forschung im Fachbereich Wirtschaftswissenschaften der Justus-Liebig-Universität Gießen.[4]

... zu einem Diskurs in den Wirtschaftswissenschaften anregen

Soviel zum Hintergrund für meinen hier vorgetragenen Appell, ethische Wert- und Orientierungsfragen zu einem festen Bestandteil im wirtschaftswissenschaftlichen Curriculum zu machen und bereits vorhandene Ansätze hierzu noch stärker voranzutreiben. Ich bemängele offen eine einseitige Ausrichtung des Wirtschaftswissenschaftlichen Fachbereichs der Justus-Liebig-Universität Gießen. Daher möchte ich mit diesem Beitrag eine Initiative zur Einrichtung eines (evtl. mehrsemestrigen) wirtschaftsethischen Studiengangs an der Justus-Liebig-Universität Gießen starten. Ich möchte hier dezidiert kritisch und engagiert Stellung beziehen, freilich aus der Perspektive eines Außenstehenden – mein Appell ist letztlich als ein externer Appell angesetzt, weil er aus der Außenperspektive eines Theologen und Hochschulseelsorgers erfolgt, der zu einem Diskurs in den Wirtschaftswissenschaften anregen und zu entsprechenden Entwicklungen innerhalb der Wirtschaftswissenschaften in Forschung und Lehre motivieren will. Diese Initiative erfolgt in ausdrücklicher Anerkennung des Umstandes, dass bereits heute ethische Fragen im Rahmen der Lehrdiskurse in den Wirtschaftswissenschaften der Justus-Liebig-Universität eine Berücksichtigung finden und dass sich eine Sektion des Gießener Graduiertenkollegs Sozialwissenschaften (GGS) bereits mit ethischen Fragen in Wirtschaft und Politik auseinandersetzt.[5]

---

4   Im Nachgang zum KHG-Symposium 2014 habe ich mich in meinem Schreiben vom 13. November 2014 an den Präsidenten der Justus-Liebig-Universität Gießen, Prof. Dr. Joybrato Mukherjee, und an den Dekan des Fachbereichs Wirtschaftswissenschaften, Prof. Dr. Axel C. Schwickert, dafür eingesetzt, Wirtschaftsethik in die entsprechenden Studiengänge fest zu implementieren und für die Einrichtung eines eigenständigen wirtschaftsethischen Lehrstuhls an der Universität Gießen zu sorgen. Vgl. hierzu den Beitrag in der *Gießener Allgemeinen Zeitung* vom 21. November 2014 (S. 30): »Ethik in Studiengängen berücksichtigen. Hochschulpfarrer fordert höheres Verantwortungsbewusstsein in Wirtschaft, Politik und Wissenschaft«.
5   Auf diesen Umstand hat Universitätspräsident Prof. Dr. Joybrato Mukherjee in seinem Antwortschreiben vom 27. November 2014 ausdrücklich hingewiesen. Er schreibt: »Bereits heute spielt dieser Themenkreis [sc. die moralischen Konsequenzen menschlichen Handelns und die Reflexion zu humanistischen Wertfragen, S. K.] im Rahmen der Lehrdiskurse in den Wirtschaftswissenschaften – aber auch in den anderen Fächerzonen – der Justus-Liebig-Universität eine große Rolle. [...] Zudem möchte ich darauf hinweisen, dass sich eine Sektion des Gießener Graduiertenkollegs Sozialwissenschaften (GGS) unter dem Titel ›Wirtschaftsethik und Politik‹ mit dem hier zur Diskussion stehenden Themenfeld intensiv auseinandersetzt.«

Ich will meinen externen – und der Intention nach konstruktiven – Appell in insgesamt neun Thesen entfalten und formulieren. Diese Thesen sollen mein Anliegen, einen wirtschaftsethischen Studiengang bzw. einen Lehrstuhl für Wirtschaftsethik an der Justus-Liebig-Universität einzurichten, eingehender begründen und somit verständlich machen. Auf diese Weise möchte ich einen Beitrag leisten, damit die ethischen Wertfragen in diesem Bereich von Forschung und Lehre stärker gefördert werden.

Meine erste These, die ich hierzu vorstellen möchte, ist von ihrem Inhalt her die voraussetzungsreichste und deshalb vielleicht zugleich auch eine streitbare These, weil sie bei unserem Bildungs- und Menschenverständnis ansetzt, das wir in unserer wirtschaftswissenschaftlichen Zugangsweise mehr oder weniger aufgeklärt und reflektiert voraussetzen. In einem ersten Schritt gilt es deshalb das Bildungs- und Menschenverständnis offen anzusprechen und darzulegen, von der die aus einer engagierten Außenperspektive vorgetragene Argumentation in grundlegender Weise ausgeht.

These 1: Das humanistische Menschen- und Bildungsverständnis fordert eine stärkere und grundsätzliche Thematisierung ethischer Fragen in den Wirtschaftswissenschaften: eine engagierte Außenperspektive

Ein humanistisch orientiertes Bildungsverständnis besagt, dass die Studierenden in ihrem Studium der Wirtschaftswissenschaften auch mit ethischen und ordnungspolitischen Grundkenntnissen vertraut gemacht werden und dazu befähigt werden sollen, wirtschaftliche Prozesse und Entscheidungen auf einer moralischen und ethischen Ebene angemessen zu reflektieren. Der Humanismus sieht den Menschen in einer Einheit und in komplexeren Zusammenhängen eingebunden. Der Mensch ist zwar aufgrund seiner sich kulturgeschichtlich vielfältig entwickelnden Bedürfnisse und Begabungen ein wirtschaftendes Lebewesen (homo oeconomicus), das mit seinen knappen Ressourcen und Gütern vernünftig und das heißt in diesem Falle effizient umzugehen versucht; der Mensch geht aber in einer effizienten Nutzung knapper Güter nicht auf. Mit anderen Worten: In einem wirtschaftswissenschaftlichen Fachbereich, der sich einem humanistisch orientierten Bildungs- und Menschenverständnis verpflichtet weiß, wird der Mensch wegen seiner unveräußerlichen Würde nicht einseitig auf den Aspekt des homo oeconomicus reduziert, sondern auch in größeren Zusammenhängen gesehen. Auch wenn eine Reduzierung in der Zugangsweise und eine entsprechende methodische Spezialisierung einen wissenschaftlichen Fortschritt bringen, braucht es doch wieder die Einbindung dieser Zugangsweise und ihrer Ergebnisse in eine umfassende

Perspektive, wie dies die Orientierung an einem ganzheitlichen humanistischen Menschenbild fordert und die Ethik als Wirtschaftsethik in besonderer Weise für die Wirtschaftswissenschaften leistet. Eine solche umfassende Sichtweise geht davon aus, dass das wirtschaftliche Handeln des Menschen kein Selbstzweck ist, sondern Mittel zum Zweck des guten Lebens, das auch das solidarische Zusammenleben der Menschen mit einschließt.[6]

Ein an der Idee der universalen Menschenwürde und an humanistischen Wertfragen[7] orientiertes Bildungsverständnis geht davon aus, dass der Mensch und sein Handeln nicht einseitig auf eine rein ökonomische Erklärung reduziert werden können. Ein an humanistischen Wertfragen orientiertes Bildungsverständnis geht vielmehr davon aus, dass die Zusammenhänge menschlichen Handelns weitaus komplexer sind, als es reduktionistische Konzepte erscheinen lassen. Jenseits einer reduktionistischen Absolutsetzung monokausaler Erklärungskonzepte geht es in dieser Sichtweise darum, eine wissenschaftlich informierte und darüber hinaus auch eine ethisch reflektierte Position einzunehmen.

(Wirtschafts-)Ethik findet unter dieser Hinsicht in den Wirtschaftswissenschaften ihre unersetzbare und konstruktiv-kritische Aufgabe, damit der wirtschaf-

---

[6] Der Bezug auf den Humanismus ist erläuterungsbedürftig. Man kann einen Humanismus im engeren und im weiteren Sinne unterscheiden. Als Humanismus im engeren Sinne ist jene konkrete geschichtliche Bewegung zu verstehen, die im Spätmittelalter und in der frühen Neuzeit aufgrund einer Rezeption der griechischen und römischen Antike entscheidend zur Entstehung des Projekts der Moderne beitrug. Dieser Humanismus setzt ein besonderes Verhältnis auf die kulturellen Gehalte der griechischen und römischen Antike voraus. Unter Humanismus im weiteren Sinne verstehe ich hier das besonderes Verhältnis zu den theoretischen und genauer hin ethischen Gehalte des Humanismus voraus, also jene Lebens- und Wertorientierungen, die auch heute noch glaubwürdig und plausibel sind. Zu diesen Gehalten gehört die ethische Anerkennung der einzigartigen Würde und Sonderstellung des Menschen. Diese normative Stellung des Menschen, die auch das soziale Miteinander bestimmt, fordert den Menschen heraus, sich selbst und sein Verhalten im Zusammenhang des Sozialen zu reflektieren. Die Stellungnahme gegenüber dieser Idee der universal gültigen Menschenwürde ist in allen Handlungsbereichen des Menschen moralisch geboten, eine Herauslösung des Menschen und seines Verhaltens aus dieser ethischen Grundlage ist das eigentlich Inhumane, das letztlich auch den gesellschaftlichen Zusammenhalt gefährdet (vgl. hierzu Hösle, 1999, hier bes. S. 166ff. und 185ff.).

[7] Wenn in diesem Beitrag von humanistischen Wertfragen die Rede ist, so ist damit der Bezug auf die Idee der Menschenwürde bezeichnet, die die Grundlage für jeden neuen Humanismus sein muss. Der Ausgangspunkt für die hier vorgetragenen Thesen zur Implementierung ethischer Wertfragen in die wirtschaftswissenschaftlichen Studienangebote und die Einrichtung eines Lehrstuhls für Wirtschaftsethik gehen von der starken These aus, dass Wirtschaftsethik ein normatives Menschenbild voraussetzt, das wesentlich komplexer ist als das Bild des *homo oeconomicus*. Wirtschaftsethik muss deshalb auch über eine bloße Analyse von Anreizen in bestimmten Situationen hinausgehen. Vgl. hierzu die These 9 in diesem Beitrag.

tende Mensch sich selbst und seinen Mitmenschen nicht auf die Rolle des *homo oeconomicus* reduziert und darüber hinaus sich der Komplexität des menschlichen Handelns und der ethischen Bedeutung des menschlichen Handelns im Bereich des Wirtschaftens immer wieder bewusst wird und bleibt.[8]

Die ethische Reflexion, wie sie die Wirtschaftsethik in ihrer besonderen Anpassung auf das wirtschaftliche System bereit stellt, hat in den Wirtschaftswissenschaften eine konstitutive und eminent (selbst-)kritische Funktion. Wirtschaftsethik steht im Dienst des humanistischen Programms der Aufklärung und steht im Dienste einer kritischen Vernunft. Sie sorgt für die immer wieder notwendige »Entzauberung« (Max Weber) eines Wirtschaftsdenkens, das davon ausgeht, dass das Wohlergehen der Menschheit allein von einem freien (Welt-)Markt abhänge. Die kritische Hinterfragung unaufgeklärter Anschauungen über den Markt und seine Funktionen, wie es zum Beispiel in dem blinden Vertrauen in einen ›freien‹ Markt zum Ausdruck kommt, der angeblich von selbst dafür sorgt, dass es allen gut geht, ist eine Aufgabe der Wirtschaftsethik. Sie wirkt damit auch der landläufigen Sachzwangsrhetorik entgegen, die uns eine von niemandem kontrollierbare, offenbar ganz eigensinnige Wirtschaftsentwicklung weismachen will.

Demgegenüber fördert die Wirtschaftsethik eine vorwärtsgewandte kritische Reflexion bezüglich der vernünftig begründeten Kriterien, anhand denen wir uns im (wirtschaftlichen) Denken und Handeln orientieren und unser gesellschaftliches Zusammenleben und Interagieren gestalten wollen. Eine ethisch vernünftige Kritik richtet sich nicht gegen eine produktive Markt*wirtschaft*, wohl aber gegen ihre Übersteigerung zu einer totalen Markt*gesellschaft*, die alles, unser ganzes Leben und auch die Politik, der Sachlogik des Marktes unterwirft. Die (Wirtschafts-)Ethik betreibt in diesem Sinne ihr der unveräußerlichen Würde des Menschen verpflichtetes und aufklärerisches Kerngeschäft im Kontext der Wirtschaftswissenschaften (vgl. Ulrich, 2010, S. 33ff.).

Aus diesem in der ersten These skizzierten Ansatz leiten sich die hier vorgetragene Forderung und Initiative nach einer fachlichen Vertretung der Wirtschaftsethik im Kontext des Studiums der Wirtschaftswissenschaften ab. Wirtschaftliches Handeln ist *vernünftig* (und nicht nur für das ökonomisch System *nützlich*), wenn es die unantastbare Würde des Menschen, seine Persönlichkeit und seine Lebenswei-

---

[8] Auf diese gemeinsame Basis eines humanistischen Bildungsverständnisses stellt sich auch Prof. Dr. Joybrato Mukherjee in seinem Antwortschreiben vom 27. November 2014, in dem er gleich zu Beginn festhält: »Wie sie in Ihrem Schreiben selbst herausstellen, sprechen Sie ein komplexes Thema an, das sich an die Selbstverantwortung des Einzelnen richtet und das für unsere gesellschaftliche Eintracht und das interpersonelle Zusammenleben von hoher Relevanz ist. [...] Ich teile deshalb Ihre Ansicht, dass Reflexionen zu *humanistischen Wertfragen* als festen Bestandteil im wirtschaftswissenschaftlichen Curriculum weiterhin gefördert werden müssen« (Hervorh. v. Vf.).

se respektiert. Wirtschaftsethik hat die Aufgabe, dass der Menschen nicht auf seine Rolle als Konsument oder als Akteur des Marktes reduziert und sein Handeln nicht ausschließlich aus der Logik des Wirtschaftens betrachtet wird. Die Markt- bzw. Betriebswirtschaft ist in übergeordnete ethische Gesichtspunkte (wie z. B. des guten Lebens und des gerechten Zusammenlebens freier und gleicher Bürger oder eines humanistisches Menschenbildes) einzubinden und ist aus diesen heraus auch kritisch zu reflektierten.

These 2: Die Wirtschaftsethik befähigt die Wirtschaftswissenschaften sich selbst und ihren Gegenstand besser zu verstehen: der notwendige Blick in die Geschichte der Wirtschaft und des Wirtschaftens als Kulturgeschichte

Die Wirtschaftswissenschaften haben die Aufgabe, ihre eigene Wissenschaft und ihre Methoden in ihrer geschichtlichen Genese zu begreifen und ihren objektiven wissenschaftlichen Gegenstand, nämlich die komplexen wirtschaftlichen Prozesse, in ihrer wissenschafts- und kulturgeschichtlichen Breite zu verstehen. Die Wirtschaftsethik befähigt die Wirtschaftswissenschaften einerseits zur Einsicht in die komplexe kulturgeschichtliche Genese ökonomischer Rationalität und andererseits zur Einsicht in die Komplexität und Mehrdimensionalität humaner Rationalitätsperspektiven, unter denen die ökonomische Rationalität als Inbegriff des effizienten Umgangs mit knappen Ressourcen nur eine von vielen Perspektiven menschlicher Rationalität ist.

Die Wirtschaft ist eine der ältesten sozialen Erfindungen des Menschen. Sie ist deshalb alles andere als die ›natürlichste‹ Sache der Welt. Der kulturgeschichtliche Blick auf die Wirtschaft und das Wirtschaften des Menschen macht deutlich, dass der Markt und das ökonomische Denken immer eingebunden waren in ein lebensweltliches Gesamtgefüge und in größere Sinn- und Handlungszusammenhänge mit ihren Normen und Gesetzen, ethischen Grenzen und sozialen Bindungen. Erst mit der allmählichen Herauslösung des Wirtschaftssystems aus dem Gesamtgefüge wird eine radikal-autonome Ökonomie möglich, die zumindest von ihrer Theorie her von der Einbettung der Wirtschaft und des Wirtschaftens in einen ethischen und sozialen Kontext kaum noch eine Kenntnis hat.

Das ökonomische System, das durch die Phänomene Wirtschaft und Wirtschaften umschrieben wird, kann verstanden werden als die Gesamtheit jener Handlungen, durch die der Mensch, in dem er in seinem Handeln dem Prinzip der Effizienz folgt, die knappen materiellen Güter so in Gebrauch nimmt, dass er seine Bedürfnisse zu decken vermag. Gerade eine sozialökonomische und kulturgeschichtliche Betrachtungsweise dieser Bedürfnisse des Menschen macht aber deutlich, dass mit dem Begriff ›Bedürfnisse‹ nicht allein materieller Wohlstand gemeint ist, sondern darüber hinaus auch vielfältige Kultur- und Lebensbedürfnisse einzubeziehen sind, die mit der Kategorie des materiellen Wohlstands allein nicht gefasst werden können. Der Mensch verfolgt mit seinem wirtschaftlichen Handeln – und dies zeigt eine Kulturgeschichte der Wirtschaft und des Wirtschaftens – eben nicht nur die Befriedigung von Bedürfnissen, die allein mit Kaufkraft ausgestaltet sind oder die sich ausschließlich in einem monetären Sinne bestimmen lassen. Bei den Bedürfnissen spielen nicht nur Waren- und Dienstleistungsbedürfnisse eine Rolle. Sogar Emotionen (wie zum Beispiel Vertrauen oder die Erosion von Vertrauen) sind für das Wirtschaften des Menschen wichtig und können eine große Bedeutung in der Wirtschaft haben. Die Erosion von Vertrauen kann ganze Wirtschaftskrisen nach sich ziehen. Menschliche Bedürfnisse sind immer auch von Sinn-, Religions- oder anderen Kulturbedürfnissen mitgetragen, die sich eben nicht oder doch zumindest nicht vollständig in Geldwerten fassen lassen. Die ganze Vielschichtigkeit und Komplexität der Bedürfnisse, die der Mensch durch sein wirtschaftliches Handeln zu befriedigen versucht, macht erst eine geschichts- und kulturwissenschaftliche Erforschung von Wirtschaft und Wirtschaften zum Zwecke der Befriedigung von Bedürfnissen sichtbar.

Die Einbeziehung der kulturwissenschaftlichen Reflexion auf die menschlichen Bedürfnisse und überhaupt die Einbeziehung von Lebens- und Kulturbedürfnisse in die ökonomische Definition von »Bedürfnis« ist alles andere als selbstverständlich. Um den wirtschaftswissenschaftlichen Gegenstand des »Bedarfs« bzw. des »Bedürfnisses« besser begreifen zu können, müssen die Bedürfnisse, die der Mensch durch sein Handeln im Kontext eines effizienten Wirtschaftens zu befriedigen versucht, in einem sachgemäßen und daher umfassenden Horizont betrachtet werden. Diesen Horizont, in dem die Wirtschaftswissenschaft sich selbst und ihren Gegenstand besser verstehen kann, hält die Wirtschaftsethik für die Wirtschaftswissenschaften bereit.

Der sozialökonomische und kulturgeschichtliche Blick auf die Wirtschaft und das Wirtschaften des Menschen wirkt dem weitverbreiteten Eindruck entgegen, dass die ethische Reflexion und die moralische Verantwortung von Unternehmen eine zusätzliche Aufgabe jenseits des ökonomischen Kerngeschäfts darstellte. Es ist eben eine ungenügende Sicht auf das wirtschaftliche Handeln des Menschen zum Zwecke seiner Bedürfnisbefriedigung, wenn man darin das Nachdenken über die sinn- und lebensdienlichen, emotionalen, sozialen, religiösen und kulturellen Dimensionen wirtschaftlicher Prozesse und Handlungen als bloßen Ballast oder Luxus ansehen würde, den man sich in der Ökonomie auch sparen könne. Der Ausfall ethischer und kulturanthropologischer Reflexionen in den Wirtschaftswissenschaften verstärkt diesen Eindruck unter den Studierenden und auch unter den Lehrenden und verfestigt eine reduktionistische Sichtweise auf die Wirtschaft und das Wirtschaften des Menschen, die auch das bessere Sich-Selbst-Verstehen der

Wirtschaftswissenschaften und das sachgemäße Verstehen ihres Gegenstandes erschwert oder sogar verhindert.

An dieser Stelle möchte ich eine Definition von Wirtschaft bzw. Wirtschaften vorschlagen, die dem hier skizzierten umfassenden Verständnis von menschlichen Bedürfnissen Rechnung trägt und die Öffnung der Ökonomie zu einer ethischen Orientierung ihres Faches und Bewertung ihres wissenschaftlichen Gegenstandes ermöglicht. Die Wirtschaftsethik befähigt die Wirtschaftswissenschaften sich selbst und ihren Gegenstand besser zu verstehen und das ökonomische Handeln des Menschen als »die Gesamtheit jener Handlungen [zu begreifen, S. K.], durch die der Mensch die materiellen Güter in Gebrauch nimmt, um seinen Lebens- und Kulturbedarf zu decken« (vgl. Utz, 1994, S. 16).

Mit der sozial- und kulturgeschichtlichen Reflexion auf das bedürfnisbefriedigende Handeln des Menschen im Kontext der Wirtschaft und des Wirtschaftens rückt schließlich auch die Frage nach dem Ziel des Wirtschaftens in den Fokus der wirtschaftswissenschaftlichen Betrachtung. Die Frage nach dem Ziel des Wirtschaftens können die Wirtschaftswissenschaften, wenn sie diese Frage im Voraus nicht als sachfremd ausklammern oder auf die effiziente Befriedigung des materiellen Wohlstandes einschränken, nicht ohne die Einbeziehung einer wirtschaftsethischen Reflexion beantworten. Ich komme daher zu meiner dritten These für die Einrichtung eines wirtschaftsethischen Studiengangs bzw. Lehrstuhls.

These 3: Das Wirtschaften des Menschen als zielgerichtete menschliche Handlungen besser verstehen: eine Innenperspektive

Will man das wirtschaftliche Handeln des Menschen angemessen verstehen, so muss man sich im Klaren darüber sein, dass wirtschaftliches Handeln unterschiedliche Dimensionen umfasst. Menschliches Handeln im Bereich der Wirtschaft bedeutet, verantwortliche Entscheidungen zu treffen, Gewinnstrategien zu verfolgen, Handlungspläne zu entwerfen und zu verfolgen, Verträge einzuhalten, bestmögliche Qualität anzubieten, oder zur Erreichung bestimmter individueller und/oder kollektiver Ziele im Bereich der Wirtschaft mit anderen Menschen zu kommunizieren und zu interagieren. Wir haben in der Wirtschaft faktisch die Praxis, dass Menschen als Akteure des Marktes oder als Konsumenten konkret Verantwortung übernehmen oder sie anderen zuschreiben. Und wir haben die faktische Situation, dass Menschen in ihrem Handeln bewährte Kriterien anwenden, mit denen sie Entscheidungen treffen, Verantwortung übernehmen oder in Ausnahmefällen Verantwortung einschränken. Praktische bzw. ethische Überlegungen und Entscheidungen sind dem wirtschaftlichen Handeln nicht folglich sachfremd, wirtschaftliches Handeln ist keineswegs wertneutral. Diese Einsicht hat gerade auch für die wissenschaftliche Reflexion des ökonomischen Handelns eine große Bedeutung. Das Wirtschaften des Menschen lässt sich vermutlich niemals rein zweckrational bestimmen, es besitzt darüber hinausgehend vielmehr weitere Aspekte, die sich weniger gut oder gar nicht mit den methodischen Instrumenten einer reinen ökonomischen Rationalität berechnen lassen.

Das wirtschaftliche Handeln des Menschen ist erst in seiner Ausrichtung auf Ziele und Zwecke und auch auf letzte Ziele und Zwecke sachgerecht verstanden. Die Bestimmung der Finalität der Wirtschaft und des wirtschaftlichen Handelns kann sich nicht mit bloßen Zahlen und purer Effizienz begnügen und kann deshalb auch nicht auf das Prinzip der Gewinnmaximierung reduziert werden, außer man instrumentalisiert alle Entscheidungen, Strategien, Handlungspläne und -maximen, alle individuellen und sozialen Handlungsziele voll und ganz dem ökonomischen Prinzip der Profitsteigerung. Um die Frage, in welcher Weise im Wirtschaften des Menschen Freiheit und Verantwortung, individuelle und soziale Zielsetzungen eine Rolle spielen, in der richtigen Form stellen zu können, braucht man eine geeignete begriffliche Darstellung des menschlichen Handelns durch eine Handlungstheorie. Die Klärung des Begriffs menschlicher Handlung für den Bereich der Wirtschaft ist Aufgabe der Wirtschaftsethik, die als eine spezialisierte Bereichsethik über eine angemessene und differenzierte Handlungstheorie verfügt.

Wenn man versteht, dass wirtschaftliches Handeln individuelle und soziale Ziele umfasst, die auf das gute Leben und Zusammenleben der Menschen ausgerichtet sind, dann wird auch verständlich, dass die wirtschaftsethische Reflexion der wirtschaftswissenschaftlichen Rationalität nicht wie ein fremder Überbau ›aufgesetzt‹ ist oder beide zueinander in einem unversöhnlichen Widerspruch stehen. Ökonomische Effizienz, persönliche Freiheit und Vollendung und soziale Verantwortung stehen in einem engen Zusammenhang, den die Wirtschaftsethik in spezieller Weise bedenkt, in dem sie die wirtschaftliche Rationalität als Teil des wirtschaftsethischen Handelns versteht und die wirtschaftliche Rationalität in ihre eigene Sichtweise angemessen integriert.

Der Markt folgt nicht abstrakten Marktmechanismen, die menschlichen Entscheidungen und Handlungen entzogen sind. Wirtschaftliches Handeln ist das Handeln von Menschen, die entsprechend ihrer vielschichtigen Lebens- und Kulturbedürfnisse auch im Bereich der Wirtschaft bestimmte Ziele verfolgen, die im Profitdenken alleine nicht aufgehen. Wirtschaft und Wirtschaften sind somit als Teile des *Humanum* zu begreifen und zu reflektieren. Es geht daher nicht nur um die Effizienz des Wirtschaftens, sondern auch um die Frage nach dem Sinn von Effizienz im Zusammenhang menschlicher Lebens- und Kulturbedürfnisse, die durch das Wirtschaften befriedigt werden sollen.

Die Wirtschaftswissenschaften haben die Aufgabe, das wirtschaftliche Denken und Handeln des Menschen und die wirtschaftlichen Prozesse in ihren konstitutiven Elementen möglichst sachgemäß zu verstehen. Hieraus ergibt sich die

Notwendigkeit einer qualitativen Handlungstheorie, wie sie die Wirtschaftsethik bereitstellt. Damit ergibt sich eine wichtige Konsequenz für die Art und Weise, wie Wirtschaftsethik im Kontext der Wirtschaftswissenschaften zu betreiben ist. Wirtschaftsethik sollte nicht nur ein Teil der Lehre, sondern sie muss auch eine Komponente der Forschung sein, um die speziellen Aspekte und Zusammenhänge des wirtschaftlichen Denkens und Handelns von Menschen untersuchen zu können. Es ist daher zu fordern, dass Wirtschaftsethik als Teil der Lehre und darüber hinaus auch als Teil der Forschung am wirtschaftswissenschaftlichen Fachbereich der Justus-Liebig-Universität Gießen eingerichtet wird, um das wirtschaftliche Denken und Handeln angemessen verstehen und sachgerecht bewerten zu können.

These 4: Keine Trennung von wirtschaftswissenschaftlichem Sachverstand und ethischer Bewertung, auch wenn beide Perspektiven nicht notwendig zusammenfallen

Eine Schlussfolgerung aus dem in den Thesen eins bis drei skizzierten Fundamentalverständnis von Wirtschaft und Ethik ist die Vermeidung einer Trennung von wirtschaftswissenschaftlichem Sachverstand und ethischer Reflexion bzw. Bewertung. Einerseits dürfen es sich die Wirtschaftswissenschaften nicht zu einfach machen, indem sie für die Bearbeitung der spezifischen ethischen Fragestellungen einfach auf angrenzende Fächerzonen oder externe Fächer verweisen. Ethische Fragestellungen und die Erarbeitung sachgemäßer Bewertungen und Lösungsstrategien können nur bedingt auf eine externe Bearbeitung durch andere Disziplinen verlagert werden, weil sie dann keinen direkten Bezug zum wirtschaftswissenschaftlichen Sachverstand haben. Wirtschaftsethik ist mehr als ein bloßer Anwendungsfall der klassischen Ethik, denn sie hat spezifische Aufgaben, welche die allgemeine klassische Ethik nicht abdeckt. Aber auch umgekehrt muss die Wirtschaftsethik mit ihren Reflexionen passgenaue Beiträge zur ethischen Bewertung von ökonomischen Problemen bieten, weil ansonsten ihre Bewertungen und Lösungen den Problemen nur ›aufgesetzt‹ wären. Sach- und praxisrelevante Angebote und Erkenntnisse vermag die Wirtschaftsethik aber nur zu erbringen, wenn sie in einem engen Austausch mit und in einer Ergänzung zu den (klassischen) Wirtschaftswissenschaften steht und deren Sachverstand nutzt und in die Erarbeitung ihrer Lösungen einbezieht. Der enge Bezug der wirtschaftsethischen Reflexion zum wirtschaftswissenschaftlichen Sachverstand ist daher wichtig und letztlich auch unverzichtbar.

In der konkreten Praxis der Ethikausbildung könnte dies bedeuten, dass die zukünftigen Führungskräfte an der Erarbeitung verantwortungsbewusster Lösungen für Probleme, die mit einer Optimierung ökonomischer Prozesse und Spielregeln allein nicht zu lösen sind, mitwirken. Einerseits muss die Ethik auf die konkreten Problemkonstellationen, die in den Bereichen Wirtschaft und Unternehmen bestehen, lösungsorientiert zugehen und soziale Dilemmata zu überwinden helfen. Andererseits erfordert dies ein neues Selbstverständnis der Führungskräfte in ihrem Verhältnis zur Moral, insofern sich die Studierenden und zukünftigen Führungskräfte als Teil der Gesellschaft begreifen und in dieser Funktion auch in ihrem Unternehmen gesellschaftliche Verantwortung übernehmen. Die Führungskräfte sollen sich an ihrem jeweiligen Ort als konkrete Träger von Verantwortung begreifen und sollen diese Verantwortung für eine Wirtschaft, die den Lebens- und Kulturbedürfnissen der Menschen dient, wahrnehmen. Die Unterscheidung der beiden Handlungsebenen Ethik und Ökonomie und die komplementäre Ergänzung beider Lösungsstrategien ist von fundamentaler Bedeutung, wenn es darum geht, dass zukünftige Führungskräfte dazu beitragen sollen, ethischen Gesichtspunkten Rechnung zu tragen und moralische Anliegen unter Einbeziehung der Bedingungen marktwirtschaftlichen Wettbewerbs zur Geltung zu bringen. Das ökonomisch Gebotene und das moralisch Richtige müssen dabei nicht immer im Gegensatz stehen, beide Aspekte müssen aber auch nicht immer notwendig zusammenfallen. Wirtschaftsethik ist keine wunderbare Harmonie-Maschine, die das ökonomische Gewinnmaximierungsprinzip mit der moralischen Pflicht zur Verantwortung allzeit konfliktfrei in eine Win-Win-Situation vermittelt. Zwischen Ökonomie und Moral bleibt ein Spannungsverhältnis bestehen, in dem auch unterschiedliche Geltungsansprüche unversöhnlich aufeinanderstoßen und durchaus auch grundlegende Wert- und Interessenkonflikte bestehen können. Hier ist es wichtig, dass die Ethikausbildung die zukünftigen Führungskräfte nicht einfach aus einer solchen Verantwortungszumutung entlässt. Auch in solchen Konfliktsituationen bleibt für die Führungskraft die Pflicht bestehen, die unternehmerische Geschäftsstrategie gegenüber allen Betroffenen moralisch zu verantworten.

Studierende der Wirtschaftswissenschaften müssen auf diese neue Rolle als Träger der Moral des Wirtschaftens durch aufeinander abgestimmte Lehrveranstaltungen vorbereitet werden. Diese abgestimmten Lehrangebote müssen so konzipiert sein, dass sie die ethischen Lehrinhalte und Reflexionen dort einbringen, wo sie auch wirksam werden sollen, nämlich in den Kernbereichen der wirtschafts- und betriebswirtschaftlichen Ausbildung von Führungskräften. Die Inhaber/innen eines wirtschaftsethischen Lehrstuhls sollten idealerweise aus beiden Bereichen – das heißt also aus der Ethik und der Ökonomie – angemessene Kompetenzen mitbringen und besitzen. Studierende können auf diese Weise konkret einüben, dass Ökonomie und Moral nicht notwendig Gegensätze sein müssen, zwischen denen man sich in einer Entweder-oder-Konstellation entscheiden muss, und dass bei auftretenden Konflikten durchaus auch produktive Lösungen gefunden werden können. Dies setzt voraus, dass die Studierenden durch ihre Ausbildung Kompetenzen erwerben, die sie dazu befähigen, wie sie das Verhältnis von Ökonomie und Moral als komplementär sehen und in den unterschiedlichen Sprachspielen kommunizieren können und wie sie gerade auch in schwierigen Konfliktsituationen ihrer moralischen Verantwortung gegenüber den Menschen und der Gesellschaft gerecht werden können. Es geht daher nicht nur um die theoretische Vermittlung von moralischem Wissen und wirtschaftsethischen Leitideen, sondern darüber hinaus durch angepasste Lehrangebote auch um die Einübung von Kernkompetenzen, die zur Umsetzung des Wirtschaftsethos in unternehmerische Praxis befähigen. Vor allem geht es um die zentrale Fähigkeit, Situationen und Prozesse aus einer ethischen Perspektive betrachten und bewerten zu können und wie dann in einem zweiten Schritt durch die konkrete Übernahme von Verantwortung unter der Berücksichtigung von Wettbewerbsbedingungen moralische Bewertungen auch zur Geltung gebracht werden können. Die Übernahme von Verantwortung muss in den Kernbereichen des Wirtschaftens konkret eingeübt werden, ansonsten bleibt die Wirtschaftsethik buchstäblich u-topisch, und das heißt eben im wörtlichen Sinn dieses altgriechischen Wortes: ortlos und damit letztlich auch funktions- bzw. wirkungslos.

These 5: Die Integration ethischer Reflexion ist nicht nur von der Sache her notwendig, sondern, wie die Beispiele anderer wirtschaftswissenschaftlicher Fachbereiche zeigen, organisatorisch möglich

Der bisher beschrittene Argumentationsweg hat versucht, die Integration einer selbstständigen ethischen Reflexion in den wirtschaftswissenschaftlichen Studiengang, was idealer Weise in der Einrichtung eines Lehrstuhls für Wirtschaftsethik realisiert wäre, von der Sache her als (theoretisch) notwendig aufzuweisen. In dieser These möchte ich darüber hinaus deutlich machen, dass diese Integrationsaufgabe nicht nur von der Sache her notwendig, sondern hinsichtlich dem Auf- und Ausbau wirtschaftswissenschaftlicher Fachbereiche und wirtschaftswissenschaftlicher Curricula auch organisatorisch-praktisch möglich ist.

Das Fach Wirtschaftsethik erfreut sich wachsender Popularität. Das zeigt sich daran, dass das Fach schon seit Langem in den USA zum selbstverständlichen Standard des wirtschaftswissenschaftlichen Studiums zählt. Vor allem an angelsächsischen Universitäten hat sich die Wirtschafts- und Unternehmensethik fest etabliert. Im deutschsprachigen Raum ist man mit der Einrichtung wirtschaftsethischer Lehrstühle noch zurückhaltend, was der Umstand anzeigt, dass sich noch längst nicht alle Hochschulen zur Einrichtung wirtschaftsethischer Lehrstühle haben durchringen können – wie dies ja auch das Beispiel der Justus-Liebig-Universität zeigt. Die Beispiele anderer wirtschaftswissenschaftlicher Fachbereich an deutschen Universitäten zeigen hier aber gangbare Wege auf. Zur Frage nach den konkreten Formen der Implementierung von Wirtschaftsethik in das Curriculum der Wirtschaftswissenschaften lassen sich verschiedene Lösungsmodelle unterscheiden:

Modell 1

Hier wird ein eigenständiger Lehrstuhl für Wirtschaftsethik in einen bereits bestehenden Bereich der Wirtschaftswissenschaften implementiert. So hat zum Beispiel die Universität zu Köln vor zwei Jahren eine Professur für Wirtschaftsethik und Verhaltensökonomie in den Bereich der Betriebswirtschaftslehre integriert. Die Wirtschafts- und Sozialwissenschaftliche Fakultät hat somit ein »Seminar für Allgemeine Betriebswirtschaftslehre, Unternehmensentwicklung und Wirtschaftsethik« erhalten. Die Aufgabe dieser Professur ist die Untersuchung von Fragen der Wirtschaftswissenschaft mit Methoden der Ethik und der Verhaltensforschung. Eine Kombination, die es – soweit ich dies überblicke – sonst nirgendwo in Deutschland bisher gibt.[9]

Modell 2

Nach diesem Konzept wird die Wirtschaftsethik durch die Einrichtung einer eigenen Arbeitsstelle als Lehr- und Forschungseinrichtung innerhalb des wirtschaftswissenschaftlichen Fachbereichs repräsentiert. So ist die Wirtschaftsethik an der benachbarten Goethe-Universität Frankfurt am Main durch das *Center for Business Ethics* im Fachbereich Wirtschaftswissenschaften vertreten. Wirtschaftsethik ist ein festes Element des Curriculums und wird abteilungsübergreifend durch das *Center for Business Ethics* in Forschung und Lehre vertreten. Die Wirtschaftswissenschaften greifen umgekehrt ethische Ansprüche auf und müssen sie ökonomisch implementieren. Die Arbeitsstelle Wirtschaftsethik an der Goethe-Universität widmet sich wirtschafts- und unternehmensethischen Fragestellungen aus einer sozialwissenschaftlichen Perspektive.[10]

Modell 3

Dieses Modell ist vielleicht das anspruchsvollste, weil es die Einrichtung eines ganzen Instituts für Wirtschaftsethik vorsieht. So hat die Universität St. Gallen

---

9 Zu Lehre, Forschung und Profil des Seminars für Allgemeine Betriebswirtschaftslehre, Unternehmensentwicklung und Wirtschaftsethik an der Universität zu Köln siehe: http://www.codebe.uni-koeln.de/codebe_team.html (Stand: 26. Mai 2015).

10 Zum Profil und zu den Zielen und Aufgaben der Arbeitsstelle Wirtschaftsethik an der Goethe-Universität Frankfurt am Main siehe: http://www.wiwi.uni-frankfurt.de/abteilungen/arbeitsstelle-wirtschaftsethik/center-for-business-ethics/profil.html (Stand: am 26. Mai 2015).

(Schweiz) bereits 1989 ein Institut für Wirtschaftsethik gegründet. Im Mittelpunkt des theoretischen und empirisch/praktischen Forschungsinteresses dieses Instituts stehen Fragen der Realisierung von Unternehmensverantwortung. In dieser Konzeption von Wirtschaftsethik wird die Auffassung, dass eine Wirtschaftsethik die grundlegenden Kriterien eines vernünftigen Wirtschaftens unabhängig und eigenständig erarbeiten muss, institutionell in der Gründung eines eigenen Instituts umgesetzt. Im Zentrum steht die Erarbeitung eines philosophisch-ethisch fundierten und unverkürzten Ansatzes der Wirtschaftsethik, der kritisch am Rationalitätsanspruch der Wirtschaftswissenschaften ansetzt.[11]

Die Beispiele zeigen unterschiedliche Wege, Wirtschaftsethik in die Wirtschaftswissenschaften zu implementieren. Immer ist die konkrete Situation vor Ort zu berücksichtigen. Je nachdem wie eine Wirtschaftsethik implementiert wird, zeigt sich, welches Vorverständnis mitgesetzt wird, also welche Unabhängigkeit oder Abhängigkeit der Ethik und den ethischen Fragestellungen gegenüber der Wirtschaft und der ökonomischen Logik eingeräumt wird. Wie könnten erste Schritte zur Einrichtung eines wirtschaftsethischen Lehrstuhls hier an der Justus-Liebig-Universität Gießen aussehen?

Sicherlich braucht es zuerst einen Diskurs über die Bestandteile des wirtschaftswissenschaftlichen Curriculums und inwieweit hier die wirtschaftsethische Fragestellungen stärker befördert werden können; zum Beispiel in einem zwei- oder dreisemestrigen Zyklus. Die Ergebnisse dieser Diskussion müssten in einem zweiten Schritt in eine Entscheidungsfindung einfließen. Diese Entscheidung wäre dann bei künftigen Entwicklungsüberlegungen zur Ausgestaltung des fachbereichsseitigen Studiengangportfolios zu berücksichtigen. Mittelfristig wäre an eine intensivere Implementierung wirtschaftsethischer Reflexionen durch entsprechende Module der wirtschaftswissenschaftlichen Studiengänge zu denken. Im Rahmen von Akkreditierungs- bzw. Re-Akkreditierungsverfahren wäre zu überprüfen, ob wirtschaftsethische Lehrbausteine auf diese Weise ein noch höheres Gewicht bekommen könnten.[12]

---

11 Zum Profil sowie zu Forschung und Lehre des Instituts für Wirtschaftsethik an der Universität St. Gallen siehe: http://www.iwe.unisg.ch/de (Stand: 26. Mai 2015).
12 Ich greife hier den Vorschlag des Universitätspräsidenten der Justus-Liebig-Universität Gießen, Prof. Joybrato Mukherjee, auf, der in seinem Antwortschreiben vom 27. November 2014 selbst erste Schritte in diese Richtung skizziert hat: »[…] habe ich ihr Schreiben zum Anlass genommen, um mit Dekan Kollegen Schwickert darüber zu sprechen, ob die intensivere Implementierung der von Ihnen aufgeworfenen Aspekte in Modulen der wirtschaftswissenschaftlichen Studiengängen angeraten sein könnte. Konkret könnte das etwa heißen, dass im Rahmen von Akkreditierungs- bzw. Re-Akkreditierungsverfahren überprüft wird, ob Lehrbausteine zu moralischen Fragestellungen ein noch höheres Gewicht bekommen sollen.«

Einen wirklichen Fortschritt wird man in die Richtung der Einrichtung eines wirtschaftsethischen Lehrstuhls allerdings erst erzielen können, wenn man Moral bzw. Ethik in den Wirtschaftswissenschaften nicht für einen Luxus ansieht, sondern vielmehr ihre Notwendigkeit erkennt. Denn ansonsten wird es immer andere Studienelemente geben, deren Implementierung man für vordringlicher hält.

These 6: Stärkung der wissenschaftlichen Forschung auf dem Gebiet der Wirtschaftsethik: die Öffnung der Wirtschaftswissenschaften für den interdisziplinären Dialog

In dem Wort Wirtschaftsethik tritt grundlegend eine Zuordnung von Ökonomie und Ethik hervor, die unterschiedliche Ausgestaltungen zulässt. In einer exemplarischen Weise eröffnet die Wirtschaftsethik, die als ein Bereich der wissenschaftlichen Ethik (Bereichsethik) zu verstehen ist und mindestens zwei universitäre Disziplinen miteinander verbindet, das weite und anspruchsvolle Feld des interdisziplinären Gesprächs der Wissenschaften. Durch die ethische Rationalitätsform realisiert die Wirtschaftsethik eine spezifische wissenschaftliche Perspektive auf den Gegenstand der Wirtschaft bzw. des ökonomischen Handlungsbereichs, der sich von dem wirtschaftswissenschaftlichen Standpunkt unterscheidet. Diese Unterscheidung darf aber nicht im Sinne einer strikten Trennung interpretiert werden, denn Wirtschaft und Ethik sollen wechselseitig in einem interdisziplinären Dialog stehen. Die Wirtschaftsethik steht zunächst selbst vor der interdisziplinären Aufgabe und Herausforderung, einen reflektierten Dialog zwischen den beiden Perspektiven Ökonomie und Ethik zu führen.

Über diesen im engeren Sinne zu führenden Dialog zwischen Ökonomie und Ethik hinaus ist aber in einem weiteren Sinne auch an den nicht einfachen interdisziplinären Austausch der Wirtschaftsethik mit anderen Disziplinen zu denken, wie zum Beispiel der Philosophie, den Sozial- und Kulturwissenschaften, der Psychologie, den Rechtswissenschaften, den Geschichts- und Kulturwissenschaften oder der Medizin.

Interdisziplinarität verlangt den Dialog mit den anderen Wissenschaften und schließt die Dialogfähigkeit mit anderen Rationaltiätsformen mit ein. Wirtschaftsethik ist hier gleichsam eine Brücke, weil sie die Dialogfähigkeit der Wirtschaftswissenschaften zu anderen wissenschaftlichen Perspektiven bereitstellt und eine multiperspektivische und interdisziplinäre Sicht auf die Wirklichkeit der Ökonomie ermöglicht. Denn die Wirtschaftsethik impliziert einen Reichtum von unterschiedlichen wissenschaftlichen Beobachtungsperspektiven auf den identischen wissenschaftlichen Gegenstand. Sie kann die Wirtschaftswissenschaften für einen interdisziplinären Dialog neu in Stellung bringen und die interdisziplinären Bezüge herstellen und in den Bereich der Wirtschaftswissenschaften vermitteln. Auf diese

Weise leistet die Wirtschaftsethik einen wichtigen Beitrag für den wünschenswerten und notwendigen interdisziplinären Dialog der Wirtschaftswissenschaften mit den anderen Wissenschaften einer Universität.
  Der interdisziplinäre Dialog ist für die Exzellenz der Wirtschaftswissenschaften in jeder Hinsicht ein Gewinn. Er eröffnet neue Fragestellungen, fordert zur Transformation einer Fragestellung heraus, bringt produktive Irritationen oder weiterführende Problementwicklungen hervor. Außerdem wird für die Studierenden das Lehrangebot am Fachbereich der Wirtschaftswissenschaften erweitert und damit attraktiver. Die Forderung nach Interdisziplinarität eröffnet für die Studierenden der Wirtschaftswissenschaften nicht zuletzt auch neue Bezüge der Verantwortung wirtschaftlichen Handelns.

These 7: Die Stärkung und Erweiterung der Kompetenzen zukünftiger Führungskräfte auf dem Gebiet der Wirtschaftsethik ist Aufgabe eines verantwortungsbewussten Fachbereichs der Wirtschaftswissenschaften

Die wirtschaftswissenschaftlichen Fachbereiche bilden zukünftige Führungskräfte aus, die in Unternehmen und im Management Entscheidungen herbeiführen und treffen, die nicht nur die Beherrschung des ökonomischen Handwerkzeugs erfordern, sondern auch die moralische Kompetenz zur Folgenabschätzung verlangt. Studierende der Wirtschaftswissenschaften müssen über die moralische Qualität der Marktwirtschaft gut informiert sein und Bescheid wissen, wenn sie die Kompetenz besitzen sollen, die Möglichkeiten und Grenzen und die Folgen menschlichen Handelns realistisch zu beurteilen. Ethische Fragen gehören in das Denk- und Handlungszentrum künftiger Führungskräfte der Wirtschaft. Die Stärkung und Erweiterung der Kompetenzen auf dem Gebiet der wirtschaftsethischen Reflexion ist deshalb eine wichtige Aufgabe einer modernen und exzellenten Wirtschaftswissenschaft. Die Wirtschaftsethik eröffnet den Studierenden die Möglichkeit, vielfältige Kompetenzen einzuüben oder zu erwerben, zum Beispiel in den Bereichen: Persönlichkeitsbildung, Selbstreflexion und Kritikfähigkeit, Erarbeitung konsensfähiger Konfliktlösungen, Kommunikation, Umsetzung und Durchsetzung ethischer Ansprüche, und sie vermittelt grundlegende ethische Orientierungen, sie konfrontiert künftige Manager in ihrem Studium mit wirtschaftsethischen Leitsätzen, anderen Sichtweisen und Werten, sie gibt den Studierenden Impulse und eröffnet Horizonte.
  Starke Wirtschaftsstandorte wie Deutschland brauchen Führungskräfte, die mit einem ausgeprägten Bewusstsein für soziale Verantwortung entscheiden und handeln. Unser Wirtschaftssystem braucht nicht nur Fachleute, sondern Führungspersönlichkeiten, die ihre gesamtgesellschaftliche Verantwortung über ein erfolg-

reiches Wirtschaften hinaus wahrnehmen. Die Wirtschaftswissenschaften sollten über wirtschaftswissenschaftliche Kompetenzen hinaus deshalb auch persönlichkeitsbildende Kompetenzen und ethische Urteilskompetenzen vermitteln. Diese Fähigkeiten sollen dazu befähigen, sich aktiv ein eigenständiges moralisches Urteil erarbeiten und bilden zu können und im wirtschaftlichen Handeln schließlich konkret gesellschaftliche Verantwortung übernehmen zu können. Nicht zuletzt gibt es heute in vielen Unternehmen und Konzernen einen Bedarf an ethisch geschulten Mitarbeitern/innen.

These 8: Die gesellschaftliche und öffentliche Forderung nach einer Wirtschaftsethik in Anbetracht der epochalen ökologischen und ethischen Herausforderungen

Seit der Finanz- und Schuldenkrise in 2008 ist die Gesellschaft und die Öffentlichkeit sensibilisiert für die Moral der Märkte. Es ist für alle unübersehbar, dass die Wirtschaft unsere soziale Ordnung betrifft und dass eine Wirtschaft bzw. einen Finanzmarkt, wenn sie außer Rand und Band geraten, zu einer Bedrohung für die Menschlichkeit und das Soziale werden können. Dabei wird auch die Frage nach der sozialen Verantwortung von Unternehmen und Banken öffentlich diskutiert. Die Öffentlichkeit ist verunsichert und befürchtet die Durchökonomisierung der gesellschaftlichen Wirklichkeit und aller Lebensbereiche und fordert, dass dem Ausverkauf des Menschen und des Sozialen entschieden entgegenwirkt wird. Das Vertrauen der Menschen in die Wirtschaft und ihre Akteure ist erschüttert. Viele bewerten die aktuellen Entwicklungen kritisch und fordern einen radikalen Wechsel und die Schaffung entsprechender gesellschaftlicher und politischer Rahmenbedingungen. Die Gesellschaft und die Öffentlichkeit haben aber auch in Anbetracht der aktuellen epochalen ökologischen und sozialen Herausforderungen ein hohes und nach wie vor wachsendes Interesse an einer Auseinandersetzung mit Wertorientierungen und ethischen Fragestellungen. Immer mehr Menschen fordern eine radikale Neubesinnung in der Wirtschaft, eine grundlegende Umgestaltung unserer Industriegesellschaft und neue Rahmenbedingungen für die Wirtschaft. Die Fragen nach Sinn und Ziel des Wirtschaftens werden gestellt, nach Selbstbestimmung und Emanzipation des Menschen. Es werden neue Maßstäbe des Handelns gesucht, nach denen der Mensch nicht mehr als »Mittel zum Zweck« oder als bloßer »Kostenfaktor« betrachtet wird. Die Würde, die Rechte und Pflichten des Menschen müssen in einer neuen Weise bestimmt werden und ein neuer gesellschaftlicher Konsens über unsere Wertorientierungen wird notwendig.

Im Blick auf die neuen sozialen Bewegungen und die hier grob skizzierten gesellschaftlichen Debatten über die Moral der Märkte und die globalen ökologischen und ethischen Herausforderungen in unserer Zeit, ist es für die Wirtschaftswissenschaften besonders dringlich, in diesen Bereichen im Dialog präsent zu sein und sich selbst für einen gesellschaftlichen Dialog neu in Stellung zu bringen. Unternehmen und Unternehmer/innen sind nicht nur Marktakteure, sondern sie müssen sich angesichts der Krisen und der drängenden epochalen Probleme als gesellschaftliche Akteure verstehen, die soziale Verantwortung und die Verwirklichung moralischer Normen gerade auch im weltweiten Maßstab vorantreiben. Die Wirtschaftsethik leistet für diesen Dialog mit der Gesellschaft für die Wirtschaftswissenschaften einen wichtigen Dienst. Die Wirtschaftswissenschaften können ohne eine Wirtschaftsethik, die im Austausch mit den Wirtschaftswissenschaften über die programmatischen Forderungen nach einer ökologisch verantworteten und einer ethisch fundierten und eingebetteten Marktwirtschaft nachdenkt, diesen Dialog nicht führen. Die Wirtschaftswissenschaften müssen sich deshalb durch eine entsprechend aufgestellte Wirtschaftsethik diesem Dialog stellen und in diesem Dialog präsent sein, um ihre Verantwortung zugunsten des Menschen und eines gerechten Zusammenlebens der Menschen einlösen zu können. Im Dialog mit der Gesellschaft verfügt die Wirtschaftsethik freilich nicht über Lösungen für alle gesellschaftlichen bzw. gesellschaftspolitischen Detailfragen. Dennoch entwickelt sie Konzepte und Vorschläge, die der Würde der Person und den Grundwerten des menschlichen Lebens am besten entsprechen und letztendlich auch in politisches Handeln umgesetzt werden können. Nicht nur für die grundlagenkritische Klärung, sondern auch für die offene Kommunikation der Sinn- und Legitimationsfragen ökonomischen Handelns brauchen die Wirtschaftswissenschaften eine Wirtschaftsethik, die über eine umfassende gesellschaftspolitische und wirtschaftsethische Konzeption verfügt und ein entsprechendes gesellschaftliches Leitbild zu entfalten vermag. Eine für diese Kommunikationsaufgabe dienliche Wirtschaftsethik muss in der Lage sein, das Thema der ethischen Verantwortung aufzugreifen und das sachgerechte wirtschaftliche Handeln auch in seinen gesellschaftlichen Bezügen und ökologischen Zusammenhängen zu reflektieren.

Die feste Einrichtung von Wirtschaftsethik als Komponente einer fundierten universitären akademischen Ausbildung zukünftiger Führungskräfte in den Wirtschaftswissenschaften ist von einem hohen öffentlichen und gesellschaftlichen Interesse. Universitäten bzw. öffentliche Hochschulen haben in einer Zeit des gesellschaftlichen Wandels eine besondere gesamtgesellschaftliche Verantwortung. In diesen gesellschaftlichen Auftrag öffentlicher Hochschulen sind auch die Wirtschaftswissenschaften an einer Universität eingebunden. Das hochschulpolitische Engagement sollte sich aufgrund dieser Verantwortung in der Einrichtung eines neuen Lehrstuhls in den Wirtschaftswissenschaften konkretisieren. Es ist sehr wünschenswert, dass die Justus-Liebig-Universität Gießen als Vorbild einer verantwortungsbewussten Wirtschaftswissenschaft in Forschung und Lehre in Erscheinung tritt.

These 9: Wirtschaftsethik als Forschung und Lehre im Bereich *Corporate Social Responsibility* oder als Pflege und Weitervermittlung der traditionellen individualethischen Wertvorstellungen vom »*ehrbaren Kaufmann*« greifen zu kurz

Ich bin der Überzeugung, dass der ethische Anspruch, die unternehmerische Geschäftsstrategie gegenüber allen Betroffenen moralisch zu verantworten, in den Wirtschaftswissenschaften nur durch eine selbstbegründete und selbstverantwortete Wirtschaftsethik aufrechterhalten werden kann und nicht etwa durch eine Wirtschaftsethik im Sinne einer sozialen Unternehmensverantwortung, die Verantwortung und Moral lediglich als eine weitere unternehmerische Strategie zur Lösung unproduktiver Situationen begreift. Die moralische Pflicht und die soziale Verantwortung erschöpfen sich gerade nicht in der bloßen Rettung des Prinzips der Gewinnmaximierung.

Diese These leuchtet ein, wenn man Situationen betrachtet, in denen es zu fundamentalen Wert- und Interessenskonflikten kommt. Die Pflicht zur Verantwortung kann in diesen Fällen nur dann begründet aufrechterhalten werden, wenn die moralische Verantwortung als eine unabdingbare Selbstverantwortung unternehmerischer Freiheit begriffen wird, die weder durch den Verweis auf Sachzwänge noch durch die utopische Fiktion, dass Gewinnmaximierung in allen Fällen immer dem gesellschaftlichen Wohl diene, ausgehebelt werden kann. Moral und Verantwortung unter den Bedingungen des Marktes und des strategischen Managements bedeutet demgegenüber ja nichts anderes, als dass Moral und Verantwortung der Produktivität und der Gewinnmaximierung untergeordnet werden. Es ist gewiss so, dass Ethik in vielen Fällen einen produktiven Beitrag zur Lösung unproduktiver Konflikte leisten kann. Eine Wirtschaftsethik aber, welche die Pflicht und die ernsthafte Grundhaltung zur moralischen Verantwortung begründen will, muss eine ethische Reflexion einschließen, die im Falle konfligierender, das heißt entgegengesetzter und widerstreitender Wertorientierungen eine situative Rangordnung zu begründen vermag, in der die Moral nicht von dem eigenen Vorteilsstreben abhängig gemacht wird, sondern die Legitimation der unternehmerischen Handlungsorientierung nach der Maßgabe moralisch vertretbarer guter Gründe erfolgt. Die moralische Selbstbindung steht über der Gewinnmaximierung. Legitimes Gewinnstreben erfolgt daher stets nach Maßgabe der moralischen Verantwortbarkeit einer Handlungsorientierung.

Der gegenwärtige *Corporate Social Responsibility*-Hype in Wissenschaft und Praxis ist vor diesem Hintergrund durchaus kritisch zu sehen. Zur Steigerung der Gewinne setzten erfolgreiche Unternehmen immer häufiger auch Moral als Produktions- oder Wettbewerbsfaktor (Stichworte: Betriebsphilosophie, Unternehmenskultur etc.) ein. Unternehmen eignen sich, indem sie moralische Verantwortlichkeit zeigen, sogenannte Win-Win-Potenziale an. Moralische Verantwortung wird als eine wichtige Quelle produktiver Wertschöpfung wahrgenommen und angewendet. Dabei läuft man aber Gefahr, ethische Werte und die ethische Reflexion für ökonomische Zwecke zu missbrauchen. Denn in diesem Denken wird unkritisch einfach unterstellt, dass Gewinnmaximierung und Verantwortung grundsätzlich und immer in einem Verhältnis gegenseitiger Ergänzung und Harmonie stünden. Die Ethik hätte dann die Aufgabe, die auftretenden Konflikte möglichst produktiv aufzulösen, in dem man unternehmerische Strategien zur Konfliktlösung anwendet, um letztlich dem Funktionssystem des Marktes gerecht werden zu können. Moral und Verantwortung erscheinen als ein produktiver Beitrag zum Unternehmensmanagement und damit letztlich als ein mehr oder weniger wichtiger Wettbewerbsfaktor bzw. ein mehr oder weniger wichtiges Verkaufsargument. Die moralische Reflexion wird auf Anreizanalysen reduziert. Wirtschaftsethik wird mit ökonomischen Methoden betrieben und zielt bestenfalls auf Rahmenordnungen ab, wird aber dem Menschen und dem Handeln des Menschen in der Wirtschaft nicht gerecht. Am Ende steht hinter dieser Argumentation die Reduktion des unternehmerischen Handelns auf die empirische Rationalität und das Effizienzprinzip. In dem *Corporate Social Responsibility*-Modell bleibt ein Defizit an ethischer Reflexion bestehen. Verantwortung wird zu einem »Spielen« mit der Moral und zu einem bloßen Abwägen von Reputationsrisiken für das Unternehmen.

Grundsätzlich ist daher zu sagen, dass Ethik in der Wirtschaft nicht nur eine Sache von Unternehmen ist. Die bloße Pflege, Bewahrung und Vermittlung von individualethischen Wertvorstellungen, die sich mit dem traditionsreichen Leitbild des ehrbaren Kaufmanns verbinden, greifen gerade in dem heutigen globalen Kontext von Märkten und Wirtschaft zu kurz. Wirtschaftswissenschaftler unterscheiden daher zu Recht allgemein zwischen einer *Wirtschaftsethik* und einer *Unternehmensethik*. Während sich die Unternehmensethik mit der Moral auf der betriebswirtschaftlichen Ebene auseinandersetzt, geht die Wirtschaftsethik einen deutlichen Schritt weiter und betrachtet das ganze Wirtschaftssystem aus einem ethischen Gesichtspunkt.

Wirtschaftsethik reflektiert und bewertet das ökonomische Effizienzprinzip, das der Behebung ökonomischer Knappheit dient, aus einer eigenständigen moralischen Perspektive und begründet und rechtfertigt von hieraus auch ein legitimes und das heißt moralisch begrenztes Gewinnstreben. Die wirtschaftsethische Reflexion geht in einem strikten Gewinnstreben nicht auf und die Verantwortlichkeit des Unternehmers lässt sich in der strikten Befolgung dieses Prinzips auch nicht vollständig fassen. Wirtschaftsethik dient weder zur Begründung eines moralischen Rechts noch zur Begründung einer moralischen Pflicht von Unternehmen, nach einer strikten Maximierung ihrer Gewinne zu streben.

Die *Corporate Social Responsibility*-Forschung macht andererseits aber deutlich, dass die ökonomische Rationalität sich ethischen Bewertungen keineswegs verschließt oder für moralische Überlegungen völlig unzugänglich ist. Diese Forschung verweist somit geradezu auf einen wesentlichen Zusammenhang zwischen ökonomischer und ethischer Rationalität, den es aber genauer zu untersuchen und tiefer zu reflektieren gilt. Auch die ökonomische Vernunft ist eine menschliche Vernunft, die folglich den Bezug zu der ihr von Natur aus wesentlichen und eigenen Erkenntniskraft hinsichtlich ethischer Bewertungen und Normen behalten hat.

Wirtschaftsethik ist mehr als eine »praxisnahe Anwendung« irgendwie vorgegebener moralischer Werthaltungen auf den Bereich der Wirtschaft und des Wirtschaftens nach den Maßstäben einer strikten Gewinnmaximierung. Stets geht es auch um die moralische Legitimation des Strebens nach Gewinn und um die kritische Klärung der Voraussetzungen ethisch-vernünftigen, lebensdienlichen Wirtschaftens. Deswegen hat die Wirtschaftsethik keine anti-marktwirtschaftliche Stoßrichtung, sie setzt sich aber kritisch und differenziert mit der ökonomischen Rationalität auseinander und kritisiert ihre Tendenz zur Absolutsetzung des Gewinnstrebens. Das entpflichtet die Wirtschaftsethik aber nicht davon, sich um eine praxisnahe Erläuterung ihres wirtschaftsethischen Grundanliegens zu bemühen.

Abschließendes Plädoyer für die Einrichtung eines wirtschaftsethischen Lehrstuhls

Aus diesen hier ausgeführten Gründen wünsche ich mir, dass die Gremien der Justus-Liebig-Universität Gießen und die Gremien des Fachbereichs Wirtschaftswissenschaften über die zukünftige Struktur der Studiengänge in den Wirtschaftswissenschaften und die Implementierung wirtschaftsethischer Lehrinhalte durch die Einrichtung eines eigenständigen Lehrstuhls für Wirtschaftsethik am Fachbereich Wirtschaftswissenschaften diskutieren. Das Antwortschreiben des Universitätspräsidenten Prof. Dr. Joybrato Mukherjee auf mein Schreiben vom 13. November 2014, in dem ich die Implementierung von Ethik und die Errichtung eines wirtschaftsethischen Lehrstuhles gefordert habe, und das bereits erfolgte Gespräch des Universitätspräsidenten mit dem Dekan der Wirtschaftswissenschaften Herrn Prof. Dr. Axel C. Schwickert, stimmen mich optimistisch, dass über den Vorschlag für eine stärkere Implementierung der Ethik in die wirtschaftswissenschaftlichen Studiengänge bis hin zur Einrichtung eines eigenständigen Lehrstuhls für Wirtschaftsethik in den Wirtschaftswissenschaften ernsthaft nachgedacht wird.

Aus finanziellen Gründen mag es vielleicht verständlich sein, dass vonseiten der Universität nicht gleich konkret an die Einrichtung eines Lehrstuhls für Wirtschaftsethik nachgedacht wird; bis zur festen Einrichtung eines Lehrstuhls für Wirtschaftsethik wäre auch an einen Stiftungslehrstuhl zu denken, an dem sich auch die Wirtschaft finanziell beteiligen könnte. Ein erster Schritt in die skizzierte Richtung könnte aber darin bestehen, im Rahmen von Akkreditierungs- bzw. Re-Akkreditierungsverfahren das vorgebrachte Anliegen dem Ziel ein Stück näher zu bringen und zu überprüfen, ob nicht eine stärkere Implementierung von wirtschaftsethischen Modulen in den Studiengang bzw. die Abdeckung von Wirtschaftsethik mit Lehraufträgen in einer mittelbaren zeitlichen Perspektive realisiert werden könnte. Ich möchte alle Beteiligten dazu einladen, gemeinsam daran zu arbeiten, die Lehr- und Forschungsbedingungen für wirtschaftsethische Fragestellungen an der Justus-Liebig-Universität Gießen zu optimieren sowie den Gedankenaustausch zwischen Vertretern der Wissenschaft, der Wirtschaft, der Öffentlichkeit und der Studierenden in diese Richtung weiter zu fördern und voranzutreiben.

Bei einer zukünftigen Konzeption der Forschung und Lehre sollte ein für die Studierenden vielfältiges und flexibel nutzbares Portfolio für weitere Lehrangebote entstehen. Wirtschaftsethik könnte als Kernfach in der Lehre implementiert oder als Wahlpflichtfach im Rahmen eines mehrsemestrigen (z. B. vier- oder zweisemestriger) Zyklus angeboten werden. Als langfristiges Ziel sollte aus den angeführten Gründen jedoch die Einrichtung eines eigenständigen Lehrstuhls für Wirtschaftsethik an der Universität angestrebt werden.

Ich bin überzeugt, dass die Einrichtung eines wirtschaftsethischen Lehrstuhls der akademischen Lehre und der wissenschaftlichen Forschung in den Wirtschaftswissenschaften neue Orientierung und Impulse zu geben vermag und den interdisziplinären Horizont und die Qualität der Wirtschaftswissenschaften an unserer Universität erweitern und optimieren wird. Somit werden auch die Studierenden der Wirtschaftswissenschaften, die als nachrückende Führungskräfte in der Wirtschaft Verantwortung übernehmen sollen, von den Lehrangeboten für die Qualität ihrer Ausbildung profitieren.

Im Interesse einer zukunftsorientierten und verantwortungsvollen Ausbildung der Studierenden und gerade auch des wirtschaftswissenschaftlichen Nachwuchses ist die Einbeziehung von gesellschaftlicher Verantwortung unerlässlich für die Zukunftsausrichtung von Hochschulen und Wissenschaft. In diesem Sinne erneuere ich an dieser Stelle meinen Appell an alle Beteiligten, wirtschaftsethische Lehrangebote in die entsprechenden Studiengänge fest zu implementieren und sich für die Einrichtung eines eigenständigen wirtschaftsethischen Lehrstuhls an der Universität Gießen engagiert einzusetzen.

Literatur

Hösle, Vittorio (1999): Philosophische Grundlagen eines zukünftigen Humanismus. In: Vittorio Hösle: *Die Philosophie und die Wissenschaften*. München: C. H. Beck, S. 166–188.
Jähnichen, Traugott (2008): *Wirtschaftsethik. Konstellationen – Verantwortungsebenen – Handlungsfelder*. Stuttgart: W. Kohlhammer (*Ethik – Grundlagen und Handlungsfelder, Bd. 3*).
Küng, Hans (2010): *Anständig wirtschaften. Warum Ökonomie Moral braucht*. München: Piper.

Nass, Elmar (2003): *Der Mensch als Ziel der Wirtschaftsethik. Eine finalethische Positionierung im Spannungsfeld zwischen Ethik und Ökonomik.* Paderborn: Schöningh *(Abhandlungen zur Sozialethik, Bd. 48).*
Petersen, Thomas (2015): Die stille Liebe der Deutschen zur Planwirtschaft. Die Einstellung der Deutschen zu gesellschaftlichen Werten und zur Marktwirtschaft. In: Siegfried Karl & Hans-Georg Burger (Hrsg.): *Ausverkauf des Menschen!? – Gesellschaft, Wirtschaft und Ethik im Gespräch.* Gießen: Psychosozial-Verlag, S. 41–53.
Pies, Ingo (2009): Wirtschafs- und Unternehmensethik in Halle – ein Interview und zwei Anhänge. In: *Diskussionspapier 2009-1,* 27.01.2009. Halle: Lehrstuhl für Wirtschaftsethik an der Martin-Luther-Universität Halle-Wittenberg, hrsg. von Ingo Pies.
pm (2014): Ethik in Studiengängen berücksichtigen. Hochschulpfarrer fordert höheres Verantwortungsbewusstsein in Wirtschaft, Politik und Wissenschaft. In: *Gießener Allgemeine Zeitung,* 21.11.2014, S. 30.
Ulrich, Peter (2010): *Zivilisierte Marktwirtschaft. Eine wirtschaftsethische Orientierung* (akt. u. erw. Neuausg.). Bern, Stuttgart, Wien: Haupt.
Utz, Arthur Friedolin (1994): *Sozialethik. IV. Teil: Wirtschaftsethik. Unter Mitarbeit von Brigitta Gräfin von Galen (Sammlung Politeia, Bd. X/4).* Bonn: Scientia Humana.

Internet-Quellen

Arbeitsstelle Wirtschaftsethik an der Goethe-Universität Frankfurt am Main. URL: http://www.wiwi.uni-frankfurt.de/abteilungen/arbeitsstelle-wirtschaftsethik/center-for-business-ethics/profil.html (Stand: 26.05.2015).
Institut für Wirtschaftsethik an der Universität St. Gallen. URL: http://www.iwe.unisg.ch/de (Stand: 26.05.2015).
Modulhandbuch Betriebswirtschaft an der Technischen Hochschule Mittelhessen. URL: https://www.w.thm.de/index.php/studium/bwl-bachelor/modulhandbuch-ba (Stand: 15.05.2015).
Modulhandbuch Master in Unternehmensführung an der Technischen Hochschule Mittelhessen. URL: https://www.w.thm.de/index.php/studium/unternehmensfuehrung-ma/module (Stand: 15.05.2015).
Modulhandbuch International Marketing an der Technischen Hochschule Mittelhessen. URL: https://www.w.thm.de/index.php/studium/international-marketing-ma/modulhandbuchmaim (Stand: 15.05.2015).
Modulhandbuch Master of Business Administration an der Technischen Hochschule Mittelhessen. URL: https://www.w.thm.de/index.php/studium/master-of-business-administration-mba/curriculum-mba (Stand: 15.05.2015).
Seminar für Allgemeine Betriebswirtschaftslehre, Unternehmensentwicklung und Wirtschaftsethik an der Universität zu Köln. URL: http://www.codebe.uni-koeln.de/codebe_team.html (Stand: 26.05.2015).
Struktur und Aufbau des Studiengangs Bachelor of Science in den Wirtschaftswissenschaften der Justus-Liebig-Universität. URL: https://www.uni-giessen.de/fbz/fb02/studiengaenge/bachelor_of_science/Struktur%20und%20Aufbau/index_html (Stand: 15.05.2015).
Struktur und Aufbau des Studiengangs Master of Science in den Wirtschaftswissenschaften der Justus-Liebig-Universität. URL: https://www.uni-giessen.de/fbz/fb02/studiengaenge/master_of_ science/Struktur%20und%20Aufbau (Stand: 15.05.2015).

Wir brauchen neue Wegweiser

Vom Menschen her sehen und angehen – Anmerkungen zu Politik, Gesellschaft, Wirtschaft und Werten[1]

Rita Süssmuth

Wir leben in einer komplexen und komplizierten Welt. Wir durchleben eine Zeitenwende, einen epochalen Umbruch. Die Menschen spüren, wie sehr jeder Einzelne, wie die Gesellschaft als Ganzes und die Politik im Besonderen gefordert sind. Die Menschen suchen Orientierung und Sicherheit, aber viele sind durch die gesellschaftlichen Umbrüche sehr verunsichert. Demokratie ist anstrengend und schnell in Verruf gebracht. Der gegenwärtige Zustand und die Entwicklung unserer Demokratie vergrößern meine Sorge um die Zukunftsfähigkeit unserer demokratischen Gesellschaft. Gewalt, Krieg und Terror haben nicht abgenommen. Weitere Stichworte sind Wutbürger, Flüchtlingsströme, Pegida, Islamisierung, Globalisierung bis hin zu zurückgehenden Wahlbeteiligungen. Brauchen wir ein Umdenken, eine Aktivierung unseres Wertebewusstseins?

Unter dem Titel *Das Gift des Politischen* habe ich meine Gedanken und Erfahrungen über den gegenwärtigen Zustand und die Entwicklung unserer Demokratie zum Ausdruck gebracht (Süssmuth, 2015a). Die Metapher des »Gifts« habe ich bewusst gewählt, weil heute »mein Blick auf die Politik, meine Analyse schärfer ist«, nehme ich Tatbestände und Wahrheiten über die tiefe Kluft zwischen veränderten Lebensverhältnissen, Einstellungen, Bedürfnissen und den darauf reagierenden politischen Entscheidungen sowie die Verdrängung von Konflikten und Realitäten bewusst wahr. Das erfordert Mut zur befreienden Wahrheit, der hilft, verloren gegangenes Vertrauen zurückzugewinnen (ebd., S. 4, 157, 159). Im folgenden Beitrag für den Band des Symposiums der Katholischen Hochschulgemeinde Gießen über den »Ausverkauf des Menschen!? Gesellschaft, Wirtschaft und Ethik im Gespräch« werde ich für mich wichtige Aspekte zu Fragen von Politik, Gesellschaft, Wirtschaft und die ihnen zugrunde liegenden Werte ansprechen.

---

1 Erweitertes Grußwort als Beitrag für das Buch des Symposiums der Katholischen Hochschulgemeinde Gießen über *Ausverkauf des Menschen!? – Gesellschaft, Wirtschaft und Ethik im Gespräch*.

Die eingangs angesprochenen Vorgänge und Stimmungen in unserem Lande lassen mich appellieren: »Wir brauchen neue Wegweiser.«

Außergewöhnliche Menschen als Wegweiser und Begleiter ...

Dieses Grußwort ist mir auch deshalb ein Anliegen, weil ich seit Langem zu einigen Wissenschaftlern an der Universität Gießen enge Verbindungen habe und hatte. Außergewöhnliche Menschen waren für mich immer Wegweiser und Begleiter. Mir liegt daran, offen zu sein für alternatives Denken, für die Überprüfung meiner eigenen Überzeugungen, meiner Erkenntnisse. So gehörte der Gießener Psychosomatiker und Friedensaktivist Prof. Dr. Horst-Eberhard Richter, durch den das Gießener Zentrum für Psychosomatische Medizin weltweiten Ruf erlangt hat, zu diesen Wegweisern und Begleitern. Dass 2013 im ersten Symposium der Katholischen Hochschulgemeinde Gießen die Anliegen des jüdischen Religionsphilosophen Martin Buber, des zweiten UN-Generalsekretärs Dag Hammarskjöld und des Psychotherapeuten und Vertreters der Friedensbewegung Horst-Eberhard Richter erstmals verbunden und ihre Ideen von Frieden behandelt wurden, damit haben die Initiatoren den Grundanliegen dieser drei Persönlichkeiten zu Recht neue Aktualität und Aufmerksamkeit verschafft. Die Beiträge im ersten Band dieser Schriftenreihe »Dialog leben« verdeutlichen, warum Martin Buber, Dag Hammarskjöld und Horst-Eberhard Richter bis heute präsent sind und warum sie uns gerade deshalb so sehr fehlen (Karl & Burger, 2014). Diese Thematik hat mich auch deshalb angesprochen, weil mir Martin Buber[2] seit meiner Schulzeit durch meinen Vater ein Begriff war. Mein Vater arbeitete mit einem Studienarbeitskreis, der sich nach dem Krieg bei uns zu Hause regelmäßig traf, zu Frage der Erziehung und Lehrerbildung. Dabei griffen sie auch auf das Bildungsverständnis und »Bildung als Begegnung« von Martin Buber zurück (Süssmuth, 2015a, S. 34).

Als der Fachbereich Medizin der Justus-Liebig-Universität Gießen am 5. Oktober 2007 mit seiner ersten »Ehrenmedaille« Horst-Eberhard Richter[3] auszeichnete, durfte ich die Laudatio auf den Geehrten halten. Für mich war er »ein außergewöhnlicher Mensch«, »ein Anwalt der Menschen und der Zivilgesellschaft«. Die Demokratie lebt von kritischer Wissenschaft, die sich öffentlich zu Wort meldet. »Menschen wie Sie brauchen wir«, habe ich dabei betont (vgl. Lauterbach, 2007). Horst-Eberhard Richter habe ich 1986 nach dem Reaktorunglück von Tschernobyl kennengelernt. Ich wollte von den »Ärzten gegen den Atomkrieg« deren Informationen und Einschätzungen über das Ausmaß der Katastrophe hören. Diese Gruppe hatte im Jahr davor den Friedensnobelpreis erhalten und Richter gehörte

---

2 Martin Buber ist vor 50 Jahren am 13. Juni 1965 in Jerusalem gestorben.
3 Horst-Eberhard Richter, geb. 1923 in Berlin, gest. 2011 in Gießen.

als einer der Gründer der deutschen Sektion zu den Großen der Friedensbewegung. Seitdem war er mir ein wichtiger Wegweiser und Begleiter. Ich sah, wie viele Menschen er mit seinen Worten und seiner Sprache erreichte. Er war weniger laut, aber umso nachdenklicher und eindringlicher. In seinen Lebenserinnerungen »Die Chance des Gewissens«, 1986 veröffentlicht, hat er seine wissenschaftlichen, politischen und moralischen Positionen dargelegt. Mit seinem ärztlichen und politischen Selbstverständnis hat er viele angesprochen und überzeugt. Er strebte nach einer »sanfteren« Medizin, nach gesellschaftlicher Solidarität mit psychisch Kranken und Minderheiten. Zeit seines Lebens bezog er immer wieder Stellung gegen Krieg und die bedenkenlose Rechtfertigung staatlicher Gewalt (Richter, 1986).

Noch länger verbindet mich eine aus der Zusammenarbeit im wissenschaftlichen Beirat für Familienfragen des Familienministeriums in den 1970er Jahren erstandene enge Freundschaft und hohe Wertschätzung mit der Nestorin des Faches Wirtschaftslehre des Haushalts und der Verbrauchsforschung, Professorin Dr. Rosemarie von Schweitzer. Sie hat von 1969 bis 1992 das Gießener Institut, das erste seiner Art in Deutschland, geleitet. In diesen 23 Jahren hat sie die Haushaltswissenschaft in Gießen und Deutschland nachhaltig geprägt. Die Familienhaushaltsforschung gehörte zu ihren Schwerpunkten. Sie hat an Untersuchungen für familienpolitische Fragestellungen mitgewirkt wie am Familienbericht des Bundesministeriums und an Gutachten über die »Aufwendungen für die nachwachsende Generation«. Immer ging es um Untersuchungen von Problemen der Daseinsvorsorge des Menschen in unterschiedlichen Lebenssituationen. Seit dieser Zeit kennen und schätzen wir uns. Die Verbindungen zum Gießener Institut und zu ihrer Nachfolgerin Professorin Dr. Uta Meier-Gräwe bestehen durch den Ausbau der Frauenforschung und der hohen Kompetenz und Mitwirkung von Meier-Gräwe beim 7. Familienbericht und für den 1. Gleichstellungsbericht der Bundesregierung weiter. Die Fragen von Sorge und Fürsorge gewinnen für unsere Gesellschaft zunehmende Bedeutung. Dass an ihrem Lehrstuhl das Kompetenzzentrum »Professionalisierung und Qualitätssicherung haushalts- und familienunterstützender Dienstleistungen« eingerichtet wurde und als Forschungsstelle vom Bundesfamilienministerium gefördert wird, verstärkt den Stellenwert des Instituts. Ihr Beitrag darüber, wie wir die Sorgelücke füllen sollen, gibt in diesem Band einen Überblick zum Problemfeld und zu den Konsequenzen für Politik und Wirtschaft (vgl. S. 215–224 in diesem Band).

... gerade Politik und Gesellschaft leben von Persönlichkeiten und vor allem von Brückenbauern

Von charismatischen, beeindruckenden Persönlichkeiten lebt gerade das Politische. Die Demokratie braucht Menschen, die es vermögen, in schwierigen Situationen Brücken zu bauen und Konfrontationen zu vermeiden. Eine solche Persönlichkeit in unserem Lande war für mich der am 31. Januar 2015 im Alter von 94 Jahren verstorbene Altbundespräsident Richard von Weizsäcker. Eine unverwechselbare, einzigartige geistige und politische Persönlichkeit der letzten Jahrzehnte, vor allem in der Zeit vor und nach der Wiedervereinigung. Mit seinem Denken und Handeln hat er Maßstäbe gesetzt, an denen sich die heute lebenden und zukünftigen Generationen ausrichten können. Er hat eindrucksvoll gezeigt, wie wirksam politische Orientierung und Führungskraft für die Stärkung einer demokratisch verfassten Bürgerschaft sind. Wir brauchen mehr Persönlichkeiten von diesem Format in Politik, Wirtschaft und Gesellschaft. Was ihn in meinen Augen auch auszeichnete, war seine Gesprächsbereitschaft über die eigene Partei hinaus. Er suchte nicht Anpassung, aber Annäherung und Problemlösungen in den Konfliktgesprächen, die es zu Genüge gab. So schuf er beispielsweise als Regierender Bürgermeister von Berlin das Amt der Ausländerbeauftragten. Die Demokratie braucht Menschen, die es vermögen, mit klaren Grundwertüberzeugungen in schwierigen Situationen Brücken zu bauen und Konfrontationen zu vermeiden (vgl. ausführlicher: Süssmuth, 2015b).

Eine der wichtigsten Erfahrungen, die ich in meinen Jahren als Politikerin machen durfte, war: Ich wurde Zeuge, dass Veränderungen, die nach landläufiger Meinung nicht geschehen konnten oder sollten, doch möglich wurden. Fast immer waren daran Menschen beteiligt, die trotz aller Widerstände nicht lockerließen, sondern für ihre Überzeugungen eintraten. Solche Politiker und Persönlichkeiten habe ich im internationalen Bereich wie auch in Deutschland kennengelernt. Das habe ich in der Aids-Politik, in den Kontroversen um die gesellschaftliche Rolle der Frauen und in der Debatte um Migration und Einwanderung erfahren.

Es fehlt nicht an Zeitzeugen, die vorgelebt haben, dass politisches Gift besiegbar und beherrschbar und, dass wir Menschen ihm nicht ohnmächtig ausgesetzt sind. Ich habe dieses im Religiösen wie im Persönlichen erfahren dürfen durch Theologen und Seelsorger wie Kardinal König, Hans Küng, Kardinal Lehmann und die Frankfurter Jesuiten sowie durch evangelische Christen, insbesondere durch Bischof Wolfgang Huber und den bisherigen EKD-Ratsvorsitzenden Nikolaus Schneider. Sie haben mir bei aller Suche immer wieder nahegebracht, nicht aufzuhören zu fragen, aber auch zu vertrauen. Vertrauen zu haben zu Gott und zu den Menschen (siehe hierzu Süssmuth, 2015a, S. 197–199). Es sind für mich vor allem Menschen, die stets neugierig geblieben sind, sich ihres Nichtwissens und ihrer Unsicherheit im Wissen bewusst sind. Das sind Menschen, die sich auf ungelöste Probleme und Konflikte einlassen und immer wieder Lösungen und Lösungsschritte finden. Solche menschliche Begegnungen und Gespräche sind für mich unerlässlich, weil mich Alternativen stets interessieren. Diskutieren auch darüber, ob eine Sache nicht auch anders sein kann, nicht auch der andere Recht haben kann.

Unsere Gesellschaft braucht Menschen, die vorangehen und etwas wagen. Die Protest- und Befreiungsbewegung in Mittel- und Osteuropa und in der DDR, das Ende des Kalten Krieges mit der Überwindung der Teilung wurde herbeigeführt von Menschen, die seit Jahrzehnten im Untergrund und öffentlich kritisch Stellung genommen hatten. Daran waren auch jene beteiligt, die 1989 dazu stießen und immer noch dem Risiko ausgesetzt waren, festgenommen und mit Haft bestraft zu werden (ebd., S. 185).

Wer garantiert weltweit die Regeln für friedliches Zusammenleben der Menschen?

Die gegenwärtige Weltlage ist extrem instabil, die Situation in Teilen der Welt grauenvoll. Statt friedlicher Konfliktlösungen erleben wir den Rückfall in militärische Konfrontation. Vom Nahen Osten, vom Vorderen Orient und Teilen Afrikas erreichen uns Bilder zivilisatorischen Zusammenbruchs brutalsten Ausmaßes. Nahezu aussichtslos ist die Situation der Andersdenkenden und Andersgläubigen.

Voller Sorge müssen wir uns fragen, was hat noch Anspruch auf Geltung? Wer kann eigentlich die Regeln friedlichen Zusammenlebens der Menschen weltweit noch garantieren und durchsetzen? Wie steht es um die Anerkennung und Verteidigung der UN-Menschenrechtscharta, die Idee der Freiheit für alle, die Idee der Demokratie und der Menschenwürde?

Wie steht es um die solidarische Hilfe und den Aufstand gegen barbarische Willkür und Zerstörung? Zu Recht wird gerade auch von den Europäern Hilfe erwartet. Wir sind nicht ohnmächtig, wir sind auch nicht gleichgültig. Doch wir müssen entschieden handeln (vgl. ebd., S. 12f.).

Bleibt es bei Kooperation statt Konfrontation?

Die prägendste Erfahrung meines politischen Lebens waren für mich der Fall der Mauer 1989 und die Jahre danach. Lang ersehnt, aber dann doch völlig unerwartet tat sich eine neue Weltlage auf. Es ging um Kooperation statt um Konfrontation. Es war eine Epoche der tiefen gesellschaftlichen und politischen Umbrüche. Darauf waren wir nicht vorbereitet. Es kam nun auf die Fähigkeit an, das Unvorhergesehene, das Überwältigende als eine Aufgabe anzupacken, die von uns Menschen im Prozess gemeinsamer Suche auch gelöst werden konnte. Damals, 1989 und danach, habe ich gelernt, worauf es ankommt: nämlich auf politische Führung und die bestmögliche Beteiligung der Bürgerinnen und Bürger.

Doch höchst beunruhigt müssen wir uns nunmehr die Frage stellen, ob die Konfrontation wieder die Politik bestimmt. Plötzlich sind wir wieder mit Konflikten konfrontiert, die wir seit einem Vierteljahrhundert überwunden glaubten. Die Neuordnung der territorialen Grenzen in Osteuropa schien dauerhaft abgeschlossen, bis Russland sie auf der Krim und nun in den Vorgängen um die Ostukraine erneut infrage stellt. Das bringt neue Unsicherheit, neue Gewalt, neues Verhandeln mit offenem Ausgang (vgl. ebd., S. 6, 12).

Für ein offenes und tolerantes Deutschland

Es hängt von uns allen ab, ob es gelingt, sich noch aktiver für ein offenes und tolerantes Deutschland einzusetzen. Das erscheint mir nach den Vorgängen, den Stimmungen und erregten Debatten in den vergangenen Wochen und Monaten besonders dringlich. Fremdenfeindlichkeit und Rassismus sind zentrale, keine Tabuthemen. Sie gehen uns alle an. Jeder Einzelne kann sich aktiv an der Gestaltung einer Gesellschaft beteiligen, in der kein Platz für Rassismus und Fremdenfeindlichkeit ist. Wie wir mit diesen Themen gesellschaftlich umgehen, auch mit dem NSU-Prozess, hat eine nicht zu verkennende immense Bedeutung für das Bild der Bundesrepublik als offenes und demokratisches Land. Es geht um die aktive Verteidigung unserer demokratischen Werte. Hierbei ist jede einzelne Bürgerin, jeder Bürger gefordert (vgl. hierzu auch: Süssmuth, 2015a, S. 206; Klocke, 2013, S. 7).

Die Zukunft und Zukunftsfähigkeit der Deutschen ist auch eine Frage der Demokratieentwicklung, und nicht nur eine Frage von Forschungs- und Bildungsinvestitionen, von Unternehmensgründungen, Produktinnovationen und Absatzmärkten. Zukunft ist zu einem wesentlichen Teil das Ergebnis unserer Gestaltungskraft und unseres Gestaltungswillens. Es kommt also auf die Menschen an, auf ihre Bereitschaft, sich zu bewegen und bewegen zu lassen. Vertrauen in die Zukunft entwickelt sich nur in dem Maß, wie wir erleben, dass wir selbst diese Zukunft gestalten können und nicht nur eine elitäre Minderheit in Politik und Gesellschaft (Süssmuth, 2002, S. 299).

Eine zentrale Zukunftsfrage: Verhältnis zu Flüchtlingen, Zuwanderung und die Integration von Migranten

Die jüngsten Flüchtlingsdramen im Mittelmeer, bei denen Tausende ertrunken sind, weist uns eindringlich auf die Flüchtlingsproblematik und ihre Folgen hin. Armutsflüchtlinge versuchen, unter Einsatz ihres Lebens nach Europa oder zu anderen Kontinenten mit besseren Lebensbedingungen zu kommen. Wir leben in einem Zeitalter weltweiter Migration, sie ist Teil der Globalisierung mit all ihren Licht- und Schattenseiten. Das Thema Migranten und Einwanderung sind wieder bestimmend geworden. Die erfolgreiche Integration von Migranten bleibt ein Testfall auch für Deutschland, sie ist eine zentrale Zukunftsfrage.

Alle Fragen, die heute wieder anstehen, sind schon in der Unabhängigen Kommission »Zuwanderung«, deren Vorsitz mir von der Regierung Gerhard Schröder übertragen wurde, und in dem 2001 vorgestellten Bericht »Zuwanderung gestalten – Integration fördern« erörtert und mit Vorschlägen versehen worden (Zuwanderung gestalten, 2001). »Politisch Verfolgte und Flüchtlinge brauchen unseren Schutz.« Und »die humanitären Verpflichtungen gegenüber Asylsuchenden und Flüchtlingen dürfen den Interessen an Zuwanderung qualifizierter Arbeitskräfte« nicht nachgeordnet sein, fasste ich unser Ergebnis im Vorwort zum ersten Kommissionsbericht zusammen (ebd., S. 1).

Bei den Flüchtlingsdramen im Mittelmeer sind wir humanitär gefordert, Fliehende zu retten. Menschen in existenzieller Lebensnot brauchen unsere Hilfe. Wir brauchen eine neue Flüchtlingskultur, neue Kriterien für qualifizierte Einwanderer. Kriterium darf nicht sein: Arbeitsmigranten sind willkommen, Flüchtlinge allenfalls akzeptiert.

Bei uns fehlen inzwischen Facharbeiter, nicht nur Hochqualifizierte. Doch angesichts der hohen Flüchtlingszahlen werden unsere Bürger in Teilen unruhig. Wir brauchen ein Gesetz, mit dem die Einwanderung noch besser gestaltet und gesteuert wird. Zudem brauchen wir, und das ist eine dringende Forderung an Europa, einen anderen Verteilungsschlüssel für die Flüchtlinge in der EU als bisher (Süssmuth, 2015c).

Eine offenere Kultur gegenüber Migranten, Zuwanderern und Flüchtlingen wünsche ich mir für Deutschland und Europa. Zuwanderung ist nicht nur eine ökonomische, sondern auch eine kulturelle Herausforderung (vgl. Zeitler, 2013). Zuwanderung muss als Bereicherung und nicht länger einseitig als Belastung gesehen werden. Fachkräfte sind nicht nur in Deutschland, sondern in allen Gesellschaften begehrt, die ihrer negativen demografischen Entwicklung entgegenwirken müssen. Damit sich diese Fachkräfte für Deutschland entscheiden, ist es wichtig, abgesehen von guten Aussichten auf dem Arbeitsmarkt, ihnen und ihren Familien vor allem auch attraktive Lebensbedingungen in Aussicht zu stellen. Ganz allgemein gehört zu einer Willkommenskultur auch der Umgang mit kultureller Vielfalt in einer Gesellschaft. Dieser Umgang zeigt sich nicht nur in der Toleranz einer Gesellschaft gegenüber anderen Kulturen und Religionen, sondern umfasst auch die Wertschätzung bisheriger Leistungen von Migranten (vgl. Klocke, 2013, S. 4).

Vorbehalte betreffen vor allem Migranten und Bürger muslimischen Glaubens in Deutschland. Seit den Terroranschlägen vom 11. September und der Sicherheitspolitik aus dem Jahr 2001 kennen wir Muslime zu einseitig als gefährlich, auch wenn die überwiegende, ganz große Mehrheit ihren Glauben friedlich lebt wie andere das Christentum, den Buddhismus oder andere Religionen. Wir stehen uns viel näher als wir wissen und denken. Natürlich gibt es Unterschiede in unserer Glaubenslehre, die große Mehrheit lehnt militante Kämpfer ab (vgl. Zeitler, 2013).

Unser Land hat in den zurückliegenden Jahrzehnten immer wieder eine hohe Aufnahmekapazität und Integrationskraft unter Beweis gestellt. Die Bundesrepublik hat seit dem Ende des Zweiten Weltkriegs nicht nur Millionen deutsche

Flüchtlinge und Vertriebene, sondern auch zwischen vier und fünf Millionen deutsche Aussiedler und Spätaussiedler aufgenommen und integriert. Seit Beginn der 60er Jahre sind Migranten als Arbeitskräfte angeworben worden, aber auch viele Flüchtlinge ins Land gekommen. Deutschland ist ein Einwanderungsland, auch wenn die Politik dieser Realität lange widersprochen hat (vgl. Süssmuth, 2006, S. 8; Süssmuth, 2007b, S. 65).

Wir sind keine homogene Gesellschaft mehr, sondern eine vielseitige. Und Vielfalt ist nicht gleichzusetzen mit Verlust der eigenen Kultur, im Gegenteil. Es kann auch bedeuten, Potenzial, das wir vielleicht verloren haben, zurückzubekommen, nicht nur im ökonomischen und innovativen Bereich, sondern vor allem auch im kulturellen und sozialen. Wir sind nicht als autonome europäische Kultur entstanden, sondern haben vieles aus anderen Kulturen übernommen. Es stellt sich die Frage, wie wir es mit Menschen halten, die anders sind als wir. Wir müssen von Anfang an lernen sie zu respektieren und darauf achten, was uns verbindet. Und das gilt nicht nur für Deutschland, sondern für Europa insgesamt (Zeitler, 2013, S. 2).

Integration und Teilhabe – Bildung hat eine Schlüsselfunktion

Die beiden großen Schlagworte unserer Zeit sind Integration und Teilhabe. Bildung kommt dabei eine Schlüsselfunktion zu, es ist das Schlüsselwort zum Umgang mit der Zukunft. Dies gilt nicht nur für die junge Generation, sondern generationsübergreifend. Vorrangig geht es bei der Integration um die Bereiche Bildung und Arbeit. Aber im Unterschied zu den Zeiten der Anwerbung der Gastarbeiter mit temporärem Aufenthaltsrecht spielen heute kulturelle und religiöse Spannungen bis hin zu Konflikten eine dominante Rolle.

Ohne Beteiligung der Migrantinnen und Migranten können wir die Probleme nicht lösen. Das haben wir gelernt. Das bedeutet, dass wir die Probleme im Zusammenleben mit Migrantinnen und Migranten gemeinsam bearbeiten müssen, ob im Bildungswesen oder in anderen Bereichen. In dem Maße, wie wir dies gemeinsam zu unserer Aufgabe machen, sind die Migrantinnen und Migranten nicht mehr die Anderen, sondern sie sind Teil unserer Gesellschaft (vgl. hierzu ausführlicher Süssmuth, 2007b, S. 64; Süssmuth, in: Gesprächsrunde Integration und Politik, 2007, S. 137; Süssmuth, 2002, S. 306; Süssmuth, 2006, S. 138ff., Kap. »Integration«).

Dringlich: Vielfalt und Zusammenhalt in der Demokratie leben

Die Vorgänge seit dem Herbst 2014 in unserem Lande stellen für mich eine weitere Frage immer dringlicher, nämlich wie Vielfalt und Zusammenhalt in der Demokratie gelebt werden können. Wir leben in einer Gesellschaft mit Menschen aus unterschiedlichen Kulturen, mit unterschiedlichen und gemeinsamen Wertevorstellungen. Es ist inzwischen eine multikulturelle Gesellschaft. Entscheidend ist, wie wir ein Leben in kultureller Vielfalt organisieren. Es kommt also auf das Gemeinsame, das uns Verbindende und Verbindliche an (vgl. Süssmuth, 2015a, S. 206; Süssmuth in: Gesprächsrunde Integration und Politik, 2007, S. 140).

Die Teilung einer Gesellschaft nach ethnischen Identitäten stellt für mich ein Grundübel dar. Ob es in unseren Gesellschaften gelingen wird, mit religiösen und kulturellen Verschiedenheiten zu leben, diese Frage wird eine der wichtigen Auseinandersetzungen des 21. Jahrhunderts sein. Dabei spielen die Werte eine wichtige Rolle. Werte sind nur solche, die auch gelebt werden, und nicht die, die nur gepredigt werden (vgl. ausführlicher hierzu: Dialog der Kulturen, 2006, S. 3).

In dem Maße, wie ich Kulturen anderer Menschen erlebe, stellt sich auch die Frage: »Wer bin ich selbst? Woher komme ich?« Das halte ich für eine große Chance, eröffnet es uns doch neue Perspektiven und Einsichten. Denn diese Fragen erfordern auch eine neue Beschäftigung mit der Frage der Religion. Wenn ich zum Beispiel in Kirchengemeinden komme und sage: »Lasst doch mal die Jugendlichen aus verschiedenen Kulturen miteinander gemeinsam diskutieren.« Dann sagen uns die Pastoren: »Besser nicht! Da schneiden unsere ganz schlecht ab, weil die » anderen« mehr Wissen über ihre Religion und Kultur haben.« Diese Fragen zeigen mir, dass wir noch mehr begründen müssen, warum interkulturelle und interreligiöse Bildung eigentlich zum Pflichtkanon der Bildung für alle gehört. Denn in unserer globalisierten Welt brauchen wir Kenntnisse über die unterschiedlichen Religionen. Aufklärung kann ich nur mit einem bestimmten Wissen betreiben. Ich muss einer Religion nicht angehören, aber ich muss wenigstens ihre Grundlagen kennen. Für mehr Beschäftigung mit und mehr Kenntnis über Religionen möchte ich nachdrücklich plädieren (vgl. Süssmuth, in: Gesprächsrunde Integration und Politik, 2007, S. 140; Süssmuth, in: Gesprächsrunde Integration und Religion, 2007, S. 166).

Probleme von den Menschen her sehen und angehen

Wir sind auch mit Problemen konfrontiert, die oft lange vernachlässigten wurden. Dazu zählen der demografische Wandel, die offenen Energiefragen, die Arbeitsmarktentwicklung, die Frage der Sozialleistungen, die Innovations- und Wettbewerbslage unserer Wirtschaft, die Dringlichkeit von mehr und besserer lebenslanger Bildung und die sich verschärfende Kluft zwischen Arm und Reich. Im Fokus steht dabei auch die existenzielle Frage des Zusammenhalts unserer Gesellschaft, die Frage der Zukunftsinvestitionen für alle. Die Probleme werden aber bei uns primär von der Makroebene her, von oben her gesehen und nicht von unten, nicht von den Menschen her. Nicht von dem, was sie brauchen, was sie sich selbst zutrauen und abverlangen. Wir müssen viel intensiver darüber nachdenken, was wir den Menschen zutrauen, auch zumuten können, um des Wohles aller willen, und was wir nicht dulden und hinnehmen wollen (vgl. Süssmuth, 2015a, S. 9).

Zivilgesellschaft stärken durch Bürgerbeteiligung und Bürgerdialog

Staat, Wirtschaft und Gesellschaft stehen vor großen Herausforderungen. Aber das Vertrauen der Bürger in die Glaubwürdigkeit und Leistungsfähigkeit der Politiker ist gering. Entsprechend fehlt es an Vertrauen in Regierung und Parlament. Was politisch entschieden wird, verstehen viele Menschen nicht mehr. Sie können es nicht mehr nachvollziehen. Daran wird sichtbar, dass es Störungen in den Beziehungen und in der Kommunikation zwischen den politischen Entscheidern und den Bürgerinnen und Bürgern gibt.

Die Politik macht entscheidende Fehler, wenn sie meint, genau zu wissen, was ihre Wähler und Wählerinnen denken. Damit verpasst sie ihre verantwortliche Führungsposition. Ein treffendes Beispiel dafür sind die Proteste rund um »Stuttgart 21«. In ihrer radikalen Zuspitzung haben sie überaus deutlich gemacht, dass es nicht nur um einen kommunalen Konflikt ging, sondern um den Widerstand der Bürger gegen inakzeptable Formen und Verfahren der unzureichenden Bürgerbeteiligung. Das hat Konsequenzen für die Teilhabe der Bürger in den verschiedenen Phasen der Entscheidungsfindung. Daraus folgt nicht die Forderung nach Abschaffung der repräsentativen parlamentarischen Demokratie, wohl aber die Forderung nach einer erheblichen Ausweitung der Bürgerbeteiligung. Mehr Demokratie durch neue Wege und Beteiligungsformen, das ist die Botschaft.

Was der »Bürgerdialog« von 2013 an Ideen und neuen Formen der Beteiligung in Bewegung gesetzt hat, hat mich überrascht. Das neu aufkommende, sich verstärkende bürgerschaftliche Engagement bis hin zum Bürgerdialog zeigt, dass es Chancen für mehr Bürgerbeteiligung gibt. Das ist ermutigend. Das früher isolierte Nebeneinander vernetzt sich zu einem Miteinander, macht Individuen und Gruppen stark. Die Bürger setzen nicht einseitig auf den Staat, sondern sie handeln selbst und erwarten Hilfen dort, wo diese von der Kommune unbedingt zu erwarten sind. Wir brauchen den Konsens in demokratischen Grundfragen, aber wir brauchen mehr Mut zur Auseinandersetzung mit Streitfragen, weniger Konformismus und vor allem eine wehrhafte Demokratie. Ich meine, durch die aktive Beteiligung, Einflussnahme und Gestaltung unseres Zusammenlebens können wir die Menschen zurückgewinnen für politisches Engagement.

Mehr direkte Beteiligung der Bürger an der Demokratie durch Volksbegehren, Bürgerentscheide und Referenden ist eine weitere Möglichkeit. Sie könnte helfen, das Misstrauen in die Politik zu überwinden und das Vertrauen in die Demokratie zu erhöhen. Ich glaube schon, dass wir die Repräsentative Demokratie um neue Formen der Beteiligung erweitern müssen, um heutigen Ansprüchen zu genügen.

Für einen gelingenden Bürgerdialog ist die Beteiligung durch intensive, bürgeraktivierende Kommunikation von ausschlaggebender Bedeutung. Was politisch entschieden wird, verstehen viele nicht mehr. Sie können es nicht mehr nachvollziehen. Professionalisiertes Spezialwissen bedarf der Übersetzung und verständlichen Vermittlung. Aber gerade an dieser Kommunikation fehlt es häufig. Sie wurde nicht gelernt und auch nicht entsprechend hoch bewertet, doch sie ist unverzichtbar.

Wir alle können gar nicht oft genug das Thema der Teilhabe an der Demokratie ansprechen. Unsere Demokratie ist eine großartige Errungenschaft. Aber sie bleibt es nur dann, wenn sich möglichst alle verantwortlich beteiligen. Eine Stärkung der Zivilgesellschaft durch mehr Solidarität und Engagement für-, mit- und untereinander ist dringend notwendig. Ich meine, durch die aktive Beteiligung, Einflussnahme und Gestaltung unseres Zusammenlebens können wir die Menschen zurückgewinnen für politisches Engagement und für die Wahrnehmung und Beteiligung auch bei Wahlen. Engagement und Beteiligung bringen allen mehr Gemeinsamkeit, Wirgefühl, Zusammengehörigkeit. Dort, wo gemeinsam an einer Problemlösung gearbeitet wird, lernen die Beteiligten miteinander, mit Interessenkonflikten, gegensätzlichen Auffassungen, Mehrheit- und Minderheitspositionen umzugehen. Das ist praktizierte Demokratie (vgl. Süssmuth, 2015a, S. 8, 13, 158ff., 203, 205; Süssmuth 2002, S. 305, Kap. »Chancen der Bürgergesellschaft«; Klocke, 2013, S. 7).

Frauen haben kräftig aufgeholt

Eine vollendete Demokratie kann es nicht geben, bevor nicht wirklich alle Menschen – Männer und Frauen, Arme und Reiche – gleichberechtigt sind und das Recht des anderen beachten. Ein gutes Grundgesetz ist noch keine gelebte Demokratie. Frauenpolitik in Deutschland war nie avantgardistisch. Der Umgang der Politik mit Frauen war nie ein Vorzeigemodell für andere Länder. Sie wurde geprägt durch das langfristig wirksame Gift einer zeitweise völkisch ausgerichteten Frauen- und Mütterideologie und durch heute seltsam anmutende Theorien über die Biologie und die Rolle der Frauen. Nicht zu vergessen ist die Macht der Männer. Denn sie leiteten ihre gesellschaftliche und rechtliche Stellung aus den vermeintlichen Schwächen oder Defiziten der Frauen ab und zementierten ihren Vorrang in geschlechtsspezifischen Rollenzuweisungen.

Die traditionelle Geringschätzung der Frauen verliert nach und nach an Wirksamkeit. Denn die kompetenten Frauen haben sich in ihren Leistungen noch weiter gesteigert. Es trifft für die Mehrheit der Frauen nicht zu, dass sie Führungsaufgaben nicht wollen.

Die Unternehmen brauchen qualifizierte Frauen. Aber die Erfahrung zeigt, dass ohne öffentlichen und politischen Druck entsprechende Anstrengungen auf der Strecke bleiben. Der Druck hat sich erhöht. Doch immer noch ist die Quote in der Wirtschaft unerwünscht. Abwarten ist nach so vielen Jahren keine überzeugende Antwort. Nach den Erfahrungen seit den 80er Jahren komme ich zu dem Ergebnis, dass wir klare Zielvorgaben und verbindliche Regelungen brauchen. Wie soll die Gesellschaft und vor allem, wie sollen die Frauen selbst zu einem Selbstverständnis ihrer beruflichen und gesellschaftlichen Rolle kommen, wenn der Einfluss der Frauen, besser gesagt, die Macht der Frauen nicht gewünscht wird? Ermutigend ist die jüngste Koalitionsvereinbarung zu der zu erreichenden Quote der Frauen in Führungspositionen.

Die Ironie des Schicksals will es, dass es gerade die Wirtschaft ist, bislang eine Verfechterin von traditionellen Familienmodellen, die diese Wahrnehmung ändert. Die Wirtschaft wird aus unwiderlegbarem Eigennutz mit einem Male zum Vorreiter einer modernen Frauenpolitik. Denn die hohe Nachfrage nach Frauen im Erwerbsleben bedeutet zugleich: Es muss neue Modelle für die Vereinbarkeit von Familie und Beruf geben. So haben letztlich wirtschaftliche Notwendigkeiten Bewegung gebracht in die familienergänzenden Maßnahmen der Kinderversorgung, der Förderung und Betreuung sowie in das Thema der familienfreundlichen Arbeitszeiten. Aber auch hier warten Frauen immer noch mit wachsender Ungeduld auf die praktische Umsetzung, auf verfügbare Angebote. Denn immer noch kommt es zu Rückfällen in längst überholte Debatten (vgl. Süssmuth, 2015a, S. 81, 95f.).

Turbokapitalismus und Fundamentalismus zeigen: Wir brauchen neue Wegweiser

> »Zuerst kommt der Mensch, er braucht die Wirtschaft. Sie ist keine Herrscherin, sondern sie dient Mensch, Natur und Umwelt.«

Diese vielzitierte Aussage von mir möchte ich diesem Abschnitt voranstellen. Es kommt also auf die Menschen an, auf ihre Bereitschaft, sich zu bewegen und bewegen zu lassen. Diese Prioritätensetzung ist mir sehr wichtig, denn der Mensch steht im Mittelpunkt unseres Denkens und Handels. Wir sollten also alles vom Menschen und seiner Lebenswelt her sehen und angehen.

Wir sind von einer ganzen Reihe von Giften bedroht. Und zu diesen zählt die Egomanie des Kapitalismus, er hat uns in die Finanzkrise gestürzt. Die Globalisierung versprach, das Allverfügbare, das Grenzenlose im Leben jedes einzelnen möglich zu machen. Im Film ›Wall Street‹ verbreitete ein Börsenmakler an der New Yorker Börse unter Applaus die Botschaft: »Greed is good!« – Gier ist gut! (ebd., S. 8)

Darauf folgte eine Phase, die mit vielen Schmerzen und Verlusten einherging. Die Börsencrashs der Jahrtausendwende und der Angriff auf die Twin Towers in New York, die Finanzkrise, die Depression, die jahrelang die Wirtschaft erfasst hat, sie haben uns allen gezeigt: Es gibt Grenzen. Die Gifte des Turbokapitalismus und des Fundamentalismus haben die Welt nahe an den Rand des Abgrunds getrieben. Nun brauchen wir das Gegengift: neue Wegweiser. Die finden sich oft ganz in der Nähe: Es sind die starken Persönlichkeiten, deren Interessen und Initiativen auf Menschen in Bedrängnis und Not gerichtet sind. Mich ermutigen Menschen, die nicht starr in Problemen verharren, sondern nach Lösungen suchen, Menschen, die sich bereitfinden, Konflikte im Kleinen und Großen zu erkennen und anzugehen (ebd., S. 4, 8).

Ehrlichkeit schafft Vertrauen

Meine Erfahrung hat mich gelehrt, dass Menschen sich nicht beruhigen lassen und kein Vertrauen entwickeln, wenn nicht alles was gewusst wird auch zur Sprache kommt. Da helfen nur Ehrlichkeit und die Bereitschaft, mit den Verunsicherten gemeinsam zu erörtern, welche Maßnahmen ergriffen werden können und müssen.

Zur Ehrlichkeit gehört auch die Auseinandersetzung mit den Risiken, bekannten und unbekannten. Es hilft nicht, Gefahren kleinzureden, zu beschwichtigen und so zu tun, als hätte die Politik schon die Lösungen, die noch gar nicht verfügbar sind. Ich erinnere mich an sehr kontroverse Diskussionen unter den Strahlenexperten und an höchst beunruhigende Aussagen der »Ärzte gegen den Atomtod«. Das half mir und unserer Gruppe im Ministerium, sehr vorsichtig und umsichtig zu argumentieren und zu entscheiden. Zunächst wurden die Folgen von Tschernobyl auch von der deutschen Politik stark verharmlost. Diese Informationspolitik hielt den Tatsachen aber schon bald nicht mehr stand (ebd., S. 74f.).

Eine Agenda für die Zukunft: Macht für die Menschen, nicht Macht über die Menschen

Lösungen zu finden für die Probleme und Perspektiven zu eröffnen für die Zukunft, das kann Politik allein nicht gestalten. Wie unsere Zukunft aussehen kann und sollte, das können wir uns nur ungefähr vorstellen. Doch jedes menschliche Handeln braucht eine Perspektive, ein Ziel, eine Vision.

Eine Agenda für die Zukunft stelle ich mir so vor (vgl. hierzu Süssmuth, 2015a, S. 180):

Schutz menschlicher Würde, Förderung menschlicher Schaffenskraft, Achtung der individuellen und kulturellen Unterschiede, Zusammenhalt bei Wahrung der An-

dersartigkeit, Macht für die Menschen, nicht Macht über die Menschen. Das alles sind die Bausteine für unsere Zukunft. Günstige Voraussetzungen für unser Handeln im politischen Feld sind ein kritisches Selbstbewusstsein und zugleich ein starkes Zutrauen zu den eigenen Kräften wie denen anderer Völker. Politik ist nicht Allmacht, aber Macht im Sinne der Einflussnahme und der Entscheidung der menschlichen Dinge in Selbstbegrenzung, kritischer Vergewisserung verbunden mit dem Mut, zu handeln, Risiken allein und gemeinsam einzugehen.

Zukunft braucht Herkunft

Wir leben in einer komplexen, zunehmend abstrakteren Welt. Die Menschen haben zu allen Zeiten Antworten auf die Herausforderungen der Gegenwart gefunden. Abschließen möchte ich mit Gedanken des am 9. Mai 2015 verstorbenen renommierten Gießener Philosophen und skeptischen Querdenkers der bürgerlichen Gesellschaft Prof. Dr. Odo Marquard. Dessen Thesen bieten heute noch Orientierungshilfe bei den Diskussionen um Zukunft und Fortschritt. Zu seinen zentralen Themen gehörten Fragen der Modernität und Menschlichkeit, des Menschen in der Welt des technologischen Wandels und die neuen Technologien mit den neuen Medien, generell Fragen über die Zukunft des Menschen (vgl. Marquard, 1988/91, S. 234; Wetz, 2015, S. 309). Wenn die Modernisierung nicht ins Leere laufen soll, muss den Menschen das Lebensnotwendige erhalten werden. Das sind Tradition, Sitte, Brauchtum und religiöse Verankerung.[4] Damit die Menschen die Modernisierungen aushalten können, helfen die Geisteswissenschaften den Traditionen: die Geisteswissenschaften sind »nicht modernisierungsfeindlich, sondern [...] gerade modernisierungsermöglichend« (Marquard, 1986, S. 105).

»Je moderner die moderne Welt wird, desto unvermeidlicher werden die Geisteswissenschaften«, lautet Marquards Kernthese in seinem vieldiskutierten Vortrag vom Mai 1985 auf der Jahresversammlung der Westdeutschen Rektorenkonferenz in Bamberg über die »Unvermeidlichkeit der Geisteswissenschaften« (ebd., S. 98). Unter dem Titel »Zukunft braucht Herkunft« hat er seine Kernaussagen 2003 nochmals aktualisiert. Dort schreibt er: »Menschlichkeit ohne Modernität ist lahm; Modernität ohne Menschlichkeit ist kalt: Modernität braucht Menschlichkeit« (Marquard, 2003a, S. 246), daher brauchen wir mehr als unsere Zukunft unsere Herkunft. »Auch die Medien der Zukunft brauchen Herkunft« (ebd., S. 242). Je schneller die Modernisierungen werden, desto unausweichlicher nötig und wichtig werden in der neuen technologischen Welt alte Fertigkeiten. So wird

---

[4] So meine Zusammenfassung der Kernaussagen von Marquards berühmtem Vortrag über die »Unvermeidlichkeit der Geisteswissenschaften« (1985) und meine Folgerungen (vgl. Süssmuth, 1988, S. 22f.).

uns eine alte Fertigkeit Entlastung bieten auf die Informationsüberflutung durch die neuen Medien: wir werden »mündlich jenes Wenige besprechend ermitteln, was von dieser flimmernden Datenflut wichtig und was richtig ist« (ebd., S. 246).

Marquards Vortrag vom Mai 1985 und seine Thesen (Marquard, 1986) haben auch mich angesprochen. Mit seiner Diagnose des zeitgenössischen Denkens hat er wichtige, auch kritische Punkte getroffen. Seine Kernaussagen waren für mich wichtige Bausteine und ich habe sie unter anderem in Vorträgen über Zukunftsfragen unserer Gesellschaft aufgegriffen.[5] Odo Marquard steht als leidenschaftlicher Befürworter der bürgerlichen Gesellschaft für freiheitliche Demokratie, rechtsstaatliche Ordnung, Gewaltenteilung, soziale Marktwirtschaft, also für eine Kultur der Mitte und letztendlich für einen breiten Mittelstand (vgl. Wetz, 2015, S. 303).

Unsere Demokratie ist eine großartige Errungenschaft. Es lohnt, sich für sie zu engagieren. Wenn wir uns auf die Zukunft hin orientieren, bedarf es Ziele und Visionen wie auch großen Engagements. Und Zukunft braucht Herkunft, braucht Tradition. Die Traditionen geben den Menschen Halt, Orientierung und Anleitung zu einem geordneten Leben. Vertrauen wir in die Zukunft.

Literatur

Dialog der Kulturen als europäische Chance (2006): Symposium II: Werte in der postmodernen Gesellschaft. 1.12.2006, Abgeordnetenhaus von Berlin. In: Forum für interkulturellen Dialog e.V. URL: www.dialog-Berlin.de/Symposium-II.

Gesprächsrunde Integration und Politik (2007). In: *Religion und Integration in Europa. 42. Theodor-Heuss-Preisverleihung am 12.05.2007*. Stuttgart: Theodor-Heuss-Stiftung, S. 126–145.

Gesprächsrunde Integration und Religion (2007). In: *Religion und Integration in Europa. 42. Theodor-Heuss-Preisverleihung am 12.05.2007*. Stuttgart: Theodor-Heuss-Stiftung, S. 148–169.

Greffrath, Mathias (1988): Abschied von der Geisteswissenschaft. In: *Die Zeit, Nr. 20*, 13.05.2015. URL: www.zeit.de/1988/20/abschied-von-der-geisteswissenschaft.

Karl, Siegfried & Burger, Hans-Georg (Hrsg.) (2014): *Frieden sichern in Zeiten des Misstrauens. Zur Aktualität von Martin Buber, Dag Hammarskjöld und Horst-Eberhard Richter* (Schriftenreihe *Dialog leben*, hrsg. von der Katholischen Hochschulgemeinde Gießen). Gießen: Psychosozial-Verlag.

Klocke, Jürgen (2013): Exklusiv-Interview mit Prof. Dr. Rita Süssmuth. In: *AWV-Informationen, 3/2013*. Eschborn: Arbeitsgemeinschaft für wirtschaftliche Verwaltung e.V., S. 4–7.

Lauterbach, Christel (2007): »Ein Anwalt der Menschen«. Der Fachbereich Medizin zeichnete Horst-Eberhard Richter mit der ersten »Ehrenmedaille« aus – Laudatio von Rita Süssmuth. In: *Uni-Forum. Justus-Liebig-Universität Gießen*, 20(5), 13.

Marquard, Odo (1986): Über die Unvermeidlichkeit der Geisteswissenschaften. In: Odo Marquard (2001): Apologie des Zufälligen. Philosophische Studien. Stuttgart: Reclam, S. 98–116.

Marquard, Odo (1988/91): Zukunft braucht Herkunft. Philosophische Betrachtungen über Moder-

---

5 So zum Beispiel im Vortrag bei der Migliederversammlung des Bildungswerkes der Nordrhein-Westfälischen Wirtschaft am 25. Juni 1987 in Düsseldorf (vgl. Süssmuth, 1987).

nität und Menschlichkeit. In: Odo Marquard: *Zukunft braucht Herkunft. Philosophische Essays*. Stuttgart: Reclam (erweiterte Neuauflage 2015), S. 234–246.

Marquard, Odo (2003a): *Zukunft braucht Herkunft. Philosophische Essays*. Stuttgart: Reclam (erweiterte Neuauflage 2015).

Marquard, Odo (2003b): »Wir brauchen viele Götter«. SPIEGEL-Gespräch. In: *Der Spiegel*, Nr. 9, 24.02.2003, 152–154.

Richter, Horst-Eberhard (1986): *Die Chance des Gewissens. Erinnerungen und Assoziationen*. Hamburg: Hoffmann & Campe (Neuauflage Gießen: Psychosozial-Verlag, 2002).

Süssmuth, Rita (1987): *Zukunftsfragen unserer Gesellschaft – Bildungsauftrag der Wirtschaft*. Vortrag aus Anlass der 17. Mitgliederversammlung des Bildungswerkes der Nordrhein-Westfälischen Wirtschaft am 25. Juni 1987 in Düsseldorf. Düsseldorf: Bildungswerk der Nordrhein-Westfälischen Wirtschaft, 1988.

Süssmuth, Rita (2002): *Wer nicht kämpft, hat schon verloren. Meine Erfahrungen in der Politik*. München: Ullstein.

Süssmuth, Rita (2006): *Migration und Integration: Testfall für unsere Gesellschaft*. München: Deutscher Taschenbuch Verlag.

Süssmuth, Rita (2007a): Das Unerledigte in der Demokratie. Dank (Theodor Heuss-Preis 2007). In: *Religion und Integration in Europa. 42. Theodor-Heuss-Preisverleihung am 12.05.2007*. Stuttgart: Theodor-Heuss-Stiftung, S. 37–41.

Süssmuth, Rita (2007b): Migration – Testfall für Zukunftsfähigkeit. Einführung in das Jahresthema. In: *Religion und Integration in Europa. 42. Theodor-Heuss-Preisverleihung am 12.05.2007*. Stuttgart: Theodor-Heuss-Stiftung, S. 63–69.

Süssmuth, Rita (2015a): *Das Gift des Politischen. Gedanken und Erinnerungen*. München: Deutscher Taschenbuch Verlag.

Süssmuth, Rita (2015b): Richard von Weizsäcker – ein Vorbild auch für künftige Generationen. Nachruf. In: *Focus*, 11.02.2015.

Süssmuth, Rita (2015c): Wir brauchen Kriterien für Einwanderer. Interview. In: *Freie Presse*, Chemnitz, 15.04.2015.

Wetz, Franz Josef (2015): Nachwort: Bürgerlicher Optimismus erwächst aus existentiellem Pessimismus. In: Odo Marquard (2003a): *Zukunft braucht Herkunft. Philosophische Essays*. Stuttgart: Reclam (erweiterte Neuauflage 2015), S. 303–338.

Zeitler, Annika (2013): Süssmuth: »Mit Vielfalt umgehen lernen«. Interview. In: *Deutsche Welle*, 2.12.2013. URL: www.dw.de/süssmuth-mit-vielfalt-umgehen-lernen/a-17262336.

Zuwanderung gestalten (2001): *Zuwanderung gestalten – Integration fördern. Bericht der Unabhängigen Kommission »Zuwanderung«*. Berlin: Bundesministerium des Innern, 4. Juli 2001. URL: http://www.bmi.bund.de/Zuwanderungsbericht_pdf.

Autorinnen und Autoren

Hans-Georg Burger, Jg. 1945, studierte Publizistik, Geschichte und Judaistik in Köln und Berlin. Gehörte 1966 zu den ersten Studenten des neugegründeten Martin Buber-Instituts für Judaistik an der Universität Köln. 1970 Studienaufenthalt in Israel. Ab 1972 Pressereferent der Universität Gießen und seit 1979 bei der Deutschen Landwirtschafts-Gesellschaft (DLG), zunächst als Pressereferent und von 1984 bis 2009 als Geschäftsführer des Servicebereichs Information. Ausgezeichnet unter anderem mit der »Josef-Ertl-Medaille« der DLG für Verdienste um Förderung des Dialoges und der Verständigung für die Anliegen der Land- und Ernährungswirtschaft (2005). Weiterhin publizistisch und beratend tätig und engagiert in Sachen Ethik, Ökumene, Wirtschaft und Gesellschaft.

Bernhard Emunds, Prof. Dr. rer. pol., Leiter des Oswald von Nell-Breuning-Instituts für Wirtschafts- und Gesellschaftsethik und Professor für christliche Gesellschaftsethik und Sozialphilosophie an der Philosophisch-Theologischen Hochschule Sankt Georgen in Frankfurt/Main. Der gebürtige Aachener studierte Katholische Theologie und Geschichtswissenschaften in Bonn, Paris und Frankfurt. Diplom in Katholischer Theologie an der Hochschule Sankt Georgen. Bis 1993 Studium der Volkswirtschaftslehre mit Diplom-Abschluss in Frankfurt und in 2000 Promotion am Fachbereich Wirtschaftswissenschaften. 2005 habilitierte er sich am Fachbereich Katholische Theologie der Universität Münster mit einer Arbeit über die Grundlagen einer Ethik internationaler Finanzmärkte. In 2006 wurde er auf die Professur und zum Leiter des Nell-Breuning-Instituts der Hochschule Sankt Georgen berufen. Seine Arbeitsschwerpunkte sind die Grundlagen der Wirtschafts- und der Christlichen Gesellschaftsethik, die Ethik der Finanzwirtschaft sowie die Ethik der Erwerbsarbeit.

Dietlind Grabe-Bolz ist seit Dezember 2009 Oberbürgermeisterin der Universitätsstadt Gießen. In Kassel geboren, lebt sie seit ihrem fünften Lebensjahr in

Gießen. Nach dem Abitur studierte sie Politik und Deutsch für das Lehramt an Gymnasien an der Justus-Liebig-Universität Gießen. Nach Referendariat und Zweiter Staatsprüfung für das Lehramt an Gymnasien studierte sie Musik an der Gesamthochschule Kassel und schloss die Erweiterungsprüfung Musik für das Lehramt an Mittel- und Oberstufen mit Auszeichnung ab. Seit 1988 war sie als hauptamtliche pädagogische Mitarbeiterin an der Kreisvolkshochschule in Gießen tätig. Seit 1994 war Grabe-Bolz Stadtverordnete in der SPD-Fraktion der Gießener Stadtverordnetenversammlung mit verschiedenen Schwerpunkten und Aufgaben, 2004 wurde sie zur Fraktionsvorsitzenden gewählt.

Jürgen Hardt, Diplom-Psychologe, studierte Psychologie und Philosophie in Köln und war Mitarbeiter von Wilhelm Salber. Während seiner psychoanalytischen Ausbildung in Gießen engagierte er sich in der Sozialpsychiatrischen Bewegung. Er ist Psychologischer Psychotherapeut, Psychoanalytiker, Lehr- und Kontrollanalytiker (DPV), Gruppenlehranalytiker sowie Organisationsberater, Gründungspräsident der Psychotherapeutenkammer Hessen. Er ist in psychoanalytischer Privatpraxis in Wetzlar tätig. Lehr-, Publikations- und Vortragstätigkeit in Krankenhauspsychotherapie, im Grenzgebiet Psychoanalyse und Philosophie sowie in Kulturpsychologie. Herausgeber und Übersetzer von Hanns Sachs (2005): *Wie Wesen von einem fremden Stern*. Gießen: Psychosozial-Verlag; (2013): *Methode und Techniken der Psychoanalyse – Versuche zur Praxis*. Gießen: Psychosozial-Verlag..

Linus Hauser, Prof. Dr. phil. Lic. theol., ist Inhaber des Lehrstuhls für Systematische Theologie am Institut für Katholische Theologie an der Justus-Liebig-Universität Gießen. Der gebürtige Frankfurter studierte ab 1970 an der Johann Wolfgang Goethe Universität in Frankfurt Katholische Religion, Pädagogik, Gesellschaftswissenschaften und Philosophie. 1975 Staatsexamen für Lehramt an Gymnasien. 1981 Promotion zum Dr. phil. im Fach Katholische Theologie mit einer Arbeit über »Religion als Prinzip und Faktum. Das Verhältnis von konkreter Subjektivität und Prinzipientheorie in Kants Religions- und Geschichtsphilosophie«. Ab 1980 Aufbaustudium in Katholischer Theologie an der Universität Münster, dort 1983 Promotion zum Lic. theol. 1995 habilitierte er sich an der Katholisch-Theologischen Fakultät der Universität Tübingen für das Fach Dogmatische Theologie. Ab 1976 war er Hochschulassistent an den Universitäten Frankfurt und Münster und anschließend im pastoralen Dienst der Diözese Münster. 1989 wurde er Referent für Religionspädagogik im Bischöflichen Generalvikariat in Münster und 1990 Gruppenleiter. 1992 erhielt er den Ruf auf die Professur für Dogmatik und Religionspädagogik an der Katholischen Fachhochschule für Sozialwesen und Religionspädagogik in Freiburg i. Br. und 1996 wurde er auf den Lehrstuhl für Systematische Theologie an der Justus-Liebig-Universität Gießen berufen und Leiter des Institut für Katholische Theologie. In seinen Publikationen hat er sich unter anderem mit den Zusammenhängen religiöser Vorstellungen mit den Hintergründen der Science-Fiction-Literatur befasst. Ein wissenschaftlicher Schwerpunkt ist die Erforschung des Phänomens von »Neomythen«, die er im Kontext einer Theorie der Moderne in einer dreibändigen Kritik der neomythischen Vernunft behandelt hat.

Esther Jünger studiert Theologie (Masterstudiengang) und Philosophie (Bachelor-Studiengang) an der Philosophisch-Theologischen Hochschule Sankt Georgen in Frankfurt/Main. Frau Jünger (geb. Assenmacher) ist gebürtige Frankfurterin und hat am Heinrich-von-Gagern-Gymnasium Abitur gemacht. Am Oswald von Nell-Breuning-Institut für Wirtschafts- und Gesellschaftsethik ist sie bei Prof. Dr. Bernhard Emunds als Studentische Hilfskraft an der Erarbeitung aktueller Forschungsprojekte beteiligt.

Josef Kaiser, Studiendirektor, 63 Jahre, unterrichtet seit 1979 Englisch sowie Politik und Wirtschaft am Landgraf-Ludwigs-Gymnasium in Gießen. Seit dem Start des Projektes »Jugend und Wirtschaft« im Jahr 2000 betreut er Schülergruppen in diesem Wettbewerb, der von der *Frankfurter Allgemeinen Zeitung* und dem Bundesverband deutscher Banken durchgeführt wird. Schüler/innen verfassen Artikel für die Seite Jugend und Wirtschaft in der *Frankfurter Allgemeinen Zeitung*, die monatlich im Wirtschaftsteil der *Frankfurter Allgemeinen Zeitung* erscheint. Am Studienseminar für das Lehramt an Gymnasien in Gießen ist er zudem als Fachleiter im Fach Politik und Wirtschaft tätig. Als Multiplikator für ökonomische Bildung organisiert er außerdem im Auftrag des Hessischen Kultusministeriums und des Staatlichen Schulamtes Gießen Fortbildungen für Lehrer/innen zu wirtschaftlichen und sozialpolitischen Themen und deren didaktische und methodische Umsetzung.

Siegfried Karl, Dr. theol., Jahrgang 1969, studierte Theologie und Philosophie in Mainz und Freiburg i.Br.; Priester, Theologe und Seelsorger. Nach Tätigkeiten als Pfarreiseelsorger in der Diözese Mainz Promotionsstudium bei Prof. DDr. Markus Enders am Lehrstuhl für Christliche Religionsphilosophie an der Universität in Freiburg i. Br., Promotion zum Doktor der Theologie mit einer Arbeit über Anselm von Canterbury. Seit 2006 Hochschulseelsorger an der Katholischen Hochschulgemeinde in Gießen und seit 2011 Dozent am Institut für Katholische Theologie der Justus-Liebig Universität Gießen im Bereich Systematische Theologie/Philosophische Grundlagen der Theologie.

Andreas Lenz, Präsident der Hessischen Lehrkräfteakademie mit Sitz in Frankfurt am Main, war 15 Jahre als Gymnasiallehrer in Büdingen und Frankfurt und danach 16 Jahre im Hessischen Kultusministerium in Wiesbaden in verschiedenen Bereichen tätig. Dort zuletzt stellvertretender Abteilungsleiter und Referatsleiter für Lehrerbildung und Schulevaluation. Seit 1. April 2015 ist er Präsident der neu gebildeten Hessischen Lehrkräfteakademie in Frankfurt am Main mit Hauptsitz im Frankfurter Erwin-Stein-Haus. Mit dieser inhaltlichen Neuausrichtung soll die Lehrkräfte- und Führungskräftefortbildung in Hessen einheitlich gestaltet und ihre Qualität weiter verbessert werden.

Uta Meier-Gräwe, Prof.'in Dr., ist Geschäftsführende Direktorin des Instituts für Wirtschaftslehre des Haushalts und Verbrauchsforschung an der Universität Gießen. Studierte in Ostberlin Ökonomie und Soziologie, 1978 Promotion zu einem industriesoziologischen Thema. 1986 Promotion B (Habilitation vergleichbar) in Familiensoziologie an der Humboldt-Universität zu Berlin, anschließend wissenschaftliche Tätigkeit am Institut für Soziologie und Sozialpolitik der Akademie der Wissenschaften der ehemaligen DDR. 1994 wurde sie auf den Gießener Lehrstuhl berufen. Bis Ende 1998 fünf Jahre Bundesvorsitzende von Pro Familia. Als Mitglied in zahlreiche Fach- und Beratergremien berufen, unter anderem in die Expertenkommission Familie der Bertelsmann-Stiftung und des Kompetenzzentrums Verbraucherforschung NRW. Als Sachverständige wirkte sie in den Kommissionen für den 7. Familienbericht und für den 1. Gleichstellungsbericht der Bundesregierung mit. Im Mai 2013 wurde an ihrem Lehrstuhl das Kompetenzzentrum »Professionalisierung und Qualitätssicherung haushalts- und familienunterstützender Dienstleistungen« eingerichtet. Die Forschungsstelle wird vom Bundesfamilienministerium gefördert.

Franz Müntefering, Bundesminister für Arbeit und Soziales a. D. Aus dem Sauerland stammend, hat er nach dem Besuch der Volksschule in Sundern eine Lehre als Industriekaufmann absolviert und war anschließend bis 1975 Kaufmännischer Angestellter in der metallverarbeitenden Industrie. Er ist seit 1966 Mitglied in der SPD und seit 1967 Mitglied der IG Metall. Hatte führende Regierungs- und Parteiämter auf Landes- und Bundesebene inne. Unter anderem war er von 1975 bis 1992 sowie von 1998 bis 2013 Mitglied des Deutschen Bundestages und von 1995 bis 1998 Mitglied des Landtages von Nordrhein-Westfalen. Von 2002 bis 2005 leitete er die SPD-Bundestagsfraktion und war von 2004 bis 2005 und von 2008 bis 2009 Vorsitzender der SPD. Unter Ministerpräsident Johannes Rau war er von 1992 bis 1995 Minister für Arbeit, Gesundheit und Soziales von NRW. Vom Oktober 1998 bis September 1999 war Franz Müntefering in der ersten rot-grünen Bundesregierung Bundesminister für Verkehr, Bau- und Wohnungswesen sowie in der Großen Koalition ab Herbst 2005 bis 2007 Bundesminister für Arbeit und Soziales und Vizekanzler.

Thomas Petersen, geboren 1968 in Hamburg, studierte an der Universität Mainz Publizistik, Alte Geschichte sowie Vor- und Frühgeschichte. Dort auch Magisterexamen und Promotion. 1990 bis 1992 Journalist beim Südwestfunk in Mainz. Seit 1993 als wissenschaftlicher Mitarbeiter am Institut für Demoskopie in Allensbach tätig, seit 1999 Projektleiter. Lehraufträge an den Universitäten Konstanz, Dresden und seit 2003 für Publizistik an der Universität Mainz. 2010 Habilitation an der Universität Dresden. War von 2009 bis 2010 Präsident der World Association for Public Opinion Research. Seine Forschungsschwerpunkte sind Methoden der Demoskopie, Feldexperimente, Wahlforschung, Panel-Markt- und Sozialforschung sowie Theorie der öffentlichen Meinung. Er veröffentlichte mehrere Bücher, unter anderem gemeinsam mit Elisabeth Noelle-Neumann »Alle, nicht jeder«, ein Standardwerk für die akademische Lehre und die Praxis der Umfrageforschung (4. Auflage 2005) und in 2014 »Der Fragebogen in der Sozialforschung« (Universitätsverlag Konstanz). Zudem ist er regelmäßig Autor der monatlichen Allensbach-Analysen in der »Frankfurter Allgemeinen Zeitung«.

Marcus K. Reif verantwortet bei EY (Ernst & Young GmbH Wirtschaftsprüfungsgesellschaft) mit Sitz in Eschborn bei Frankfurt am Main das Recruiting und Employer-Branding für die Länder Deutschland, Schweiz und Österreich. Nach Stationen bei der Unternehmensberatung Accenture, der Frankfurter Allgemeinen Zeitung, TMP Worldwide und jobpilot ist er seit Januar 2011 bei EY mit seinem Team zuständig für die gesamte Wertschöpfungskette der Personalbeschaffung, angefangen beim Employer-Branding, dem Strategischen Personalmarketing, Hochschulmarketing bis hin zur Rekrutierung für die Länderorganisation Deutschland, Schweiz, Österreich. »Eine spannendere Aufgabe gibt es nicht, einen besseren Arbeitgeber kann ich mir kaum vorstellen. Das ist ein Traumjob!« sagt Reif überzeugt von seinem Arbeitsgebiet. Im Juni 2013 wurde er als »SMC Best Innovator 2012« ausgezeichnet. Sein privater Blog war nominiert bei den HR-Excellence-Awards als HR-Blog des Jahres 2013.

Rainer Schwarz ist seit April 2014 Präsident der IHK Gießen-Friedberg. Er ist Vorstandsvorsitzender der OVAG (Oberhessische Versorgungsbetriebe AG) in Friedberg/Hessen. Schwarz stammt aus der Region Gießen, 1951 in Dornholzhausen (Gemeinde Langgöns) geboren, 1972 Abschluss als Diplom-Finanzwirt in Rotenburg/Fulda, danach neun Jahre bei der hessischen Finanzverwaltung tätig, zuletzt als Großbetriebsprüfer. 1983 Steuerberaterexamen. Von 1982 bis 1993 Bürgermeister der Stadt Gedern im Wetteraukreis, anschließend Erster Kreisbeigeordneter des Wetteraukreises. Im Jahr 2000 wurde er in den Vorstand der OVAG berufen und ist seit 2008 Vorstandsvorsitzender.

Rita Süssmuth, Prof. Dr. phil., geboren 1937, studierte Romanistik und Geschichte an den Universitäten Münster, Tübingen und Paris. Sie promovierte 1964 in Philosophie, war Dozentin an der Pädagogischen Hochschule Ruhr und Professorin für International Vergleichende Erziehungswissenschaft an der Ruhr-Universität Bochum. Seit 1981 ist sie Mitglied der CDU und war von 1986 bis 2001 Bundesvorsitzende der Frauen-Union der CDU. Zwischen 1985 und 1988 war sie Bundesministerin für Jugend, Familie, Gesundheit, später auch für Frauen. Rita Süssmuth hatte von 1988 bis 1998 das Amt der Präsidentin des Deutschen Bundestages inne. Sie war Vizepräsidentin der OSZE, und von 2000 bis 2001 Vorsitzende der Zuwanderungskommission der Bundesregierung. Von 2002 bis 2004 war sie Vorsitzende des Sachverständigenrats für Zuwanderung und Integration, gehörte der UN-Weltkommission für Internationale Migration an und war bis 2009 Präsidentin der privaten SRH-Hochschule für Wirtschaft in Berlin. Seit 2010 ist sie Präsidentin des deutschen Hochschulkonsortiums der Deutsch-Türkischen Universität in Istanbul (K-DTU). Rita Süssmuth erhielt zahlreiche Auszeichnungen und Ehrendoktorwürden, unter anderem von der Ruhr-Universität Bochum, der Johns-Hopkins-Universität Baltimore/USA und der Ben-Gurion-Universität des Negev in Beerscheba/Israel. Bis heute ist sie in Wissenschaft und Bildung, Migration und Integration engagiert. Dazu gehören die Gründung der Türkisch-Deutschen Universität in Istanbul, der Vorsitz der deutsch-polnischen Wissenschaftsstiftung, das Engagement in der TU Berlin und im Deutschen Volkshochschulverband.

Joachim Wiemeyer, Prof. Dr., aus Bad Rothenfelde (Nähe Osnabrück) stammend, studierte in Münster Volkswirtschaft, Politikwissenschaft und Katholische Theologie. Nach dem Diplom (1979) Promotion in Volkswirtschaftslehre (1983) sowie Lizentiat in Kath. Theologie (1988). 1997 habilitierte er im Fach Christliche Sozialwissenschaften. War von 1979 bis 1989 Wissenschaftlicher Mitarbeiter am Institut für Genossenschaftswesen und dann am Institut für Christliche Sozialwissenschaften an der Universität Münster. Ab 1989 unter anderem Mitarbeiter der Deutschen Bischofskonferenz in der Sachverständigengruppe »Weltwirtschaft und Sozialethik«. Seit 1998 Inhaber des Lehrstuhls für Christliche Gesellschaftslehre an der Kath.-Theologischen Fakultät an der Ruhr-Universität Bochum. War sechs Jahre Sprecher der Hochschullehrer für christliche Sozialethik in Deutschland. Zu seinen Forschungsschwerpunkten gehören politische Ethik und Wirtschaftsethik, Arbeitslosigkeit und Zukunft der Arbeit sowie Umgestaltung des Sozialstaates und Weltwirtschaftsordnung. Autor zahlreicher Aufsätze und Bücher, zuletzt über Dialogprozesse in der katholischen Kirche.

www.ingramcontent.com/pod-product-compliance
Lightning Source LLC
Chambersburg PA
CBHW020644300426
44112CB00007B/235